IWG

Informationsweiterverwendungsgesetz
Public Sector Information (PSI)

Kommentar
mit Prüfschemata und Praxisbeispielen

von

Dr. Rainer Knyrim

und

Mag. Elisabeth Weissenböck

VERLAG ÖSTERREICH
VORMALS VERLAG DER K.U.K. HOF- UND STAATSDRUCKEREY

Wien 2007

Bibliografische Information Der Deutschen Bibliothek
Die Deutsche Bibliothek verzeichnet diese Publikation in der Deutschen Nationalbibliografie; detaillierte bibliografische Daten sind im Internet über **http://ddb.de** abrufbar

ISBN 978-3-7046-4957-7

1070 Wien, Kandlgasse 21
Tel.: +43-1-610 77-0, Fax: +43-1-610 77-502
e-mail: order@verlagoesterreich.at
http://www.verlagoesterreich.at

für Lilian

Vorwort

Informationsweiterverwendungsrecht ist eine völlig neue, durch die „Public Sector Information Richtlinie“ (PSI-RL) der EU geschaffene Rechtsmaterie, die es insbesondere Unternehmen ermöglichen soll, Informationen der öffentlichen Hand kommerziell weiterzuverwenden, um dadurch die Wirtschaft in diesem Bereich zu fördern. Das Informationsweiterverwendungsgesetz, kurz IWG, steht im Schnittpunkt zwischen einer großen Anzahl von Rechtsbereichen, ua Datenschutzrecht, Urheberrecht, Vergaberecht und Wettbewerbsrecht und schafft dort neues Recht, ohne bestehendes zu verdrängen.

Die komplexe Materie und die mit dieser in Zusammenhang stehenden Rechtsbereiche sollen mit diesem Buch erstmalig in Österreich aufgearbeitet werden. Das Buch ist ein „Hybridwerk“: es beinhaltet einen Rechtskommentar und ein Praxishandbuch. Da wir als Legistin des IWG und als Rechtsanwalt, der dieses in der Praxis anwendet, unterschiedliche Perspektiven haben, waren wir versucht, diese bestmöglich zu vereinen. Nach einer kurzen Einleitung über die Geschichte des IWG, dessen rechtliche Einordnung und die rechtspolitische Diskussion um dieses, folgt im zweiten Teil die Kommentierung des IWG in gewohnter Form. Anschließend daran werden im dritten Teil Kernpunkte mittels Prüfschemata visualisiert. Im vierten Teil werden für die Praxis relevante Einzelfragen und Beispiele erläutert. Im fünften Teil schließlich finden sich die zugehörigen Gesetzesmaterialien, wobei wir die Umsetzungsgesetze zur PSI-RL in den Bundesländern mit Stand Mitte Februar 2007 aufgenommen haben, sofern sie uns zumindest schon im Entwurf vorlagen.

Unser Dank gilt allen voran dem Leiter der allgemeinen Rechtsabteilung des BMWA, Herrn OR Mag. Georg Konetzky sowie OR Mag. Verena Werner für wertvolle Anregungen in verschiedenen Diskussionen bei der Manuskripterstellung. Für fachliche Diskussionen, inhaltliche Anregungen und verschiedene aufschlussreiche Referate sind wir überdies Herrn Magistratsdirektor und Landesamtsdirektor der Stadt Wien Dr. Ernst Theimer, Herrn Generalsekretär des Österreichischen Städtebundes Dkfm. Dr. Erich Pramböck und dessen Mitarbeitern, insbesondere Herrn Christian Pilz, dem Bundes-Berufsgruppenobmann der Telekom-Dienstleistungsunternehmen im Fachverband Unternehmensberatung und Informationstechnologie der WKÖ, Herrn Dipl. Ing. Dieter Zoubek, dem langjährigen Generalsekretär des Verbandes für Informationswirtschaft, Herrn Gerhard Wagner, dem Generalsekretär des Österreichischen Rechtsanwaltskammertages, Herrn Dr. Alexander Christian, Frau Dr. Maria Theisl, Kammer der Wirtschaftstreuhänder, Frau Mag. Eva Gutmayer, Österreichische Notariatskammer, Herrn Dkfm. Dr. Alfred Jöchlinger, Geschäftsführer des Auftragnehmerkataster Österreich, Herrn Univ.-Prof. Dr. Nikolaus Forgo, Herrn WP StB Ing. Dr. Axel Kutschera, Dr. Manfred Grünanger, WKÖ, Herrn Dr. Edmund Primosch, Amt der Kärntner Landesregierung, Herrn Mag. Karl Heuberger, Amt der Oberösterreichischen Landesregierung, Herrn Mag. Martin Baumgartner, FFG, Herrn Mag. Georg Magenschab, Geschäftsführender Gesellschafter von WIGeoGIS, Herrn Dennis Schulze, Verband Deutscher Wetterdienstleister, sowie Herrn Mag. Gerhard Pichler, Geschäftsführer von Business CIRCLE Management Fortbildungs Gesellschaft sowie den Partnern und Mitarbeitern von Preslmayr Rechtsanwälte, insbesondere Frau Mag. Viktoria Haidinger (mittlerweile WKÖ), Herrn RAA Mag. Clemens Irrgeher und Herrn RAA Mag. Michael Imre zu Dank verpflichtet.

Frau Dr. Daria Knyrim hat das Manuskript mit großem Zeitaufwand korrekturgelesen, ebenso Herr Mag. Frank Schneider; ohne die Motivation des Verlages Österreich wäre das Buch nicht zustande gekommen. Ihnen allen gebührt unser aufrichtiger Dank.

Als stolzer Vater widmet der Co-Autor dieses Buch seiner Tochter Lilian Knyrim, die während der Manuskripterstellung auf die Welt kam und damit fast so jung wie das IWG ist.

Anregungen und Verbesserungsvorschlägen für künftige Auflagen sehen wir mit Interesse per E-Mail an elisabeth.weissenboeck@gmx.net und knyrim@preslmayr.at entgegen.

Elisabeth Weissenböck/Rainer Knyrim, Februar 2007

Inhaltsverzeichnis

Abkürzungsverzeichnis

aA	anderer Ansicht
ABl	Amtsblatt der EU
Abs	Absatz
aE	am Ende
AGB	Allgemeine Geschäftsbedingungen
AHG	Amtshaftungsgesetz
Anm	Anmerkung
AnwBl	Österreichisches Anwaltsblatt
APA	Austria Presse Agentur
Art	Artikel
AVG	Allgemeines Verwaltungsverfahrensgesetz
BG	Bundesgesetz
BGBl	Bundesgesetzblatt
BKA	Bundeskanzleramt
BKA-VD	Bundeskanzleramt-Verfassungsdienst
BlgNR	Beilagen zu den stenographischen Protokollen des Nationalrates
BMJ	Bundesministerium für Justiz
BMWA	Bundesministerium für Wirtschaft und Arbeit
B-VG	Bundes-Verfassungsgesetz
BWG	Bankwesengesetz
bzw	beziehungsweise
ders	derselbe
dh	das heißt
DRdA	Das Recht der Arbeit (Zeitschrift)
DSG	Datenschutzgesetz
EB	Erläuternde Bemerkungen
ECG	E-Commerce-Gesetz
ecolex	Fachzeitschrift für Wirtschaftsrecht
EDV	Elektronische Datenverarbeitung

EDVuR	Elektronische Datenverarbeitung und Recht (Zeitschrift)
EG	Europäische Gemeinschaft(en)
EGV	Vertrag zur Gründung der Europäischen Gemeinschaft
EK	Europäische Kommission
etc	et cetera
EU	Europäische Union
EuGH	Europäischer Gerichtshof
EuZW	Europäische Zeitschrift für Wirtschaft
f	folgend (-e; -er)
ff	fortfolgend (-e; -er)
FMAG	Finanzmarktaufsichtsgesetz
FN	Fußnote
G	Gesetz
gem	gemäß
GewO	Gewerbeordnung
GP	Gesetzgebungsperiode
G2B-2B	Government-to-Business-to-Business
G2B-2C	Government-to-Business-to-Consumer
hA	herrschende Auffassung
hL	herrschende Lehre
hM	herrschende Meinung
Hrsg	Herausgeber
idF	in der Fassung
idR	in der Regel
ieS	im engeren Sinn
insb	insbesondere
iSv	im Sinne von
IT	Informationstechnologie
iVm	in Verbindung mit

IWG	Informationsweiterverwendungsgesetz
iwS	im weiteren Sinn
JBl	Juristische Blätter
JZ	Juristenzeitung
krit	kritisch
LG	Landesgericht
leg cit	legis citatae
Lit	Literatur
lit	litera
maW	mit anderen Worten
MMR	Multimedia und Recht (Zeitschrift)
MR	Medien und Recht (Zeitschrift)
mwN	mit weiteren Nachweisen
NJW	Neue Juristische Wochenschrift (Zeitschrift)
NR	Nationalrat
oä	oder ähnliche(-r; -s)
ÖBl	Österreichische Blätter für gewerblichen Rechtsschutz
OGH	Oberster Gerichtshof
ÖGZ	Österreichische Gemeinde-Zeitung
OHG	Offene Handelsgesellschaft
ÖJZ	Österreichische Juristenzeitung
OLG	Oberlandesgericht
pdf	portable document format
RAO	Rechtsanwaltsordnung
RdM	Recht der Medizin (Zeitschrift)
RdW	Österreichisches Recht der Wirtschaft (Zeitschrift)
RIS	Rechtsinformationssystem

RIW	Recht der Internationalen Wirtschaft (Zeitschrift)
RL	Richtlinie
RL-V	Richtlinienvorschlag
Rspr	Rechtssprechung
RV	Regierungsvorlage
RZ	Österreichische Richterzeitung
Rz	Randziffer
S	Seite
s	siehe
Slg	Sammlung
str	strittig
ua	unter anderem
UGB	Unternehmensgesetzbuch
UIG	Umweltinformationsgesetz
uU	unter Umständen
uva	und viele andere
VfGH	Verwaltungsgerichtshof
VfSlg	Sammlung der Erkenntnisse und wichtigsten Beschlüsse des Verfassungsgerichtshofes
vgl	vergleiche
VO	Verordnung
WBl	Wirtschaftsrechliche Blätter
WRP	Wettbewerb in Recht und Praxis (Zeitschrift)
www	word wide web
Z	Ziffer
zB	zum Beispiel
zT	zum Teil
ZUM	Zeitschrift für Urheber- und Medienrecht

Literaturverzeichnis

Aichholzer/Burkert (Hrsg.), Public Sector Information in the Digital Age, Edward Elgar (2004)

Bargmann/Karning/Schulz/Wisur/Zoubek, Public Sector Information (PSI) und Wissensmanagement, in *Makolm/Wimmer,* Wissensmanagement in der öffentlichen Verwaltung: Konzepte, Lösungen und Potentiale, Österreichische Computergesellschaft (2005), 105

Beschluss der Kommission vom 7. April 2006 über die Weiterverwendung von Informationen der Kommission (2006/291/EG, Euratom), Amtsblatt der EU Nr. L 107 vom 20.4.2006, S. 38

Dittrich, Zum neuen InformationsweiterverwendungsG, ecolex 2006, 402

Dohr/Pollirer/Weiss, Datenschutzrecht, 2. Auflage, Manz (2002), Loseblattsammlung mit laufenden Ergänzungslieferungen

Feik, Zugang zu Informationen als Voraussetzung für Content-Produkte, ÖJZ 2006, 449

Galla/Öhlböck, Die Weiterverwendung von Informationen des öffentlichen Sektors, in *Fallenböck/Galla/Stockinger,* Urheberrecht in der digitalen Wirtschaft, Manz (2005), 265

Grünbuch über die Informationen des öffentlichen Sektors in der Informationsgesellschaft, KOM (1998) 585

Knyrim, Checkliste: Zulässigkeit eines internationalen Datenverkehrs nach DSG 2000, ecolex 2002, 470

Knyrim, Datenschutzrecht, Manz (2003)

Knyrim, PSI-Richtlinie und Informationsweiterverwendungsgesetz: ein neuer Rechtsbereich, Österreichische Gemeinde-Zeitung (ÖGZ), 8/2005, 36

Knyrim, Kernpunkte der PSI-Richtlinie, ecolex 2005, 738

Knyrim, PSI-Richtlinie und Informationsweiterverwendungsgesetz: Ein neuer Recht- und Wirtschaftsbereich, Österreichische Zeitschrift für Vermessung & Geoinformation (vgi), 1/2005, 17

Knyrim, „Verwaltungsdaten, bitte warten“, Rechtspanorama, Die Presse, 4.7.2005

Knyrim, Neue Chancen mit Daten der öffentlichen Hand, Computerwelt 5.4.2005

Knyrim/Haidinger, Die Zulässigkeit der Bekanntgabe personenbezogener Daten an Untersuchungskommissionen am Beispiel Stadt Wien, ZfV 2005, 694

Knyrim/Momeni, Datenschutz bei klinischen Prüfungen und medizinischen Studien, RdM 2003, 68

Kissling, Letzte Gelegenheit für eContent-Förderungen, Computerwelt, 22.11.2005

Leitlinien der Europäischen Kommission für ein besseres Zusammenwirken zwischen dem öffentlichen und dem privaten Sektor auf dem Informationsmarkt, Luxemburg 1989

Lovrinovic, Zugang zu öffentlichen Daten wird transparenter, APA Online Journal 24.11.2005

Makolm/Wimmer, Wissensmanagement in der öffentlichen Verwaltung: Konzepte, Lösungen und Potentiale, Österreichische Computergesellschaft (2005)

Primosch, Die Bereitstellung von Dokumenten durch öffentliche Stellen in Kärnten, Österreichische Gemeinde-Zeitung (ÖGZ), 2/2006, 42

Richtlinie 2003/98/EG über die Weiterverwendung von Informationen des öffentlichen Sektors, Amtsblatt der EU Nr. L 340 vom 31.12.2003, S. 90

Salzburger Nachrichten, 14.9.2005, S. 29 (Beilage „Neue Medien“)

Schäfer, Die Umsetzung der Public Sector Information-Richtlinie in Österreich, Masterthesis, Universitätslehrgang für Informationsrecht und Rechtsinformation 2004/2005, Universität Wien

Internetlinks

http://www.help.gv.at/iwr/ – Informationsweiterverwendungsregister

http://www.bmwa.gv.at – Informationsartikel über das Informationsweiterverwendungsgesetz sowie Gesetzestext

http://ec.europa.eu/information_society/policy/psi/index_en.htm – Informationsseite der EU-Kommission zu Public Sector Information

http://www.epsigate.org – Von der EU gefördertes Informationsportal zu Public Sector Information

http://www.epsiplus.net – Von der EU gefördertes Informationsportal zu Public Sector Information

http://www.mepsir.org – Von der EU gefördertes Forschungsprojekt zu Public Sector Information

http://www.parlinkom.gv.at – Entwurf des Informationsweiterverwendungsgesetzes sowie die dazu eingelangten Stellungnahmen

http://www.preslmayr.at/datenschutz.htm – Weiterführende Literatur zum Informationsweiterverwendungs- und Datenschutzrecht

http://europa.eu.int/econtentplus – Informationen der EU zum eContentplus-Programm

http://www.ffg.at/index.php?cid=295 – Österreichische Nationale eContentplus Kontaktstelle

http://www.econtentplus.net – Informationen und Veranstaltungen zum eContentplus-Programm

http://www.cordis.lu/econtent/psi/psi_projects.htm – Liste der geförderten eContentplus-Projekte

http://www.content-village.org/ – Übersicht über geförderte eContentplus-Projekte

Teil I
Übersicht über den Regelungsgegenstand

1. Allgemeines

Das Informationsweiterverwendungsgesetz (IWG) dient der Umsetzung der Richtlinie 2003/98/EG des Europäischen Parlaments und des Rates vom 17. November 2003 über die Weiterverwendung von Informationen des öffentlichen Sektors[1] (kurz: PSI-Richtlinie[2]), soweit die Kompetenz des Bundes betroffen ist.

Ziel der PSI-Richtlinie[3] ist es, die nationalen Bestimmungen und Verfahren der Mitgliedstaaten für die Weiterverwendung von Dokumenten öffentlicher Stellen auf ein Mindestniveau anzugleichen, um zu gewährleisten, dass die Bedingungen für die Nutzung solcher Informationen gerecht, angemessen und nicht diskriminierend sind. Letztlich soll diese Angleichung auch dazu führen, dass ein reibungsloses Funktionieren des Binnenmarkts und die einwandfreie Entwicklung der Informationsgesellschaft in der Gemeinschaft gefördert werden.[4]

---

1 Siehe Amtsblatt der EU vom 31.12.2003, L 345/90.

2 PSI = englisch für Public Sector Information; deutsch für Informationen des öffentlichen Sektors; zum Inhalt der Richtlinie siehe auch *Bargmann/Karning/Schulz/Wisur/Zoubek*, Public Sector Information (PSI) und Wissensmanagement, in *Makolm/Wimmer*, Wissensmanagement in der öffentlichen Verwaltung: Konzepte, Lösungen und Potentiale, Österreichische Computergesellschaft (2005), 105 (107).

3 Zur Entstehungsgeschichte der PSI-RL und dem Grünbuch der Europäischen Kommission aus dem Jahr 1998 siehe *Schäfer*, Die Umsetzung der Public Sector Information-Richtlinie in Österreich, Masterthesis, Universitätslehrgang für Informationsrecht und Rechtsinformation 2004/2005, 4f.

4 Vgl. Erwägungsgrund 6 der PSI-Richtlinie.

Die digitale, wissensgestützte Wirtschaft ist eine wesentliche Triebkraft für Wachstum, Wettbewerbsfähigkeit sowie Beschäftigung und verbessert gleichzeitig die Lebensqualität der europäischen Bürger. Der öffentliche Sektor erfasst, erstellt, reproduziert und verbreitet ein weites Spektrum an Informationen in zahlreichen Sachgebieten wie insbesondere den Bereichen Soziales, Wirtschaft, Geographie,[5] Wetter,[6] Tourismus, Geschäftsleben, Patentwesen und Bildung.[7] Diese Informationen sind wesentliches Ausgangsmaterial für Produkte und Dienste mit digitalen Inhalten. Eine intensivierte Nutzung von Informationen des öffentlichen Sektors soll dazu führen, dass breitere Kreise von Bürgern und Unternehmen über qualitativ höherwertige Informationen verfügen und so ihre Rechte auf dem Binnenmarkt besser wahrnehmen können. Informationen des öffentlichen Sektors bergen aber auch ein bedeutendes Wirtschaftspotenzial. Durch umfassendere Möglichkeiten für die Weiterverwendung von Informationen des öffentlichen Sektors sollen die Unternehmer in die Lage versetzt werden, das Potenzial dieser Informationen zu nutzen und zu Wirtschaftswachstum sowie zur Schaffung zusätzlicher Arbeitsplätze beizutragen (siehe Erwägungsgrund 5 der Richtlinie 2003/98/EG) (EB zum IWG, Allgemeiner Teil).

Die PSI-Richtlinie geht also davon aus, dass vielfältigste Informationen im Besitz von öffentlichen Institutionen sind, die ein bedeutendes Wirtschaftspotenzial bergen und die für privat-

---

[5] Zu geografischen Daten siehe *Craglia/Blakemore,* Access Model for Public Sector Information: The Spatial Data Context, in *Aichholzer/Burkert* (Hrsg.), Public Sector Information in the Digital Age, Edward Elgar (2004), 187ff.

[6] Zu meteorologischen Daten siehe *Kamps*, Thunder and Lightning: Public Sector Information Policy Experience of Private Meteorological Service Providers, in *Aichholzer/Burkert* (Hrsg.), Public Sector Information in the Digital Age, 163ff.

[7] Vgl. Erwägungsgrund 4 der PSI-Richtlinie.

wirtschaftliche Unternehmen von beträchtlichem Wert[8] sein können, wenn sie diese einer „Veredelung“ zuführen und somit durch Hinzufügen eines Mehrwertes zu Wirtschaftswachstum und Wohlstand beitragen.[9]

Bei den für Unternehmen wichtigen Daten wird es sich wohl in erster Linie um Verwaltungsdaten handeln. Große Bedeutung für Entscheidungen von Unternehmen aller Branchen kann aber auch Informationen nicht verwaltungstechnischer Art, wie z.B. Statistiken, Finanz- und Geoinformation zukommen, insbesondere um Firmenstrategien festzulegen, Marketingentscheidungen zu treffen und Export- oder Investitionspläne aufzustellen.[10]

Die Regelungen und Verfahren der Mitgliedstaaten zur Nutzung von Informationsquellen des öffentlichen Sektors weichen erheblich voneinander ab. Dies stellt ein Hemmnis für die Nut-

---

8 In der gesamten EU investieren Regierungen jährlich EUR 9,5 Mrd. in öffentliche Informationen. Der geschätzte Beitrag dieser Investitionen zur europäischen Wirtschaft liegt zwischen EUR 28 Mrd. und EUR 134 Mrd. pro Jahr. An erster Stelle stehen die geographischen Industrien, die für EUR 36 Mrd. verantwortlich zeichnen, gefolgt von der Verwertung von Wirtschafts- und Sozialdaten. (*Dr. Manfred Grünanger*, Abteilung für Rechtspolitik, Wirtschaftskammer Österreich, Vortrag im Rahmen des Seminars „Daten des öffentlichen Sektors privatwirtschaftlich nutzen“, Business Circle, 29.11.2005). Der Schätzung von Pira, International Ltd., University of East Anglia, Knowledge View Ltd., Commercial Exploitation of Europe’s public sector information, Luxemburg 2000 zufolge beträgt der Wert der öffentlichen Informationen 68 Mrd. Euro, was etwa 1% des Bruttoinlandsprodukts entspricht. Diese Zahlen lassen im Vergleich zu den USA (EUR 750 Mrd. wirtschaftlicher Wert bei EUR 19 Mrd. Investitionskosten) noch ein enormes Entwicklungspotenzial aber auch einen großen Aufholbedarf erkennen.

9 So auch *Feik*, Zugang zu Informationen als Voraussetzung für Content-Produkte, ÖJZ 2006, 449.

10 Vgl. Grünbuch über die Informationen des öffentlichen Sektors in der Informationsgesellschaft, KOM (1998) 585.

zung des wirtschaftlichen Potenzials dieser grundlegenden Informationsquelle dar und führt zu Wettbewerbsverzerrungen. Durch die Angleichung der Bestimmungen und Verfahren der Mitgliedstaaten soll die Nutzung von Informationen des öffentlichen Sektors mit dem Ziel gefördert werden, gemeinschaftsweite Informationsdienstleistungen zu schaffen und die Entwicklung des Binnenmarktes zu stärken (EB zum IWG, Allgemeiner Teil).

Durch die PSI-Richtlinie sollen zudem Wettbewerbsnachteile, die Unternehmen aus der EU gegenüber ihren amerikanischen Konkurrenten haben, die sich auf ein hochentwickeltes, gut funktionierendes System öffentlicher Informationen auf allen Ebenen stützen können, ausgeglichen werden.[11]

Vor diesem Hintergrund soll die Richtlinie gewährleisten, dass bei der Verwertung von Informationen des öffentlichen Sektors die gleichen Grundbedingungen für alle Akteure auf dem europäischen Informationsmarkt gelten, dass die Bedingungen für die Verwertung transparenter gestaltet und ungerechtfertigte Marktverzerrungen beseitigt werden und dem Marktteilnehmer Rechtssicherheit geboten wird. Sohin sollen gemeinschaftsweite Dienstleistungen gefördert und zu diesem Zweck Hemmnisse für die Nutzung des wirtschaftlichen Potenzials öffentlicher Informationen, die sich aus unterschiedlichen mitgliedstaatlichen Regelungen hinsichtlich deren Nutzung ergeben, beseitigt werden (EB zum IWG, Allgemeiner Teil).

Da die Regeln und Verfahren für die Verwertung der Informationen in den Mitgliedstaaten unterschiedlich oder schlicht unklar sind, soll ein Mindestbestand an Harmonisierung und an

---

11 Seit Verabschiedung des Freedom of Information Act im Jahr 1966 haben die Vereinigten Staaten eine sehr aktive Informationspolitik betrieben, sowohl was den Zugang als auch die gewerbliche Nutzung von Informationen des öffentlichen Sektors angeht. Das hat die Entwicklung der Informationsindustrie in den USA deutlich vorangebracht (vgl. Grünbuch über die Informationen des öffentlichen Sektors in der Informationsgesellschaft, KOM (1998)).

gemeinsamen Regeln die Voraussetzung für mehr Sicherheit schaffen und die Herstellung unionsweiter Produkte erleichtern. Es bedarf sohin eines allgemeinen Rahmens, um zu gewährleisten, dass die Bedingungen für die Weiterverwendung solcher Informationen gerecht, angemessen und nicht diskriminierend sind (EB zum IWG, Allgemeiner Teil).

Es geht nicht darum, dass die Mitgliedstaaten mehr Informationen produzieren, sondern dass die Daten, auf die die Allgemeinheit zugreifen kann, klarer und für potenzielle Interessenten leichter nutzbar werden.[12]

Durch die Richtlinie soll ein Mindestmaß an Sicherheit und Transparenz der Bedingungen für die Verwertung von Informationen des öffentlichen Sektors in Europa geschaffen und die grenzüberschreitende Einführung von Produkten und Diensten auf Basis von Informationen des öffentlichen Sektors und damit die Entwicklung eines echten europäischen Informationsmarktes gefördert werden. Dadurch sollen im weiteren Sinne die Ziele des Binnenmarktes nach Art. 95 EGV, der Harmonisierungsbestimmungen im Hinblick auf die problemlose Schaffung und das reibungslose Funktionieren des Binnenmarktes vorsieht, verwirklicht werden. Bessere Möglichkeiten zur Verwertung von Informationen des öffentlichen Sektors auf der Basis eines harmonisierten Rahmens werden durch erhöhte Sicherheit und Transparenz zudem Investitionen und Innovationen auf dem Informationsmarkt fördern (EB zu IWG, Allgemeiner Teil).

Öffentliche Stellen werden durch die PSI-RL nicht unmittelbar zur Herausgabe der Dokumente verpflichtet; dennoch kann aufgrund des in der PSI-RL verankerten Nichtdiskriminierungsverbotes der Fall eintreten, dass einem Privatrechtssubjekt ein einklagbarer Anspruch zusteht, weil Dokumente davor bereits herausgegeben worden sind. Die öffentliche Stelle muss daher hinsichtlich der Herausgabe von Dokumenten zunächst eine

---

12 Vgl. Grünbuch über die Informationen des öffentlichen Sektors in der Informationsgesellschaft, KOM (1998) 585.

Grundsatzentscheidung darüber treffen, ob diese dem Regime der Richtlinie bzw. des Informationsweiterverwendungsgesetzes zu unterwerfen sind bzw. unterworfen werden sollen.

Die Europäische Kommission hat auf Basis von Art. 95 EGV[13] die Rechtsform der Richtlinie gewählt, um damit für alle Akteure des Informationsmarktes die gleichen Ausgangsbedingungen zu schaffen und den Marktteilnehmern Rechtssicherheit zu bieten.

Dem Erlass der Richtlinie sind zwei Initiativen der Europäischen Kommission voraus gegangen: einerseits die Veröffentlichung unverbindlicher Leitlinien der Europäischen Kommission im Jahre 1989 („Leitlinien für ein besseres Zusammenwirken zwischen dem öffentlichen und dem privaten Sektor auf dem Informationsmarkt, Luxemburg 1989“), die nicht den erwünschten Erfolg mit sich brachten, und andererseits das „Grünbuch über Informationen des öffentlichen Sektors in der Informationsgesellschaft, KOM (1998) 585, mit dem umfangreiche Konsultationen durchgeführt wurden und das überwiegend Unterstützung erhielt.

Die Europäische Kommission selbst hat am 7. April 2006 den Grundsatzbeschluss gefasst, dass alle Dokumente der Kommission für kommerzielle und nichtkommerzielle Zwecke weiterverwendet werden dürfen, sofern sie nicht den im Beschluss vorgesehenen Beschränkungen unterliegen.[14]

---

13 Vgl. auch Mitteilung des Juristischen Dienstes des Rates vom 24. Oktober 2002, Dok.-Nr. 13407/02.

14 Beschluss der Kommission vom 7.4.2006 über die Weiterverwendung von Informationen der Kommission, ABl L 107/38 vom 20. April 2006 (siehe auch Teil V dieses Buches).

2. Das Informationsweiterverwendungsgesetz

2.1. Das Thema PSI

Das Thema Public Sector Information war von Anfang an sehr kontrovers und geprägt von rechtspolitischer Diskussion.[15] Noch bevor es einen österreichischen Umsetzungsvorschlag gab, forderte etwa die Berufsgruppe der Telekom-Dienstleistungsunternehmen im Fachverband Unternehmensberatung und Informationstechnologie der Wirtschaftskammer Österreich, dass „in keinem Fall Leistungen der Privatwirtschaft durch Leistungen der Verwaltung oder der öffentlichen Wirtschaft substituiert oder gefährdet werden dürfen".[16] Der Österreichische Städtebund verkündete hingegen, dass „es den Gemeinden und Städten schließlich freisteht, Daten zu eigenen Produkten zu verarbeiten und auf dem freien Markt anzubieten. Dieses verbriefte Recht lassen wir uns nicht nehmen."[17]

Vertreter der Privatwirtschaft berichteten von bereits länger bestehenden Problemen mit dem Zugang zu Daten der öffentlichen Hand und erhofften sich eine Verbesserung der Situation in Europa durch die PSI-Richtlinie. Als negatives Beispiel wurde etwa das Verhalten des Deutschen Wetterdienstes DWD gegenüber privaten Wetterdienstleistern genannt, das dazu geführt

---

15 Etwa *Bargmann/Pfeifer/Piwinger,* A Citizen's Perspective on Public Sector Information, in *Aichholzer/Burkert* (Hrsg.), Public Sector Information in the Digital Age, 255 (271) oder *Burkert/Weiss,* Towards a Blueprint for a Policy on Public Sector Information, in *Aichholzer/Burkert* (Hrsg.), Public Sector Information in the Digital Age, 329ff.

16 Dipl.-Ing. *Dieter Zoubek*, Bundes-Berufsgruppenobmann der Telekom-Dienstleistungsunternehmen im Fachverband Unternehmensberatung und Informationstechnologie der Wirtschaftskammer Österreich, Pressemeldung vom 22.4.2004.

17 Dkfm. Dr. *Erich Pramböck,* Generalsekretär des Österreichischen Städtebundes, Pressemeldung vom 15.9.2004.

habe, dass private deutsche Wetterdienste ihre Wetterdaten zu geschätzten 99 % aus den USA beziehen.[18] Ebenso bestünden am österreichischen Geodatenmarkt bereits seit längerem Probleme, die von Kompetenz-Unklarheiten, starken Preisschwankungen und Schwierigkeiten aufgrund des in Österreich bestehenden föderalistischen Systems geprägt seien und zu „Selbsthilfemaßnahmen" der Privatwirtschaft geführt hätten (etwa, dass das Adressregister nicht mehr wie früher aus dem öffentlichen Gebäuderegister, sondern nunmehr aus dem privaten Datenbestand der Österreichischen Post AG gespeist würden oder dass aufgrund von Lizenzierungsbedingungen an sich vorhandene, hervorragende Kartengrundlagen des Bundesamtes für Eich- und Vermessungswesen durch unpräzisere Produkte privater Kartenverlage substituiert würden).[19]

Die PSI-RL war bis 1.7.2005 durch die Mitgliedstaaten umzusetzen.[20] Der Entwurf des Bundesgesetzes über die Weiterverwendung von Informationen wurde am 23. März 2005 vom Bundesministerium für Wirtschaft und Arbeit in die allgemeine Begutachtung versendet.[21] Insgesamt langten 39 Stellungnahmen[22] ein, die insbesondere bei der Kostenfrage aber auch beim Rechtsschutz sehr kontroverse Vorschläge beinhalteten.

---

[18] Dipl. Met. *Dennis Schulze,* Vorstandvorsitzender Verband Deutscher Wetterdienstleister e.V., Vortrag im Rahmen des Seminars „Daten des öffentlichen Sektors privatwirtschaftlich nutzen", Business Circle, 29.11.2005.

[19] Mag. *Georg Magenschab,* Geschäftsführender Gesellschafter WIGeoGIS Softwareerstellungs- und HandelsgmbH, Vortrag im Rahmen des Seminars „Daten des öffentlichen Sektors privatwirtschaftlich nutzen", Business Circle, 13.6.2006.

[20] Siehe Art 12 PSI-Richtlinie sowie *Knyrim,* Verwaltungsdaten, bitte warten, Rechtspanorama, Die Presse, 4.7.2005.

[21] 265/ME XXII. GP, abrufbar über die Website des Österreichischen Parlamentes (www.parlinkom.gv.at).

[22] 1/S-265/ME bis 27/SN-265/ME (XXII.GP); großteils online abrufbar unter: www.parlinkom.gv.at – Suchwort IWG.

Auch nach Beschluss des IWG sind die Sichtweisen zum IWG nicht minder unterschiedlich. Sogar innerhalb der Privatwirtschaft gibt es geteilte Auffassungen über das Wesen der Informationsweiterverwendung. Während einerseits Vertriebsfirmen Daten und Dokumente der öffentlichen Hand eher unverändert an Konsumenten „durchleiten" möchten, wird andererseits[23] unter Hinweis auf die verlängerte Wertschöpfungskette G2B-2B bzw. G2B-2C vorgeschlagen, statt von Informationsweiterverwendung besser von Informationsweiterverarbeitung zu sprechen. Dies, um den schöpferischen und kreativen Aspekt zu betonen, um welchen „Inhalteproduzenten" wie Verlage oder Fachdatenbankanbieter die Daten und Dokumente der öffentlichen Hand „bereichern".

Der Fachverband Unternehmensberatung und Informationstechnologie der Wirtschaftskammer Österreich führte Anfang 2006 eine Umfrage bei öffentlichen Stellen durch. Seine an rund 50 öffentliche Stellen gerichtete Anfrage, welche Dokumente von diesen nach IWG zur Weiterverwendung bereitgestellt würden, zeigte, dass ein deutlich überwiegender Teil von öffentlichen Stellen bei der Frage, Informationen zur Weiterverwendung bereitzustellen, (noch) sehr zurückhaltend war bzw. mit dem Thema IWG wenig anzufangen wusste.[24]

---

23 So etwa *Gerhard Wagner*, *e*Content-Experte, Verband für Informationswirtschaft (fusioniert mit ISPA), Vortrag im Rahmen des Seminars „Daten des öffentlichen Sektors privatwirtschaftlich nutzen", Business Circle, 29.11.2005.

24 Die Anfragen wurden direkt an Bundesminister, Staatssekretäre, Bundesanstalten, Landeshauptleute sowie einige bundesgesetzlich eingerichtete Selbstverwaltungskörperschaften gesandt. Die typische Antwort war wenig aussagekräftig, d. h. ohne Bezug auf das IWG und ohne Nennung von möglichen bereitstellbaren Daten mit dem Hinweis, dass interessierte Unternehmen direkt anfragen sollten, wobei jedoch meist keine Kontaktpersonen (Informationsstellen nach IWG) genannt wurden. Nur wenige Ministerien und Landeshauptleute stellten Detailantworten in Aussicht, teilweise wurden

Aus Sicht der öffentlichen Stellen ist deren Zurückhaltung durchaus verständlich. Das Informationsweiterverwendungsrecht ist ein vollständig neuer, nur schwer in das bisherige Rechtsystem und die bisherige Verwaltungsstruktur einordenbarer Rechtsbereich. Zu diesem muss erst Vertrauen gefasst werden. Die anfänglich vorherrschende Angst, etwas „Falsches" zu tun bzw. die Befürchtung, einen „Dammbruch" durch eine erstmalige Bereitstellung von Dokumenten zur Weiterverwendung zu verursachen, kann nur durch die Sammlung von Erfahrung und eine breite Bewusstseinsbildung über das Thema PSI abgebaut werden. Die Autoren hoffen, mit diesem Buch einen Beitrag dazu zu leisten.

2.2. Kurzübersicht über den Inhalt

Vorrangiges Ziel des Informationsweiterverwendungsgesetz ist die Erschließung des wirtschaftlichen Potenzials, das in den Informationen der öffentlichen Stellen liegt.[25] Insbesondere soll dadurch die Erstellung neuer Informationsprodukte und -dienste gefördert werden.

Fortsetzung der FN 24:
schriftliche Publikationen zum Kauf angeboten. Quelle: Dipl.-Ing. *Dieter Zoubek,* Bundes-Berufsgruppenobmann der Telekom-Dienstleistungsunternehmen im Fachverband Unternehmensberatung und Informationstechnologie der Wirtschaftskammer Österreich. Siehe auch *Zoubek,* Praktische Auswirkungen der PSI-Richtlinie in Österreich, Vortrag im Rahmen des Internationalen Rechtsinformatik Symposion IRIS 2006, 17.2.2006, downloadbar unter http://www.univie.ac.at/RI/IRIS2006/papers/zoubek.ppt (zuletzt eingesehen am 6.8.2006).

25 Siehe zum Wissensmanagement im Umfeld Behörden, Bürger und Unternehmen *Bargmann/Karning/Schulz/Wisur/Zoubek,* Public Sector Information (PSI) und Wissensmanagement, in *Makolm/Wimmer*, Wissensmanagement in der öffentlichen Verwaltung: Konzepte, Lösungen und Potentiale, Österreichische Computergesellschaft (2005), 105 (111f).

Dieses Bundesgesetz enthält einen Mindestbestand an Regeln für die Weiterverwendung vorhandener Dokumente öffentlicher Stellen. Öffentliche Stellen werden durch dieses Gesetz grundsätzlich nicht dazu verpflichtet, die Verwertung bestimmter Dokumente zu gestatten. Es besteht auch keine Verpflichtung der öffentlichen Stellen, Dokumente weiterzugeben. Wenn jedoch Dokumente weitergegeben werden, dann hat dies unter Anwendung der Regelungen dieses Gesetzes zu erfolgen. Die erstmalige Entscheidung, ob eine Weiterverwendung genehmigt wird, ist Sache der betreffenden öffentlichen Stelle. Sobald aber eine Weiterverwendung von Dokumenten erstmalig gestattet wurde, sind diese in nicht diskriminierender Weise (§ 10), innerhalb eines bestimmten zeitlichen Rahmens (§ 5), gegebenenfalls gegen angemessenes Entgelt (§ 7) und grundsätzlich nicht exklusiv auf Antrag (§ 11) auch an jeden Dritten weiterzugeben. Öffentlichen Stellen ist eine eigene wirtschaftliche Nutzung ihrer Dokumente gestattet. Werden Dokumente von öffentlichen Stellen als Ausgangsmaterial für eigene wirtschaftliche Geschäftstätigkeiten verwendet, die nicht unter ihren öffentlichen Auftrag fallen, gelten für diese Tätigkeiten dieselben Bedingungen wie für andere Nutzer (EB zum IWG, Allgemeiner Teil).

Von diesem Bundesgesetz unberührt bleiben die Bestimmungen völkerrechtlicher Übereinkommen zum Schutz der Rechte an geistigem Eigentum, insb. das Berner Übereinkommen zum Schutz von Werken der Literatur und der Kunst und das WTO-Abkommen über handelsbezogene Aspekte der Rechte an geistigem Eigentum (TRIPS). Ebenso wird die Einhaltung bestehender Datenschutzregelungen in keiner Weise berührt: Informationen, die aus Datenschutzgründen nicht allgemein zugänglich sind, können nicht verwertet werden. Ausdrücklich vom Geltungsbereich dieses Bundesgesetzes ausgeschlossen sind öffentlich-rechtliche Rundfunkanstalten ebenso wie Kultur- und Bildungseinrichtungen, die aufgrund ihrer Funktion eine Sonderstellung in der Gesellschaft einnehmen. Dieses Bundesgesetz ist zudem dann nicht anwendbar, wenn die Erstellung der

Dokumente nicht unter den öffentlichen Auftrag der öffentlichen Stelle fällt. Ebenso wenig anwendbar ist dieses Bundesgesetz, wenn die Dokumente nicht zugänglich sind, insbesondere nach den geltenden Zugangsregelungen oder aus Gründen des Schutzes der nationalen Sicherheit, der umfassenden Landesverteidigung oder der öffentlichen Sicherheit oder aus Gründen der statistischen Geheimhaltung (EB zum IWG, Allgemeiner Teil).

Dieses Bundesgesetz stützt sich auf die geltenden österreichischen Zugangsregeln, d.h. die Vorschriften für den Zugang zu Dokumenten öffentlicher Stellen werden durch dieses Bundesgesetz nicht berührt. Es wird sohin bloß die Regelung für die Weiterverwendung von öffentlichen Dokumenten für kommerzielle und nichtkommerzielle Zwecke vorgenommen (EB zum IWG, Allgemeiner Teil).

Dieses Bundesgesetzes umfasst Bestimmungen, die zusätzliche Aufwendungen der betreffenden öffentlichen Stellen erfordern können. Diese sollen jedoch nicht über die ordnungsgemäße Verwaltungspraxis hinausgehen und auf ein Mindestmaß begrenzt werden, indem Dokumente in den vorliegenden Formaten zur Verfügung gestellt werden können. Es besteht keine Verpflichtung zur Neuerstellung oder Umformatierung (EB zum IWG, Allgemeiner Teil).

Öffentliche Stellen dürfen die Entgelte für die Weiterverwendung nicht willkürlich festsetzen und keine überhöhten Entgelte für Informationen fordern, die im Rahmen ihres öffentlichen Auftrags und mit öffentlichen Geldern erstellt wurden. Sie sind jedoch berechtigt, ihre Investitionen in die Erstellung von Dokumenten zu decken, wobei von einem kostenorientierten Ansatz auszugehen ist. Es steht den jeweiligen öffentlichen Stellen frei, ihre Gebührenstrategie festzulegen. Soweit Entgelte erhoben werden, dürfen die Gesamteinnahmen die Kosten der Erfassung, Erstellung, Reproduktion und Verbreitung der Dokumente zuzüglich einer angemessenen Gewinnspanne nicht übersteigen. Die einzige Einschränkung, die auferlegt wird, ist somit das Erfordernis der Angemessenheit als Obergrenze für den Fall, dass eine öffentliche Stelle aus ihren Informationsquellen unangemessene Gewinne erzielen würde (EB zum IWG, Allgemeiner Teil).

Öffentliche Stellen können die Weiterverwendung von Dokumenten ohne Bedingungen gestatten oder aber Bedingungen für die Weiterverwendung festlegen. Bedingungen für die Weiterverwendung von Dokumenten dürfen für vergleichbare Kategorien der Weiterverwendung nicht diskriminierend sein und sind transparent zu gestalten (EB zu IWG, Allgemeiner Teil).

Wie und welche Daten öffentliche Stellen zur Weiterverwendung zur Verfügung stellen, war bislang intransparent. Durch das IWG werden Bedingungen und Entgelte für die Weiterverwendung einer gesetzlichen Grundlage unterstellt.

Die Bedingungen und Standardentgelte für die Weiterverwendung der Dokumente sind von den betreffenden öffentlichen Stellen nunmehr im Voraus festzulegen und – nach Möglichkeit auf elektronischem Wege – zu veröffentlichen. Auf Anfrage ist von der öffentlichen Stelle die Berechnungsgrundlage für die Entgelte bekannt zu geben. Des Weiteren sind Antragsteller über ihre Rechtsschutzmöglichkeiten zu unterrichten. Zur Erleichterung der Suche nach den zur Weiterverwendung verfügbaren Dokumenten haben die öffentlichen Stellen praktische Vorkehrungen zu treffen, indem sie beispielsweise Verzeichnisse über die wichtigsten zur Weiterverwendung verfügbaren Dokumente führen und diese – soweit möglich im Internet – veröffentlichen (EB zu IWG, Allgemeiner Teil).

Ausschließlichkeitsvereinbarungen sind nach diesem Bundesgesetz grundsätzlich unzulässig, da sie den Wettbewerb und die kommerzielle Verwertung von Informationen in unzumutbarer Weise einschränken. Die Weiterverwendung von Dokumenten öffentlicher Stellen hat allen potenziellen Marktteilnehmer offen zu stehen, selbst wenn auf diesen Dokumenten beruhende Mehrwertprodukte bereits von einem oder mehreren Marktteilnehmern genutzt werden. Ausnahmsweise dürfen Ausschließlichkeitsvereinbarungen getroffen werden, wenn die Bereitstellung eines Dienstes im öffentlichen Interesse die Gewährung eines exklusiven Nutzungsrechtes erfordert. Ausschließlichkeitsvereinbarungen, die zum Missbrauch einer marktbeherrschenden Stellung durch das Unternehmen, mit dem sie getroffen wurden, führen, stellen einen Widerspruch zu den Wettbewerbsregeln des EG-Vertrags (Art. 82 in Verbindung mit Art. 86 EGV) dar. Daraus ist die Verpflichtung abzulesen, alle derartigen Ausschließlichkeitsvereinbarungen aufzuheben (EB zum IWG, Allgemeiner Teil).

2.3. Abgrenzung zu ähnlichen Themen

Das Informationsweiterverwendungsgesetz und Informationsweiterverwendung allgemein sind nicht zu verwechseln mit Informationsfreiheit. Informationsfreiheit – etwa nach dem US-Freedom of Information Act (FOIA) – gewährt nach der „right to know"–Doktrin grundsätzlich allen einen Anspruch auf Zugang zu jeder Akte, die bei einer staatlichen Behörde geführt wird. Behörden sind nach dem FOIA verpflichtet, nach schriftlicher Anfrage binnen 20 Werktagen Zugang zu Akten zu gewähren. Beschränkt wird das Auskunftsrecht durch insgesamt neun Ausnahmen, die jedoch nicht automatisch zur Geheimhaltung führen, sondern die Herausgabe in das Ermessen der jeweiligen Behörde übertragen. Weiters gibt es drei Ausschlussklauseln, die jedoch nur selten zur Anwendung gelangen.[26] Bei der Informationsfreiheit geht es somit um den freien Zugang des Bürgers zu Akten der Verwaltung, um diesen über Verwaltungshandeln zu informieren und nicht wie im IWG um eine (kommerzielle und nicht-kommerzielle) Weiterverwendung dieser Informationen insbesondere durch privatwirtschaftliche Unternehmen.

Gewisse Ansätze zur Informationsfreiheit finden sich im Auskunftsrecht nach Art 20 Abs. 4 B-VG, das alle mit Aufgaben

---

26 *Schäfer*, Die Umsetzung der Public Sector Information-Richtlinie in Österreich, Masterthesis, Universitätslehrgang für Informationsrecht und Rechtsinformation 2004/2005, 7f.

der Bundes-, Landes- und Gemeindeverwaltung betraute Organe sowie die Organe anderer Körperschaften des öffentlichen Rechts verpflichtet, über Angelegenheiten ihres Wirkungsbereiches Auskünfte zu erteilen, soweit eine gesetzliche Verschwiegenheitspflicht dem nicht entgegensteht.[27] Ein „echtes" Informationsfreiheitsgesetz – wie etwa in Deutschland[28] – gibt es in Österreich bislang noch nicht. Auch das Auskunftsrecht ist von der Informationsweiterverwendung zu trennen.[29]

Dass sich Informationsfreiheit und Informationsweiterverwendung auch kombinieren lassen, zeigt das Beispiel Slowenien[30], wo beides in einem „Access to Public Information Act" zusammengeführt wurde und in die Zuständigkeit eines Informationskommissars, der gleichzeitig auch Datenschutzkommissar ist, fällt.[31]

---

27 Zum Spannungsfeld Amtsverschwiegenheit – Amtshilfe – Auskunftsrecht siehe bei *Knyrim/Haidinger*, Die Zulässigkeit der Bekanntgabe personenbezogener Daten an Untersuchungskommissionen am Beispiel Stadt Wien, ZfV 2005, 694 (695f). Der Stand der Diskussion zu diesem Spannungsfeld lässt sich auch aus den Ausschussberichten des Österreich Konvents mit weiteren Nachweisen entnehmen, siehe http://www.konvent.gv.at.

28 Informationsfreiheitsgesetz vom 5.9.2005, in Kraft seit 1.1.2006, dBGBl I S. 2722. Siehe dazu etwa *Kiethe/Groeschke,* Informationsfreiheitsgesetz: Informationsfreiheit contra Betriebsgeheimnis? Notwendige Vorkehrungen für den Schutz von Betriebs- und Geschäftsgeheimnissen, WRP 2006, 303.

29 Siehe den historischen Abriss zur Amtsverschwiegenheit und die Kritik am Fehlen eines Informationsfreiheitsgesetzes in Österreich und der Entwicklung desselben aus Art 10 MRK bei *Feik*, Zugang zu Informationen als Voraussetzung für Content-Produkte, ÖJZ 2006, 449 (451).

30 Vgl. dazu auch detailliertere Ausführungen bezügl. Regelungen in Slowenien zu §§ 7, 8 und 11.

31 Vgl. Access to Public Information Act vom 15. Juli 2005, online unter http://www.ip-rs.si/index.php?id=520 (zuletzt eingesehen am 6.8.2006); slowen. Informacijski Pooblaščenec.

Nicht zu verwechseln ist Informationsweiterverwendung auch mit Akteneinsicht. Bei der Akteneinsicht geht es um den Zugang einer Partei zu den ihre Angelegenheiten betreffenden Verwaltungsakten, also weder um die kommerzielle Weiterverwendung dieser Informationen durch privatwirtschaftliche Unternehmen wie im IWG, noch um den freien Zugang des Bürgers zu (allen) Akten der Verwaltung. Handelt ein Unternehmen etwa als Vertreter für eine (oder mehrere) Parteien (z.B. ein anderes Unternehmen) und holt es in dieser Funktion Informationen von öffentlichen Stellen aus den Akten, die die von ihr vertretene(n) Partei(en) betreffen, so wäre dies kein Fall einer Informationsweiterverwendung, sondern einer Akteneinsicht, da es nicht um die kommerzielle Weiterverwendung von Informationen, sondern um den Akteninhalt bestimmter, eine oder mehrere Parteien betreffende Akten geht.[32]

Abzugrenzen ist Informationsweiterverwendung auch von der Vergabe öffentlicher Dienstleistungskonzessionen etwa nach dem BVergG.[33]

2.4. Die Grundsatzentscheidung zur Bereitstellung

Sehr wesentlicher Punkt der PSI-Richtlinie ist, dass diese den Mitgliedstaaten keinen Eingriff in deren „Eigentumsrechte" „verordnen" kann. Eine Verpflichtung von europäischer Seite würde Art 295 EG-Vertrag widersprechen. Die PSI-Richtlinie ist dementsprechend als eine Art Anregung an die Mitgliedstaa-

---

32 Zu weiteren Zugangsregeln in Österreich siehe *Schäfer*, Die Umsetzung der Public Sector Information-Richtlinie in Österreich, Masterthesis, Universitätslehrgang für Informationsrecht und Rechtsinformation 2004/2005, 19f.

33 *Wagner*, Die EG-Richtlinie zur Verwertung öffentlicher Informationen durch die private Content-Verlags- und Multimediawirtschaft, Vortrag im Rahmen des Seminars „Daten des öffentlichen Sektors privatwirtschaftlich nutzen", Business Circle, 29.11.2005.

ten zu verstehen, die Weiterverwendung von Dokumenten zu gestatten. Dementsprechend ist in der Richtlinie ausdrücklich festgehalten, dass die Entscheidung, ob eine Weiterverwendung genehmigt wird, Sache der Mitgliedstaaten bzw. der betreffenden öffentlichen Stelle sei.[34] Das IWG sieht in § 2 Abs. 1 keine generelle Verpflichtung zur Bereitstellung von Dokumenten vor, sondern überlässt die Entscheidung der einzelnen öffentlichen Stelle, indem es den Geltungsbereich des IWG damit umschreibt, dass dieses „den rechtlichen Rahmen für die kommerzielle und nicht kommerzielle Weiterverwendung von im Besitz öffentlicher Stellen befindlichen und in ihrem öffentlichen Auftrag erstellten Dokumenten“ regle, „sofern sie diese zur Weiterverwendung bereitstellen“.

Der erste Entwurf eines Landesgesetzgebers deutete darauf hin,[35] dass die öffentlichen Stellen grundsätzlich zu einer Herausgabe verpflichtet werden würden. Letztlich wurde dieser Entwurf nochmals überarbeitet, sodass das Landesgesetz nunmehr – so wie auch die anderen bereits vorliegenden Landesgesetze – ebenfalls keine Verpflichtung zur Bereitstellung enthält.[36] Somit muss jede einzelne öffentliche Stelle der Länder, Städte und Gemeinden für sich die Entscheidung treffen, ob Informationen grundsätzlich herausgegeben werden oder nicht.

Die Entscheidung, ob ein Dokument allgemein zur Verfügung gestellt und dessen Weiterverwendung genehmigt wird, ist

---

34 siehe Erwägungsgrund 9 PSI-RL.

35 siehe Entwurf von Kärnten idF von Februar 2005.

36 Siehe § 16 Kärntner Informations- und Statistikgesetz K-ISG, Ktn. LGBl 70/2005 vom 7.7.2005; und dazu *Primosch,* Die Bereitstellung von Dokumenten durch öffentliche Stellen in Kärnten, Österreichische Gemeinde-Zeitung (ÖGZ), 2/2006, 42 (43). Ebenso § 1 Abs. 3 Wiener Informationsweiterverwendungsgesetz, Wr. LGBl 52/2005 vom 20.9.2005 und § 10 Abs. 2 Oberösterreichisches Auskunftspflicht-, Datenschutz- und Informationsweiterverwendungsgesetz, Oö. LGBl 86/2006 vom 31.7.2006.

somit Sache der jeweils betroffenen öffentlichen Stelle.[37] Wenn die betroffene Stelle sich aber zur Weitergabe entschieden hat, oder bereits faktisch Dokumente zur Weiterverwendung bereitgestellt hat, muss diese nach den Bestimmungen des IWG bzw. des entsprechenden Landesgesetzes erfolgen, dh insbesondere diskriminierungsfrei und nur in einem bestimmten finanziellen Rahmen.

3. Kompetenz

Wie bereits unter Punkt 1. angedeutet, kommt die Kompetenz zur Umsetzung der PSI-Richtlinie sowohl dem Bund als auch den Ländern[38] zu.

---

[37] EB zu § 2 Abs. 1 IWG.

[38] Zum Zeitpunkt der Drucklegung dieses Buches waren das Kärntner Informations- und Statistikgesetz K-ISG, Ktn. LGBl 70/2005 vom 7.7.2005, das Wiener Informationsweiterverwendungsgesetz, Wr. LGBl 52/2005 vom 20.9.2005 und das Oberösterreichisches Auskunftspflicht-, Datenschutz- und Informationsweiterverwendungsgesetz, Oö. LGBl 86/2006 vom 31.7.2006, das Vorarlberger Dokumentenweiterverwendungsgesetz, LGBl 42/2006 vom 12. September 2006 und das Niederösterreichische Auskunftsgesetz, LGBl 94a/2006 vom 22. November 2006, publiziert. Weiters lagen ein Gesetzesbeschluss vom 22. November 2006 über das Tiroler Informationsweiterverwendungsgesetz sowie ein Gesetzesbeschluss vom 14. Dezember 2006 über ein Burgenländisches Auskunftspflicht-, Informationsweiterverwendungs- und Statistikgesetz und ein Begutachtungsentwurf der Steiermark vor (vgl. auch Teil V dieses Buches). Zum Kärntner Entwurf siehe Dr. *Edmund Primosch*, Weiterverwendung von Dokumenten öffentlicher Stellen im Land Kärnten, Vortrag im Rahmen des Seminars „Daten des öffentlichen Sektors privatwirtschaftlich nutzen", Business Circle, 29.11.2005; zum öberösterreichischen Entwurf siehe Mag. *Karl Heuberger,* Umsetzung der PSI-Richtlinie im Land Oberösterreich, Vortrag im Rahmen des Seminars „Daten des öffentlichen Sektors privatwirtschaftlich nutzen", Business Circle, 13.6.2006.

Gemäß einem Gutachten des Bundeskanzleramtes-Verfassungsdienst (BKA-VD) vom 6. September 2004 ist eine umfassende Kompetenz des Bundes zur Umsetzung der PSI-Richtlinie nicht gegeben, sondern von einer geteilten Kompetenz zwischen Bund und Ländern auszugehen (1 Bundesgesetz und 9 Landesgesetze).

Die Kompetenzbestimmung des Art. 10 Abs. 1 Z 8 B-VG („Bekämpfung des unlauteren Wettbewerbs") stellt nach Ansicht des BKA-VD keine ausreichende Grundlage für die Begründung der Bundeskompetenz dar, da primärer Regelungsgegenstand der PSI-Richtlinie nicht die Beziehung der im Wettbewerb zueinander stehenden Personen, sondern deren Beziehung zu öffentliche Stellen ist.

Da die PSI-Richtlinie in Erwägungsgrund 10 bezüglich ihrer Begriffsbestimmungen hinsichtlich der durch sie verpflichteten öffentlichen Stellen und Einrichtungen des öffentlichen Rechts an die gemeinschaftsrechtlichen Begriffsdefinitionen der öffentlichen Auftragsvergabe anknüpft (RL 71/305/EWG, RL 90/531/EWG und RL 93/36/EWG)[39] und das Vergabewesen – ähnlich der PSI-Richtlinie, hier quasi in „vertauschten" Rollen – dadurch gekennzeichnet ist, dass öffentliche Aufträge von öffentlichen Stellen in Form eines zivilrechtlichen Vertrags vergeben werden, dem Angebote Privater bzw. privatrechtlich agierender Rechtsträger vorausgehen, lag bei der Prüfung der Umsetzungskompetenz ein Vergleich der Kompetenzgrundlagen zur Umsetzung der einschlägigen Vergaberichtlinien nahe.[40] Die diesbezüglichen Diskussionen waren stets sehr kontrovers; letztlich

---

[39] Dadurch soll sicher gestellt werden, dass alle Einrichtungen erfasst werden, die öffentliche Aufgaben wahrnehmen, unabhängig davon, ob die Tätigkeit als Verwaltungshandeln zu qualifizieren ist oder nicht, weil entweder kein entsprechender Aufgabendelegationszusammenhang besteht oder weil der Einrichtung kein „Imperium" verliehen worden ist.

[40] Ausgangspunkt ist das Jahr 1993; 2002 wurde mit Art. 14b B-VG eine eigene Kompetenzgrundlage für das Vergabewesen geschaffen.

schaffte das Erkenntnis des Verfassungsgerichtshofes vom 7. Oktober 1997 (VfSlg. 15.286/1998) eine endgültige Klärung, in dem eine (ausschließliche) Zuordnung des Vergabewesens zu Angelegenheiten des Zivilrechtswesens (Art. 10 Abs. 1 Z 6 B-VG) verneint und vielmehr für Vergaben auf Landes- und Gemeindeebene aufgrund der Organisationskompetenz der Länder in Gesetzgebung und Vollziehung der Landesgesetzgeber für zuständig angesehen wurde.

Auf Basis dieses Erkenntnisses sowie in Anlehnung an die kompetenzrechtliche Regelung der Auskunftspflicht und des Archivgesetzes kam das BKA-VD zu dem Ergebnis, dass sich die Kompetenz für die Umsetzung der PSI-Richtlinie einerseits auf der Zivilrechtskompetenz (Art. 10 Abs. 1 Z 6) für privatrechtrechtlich organisierte öffentliche Stellen und andererseits auf der Organisationshoheit gründet, wonach die Regelungskompetenz für öffentliche Stellen im Bundesbereich dem Bund und jene für öffentliche Stellen im Landes- und Gemeindebereich den Ländern zukommt.

Demnach kommt dem Bund die Regelungskompetenz für öffentliche Stellen im Bundesbereich sowie für sämtliche privatrechtlich organisierte öffentliche Stellen (auch für jene im Bereich der Länder und Gemeinden ausgegliederten, privatrechtlich organisierten Rechtsträger wie Gesellschaften und Vereine) und den Ländern die Regelungskompetenz für öffentliche Stellen im Landes- und Gemeindebereich (Länder, Gemeinden, Einrichtungen auf landesrechtlicher Grundlage) zu.

Diese geteilte Umsetzungskompetenz führte insbesondere im Bereich des Rechtsschutzes zu unterschiedlichen Regelungen. So sieht das IWG des Bundes die Zuständigkeit der ordentlichen Gerichte vor, während die Länder den Rechtsschutz auf den Verwaltungsweg übertragen.[41]

---

[41] Vgl. dazu auch nähere Ausführungen zu § 12 f. in Teil II dieses Buches.

Teil II
Bundesgesetz über die Weiterverwendung von Informationen des öffentlichen Sektors

I. Abschnitt
Allgemeine Bestimmungen

Ziel

§ 1. Ziel dieses Bundesgesetzes ist die Erleichterung der Weiterverwendung von Dokumenten öffentlicher Stellen, insbesondere um dadurch die Erstellung neuer Informationsprodukte und -dienste zu fördern.

Anmerkung:

1) Durch die Formulierung des Zieles wird die eigentliche Intention des Informationsweiterverwendungsgesetzes (IWG) klargestellt, die jener der Richtlinie 2003/98/EG über die Weiterverwendung von Informationen des öffentlichen Sektors entspricht.

2) Ziel dieses Bundesgesetzes ist in erster Linie die Erschließung des wirtschaftlichen Potenzials, das in den Dokumenten öffentlicher Stellen liegt. Insbesondere soll es Unternehmen erleichtert werden, neue Informationsprodukte und -dienste zu erstellen, indem ihnen die Möglichkeit geboten wird, durch die Weiterverwendung von Dokumenten öffentlicher Stellen deren wirtschaftliches Potenzial als Ausgangsmaterial für Produkte und Dienste, insbesondere mit digitalen Inhalten, zu nutzen und so zu Wirtschaftswachstum und zur Schaffung neuer Arbeitsplätze beizutragen (siehe Erwägungsgrund 5 der Richtlinie 2003/98/EG) (EB zu § 1).

3) Nicht zuletzt die Wachstumsprognose des Marktes mit mobilen Daten- und Unterhaltungsdiensten in Westeuropa von mehr als 30 Mrd. Euro bis 2012 lässt das Potenzial, das in den Informationen des öffentlichen Sektors steckt, erkennen.[42]

4) Informationen des öffentlichen Sektors stellen für einen großen Teil der Informationsdienste entweder das Kernthema (staatliche/politische Informationen, Rechtsinformation) oder unerlässliche „Rohstoffe“ (Unternehmensprofile, Patentinformationen, wissenschaftliche, technische und medizinische Informationen usw.) für „Mehrwertprodukte und -dienste“ dar. [43]

5) Bei Informationsprodukten und -diensten wäre beispielsweise an Routenplaner mit Einbahnstraßen, Höhen- und Gewichtsbeschränkungen, temporalen oder sektoralen Fahrverboten, dh also mit Daten, die aus einem normalen Stadtplan nicht ablesbar sind, ebenso wie an Sturm- oder Stauwarnungen zu denken.[44]

6) Zu diesem Zweck wird durch das Informationsweiterverwendungsgesetz eine einheitliche Regelung für Bedingungen und Verfahren für die kommerzielle und auch nichtkommerzielle Weiterverwendung von Dokumenten öffentlicher Stellen, die zur Weiterverwendung zur Verfügung gestellt werden, getroffen.

7) Eine grundsätzliche Verpflichtung der öffentlichen Stellen, die Weiterverwendung bestimmter Dokumente zu gestatten, ist aus dieser Zielbestimmung nicht ableitbar und entspricht auch nicht der Intention dieses Gesetzes.

8) Wie unter § 2 Abs. 2 noch eigens bestimmt, bleiben bestehende Zugangsregelungen durch das Informationsweiterver-

---

42 Vgl. Salzburger Nachrichten, 14.9.2005, S. 29 (Beilage „Neue Medien“).

43 Vgl. Grünbuch über die Informationen des öffentlichen Sektors in der Informationsgesellschaft, KOM (1998) 585.

44 Vgl. *Feik*, Zugang zu Informationen als Voraussetzung für Content-Produkte, ÖJZ 2006/28.

wendungsgesetz unberührt. Nur für den Fall, dass keine Regelungen betreffend den Zugang zu bestimmten Dokumenten bestehen, die öffentliche Stelle diese aber auf Grundlage dieses Gesetzes zur Weiterverwendung zur Verfügung stellt und somit auch Zugang zu diesen Dokumenten gewährt, stellt das Informationsweiterverwendungsgesetz auch eine Zugangsregelung dar. Keinesfalls kann das Informationsweiterverwendungsgesetz als eine allgemeine Zugangsregelung bzw. als ein „Informationsfreiheitsgesetz", das den Zugang zu Informationen von öffentlichen Stellen ohne besondere Voraussetzungen ermöglicht, gesehen werden.

9) Ebenso wenig geht es darum, dass die Mitgliedstaaten mehr Informationen produzieren, sondern dass die Daten, auf die die Allgemeinheit bereits zugreifen kann, klarer und für potentielle Interessenten leichter nutzbar werden.[45]

Geltungsbereich

§ 2. (1) Dieses Bundesgesetz regelt den rechtlichen Rahmen für die kommerzielle und nicht kommerzielle Weiterverwendung von im Besitz öffentlicher Stellen befindlichen und in ihrem öffentlichen Auftrag erstellten Dokumenten, sofern sie diese zur Weiterverwendung bereitstellen.

(2) Rechtsvorschriften, die den Zugang zu Dokumenten öffentlicher Stellen regeln, werden durch dieses Bundesgesetz nicht berührt.

(3) Die Bestimmungen des Datenschutzgesetzes 2000, BGBl. I Nr. 165/1999, zuletzt geändert durch das Bundesgesetz BGBl. I Nr. 13/2005, sowie gesetzliche Verschwiegenheitspflichten werden durch dieses Bundesgesetz nicht berührt.

---

[45] Vgl. Grünbuch über die Informationen des öffentlichen Sektors in der Informationsgesellschaft, KOM (1998) 585.

§ 2

Anmerkung:

1) Dieses Gesetz gilt für alle allgemein zugänglichen, bei öffentlichen Stellen vorhandenen Dokumente, die im Rahmen eines öffentlichen Auftrags erstellt werden, sofern sie nicht den Ausnahmen des § 2 Abs. 3 sowie des § 3 Abs. 1 unterliegen. Die Formulierung „vorhandene Dokumente" soll klarstellen, dass ein Informationsbeschaffungsanspruch ebenso wie ein Informationsweiterführungsanspruch (vgl. § 6 Abs. 3) gegenüber öffentlichen Stellen nicht besteht.

Zu Abs. 1:

2) In der Bestimmung des Abs. 1 kommt klar zum Ausdruck, dass durch dieses Bundesgesetz die Bedingungen und Verfahren für die kommerzielle und nicht kommerzielle Weiterverwendung von Dokumenten, die sich im Besitz öffentlicher Stellen im Sinne des § 4 Z 1 befinden und von diesen – über ihren originären öffentlichen Auftrag hinausgehend – zur Weiterverwendung zur Verfügung gestellt werden, geregelt werden (vgl. Art. 1 Abs. 1 der Richtlinie 2003/98/EG). Wie bereits zu § 1 ausgeführt, begründet das Informationsweiterverwendungsgesetz keine grundsätzliche Verpflichtung der öffentlichen Stelle, Dokumente zur Weiterverwendung zur Verfügung zu stellen. Die Entscheidung, ob ein Dokument allgemein zur Verfügung gestellt und dessen Weiterverwendung genehmigt wird, ist vielmehr Sache der jeweils betreffenden öffentlichen Stelle (siehe Erwägungsgrund 9 der Richtlinie 2003/98/EG). Wird aber eine Weiterverwendung von Dokumenten gestattet, so hat dies nach Maßgabe dieses Bundesgesetzes zu erfolgen. Durch die Bestimmung des Abs. 1 wird auch dem allgemeinen Grundsatz in Art. 3 der Richtlinie 2003/98/EG entsprochen (EB zu § 2 Abs. 1).

3) Die in der PSI-Richtlinie vorgesehenen Maßnahmen zur Erleichterung der Verwertung von Informationen des öffentlichen Sektors in der gesamten Europäischen Union bauen auf den derzeitigen Zugangsregelungen in den Mitgliedstaaten auf und sehen keine diesbezüglichen Änderungen vor.

Zu Abs. 2:

4) Abs. 2 sieht dementsprechend vor, dass Rechtsvorschriften, die den Zugang zu Dokumenten öffentlicher Stellen regeln, von diesem Bundesgesetz nicht berührt werden. Diese Bestimmung dient der Umsetzung des Art. 1 Abs. 3 der Richtlinie 2003/98/EG. Das IWG begründet demnach kein eigenständiges Zugangsrecht zu Dokumenten öffentlicher Stellen, wenn für den Zugang zu den beantragten Dokumenten bereits Zugangsregelungen bestehen. Vielmehr stützt es sich daher auf die bestehenden Zugangsregelungen (siehe auch Erwägungsgrund 9 der Richtlinie 2003/98/EG) wie beispielsweise das Umweltinformationsgesetz – UIG, BGBl. Nr. 495/1993, zuletzt geändert durch das Bundesgesetz BGBl. I Nr. 6/2005, oder das Informationssicherheitsgesetz – InfoSiG, BGBl. I Nr. 23/2002, in der Fassung des Bundesgesetzes BGBl. I Nr. 129/2003 (EB zu § 2 Abs. 2).

5) Weitere Regelungen über den Zugang bzw. Nutzungsbeschränkungen für staatliche Datensammlungen finden sich beispielsweise in Einzelbestimmungen der Gewerbeordnung 1994, BGBl. Nr. 194/1994, zuletzt geändert durch BGBl. 84/2006, im Vermessungsgesetz, BGBl. Nr. 306/1968 zuletzt geändert durch BGBl. Nr. 136/2005, im Bundesarchivgesetz, BGBl. I Nr. 162/1999, im Firmenbuchgesetz, BGBl. Nr. 10/1991, zuletzt geändert durch BGBl. I Nr. 103/2006, im Meldegesetz 1991, BGBl.Nr. 9/1992 zuletzt geändert durch BGBl. I Nr. 45/2006, im Mediengesetz, BGBl. Nr. 314/1981, zuletzt geändert durch BGBl. I Nr. 151/2005, im Bildungsdokumentationsgesetz, BGBl. I Nr. 12/2002, zuletzt geändert durch BGBl. I Nr. 113/2006, im Strahlenschutzgesetz, BGBl. Nr. 227/1969, zuletzt geändert durch BGBl. I Nr. 13/2006, im Zugangskontrollgesetz, BGBl. I Nr. 60/2000, zuletzt geändert durch BGBl. I Nr. 32/2001, im Patentgesetz 1970, BGBl. Nr. 259/1970, zuletzt geändert durch BGBl. I Nr. 96/2006 uvm.[46]

---

46 Ein Überblick über bestehende Zugangsregelungen findet sich auch in *Bargmann/Karning/Schulz/Wisur/Zoubek*, Public Sector Infor-

6) Für die Praxis bedeutet dies, dass die öffentliche Stelle, die einen Weiterverwendungsantrag zu bearbeiten hat, zuerst bestehende Zugangsregelungen für das beantragte Dokument zu beachten hat. Nur wenn solche nicht bestehen, kann die öffentliche Stelle selbst – natürlich nur unter Berücksichtigung der Vorschriften gemäß § 2 Abs. 3 und § 3 Abs. 1 auch über den Zugang und gleichzeitig über die Weiterverwendung dieses beantragten Dokumentes absprechen.

7) Demgegenüber werden auch aufgrund entsprechender Zugangsregelungen informationspflichtige Stellen durch das IWG in ihren Rechten und Pflichten nicht beschränkt. So werden beispielsweise informationspflichtige Stellen des oben zitierten Umweltinformationsgesetzes durch das Informationsweiterverwendungsgesetz nicht darin beeinträchtigt, Umweltinformationen zu den aufgrund der Richtlinie 2003/4/EG normierten Bestimmungen und Bedingungen herauszugeben.

8) Beim Zugang zu Dokumenten öffentlicher Stellen geht es um ein Informationsbedürfnis. Die Weiterverwendung impliziert demgegenüber nicht nur Information, sondern darüber hinaus Übermittlung bzw. Bereitstellung der Dokumente zum Zweck der kommerziellen und nicht kommerziellen Weiterverwendung durch Dritte. Für die Weiterverwendung ist der freie Zugang zu den beantragten Dokumenten eine notwendige Voraussetzung, weshalb die Entscheidung über den Zugang zu Dokumenten der Entscheidung über deren Weiterverwendung vorgelagert sein und auf die bestehenden Zugangsregelungen zurückgegriffen werden muss, sofern solche für die beantragten Dokumente bestimmt sind. Wird der Zugang zu den beantragten Dokumenten nicht in bestehenden Zugangsregelungen normiert, dann liegt es

---

Fortsetzung von FN 46:

mation (PSI) und Wissensmanagement, in *Makolm/Wimmer*, Wissensmanagement in der öffentlichen Verwaltung: Konzepte, Lösungen und Potentiale, Österreichische Computergesellschaft (2005), 105f, sowie in *Feik*, Zugang zu Informationen als Voraussetzung für Content-Produkte, ÖJZ 2006, 449.

in der Entscheidungsmacht der betreffenden öffentlichen Stelle, den Zugang zu den beantragten Dokumenten und ferner deren Weiterverwendung – nach Maßgabe dieses Bundesgesetzes – zu gewähren (EB zu § 2 Abs. 2).

9) Sind hingegen Dokumente nicht allgemein und frei zugänglich, sondern beispielsweise nur einem bestimmten Personenkreis (§ 70 WKG verpflichtet z.B. die WKÖ, ihren Mitgliedern Auskünfte zu erteilen), so unterliegen sie prinzipiell auch nicht dem Weiterverwendungsregime und somit nicht dem Geltungsbereich des IWG. Das Informationsweiterverwendungsgesetz wäre diesfalls nur dann anwendbar, wenn die öffentliche Stelle, nach Abwägung aller Umstände – und freilich nur dann, wenn die Ausnahmebestimmungen in § 2 Abs. 1 bzw. § 3 Abs. 1 nicht greifen – für diese Dokumente ein allgemeines Zugangsrecht einräumen würde, und in weiterer Folge auch deren Weiterverwendung gestattet.

10) Anders als in Österreich gibt es auf EU-Ebene ein allgemeines Recht auf Zugang zu Rats-, Parlaments- und Kommissionsdokumenten (vgl. Art. 255 EGV). Diese Vorschrift ist Ausdruck des demokratischen Prinzips und konkretisiert zugleich das in Art. 1 Abs. 2 EUV normierte Transparenzprinzip. Dem in Art. 255 Abs. 2 EGV enthaltenen Rechtssetzungsauftrag kommt die Verordnung (EG) Nr. 1049/2001 nach, die die Einzelheiten des Antragsverfahrens für den Zugang zu Dokumenten der drei oben genannten Organe regelt. Auch der Vertrag über eine Verfassung für Europa, der am 29. Oktober 2004 in Rom unterzeichnet wurde, enthält Regelungen über das Recht auf Zugang zu Dokumenten, die teilweise weiter reichen als Art. 255 EGV und einen möglichst weiten Kreis von Anspruchsverpflichteten erfassen. Im Verfassungsvertrag ist auch eine Integration der EU-Grundrechtecharta vorgesehen, welche in Art. 42 ebenfalls ein Recht auf Zugang zu den Dokumenten des Parlamentes, des Rates und der Kommission verbrieft. Das Recht auf Zugang zu Dokumenten wird jedoch nicht unbegrenzt gewährleistet, sondern ist gegebenenfalls im konkreten Einzelfall mit öffentlichen Geheimhaltungsinteressen abzuwägen.

Zu Abs. 3:

11) Abs. 3 legt fest, dass die Bestimmungen des Datenschutzgesetzes sowie gesetzliche Verschwiegenheitspflichten von diesem Bundesgesetz nicht berührt werden (siehe auch Art. 1 Abs. 4 sowie Erwägungsgrund 21 der Richtlinie 2003/98/EG). Die vollständige Einhaltung der bestehenden Datenschutzregelungen und der gesetzlichen Verschwiegenheitspflichten (wie beispielsweise die Amtsverschwiegenheit gemäß Art. 20 Abs. 3 B-VG oder Geschäfts- und Betriebsgeheimnisse) werden sohin in keiner Weise beeinträchtigt. Informationen, die aus Datenschutzgründen oder aufgrund gesetzlicher Verschwiegenheitspflichten nicht allgemein zugänglich sind, können nicht verwertet werden (EB zu § 2 Abs. 3).

12) Da eine Übermittlung von Daten ohne Zustimmung des Betroffenen grundsätzlich nur bei einem überwiegenden Interesse des Auftraggebers und einigen weiteren Ausnahmefällen zulässig ist (vgl § 7 ff DSG 2000), sind beispielsweise Weiterverwendungen von personenbezogenen Daten aus Personenregistern (etwa aus Mitgliederverzeichnissen von Körperschaften öffentlichen Rechts) sehr problematisch und datenschutzrechtlich genau zu prüfen.

13) *Raab* beschreibt den politischen Konflikt zwischen Datenschutzrecht und dem Zugang zu Informationen der öffentlichen Hand;[47] rechtlich ist jedenfalls bei einer Bereitstellung zur Weiterverwendung aufgrund § 2 Abs. 3 DSG 2000 eine ordnungsgemäße datenschutzrechtliche Prüfung der Zulässigkeit der Datenherausgabe unumgänglich.[48] Diese muss insbesondere aus der Prüfung bestehen, ob die allenfalls zur Weiterverwendung

---

[47] *Raab*, Privacy Issues as Limits to Acces, in *Aichholzer/Burkert (Hrsg.)*, Public Sector Information in the Digital Age, Edward Elgar (2004), 23f.

[48] Die datenschutzrechtliche Relevanz einer Einzelfallprüfung für die Zulässigkeit einer Bereitstellung von personenbezogenen Daten nach der PSI-Richtlinie zeigt sich ua daran, dass die Artikel-29-Datenschutzgruppe der EU eine eigene Stellungnahme zu dieser Frage aus datenschutzrechtlicher Sicht abgegeben hat (WP 83 –

bereitgestellten Daten aus einer zulässigen Datenverarbeitung stammen (§ 7 Abs. 1 DSG 2000),[49] der Empfänger dem Übermittelnden seine ausreichende gesetzliche Zuständigkeit oder rechtliche Befugnis – soweit diese nicht außer Zweifel steht – im Hinblick auf den Übermittlungszweck glaubhaft gemacht hat und durch Zweck und Inhalt der Übermittlung die schutzwürdigen Geheimhaltungsinteressen des Betroffenen nicht verletzt werden (§ 7 Abs. 2 DSG 2000).[50]

14) Nach § 8 Abs. 1 DSG 2000 sind die schutzwürdigen Interessen insbesondere dann nicht verletzt, wenn eine ausdrückliche gesetzliche Ermächtigung oder Verpflichtung zur Verwendung der Daten besteht (dies wird bei IWG-Fällen kaum vorliegen); wenn der Betroffene der Verwendung seiner Daten zugestimmt hat (auch dies wird bei IWG-Fällen eher selten vorkommen, da nicht anzunehmen ist, dass öffentliche Stellen bei Datenerhebungen die Zustimmung der Betroffenen zur IWG-Bereitstellung einholen werden); lebenswichtige Interessen des Betroffenen die Verwendung erfordern (auch dies wird außer in sehr speziellen Ausnahmefällen nicht zutreffen); überwiegende berechtigte Interessen des Auftraggebers oder eines Dritten die Verwendung erfordern (dies wird die Rechtsgrundlage sein, die am ehesten für IWG-Bereitstellungen herangezogen werden kann, siehe dazu gleich unten). Laut § 8 Abs. 2 DSG 2000 sind die schutzwürdigen Geheimhaltungsinteressen bei der Verwendung zulässigerweise veröffentlichter Daten oder nur indirekt personenbezogener Daten ebenfalls nicht verletzt (siehe auch dazu gleich unten[51]).

Fortsetzung der FN 48
Stellungnahme 7/20 vom 12.12.2003 http://ec.europa.eu/justice_home/fsj/privacy/docs/wpdocs/2003/wp83_de.pdf).

49 *Knyrim,* Datenschutzrecht 91ff, 119.

50 *Knyrim,* Datenschutzrecht 120ff.

51 Im Detail siehe dazu *Knyrim,* Datenschutzrecht 97ff und 155f sowie *Knyrim,* Checkliste: Zulässigkeit eines internationalen Datenverkehrs nach DSG 2000, ecolex 2002, 470.

15) Wie bereits erwähnt, werden nach § 8 Abs. 1 Z 4 DSG 2000 schutzwürdige Geheimhaltungsinteressen bei Verwendung (nicht-sensibler) Daten dann nicht verletzt, wenn überwiegende berechtigte Interessen des Auftraggebers oder eines Dritten die Verwendung erfordern. Auch öffentliche Interessen können die Weitergabe oder Verwertung von Daten rechtfertigen.[52] Als Beispiel für ein solches öffentliches Interesse sei etwa Umweltschutz genannt. Denkbar ist zB, dass für ein Projekt Daten über die Energieversorgung von Gebäuden von einer öffentlichen Stelle an ein privatwirtschaftliches Unternehmen weitergegeben werden, wenn dies der Planung des Ausbaus von Beheizungsarten dient, die zu einer reduzierten Umweltbelastung durch Stickoxide (NO_x), Feinstaub (PM 10), CO_2 oder andere flüchtige organische Verbindungen (NMVOC) dienen und dies (nachweislich) im öffentlichen Interesse liegt. Das öffentliche Interesse des Umweltschutzes könnte in einer solchen Konstellation die Interessen der einzelnen Betroffenen an der Geheimhaltung ihrer personenbezogenen Daten (in diesem Fall der Energieversorgung ihrer Gebäude) überwiegen, wenn bei Übermittlung derartigen Daten keine Beeinträchtigung der Interessen der Betroffenen ersichtlich ist. Das DSG 2000 würde dann einer Bereitstellung zur Weiterverwendung iSd IWG nicht entgegenstehen.

16) Wie oben ebenfalls ausgeführt, sind nach § 8 Abs. 2 DSG 2000 die schutzwürdigen Geheimhaltungsinteressen bei der Verwendung nur indirekt personenbezogener Daten ebenfalls nicht verletzt. Die Thematik indirekt personenbezogener Daten wird sich bei IWG-Fällen häufig stellen, da öffentliche Stellen viele Daten erheben, die „anonym“ sind, dh keinerlei Personenbezug aufweisen, oder personenbezogenen Daten bereits zB zu statistischen Daten verarbeitet haben oder es ihnen allenfalls möglich ist, nur solche Datensätze herauszugeben, damit diese für den Empfänger nicht personenbezogen sind. Es ist

---

52 Siehe etwa DSK 26.2.2002, K120.746/001.

daher näher zu untersuchen, wann Daten aus datenschutzrechtlich-statistischer Sicht indirekt personenbezogen sind. Nach der Terminologie des § 4 Z 1 DSG 2000 sind Daten indirekt personenbezogen, wenn „der Personenbezug der Daten derart ist, dass [der] Auftraggeber, Dienstleister oder Übermittlungsempfänger die Identität des Betroffenen mit rechtlich zulässigen Mitteln nicht bestimmen kann".[53] § 4 Z 1 DSG grenzt zwar ausdrücklich die Bestimmbarkeit des Betroffenen auf die Anwendung legaler Mittel ein; darüber hinaus wird jedoch auch noch Erwägungsgrund 26 der Datenschutz-Richtlinie des Europäischen Parlaments[54] zu berücksichtigen sein, wonach „bei der Entscheidung, ob eine Person bestimmbar ist, [...] alle Mittel berücksichtigt werden [sollten], die vernünftigerweise entweder von dem Verantwortlichen für die Verarbeitung oder von einem Dritten eingesetzt werden könnten, um die betreffende Person zu bestimmen." Auch die Parlamentarischen Materialien zum DSG 2000 sprechen dafür, dass für die Qualifikation von Daten als indirekt personenbezogen im Sinne des § 4 Z 1 DSG ebenso auf vernünftigerweise angewendete Mittel abzustellen ist.[55]

17) Ob Daten im jeweils konkreten Fall die Identifizierung eines Betroffenen zulassen, kann nicht in allgemeiner Weise beantworten werden, da eine exakte Definition, ab wann eine Identifizierung möglich ist oder nicht, im DSG nicht enthalten ist. Es gibt in der Literatur Vorschläge dazu, die – auch wenn dies nicht zwingend notwendig ist – als Richtschnur herangezogen werden können:

18) Nach *Simonic/Gell* sind primäre und sekundäre Identifikationsdaten zu unterscheiden. Primäre Identifikationsdaten sind

---

53 Siehe dazu näher *Knyrim*, Datenschutzrecht 15 sowie *Knyrim/Momeni,* Datenschutz bei klinischen Prüfungen und medizinischen Studien, RdM 2003, 68.

54 RL 95/46/EG; ABL Nr. 281 vom 23.11.1995, 31.

55 1613 der Beilagen zu den Stenographischen Protokollen des Nationalrats XX. GP, 37.

Attribute, die von Natur her oder aufgrund ihrer Definition oder Verwendung dazu dienen, eine Person eindeutig zu identifizieren. Als sekundäre Identifikationsdaten werden jene Attribute einer Person bezeichnet, die bei Kombination und aufgrund der möglichen Attributwerte ein eindeutiges Muster ausprägen können, sodass in dieser Form eine Identifikation des Betroffenen erst durch Verknüpfung mit anderen Daten möglich ist.[56] Damit ein Betroffener nicht direkt identifiziert werden kann, müssen aus den betreffenden Datensätzen primäre Identifikationsmerkmale eliminiert oder durch komponentenweise Generalisierung in ein sekundäres Identifikationsdatum umgewandelt werden.[57] Treffen die sekundären Identifikationsmerkmale sodann auf eine Mehrzahl von Personen zu, so kann kein zuverlässiger Rückschluss auf eine bestimmte Person mehr geführt werden. Der von der Anzahl der betroffenen Personen (k) abhängige indirekte Personenbezug wird auch als „k-Anonymität" bezeichnet. Nach mathematischen Erkenntnissen sind Daten jedenfalls dann indirekt personenbezogen, wenn $k \geq 5$ ist, also mindestens fünf Personen dieselben sekundären Identifikationsdaten aufweisen. Auch wenn die Übermittlung nur aus einem einzigen Datensatz besteht, kann das Konzept der k-Anonymität als qualitatives Maß, ob Daten als indirekt personenbezogen einstufbar sind, eingesetzt werden. Sind nämlich in einem vom Auftraggeber überblickbaren Kollektiv mindestens k Betroffene mit denselben sekundären Identifikationsdaten wie im fraglichen Datensatz auffindbar, dann ist die Bedingung der k-Anonymität für diesen Datensatz erfüllt.[58]

---

56 *Simonic/Gell*, Datenschutz-Policy 8, veröffentlicht unter www.meduni-graz.at/imi/datenschutz/DS-Policy-FL-V1-1.pdf (zuletzt eingesehen am 4.8.2006); zum deutschen Recht siehe etwa *Tinnefeld/Ehmann/Gerling*, Einführung in das Datenschutzrecht[4] 279 f).

57 *Simonic/Gell* aaO 37; zur Methode der „Anonymisierung" nach deutschem Recht siehe *Damann* in *Simitis,* Kommentar zum Bundesdatenschutzgesetz[5] § 3 Rz 210 ff.

58 *Simonic/Gell* aaO 10 und 21f.

19) Diese theoretische Formel sei Anhand eines Beispieles erklärt: Die exakte Anschrift einer Person wäre als primäres Identifikationsmerkmal zu qualifizieren.[59] Würde man die Anschrift einer Person aber auf die bloße Gebäudeanschrift generalisieren oder die Adresse zB für eine Navigationssoftware geocodieren, würde dieses Datum allerdings zu einem sekundären Identifikationsmerkmal, sofern nicht bloß eine einzige Person in diesem Gebäude wohnt. Wären in einem Wohngebäude nun mindestens fünf (bewohnte) Wohneinheiten vorhanden, so könnte nach mathematischen Methoden kein Rückschluss mehr auf die in dem Gebäude wohnenden Personen gezogen werden, weil in diesem Fall mindestens fünf Personen das selbe sekundäre Identifikationsmerkmal der Gebäudeadresse aufweisen würden. Einer Bereitstellung der Gebäudeadressen von Gebäuden mit zumindest fünf (bewohnten) Wohneinheiten zur Weiterverwendung iSd IWG stünde somit datenschutzrechtlich nichts entgegen, selbst wenn diese Gebäudeadressen mit weiteren nicht personenbezogenen Informationen über das Gebäude verknüpft wären.

Ausnahmen vom Geltungsbereich

§ 3. (1) Dieses Bundesgesetz gilt nicht für Dokumente,

1. **deren Erstellung nicht unter den öffentlichen Auftrag der betreffenden öffentlichen Stelle fällt;**
2. **die, insbesondere aus Gründen der nationalen Sicherheit, der umfassenden Landesverteidigung, der öffentlichen Sicherheit oder weil sie Geschäfts- oder Betriebsgeheimnisse enthalten oder sonst der Vertraulichkeit unterliegen, nicht zugänglich sind;**
3. **die nur bei Nachweis eines besonderen Interesses zugänglich sind;**

---

[59] *Simonic/Gell* aaO 8; *Damann* in *Simitis,* Kommentar zum Bundesdatenschutzgesetz § 3 Rz 212.

4. die geistiges Eigentum Dritter sind;
5. die von gewerblichen Schutzrechten erfasst werden;
6. die im Besitz des Österreichischen Rundfunks (ORF) oder seiner Tochtergesellschaften sind und der Wahrnehmung des öffentlich-rechtlichen Auftrags dienen;
7. die im Besitz von Bildungs- und Forschungseinrichtungen sind;
8. die im Besitz kultureller Einrichtungen sind.

(2) Für die Bearbeitung von Anträgen auf Weiterverwendung von in Abs. 1 Z 1 bis 5 genannten Dokumenten sind § 5 Abs. 3 Z 2 und 4 sowie Abs. 4 bis 6 anzuwenden.

Anmerkung:

Zu Abs. 1:

1) In Umsetzung von Art. 1 Abs. 2 in Zusammenhang mit Erwägungsgrund 22 der Richtlinie 2003/98/EG definiert § 3 Abs. 1 jene Bereiche des öffentlichen Sektors, die nicht in den Geltungsbereich dieses Gesetzes fallen (EB zu § 3 Abs. 1).

Zu Z 1:

2) Z 1 sieht vor, dass nur jene Dokumente in den Geltungsbereich des IWG fallen, die die öffentliche Stelle im Rahmen ihres öffentlichen Auftrags erstellt. Durch diese Bestimmung wird Art. 1 Abs. 2 lit. a der Richtlinie 2003/98/EG Rechnung getragen (EB zu § 3 Abs. 1 Z 1). Die PSI-RL verweist in Art. 1 Abs. 2 lit. a hinsichtlich der Definition des öffentlichen Auftrags auf die Rechtsvorschriften und übliche Verwaltungspraxis der Mitgliedstaaten, bezweckt also keine Harmonisierung des Umfangs des von Mitgliedstaaten erteilten öffentlichen Auftrags.

3) „Öffentlicher Auftrag“ ist im Sinne von „öffentlicher Aufgabe“ zu verstehen (eine derartige Interpretation legt auch die englische Textversion der Richtlinie nahe, die für die Einordnung einer Tätigkeit als öffentliche Aufgabe von „public task“ spricht) (EB zu § 3 Abs. 1 Z 1).

4) Eine allgemeingültige Definition der „öffentlichen Aufgaben“ ist nicht möglich.[60] Ein öffentlicher Auftrag kann sich in Österreich einerseits in Gesetzen wieder finden (zB für den Rundfunk: Art. 1 Abs. 3 Rundfunk-BVG) und andererseits durch das konkrete Verwaltungshandeln manifestieren. Der öffentliche Auftrag ist grundsätzlich nur eine Zielbestimmung, deren Umsetzung den jeweiligen Verwaltungsbehörden selbst vorbehalten bleibt.

5) Einen Ansatz für die Auslegung des Begriffes „öffentliche Aufgabe“[61] in Österreich bieten zunächst die verfassungsrechtlichen Staatszielbestimmungen, die ein Bekenntnis des Staates zu bestimmten Aufgaben und Grundwerten ausdrücken.[62] Zu den in der österreichischen Bundesverfassung festgelegten Staatszielbestimmungen zählen: immerwährende Neutralität (BVG über die Neutralität Österreichs), umfassende Landesverteidigung (Art. 9a B-VG), gesamtwirtschaftliches Gleichgewicht (Art. 13 Abs. 2 B-VG), umfassender Umweltschutz (BVG Umwelt), Einheit des Bundesgebietes als Währungs-, Wirtschafts- und Zollgebiet (Art. 4 B-VG, zB Währungs- und Kreditpolitik der Österreichischen Nationalbank), Verbot der nationalsozia-

---

60 Vgl. dazu auch *Stolzenlechner*, Öffentliche Fonds (1982), 26, für den eine „allgemein gültige, abstrakt-theoretische, aber auch rechtsdogmatische Definition der öffentlichen Aufgaben nicht möglich“ ist. Der Grund dafür ist, dass der Umfang der öffentlichen Aufgaben in einem konkreten Gemeinwesen geschichtlich bedingt ist. Jener wird nach Ansicht von *Stolzenlechner* im Wesentlichen durch das politische Ermessen des Gesetzgebers bestimmt, der auf Basis des Art. 18 B-VG der Verwaltung die jeweils konkreten öffentlichen Aufgaben überträgt.

61 Beispiele zur Frage ob bestimmte Anwendungen öffentliche Aufgaben sein können siehe bei *Knyrim*, PSI-Richtlinie und Informationsweiterverwendungsgesetz: Ein neuer Recht- und Wirtschaftsbereich, Österreichische Zeitschrift für Vermessung & Geoinformation (vgi), 1/2005, 17 (18).

62 *Adamovich/Funk/Holzinger* (1998), Österreichisches Staatsrecht I Rz 10.017.

listischen Wiederbetätigung (§ 3 VerbotsG), Rundfunk (Art. 1 Abs. 3 Rundfunk-BVG) und Rechtsschutz (Art. 6 MRK).

6) Dem Begriff öffentliche Aufgabe ist die Verfolgung allgemeiner öffentlicher Interessen immanent (siehe auch Erläuterungen zu § 4 Z 1). Zu den öffentlichen Aufgaben zählen jedenfalls die nach der Kompetenzverteilung der österreichischen Bundesverfassung in Art. 10 bis 15 B-VG genannten staatlichen Aufgaben.[63] Auch die Verwaltungsaufgaben, wie insbesondere die Daseinsvorsorge, die soziale Vorsorge und die Förderungsverwaltung stellen öffentliche Aufgaben dar.[64] Durch zahlreiche

---

63 Dies sind auszugsweise die Gesetzgebung und Vollziehung (zB Rechtspflege der Gerichte) in folgenden Gebieten: Finanzen, zB Abgabenerhebung (Art. 10 Abs. 1 Z 4 B-VG); Geld-, Kredit-, Börse- und Bankwesen (Art. 10 Abs. 1 Z 5 B-VG); Maß- und Gewichts-, Normen- und Punzierungswesen (Art. 10 Abs. 1 Z 5 B-VG); Personenstandsangelegenheiten (Art. 10 Abs. 1 Z 7 B-VG); Fremdenpolizei und Meldewesen (Art. 10 Abs. 1 Z 7 B-VG); Verkehrswesen bezüglich der Eisenbahnen und der Luftfahrt sowie der Schifffahrt, Kraftfahrwesen (Art. 10 Abs. 1 Z 9 B-VG); Post- und Fernmeldewesen (Art. 10 Abs. 1 Z 9 B-VG); Regulierung und Instandhaltung der Gewässer zum Hochwasserschutz (Art. 10 Abs. 1 Z 10 B-VG); Vermessungswesen (Art. 10 Abs. 1 Z 10 B-VG); Gesundheitswesen (Art. 10 Abs. 1 Z 12 B-VG); wissenschaftlicher und fachtechnischer Archiv- und Bibliotheksdienst (Art. 10 Abs. 1 Z 13 B-VG); Angelegenheiten der künstlerischen und wissenschaftlichen Sammlungen und Einrichtungen des Bundes, Angelegenheiten der Bundestheater (Art. 10 Abs. 1 Z 13 B-VG); Bevölkerungspolitik (Art. 10 Abs. 1 Z 17 B-VG); Volkswohnungswesen (Art. 11 Abs. 1 Z 3 B-VG); Jugendfürsorge (Art. 12 Abs. 1 Z 1 B-VG); Schul-, Erziehungs- und Volksbildungswesen (Art. 14 f B-VG).

64 Dies umfasst in Österreich insbesondere folgende Teilbereiche (vgl. *Adamovich/Funk/Holzinger (1998), Österreichisches Staatsrecht II Rz 27.001.)*:
- Daseinsvorsorge, etwa in Form der Bereitstellung (Errichtung und Betrieb) von Kommunikations- und Verkehrseinrichtungen, wie Post, Bahn, Rundfunk, Straßen (dafür wurde zB die Ver-

Materiengesetze und Verordnungen werden öffentliche Stellen verpflichtet, Daten zu erheben und zu sammeln. Aber auch bei Fehlen entsprechender Rechtsvorschriften können öffentliche Stellen in Verwirklichung des Gemeinwohls und damit in Erfüllung öffentlicher Aufgaben tätig werden (EB zu § 3 Abs. 1 Z 1).

7) Öffentliche Aufgaben im Allgemeinen und Staats- bzw. Verwaltungsaufgaben im Besonderen können grundsätzlich sowohl hoheitlich als auch in den Formen des Privatrechts wahrzunehmen sein (siehe *Raschauer,* Allgemeines Verwaltungsrecht (1998), Rz 722) (EB zu § 3 Abs. 1 Z 1)[65].

Fortsetzung der FN 64:

messung durch den Grenzkataster eingerichtet; § 1 Vermessungsgesetz) uä; Bereitstellung von Ver- und Entsorgungseinrichtungen, wie Anlagen zur Energie- und Wasserversorgung, zur Abfall- und Abwasserbeseitigung; Bereitstellung von Schul- und Bildungseinrichtungen, wie Universitäten, andere Schulen, Theater, Museen (die Bundesmuseen (§ 2 Bundesmuseengesetz 2002) und die Nationalbibliothek (§ 13 Bundesmuseengesetz 2002) erfüllen zum Beispiel einen kulturpolitischen und wissenschaftlichen Auftrag, eine auf Förderung von Kultur und Bildung gerichtete Staatszielbestimmung ist heute bereits in einigen Landesverfassungen festgehalten: zB Art. 4 Z 5 NÖ Landesverfassung 1979); Beratung von Familien und Jugendschutz durch die Jugendwohlfahrt (§ 2 Jugendwohlfahrtsgesetz; siehe auch Staatszielbestimmungen in manchen Landesverfassungen, zB Art. 11 bis 15 OÖ Landes-Verfassungsgesetz).

- Spezialverwaltung: Dazu gehört insbesondere die Sozialversicherung, Versorgungsleistungen im Bereich des öffentlichen Dienstes (Beamtenpensionen), Versorgung von Heeresangehörigen, Sozialhilfe und andere Unterstützungsleistungen, wie zB Behindertenhilfe, Invaliden- und Opferfürsorge, Bewährungshilfe.
- Förderungsverwaltung, insbesondere durch Vergabe von Subventionen.

65 Die Privatwirtschaftsverwaltung umfasst heutzutage einen Großteil der Tätigkeiten der öffentlichen Hand: Der Staat errichtet und verwaltet Amts- und Wohngebäude; er baut und erhält Straßen; er legt

8) Das relevante Unterscheidungskriterium zwischen Hoheitsverwaltung und Privatwirtschaftsverwaltung ist ein rein formelles: Es stellt ausschließlich auf die verwendeten Rechtssatzformen ab. Für die Abgrenzung des Gebietes der Privatwirtschaftsverwaltung von der Hoheitsverwaltung kommt es nicht auf die Motive und den Zweck der Tätigkeit an. Entscheidend ist vielmehr, welche rechtstechnischen Mittel die Gesetzgebung zur Verwirklichung der zu erfüllenden Aufgaben bereitstellt. Hat der Gesetzgeber den Verwaltungsträger mit keinen Zwangsbefugnissen ausgerüstet, so liegt keine Hoheitsverwaltung, sondern Privatwirtschaftsverwaltung vor.[66]

9) Für die Einordnung einer Tätigkeit als öffentliche Aufgabe ist daher die Unterscheidung in Hoheitsverwaltung und Privatwirtschaftsverwaltung nicht relevant, sondern sind allein die Intention und der Zweck der Tätigkeit ausschlaggebend.[67] Eine öffentliche Stelle handelt dann in Erfüllung einer öffentlichen Aufgabe, wenn sie mit dieser Tätigkeit in erster Linie öffentliche Interessen verfolgt. Stehen hingegen (überwiegend)

Fortsetzung der FN 65:
Sammlungen an und macht sie der Öffentlichkeit zugänglich; er verwaltet als Grundeigentümer Forste; er betreibt Wasser-, Gas- und Elektrizitätsunternehmungen sowie Verkehrsbetriebe; er hat Theater und Bibliotheken; er sorgt für Bestattung, Müllabfuhr, Beseitigung der Abwässer, etc. (vgl. *Antoniolli/Koja,* Allgemeines Verwaltungsrecht 41). Schon daran zeigt sich, dass sich die Privatwirtschaftsverwaltung dabei keineswegs auf die Verfolgung von privatwirtschaftlichen Zielen der Gewinnmaximierung beschränkt, sondern auch oder sogar vorwiegend der Erfüllung von öffentlichen Aufgaben dient.

66 *Korinek/Holoubek* (1993), Grundlagen staatlicher Privatwirtschaftsverwaltung, 10 f.

67 Beispiele dafür sind die staatsentlastende Tätigkeit der Vereine für Bewährungshilfe und soziale Jugendarbeit (§§ 24 ff Bewährungshilfegesetz) oder die Heranziehung von Rauchfangkehrern als beeidete Überwachungsorgane nach feuerpolizeilichen Vorschriften der Länder (zB §§ 6 ff Salzburger Feuerpolizeiordnung 1973).

kommerzielle Interessen im Vordergrund, liegt keine Tätigkeit im Rahmen der Erfüllung einer öffentlichen Aufgabe vor. Die Bereitstellung von Dokumenten, die ausschließlich zu kommerziellen Zwecken und im Wettbewerb mit anderen Marktteilnehmern gegen Entgelt erstellt werden, fällt somit nicht unter den öffentlichen Auftrag (vgl. Erwägungsgrund 9 der Richtlinie 2003/98/EG) (EB zu § 3 Abs. 1 Z 1).

10) Daher zählt zu den Tätigkeiten im Rahmen des „öffentlichen Auftrags" nicht nur das durch Gesetz festgelegte Handeln, sondern auch das aufgrund eigener Willensbildung vorgenommene Handeln der öffentlichen Stelle, wenn damit einer öffentlichen Aufgabe nachgekommen wird.

11) Auch Dokumente, die nur indirekt in Erfüllung des öffentlichen Auftrags einer öffentlichen Stelle erstellt werden, der öffentliche Auftrag also nicht „Erstellung von Dokumenten" lautet (d. h. wenn das Dokument beispielsweise als „Hilfsmittel" erstellt wird, um den öffentlichen Auftrag zu erfüllen), werden vom Geltungsbereich des IWG erfasst.

12) Öffentliche Stellen können dieselben Dokumente, die sie im Rahmen ihres öffentlichen Auftrags erstellt haben, sowohl für Tätigkeiten im Rahmen ihres öffentlichen Auftrags als auch für kommerzielle Tätigkeiten nutzen, die außerhalb dieses Auftrags liegen. In letzterem Fall müssen – da die Nutzung von Dokumenten außerhalb des öffentlichen Auftrags der betreffenden öffentliche Stelle als Weiterverwendung im Sinne des § 4 Z 4 zu qualifizieren ist – die Basisdokumente, die im Rahmen der Erfüllung des öffentlichen Auftrags erfasst werden und von der öffentlichen Stelle weiterverwendet werden, nach diesem Bundesgesetz zur Weiterverwendung – nicht diskriminierend – zur Verfügung gestellt werden, die kommerziellen Informationsprodukte und -dienstleistungen (Mehrwertprodukte), die aus diesen Dokumenten – außerhalb des öffentlichen Auftrags der öffentlichen Stelle – abgeleitet sind, hingegen nicht (EB zu § 3 Abs. 1 Z 1).

13) Vom Informationsweiterverwendungsgesetz ist demnach lediglich die Weiterverwendung jener Dokumente öffentlicher

Stellen erfasst, die im Rahmen ihrer öffentlichen Auftragserfüllung erstellt wurden. Werden Informationen durch eine öffentliche Stelle bereits zu rein kommerziellen Zwecken erhoben (beispielsweise wenn sich ein Unternehmer von einer öffentlichen Stelle gegen Entgelt ein Gutachten erstellen lässt und eine derartige Dienstleistung nicht vom öffentlichen Auftrag der betreffenden öffentlichen Stelle erfasst ist), so fallen sie nicht in den Anwendungsbereich dieses Gesetzes. Die öffentliche Stelle handelt diesfalls in Erfüllung eines privatwirtschaftlichen Dienstleistungsauftrages mit der Konsequenz, dass das IWG nicht anwendbar ist. Dritte können aus diesem Grund keinen Anspruch darauf haben, das Dokument zu den gleichen Bedingungen zur Verfügung gestellt zu bekommen. Vielmehr finden allgemeine Wettbewerbsregeln auf die Tätigkeit der öffentlichen Stelle Anwendung (siehe dazu auch die Prüfschemata in Teil III).

14) Zur Feststellung, ob eine öffentliche Stelle eine Information im öffentlichen Auftrag gesammelt oder verarbeitet hat oder nicht, ist zu empfehlen, bereits vor der Ermittlung von Daten festzulegen, welche Aufgabe damit erfüllt werden soll. Eine „wahllose" Datensammlung wird aufgrund der Notwendigkeit, die Sammlung als im öffentlichen Auftrag oder nicht im öffentlichen Auftrag erstellte Informationen zu qualifizieren, zu späteren Einordnungsproblemen führen. Eine ausdrückliche, diesbezügliche Regelung findet sich überdies in § 6 Abs. 1 Z 2 DSG 2000, der den so genannten Zweckbindungsgrundsatz normiert. Demnach dürfen Daten nur für festgelegte, eindeutige und rechtmäßige Zwecke ermittelt und nicht in einer mit diesen Zwecken unvereinbaren Weise weiterverwendet werden.[68] Die Festlegung des Zweckes der Datensammlung vor deren Erstellung entspricht damit dem Zweckbindungsgrundsatz im DSG 2000.

15) Für die Zuordnung, ob ein Dokument im öffentlichen Auftrag erstellt wurde, ist kurz gesagt maßgeblich, ob die Erstellung zu kommerziellen Zwecken oder im allgemeinen Inter-

---

68 *Knyrim*, Datenschutzrecht 83 ff.

esse erfolgte. Siehe dazu auch die Prüfschemata in Teil III dieses Buches.

Zu Z 2:

16) Z 2 sieht – in Umsetzung von Art. 1 Abs. 2 lit. c der Richtlinie 2003/98/EG – vor, dass Dokumente, die nicht allgemein zugänglich sind, vom Geltungsbereich des IWG ausgenommen sind und zählt demonstrativ als Gründe die nationale und öffentliche Sicherheit und die Landesverteidigung sowie kommerziell sensitive Dokumente, die Geschäfts- oder Betriebsgeheimnisse enthalten oder sonst der Vertraulichkeit unterliegen, auf. Diese Ausnahmebestimmung erstreckt sich aber auch auf jene Dokumente, die nach den bestehenden Zugangsregelungen nicht zugänglich sind. Mit dieser Regelung soll verdeutlicht werden, dass durch das IWG kein Zugangsrecht zu Dokumenten öffentlicher Stellen begründet wird. Somit besteht in den Fällen, in denen kein (allgemeines) Zugangsrecht eingeräumt ist, auch kein Recht auf Weiterverwendung (EB zu § 3 Abs. 1 Z 2).

17) Die Frage, wer über die Zugänglichkeit von Dokumenten entscheidet, ergibt sich aus § 4 Z 1 und Z 3 in Verbindung mit § 5 Abs. 1. Dem gemäß muss sich die öffentliche Stelle, die einen Antrag gem. § 5 zu bearbeiten hat, im Besitz dieses beantragten Dokumentes befinden, d.h. berechtigt sein, das Dokument zur Weiterverwendung bereit zu stellen. Wie noch unter den Anmerkungen zu § 4 Z 3 näher angeführt, kann dies beispielsweise die öffentliche Stelle sein, die das Dokument erstellt hat oder aber auch diejenige, die ein eindeutiges umfassendes Verfügungsrecht besitzt.

Zu Z 3:

18) In Übereinstimmung mit Art. 1 Abs. 3 der Richtlinie 2003/98/EG legt Z 3 fest, dass jene Dokumente vom Geltungsbereich des IWG ausgenommen sind, die nur bei Nachweis eines besonderen Interesses zugänglich sind. Dies gilt auch, wenn für die Einsichtnahme in personenbezogene Daten, die

sich im Besitz öffentlicher Stellen befinden, Sonderbedingungen gelten (zB Nachweis eines im Sinne des Datenschutzes legitimen Interesses). So sieht beispielsweise § 16 Abs. 1 Meldegesetz 1991, BGBl. Nr. 9/1992, zuletzt geändert durch das Bundesgesetz BGBl. I Nr. 45/2006, vor, dass über bestimmte gemeldete Wohnsitze nur bei Nachweis eines berechtigten Interesses Auskunft erteilt werden kann. Ebenso sieht § 18 in Verbindung mit § 7 AVG, BGBl. Nr. 51/1991 (WV), zuletzt geändert durch das Bundesgesetz BGBl. I Nr. 10/2004, vor, dass die Behörde, sofern die Verwaltungsvorschriften nichts anderes bestimmen, den Personen Einsicht in die ihre Sache betreffenden Akten oder Aktenteile zu gestatten hat, die an der Sache vermöge eines Rechtsanspruches oder eines rechtlichen Interesses beteiligt sind (EB zu § 3 Abs. 1 Z 3).

Zu Z 4:

19) Die Ausnahmebestimmung in Z 4 bezieht sich – in Umsetzung von Art. 1 Abs. 2 lit. b der Richtlinie 2003/98/EG – auf Dokumente, die geistiges Eigentum Dritter sind, sofern sie vom Rechteinhaber nicht zur Weiterverwendung zur Verfügung gestellt werden. Der Begriff „geistiges Eigentum“ umfasst das Urheberrecht und verwandte Schutzrechte, die Regelungsgegenstand des Urheberrechtsgesetzes, BGBl. Nr. 111/1936, zuletzt geändert durch BGBl. I Nr. 81/2006, sind. Dieses lässt sich in zwei große Schutzbereiche einteilen: einerseits regelt das erste Hauptstück das Urheberrecht an Werken der Literatur und der Kunst (§§ 1 bis 65), andererseits normiert das zweite Hauptstück einen Schutz für verwandte Schutzrechte (§§ 66 bis 80), wie insbesondere für Datenbanken im Sinne der §§ 76c ff (Sui-Generis-Schutz) (EB zu § 3 Abs. 1 Z 4).

20) Die sich aus diesem Bundesgesetz ergebenden Verpflichtungen gelten nur insoweit, als sie mit den Bestimmungen völkerrechtlicher Übereinkünfte zum Schutz der Rechte des geistigen Eigentums, insbesondere der Berner Übereinkunft vom 9. September 1886, StGBl. Nr. 435/1920, zuletzt revidiert in

Paris am 24. Juli 1971, BGBl. Nr. 319/1982, idF der Übereinkunft BGBl. Nr. 133/1985 und der Druckfehlerberichtigung BGBl. Nr. 612/1986 (RBÜ) und dem WTO-Abkommen über handelsbezogene Aspekte der Rechte des geistigen Eigentums (Trade Related Aspects of Intellectual Property – TRIPS), BGBl. Nr. 1/1995, vereinbar sind (vgl. Art. 1 Abs. 5 der Richtlinie 2003/98/EG) (EB zu § 3 Abs. 1 Z 4).

21) Durch das IWG wird das Bestehen von Rechten öffentlicher Stellen an geistigem Eigentum oder deren Inhaberschaft daran nicht berührt. Öffentliche Stellen sollen gemäß Erwägungsgrund 22 der Richtlinie 2003/98/EG ihre Urheberrechte jedoch auf eine Weise ausüben, die eine Weiterverwendung erleichtert (EB zu § 3 Abs. 1 Z 4).

22) In diesem Zusammenhang ist auf § 7 Abs. 1 Urheberrechtsgesetz zu verweisen, welcher normiert, dass Gesetze, Verordnungen, amtliche Erlässe, Bekanntmachungen und Entscheidungen sowie ausschließlich oder vorwiegend zum amtlichen Gebrauch hergestellte Werke bestimmter Art – im Gegensatz zu Landkartenwerken, die vom Bundesamt für Eich- und Vermessungswesen hergestellt oder bearbeitet und zur Verbreitung bestimmt sind (Abs. 2) – keinen urheberrechtlichen Schutz genießen (EB zu § 3 Abs. 1 Z 4) (siehe dazu auch die Prüfschemata in Teil III).

Zu Z 5:

23) Z 5 nimmt vom Geltungsbereich des IWG jene Dokumente aus, die von gewerblichen Schutzrechten erfasst sind (vgl. Erwägungsgrund 22 der Richtlinie 2003/98/EG). Ob an einem Dokument ein gewerbliches Schutzrecht besteht, ist anhand der einschlägigen Bestimmungen, insbesondere des Markenschutzgesetzes – MSchG, des Musterschutzgesetzes – MuSchG, des Patentgesetzes – PatG, des Gebrauchsmustergesetzes – GMG, des Halbleiterschutzgesetzes – HlSchG, des Sortenschutzgesetzes – SortSchG und des Schutzzertifikatsgesetzes – SchZG zu prüfen (EB zu § 3 Abs. 1 Z 5).

24) Dokumente, die von gewerblichen Schutzrechten erfasst sind, werden – im Gegensatz zu den geistigen Eigentumsrechten – zur Gänze vom Anwendungsbereich des IWG ausgenommen, dh auch dann, wenn öffentliche Stellen Inhaber dieser gewerblichen Schutzrechte sind. Im Anwendungsfall der Z 4 werden hingegen nur solche Dokumente vom Geltungsbereich des IWG ausgeschlossen, die geistiges Eigentum Dritter sind.

Zu Z 6:

25) In Umsetzung des Art. 1 Abs. 2 lit. d der Richtlinie 2003/98/EG normiert Z 6 eine Ausnahme vom Geltungsbereich des IWG für jene Dokumente, die sich im Besitz des ORF oder seiner Tochtergesellschaften befinden[69], soweit sie der Wahrnehmung ihres öffentlich-rechtlichen Auftrags im Sinne des ORF-Gesetzes, BGBl. Nr. 379/1984 (WV), zuletzt geändert durch das Bundesgesetz BGBl. I Nr. 97/2004, dienen (EB zu § 3 Abs. 1 Z 6).

Zu Z 7:

26) Z 7 bestimmt eine Ausnahme vom Geltungsbereich des IWG für Dokumente, die sich im Besitz von Bildungs- und Forschungseinrichtungen befinden und setzt damit Art. 1 Abs. 2 lit. e der Richtlinie 2003/98/EG um. Darunter fallen beispielsweise Schulen, Hochschulen, Archive, Bibliotheken und Forschungsinstitute (EB zu § 3 Abs. 1 Z 7).

27) Demnach wird zum Beispiel die Geologische Bundesanstalt (GBA) als Forschungseinrichtung des Bundes (vgl. §§ 18 f. Forschungsorganisationsgesetz) nicht vom Geltungsbereich des IWG erfasst.

28) Ebenfalls umfasst von der Ausnahme der Z 7 sind gegebenenfalls jene Einrichtungen, die zum Transfer von Forschungs-

---

69 Siehe dazu auch *Dusek/Marouschek/Szerencsi*, Public Broadcasting and Digital Media Archives: The Example of Austrian Broadcasting Corporation, in *Aichholzer/Burkert* (Hrsg.), Public Sector Information in the Digital Age, 217ff.

ergebnissen gegründet wurden (siehe Art. 1 Abs. 2 lit. e der Richtlinie 2003/98/EG) (EB zu § 3 Abs. 1 Z 7).

Zu Z 8:

29) Übereinstimmend mit Art. 1 Abs. 2 lit. f der Richtlinie 2003/98/EG normiert Z 8 eine Ausnahme vom Geltungsbereich des IWG für jene Dokumente, die im Besitz kultureller Einrichtungen sind[70]. Dazu sind insbesondere Museen, Bibliotheken, Archive, Orchester, Opern und Theater zu zählen (EB zu § 3 Abs. 1 Z 8).

30) Bildungs- und Forschungseinrichtungen sowie kulturelle Einrichtungen nehmen aufgrund ihrer Funktion als Wissens- und Kulturträger eine Sonderstellung in der Gesellschaft ein. Eine Ausnahme der Dokumente dieser Einrichtungen vom Geltungsbereich des IWG ist nicht zuletzt auch angesichts der Tatsache, dass viele Dokumente dieser Einrichtungen ohnehin im geistigen Eigentum Dritter stehen, gerechtfertigt (EB zu § 3 Abs. 1 Z 8).

31) Die Ausnahme vom Geltungsbereich für Bibliotheken und Archive (Z 7 und 8) bezieht sich nur auf jene Einrichtungen, die „eigenständig" als Bibliotheken oder Archive geführt werden. Dokumente, die sich in Archiven oder Bibliotheken von öffentlichen Stellen befinden, sind vom Anwendungsbereich des IWG hingegen nicht ausgenommen. Eine öffentliche Stelle kann daher den Geltungsbereich nicht insofern einschränken, indem sie bestimmte Dokumente archiviert.

Zu Abs. 2:

32) Abs. 2 dient – in Umsetzung von Art. 4 Abs. 3 und 5 der Richtlinie 2003/98/EG – der Klarstellung, dass die verfahrensrechtlichen Bestimmungen gemäß § 5, die die ablehnende Mit-

---

70 Siehe dazu auch *Hanappi-Egger*, Cultural Heritage: The Conflict between Commercialisation and Public Ownership, in *Aichholzer/ Burkert* (Hrsg.), Public Sector Information in the Digital Age, Edward Elgar (2004), 238ff.

teilung betreffen, auch dann Anwendung finden, wenn sich der Weiterverwendungsantrag auf Dokumente bezieht, die vom Anwendungsbereich des IWG nach § 3 Abs. 1 Z 1 bis 5 ausgenommen sind (EB zu § 3 Abs. 2).

Begriffsbestimmungen

§ 4. Im Sinne dieses Bundesgesetzes bedeutet

1. öffentliche Stelle:

a) der Bund,

b) bundesgesetzlich eingerichtete Selbstverwaltungskörperschaften,

c) Einrichtungen auf bundesgesetzlicher Grundlage wie Stiftungen, Privatstiftungen, Fonds und Anstalten sowie sonstige Körperschaften des öffentlichen Rechts, die

- **zu dem besonderen Zweck gegründet wurden, im Allgemeininteresse liegende Aufgaben zu erfüllen, die nicht gewerblicher Art sind und**
- **zumindest teilrechtsfähig sind und**
- **überwiegend vom Bund, von anderen Einrichtungen auf bundesgesetzlicher Grundlage oder von sonstigen öffentlichen Stellen (Art. 2 Z 1 der Richtlinie 2003/ 98/EG über die Weiterverwendung von Informationen des öffentlichen Sektors, ABl. Nr. L 345 vom 31.12.2003 S. 90) finanziert werden oder hinsichtlich ihrer Leitung der Aufsicht durch diese unterliegen oder deren Verwaltungs-, Leitungs- oder Aufsichtsorgan mehrheitlich aus Mitgliedern besteht, die vom Bund, von anderen Einrichtungen auf bundesgesetzlicher Grundlage oder von sonstigen öffentlichen Stellen (Art. 2 Z 1 der Richtlinie 2003/98/EG) ernannt worden sind,**

d) Unternehmungen im Sinne des Art. 126b Abs. 2 B-VG, des Art. 127 Abs. 3 B-VG und des Art. 127a Abs. 3 B-VG, die
   – zu dem besonderen Zweck gegründet wurden, im Allgemeininteresse liegende Aufgaben zu erfüllen, die nicht gewerblicher Art sind und
   – überwiegend von Bund, Ländern, Gemeinden oder anderen Einrichtungen auf bundes- oder landesgesetzlicher Grundlage finanziert werden oder hinsichtlich ihrer Leitung der Aufsicht durch diese unterliegen oder deren Verwaltungs-, Leitungs- oder Aufsichtsorgan mehrheitlich aus Mitgliedern besteht, die von Bund, Ländern, Gemeinden oder anderen Einrichtungen auf bundes- oder landesgesetzlicher Grundlage ernannt worden sind, wobei das Erfordernis der Gemeindeeinwohnerzahl von 20 000 für Unternehmungen gemäß Art. 127a Abs. 3 B-VG unbeachtlich ist,

e) Verbände, die sich überwiegend aus zwei oder mehreren öffentlichen Stellen gemäß lit. a bis d zusammensetzen.

2. Dokument:
   a) jeder Inhalt unabhängig von der Form des Datenträgers (auf Papier oder in elektronischer Form, Ton-, Bild- oder audiovisuelles Material),
   b) ein beliebiger Teil eines solchen Inhaltes.
3. ein Dokument, das sich im Besitz einer öffentlichen Stelle befindet:
   ein Dokument, das zur Weiterverwendung bereitzustellen die öffentliche Stelle berechtigt ist.
4. Weiterverwendung:
   die Nutzung von Dokumenten, die im Besitz öffentlicher Stellen sind, durch Rechtsträger für kommerzielle und nichtkommerzielle Zwecke, die sich von dem ursprünglichen Zweck des öffentlichen Auftrags, in dessen Rah-

men die Dokumente erstellt wurden, unterscheiden. Der Austausch von Dokumenten zwischen öffentlichen Stellen im Sinne des Art. 2 Z 1 der Richtlinie 2003/98/EG, ausschließlich im Rahmen der Erfüllung ihres öffentlichen Auftrags stellt keine Weiterverwendung dar.

Anmerkung:

Zu Z 1:

1) Z 1 hat die Definition der „öffentlichen Stelle" zum Gegenstand und regelt zugleich den persönlichen Geltungsbereich dieses Bundesgesetzes. Um die Homogenität der Regelungen zu gewährleisten, richtet sich diese Definition möglichst nach dem Wortlaut des Art. 2 Z 1 und 2 der Richtlinie 2003/98/EG. Die Begriffsbestimmungen in der Richtlinie für „öffentliche Stelle" und „Einrichtung des öffentlichen Rechts" entsprechen jenen der Richtlinien über das öffentliche Auftragswesen (siehe Erwägungsgrund 10 der Richtlinie 2003/98/EG und die dortige Bezugnahme auf die Richtlinien 92/50/EWG, 93/36/EWG, 93/37/EWG und 98/4/EWG). Insofern orientiert sich auch die innerstaatliche Umsetzung an den Definitionen im Bereich der öffentlichen Auftragsvergabe (siehe § 7 BVergG 2002 sowie die Vorgängerbestimmung § 11 BVergG 1997) und wird auf die entsprechende Literatur und Rechtssprechung als Auslegungshilfe verwiesen (EB zu § 4 Z 1).

2) Aufgrund der geteilten Umsetzungszuständigkeit zwischen dem Bund und den Ländern fällt unter den Begriff „öffentliche Stelle" nach dem IWG zunächst in lit. a der Bund. Wie bereits in Teil I ausführlich erläutert, geht die diesem Gesetz zugrunde liegende Rechtsauffassung betreffend die Kompetenzlage im hoheitlichen Bereich von der Organisationskompetenz aus. Demgemäß werden jene öffentlichen Stellen, die Aufgaben im Rahmen der mittelbaren Bundesverwaltung wahrnehmen und organisationsrechtlich Landesbehörden sind, nicht vom IWG des Bundes erfasst, sondern von den jeweiligen Landesgesetzen.

3) Des Weiteren umfasst die Definition der „öffentlichen Stelle“ in lit. b die bundesgesetzlich eingerichteten Selbstverwaltungskörper (wie beispielsweise die gesetzlichen Berufsvertretungen) und in lit. c Einrichtungen auf bundesgesetzlicher Grundlage (dh. solche Einrichtungen, die auf bundesgesetzlicher Grundlage errichtet sind), sofern für Letztere nachfolgende Kriterien kumulativ gegeben sind: erstens muss die Einrichtung auf bundesgesetzlicher Grundlage zu dem Zweck gegründet worden sein, im Allgemeininteresse liegende Aufgaben zu erfüllen, die nicht gewerblicher Art sind, zweitens muss die Einrichtung zumindest teilrechtsfähig sein und drittens muss entweder

- die Einrichtung überwiegend vom Bund, anderen Einrichtungen auf bundesgesetzlicher Grundlage oder sonstigen öffentlichen Stellen im Sinne des Art. 2 Z 1 der Richtlinie 2003/98/EG finanziert werden, oder
- ihre Leitung der Aufsicht durch den Bund, andere Einrichtungen auf bundesgesetzlicher Grundlage oder sonstige öffentlichen Stellen im Sinne des Art. 2 Z 1 der Richtlinie 2003/98/EG unterliegen, oder
- ihr Verwaltungs-, Leitungs- oder Aufsichtsorgan mehrheitlich aus Mitgliedern bestehen, die vom Bund, anderen Einrichtungen auf bundesgesetzlicher Grundlage oder sonstigen öffentlichen Stellen im Sinne des Art. 2 Z 1 der Richtlinie 2003/98/EG ernannt worden sind (EB zu § 4 Z 1).

4) Dieses dritte Kriterium zielt somit alternativ auf die Finanzierung durch den Bund, andere Einrichtungen auf bundesgesetzlicher Grundlage oder sonstige öffentlichen Stellen im Sinne des Art. 2 Z 1 der Richtlinie 2003/98/EG, auf die organisatorische Einflussnahme durch Organe des Bundes, anderer Einrichtungen auf bundesgesetzlicher Grundlage oder sonstiger öffentlichen Stellen im Sinne des Art. 2 Z 1 der Richtlinie 2003/98/EG, oder auf die Bestellung des Verwaltungs-, Leitungs- oder Aufsichtsorgans durch Organe des Bundes, anderer Einrichtungen auf bundesgesetzlicher Grundlage oder sonstiger öf-

fentlichen Stellen im Sinne des Art. 2 Z 1 der Richtlinie 2003/98/EG. Entsprechend Art. 2 Z 2 lit. c der Richtlinie 2003/98/EG erstrecken sich sohin die Beherrschungskriterien der Finanzierung, der Aufsicht bzw. der Bestellung des Verwaltungs-, Leitungs- oder Aufsichtsorgans auf alle öffentlichen Stellen im Sinne der PSI-Richtlinie (EB zu § 4 Z 1).

4) Unter „im Allgemeininteresse liegende Aufgaben" ist ein Kernbereich von Agenden (etwa im Bereich der Daseinsvorsorge) zu verstehen, die im Interesse des Gemeinwohls vom Staat als Träger des Interesses der Gesamtheit besorgt werden. Dass wirtschaftliche Grundsätze zu beachten sind, steht der Besorgung von im Allgemeininteresse liegenden Aufgaben nicht entgegen (eine diesbezügliche Auslegungshilfe und Orientierung bietet Art. 86 Abs. 2 EGV und die dazu ergangene einschlägige Rechtsprechung des EuGH). In Anlehnung an das Vergaberecht ist davon auszugehen, dass ein Handeln in hoheitlicher Rechtsform einer öffentlichen Zwecksetzung und damit der Verwirklichung eines Allgemeininteresses dient. Im Rahmen der Privatwirtschaftsverwaltung (Art. 17 B-VG) muss für die Annahme eines Allgemeininteresses eine spezifische, von der Zwecksetzung des Konkurrenten unterscheidbare Aufgabensetzung, zB durch eine gesetzliche Aufgabenzuweisung hinzutreten (siehe zum Begriff „Allgemeininteresse" im Bereich der Auftragsvergabe AB 1118 BlgNR XXI. GP 16) (EB zu § 4 Z 1).

5) Die Formulierung „nicht gewerblich" ist autonom, dh. gemeinschaftsrechtlich auszulegen und die Einrichtung hat daher einen anderen Charakter als den eines Handels- bzw. Industrieunternehmens. „Gewerblich" darf nicht mit „gewerbsmäßig" im Sinne der GewO gleichgesetzt werden und bezieht sich nicht auf die Aufgaben, sondern auf die Einrichtung an sich. Im Zuge der Prüfung ist darauf abzustellen, ob die Einrichtung in Konkurrenz mit privaten Wirtschaftstreibenden unter den gleichen Bedingungen wie diese am allgemeinen Wirtschaftsleben teilnimmt und das wirtschaftliche Risiko ihres Handelns selbst zu tragen hat (EB zu § 4 Z 1).

6) Die Eventualvoraussetzung nach Z 1 lit. c 3. Unterpunkt, wonach die Einrichtung überwiegend vom Bund, von anderen, auf bundesgesetzlicher Grundlage errichteten Einrichtungen oder von sonstigen öffentlichen Stellen im Sinne des Art. 2 Z 1 der Richtlinie 2003/98/EG, finanziert werden muss, ist dahingehend auszulegen, dass nur jene Zuwendungen zu berücksichtigen sind, die als Finanzhilfe ohne spezifische Gegenleistung gewährt wurden (EB zu § 4 Z 1).

7) Der Begriff „Aufsicht" umfasst neben öffentlich-rechtlichen Weisungs- und Aufsichtsrechten auch gesellschaftsrechtliche Aufsichtsrechte (EB zu § 4 Z 1).

8)) Bei der Definition von lit. c wird insofern vom BVergG 1997 abgewichen, als beim IWG im Sinne der PSI-Richtlinie nicht auf „Einrichtungen des Bundes" sondern auf „Einrichtungen auf bundesgesetzlicher Grundlage" abgestellt wird. Einrichtungen gelten nach dem BVergG 1997 dann als öffentliche Auftraggeber des Bundes, wenn sie von Organen des Bundes oder von Personen verwaltet werden, die hiezu von Organen des Bundes bestellt sind oder hinsichtlich ihrer Leitung der Aufsicht des Bundes unterliegen oder überwiegend vom Bund finanziert werden. Für die Abgrenzung des persönlichen Anwendungsbereiches des (Bundes-)IWG von den jeweiligen Landesgesetzen ist im Hinblick auf die Organisationskompetenz (vgl. auch die Ausführungen zur Kompetenz in Teil I.3) hingegen ausschlaggebend, ob eine Einrichtung auf bundesgesetzlicher oder landesgesetzlicher Grundlage basiert.

9) Unter Heranziehung des Kompetenztatbestands „Zivilrechtswesen" gemäß Art. 10 Abs. 1 Z 6 B-VG erfasst Z 1 lit. d sämtliche privatrechtlich organisierten Unternehmungen, die der Rechnungshofkontrolle nach Art. 126b Abs. 2, Art. 127 Abs. 3 und Art. 127a Abs. 3 B-VG unterliegen, sofern diese Unternehmungen zu dem Zweck gegründet wurden, im Allgemeininteresse liegende Aufgaben zu erfüllen. Erfasst sind somit sowohl privatrechtlich organisierte Stellen des Bundes als auch sämtliche privatrechtlich organisierte Stellen der Länder und der Gemeinden (EB zu § 4 Z 1).

10) Durch diese Bestimmung werden landesgesetzlich errichtete Einrichtungen nicht erfasst; der Hinweis auf Einrichtungen auf bundes- oder landesgesetzlicher Grundlage im 2. Gedankenstrich zu lit. d stellt lediglich auf die Beherrschungskriterien der rechnungshofpflichtigen Unternehmungen ab, die sich im Sinne der PSI-Richtlinie (vgl. Art. 2 Z 2 lit. c) auf alle öffentlichen Unternehmen erstrecken.

11) Auch Vertretungsbehörden internationaler Organisationen bzw. der Hauptorgane der EU/EG in Österreich fallen naturgemäß nicht in den Anwendungsbereich des IWG, da sie per definitionem keine öffentlichen Stellen im Sinne dieses Gesetzes darstellen, sondern den zu vertretenden Organisationen zuzurechnen sind. Für Anträge auf Weiterverwendung von Dokumenten der Europäischen Kommission stellt der Beschluss der Kommission vom 7. April 2006 über die Weiterverwendung von Informationen der Kommission (2006/291/EG, Euratom) die maßgebliche Rechtsgrundlage dar (siehe auch Teil V).

12) Entsprechend der Rechtsprechung des VfGH ist unter „Unternehmung" im Sinne der Art. 126b Abs. 2, Art. 127 Abs. 3 und Art. 127a Abs. 3 B-VG eine in einer bestimmten Organisationsform in Erscheinung tretende wirtschaftliche Tätigkeit zu verstehen, die sich auf Vermögenswerte stützt und mit Einnahmen und Ausgaben verbunden ist. Maßgeblich dabei sind weder die Art der Organisationsform, das Vorliegen der Rechtspersönlichkeit noch ob die wirtschaftliche Tätigkeit an bestimmte Genehmigungsvoraussetzungen geknüpft ist (EB zu § 4 Z 1).

13) Entsprechend den Bestimmungen der Art. 126b Abs. 2, Art. 127 Abs. 3 und Art. 127a Abs. 3 B-VG sind jene Unternehmungen erfasst, an denen der Bund, ein Land oder eine Gemeinde entweder allein oder gemeinsam mit anderen Rechtsträgern, die der Kontrolle des Rechnungshofes unterliegen, mit mindestens 50 % des Stamm-, Grund- oder Eigenkapitals beteiligt ist. Da die Rechnungshofkontrolle nach Art. 127a Abs. 3 B-VG dann nicht gegeben ist, wenn an einer Unternehmung eine Gemeinde mit weniger als 20 000 Einwohnern beteiligt ist, erfor-

derte die Umsetzung der Richtlinie 2003/98/EG, dass dieses Kriterium keine Anwendung findet und somit die Beteiligung sämtlicher Gemeinden – unabhängig von deren Einwohnerzahl – für die Einordnung als öffentlichen Stelle im Sinne dieses Bundesgesetzes relevant ist (EB zu § 4 Z 1).

14) Der finanziellen Beteiligung gemäß lit. c und d von mehr als 50 % ist jede Beherrschung durch andere finanzielle oder sonstige wirtschaftliche oder organisatorische Maßnahmen gleichzuhalten (EB zu § 4 Z 1).

15) Schließlich sind nach lit. e noch die Verbände, die sich überwiegend aus zwei oder mehreren öffentlichen Stellen gemäß lit. a bis d zusammensetzen, unter den Begriff „öffentliche Stelle“ zu subsumieren. Es sollen daher auch jene Verbände erfasst werden, an denen – nicht überwiegend – Private bzw. öffentliche Stellen nach den anderen innerstaatlichen Gesetzen, die der Umsetzung der Richtlinie 2003/98/EG dienen, beteiligt sind (EB zu § 4 Z 1).

16) Bei allen oben genannten öffentlichen Stellen ist bei der Frage des persönlichen Anwendungsbereiches irrelevant, ob der öffentliche Auftrag von der öffentlichen Stelle selbst oder etwa durch einen beliehenen Dritten (z.B. eine Verrechnungsstelle) besorgt wird, da die Tätigkeit dieser dritten Stelle der jeweiligen öffentlichen Stelle zuzurechnen ist. Die Tätigkeit der dritten Stelle ist nicht als Weiterverwendung im Sinne des IWG zu verstehen.

Zu Z 2:

17) Die Definition von Dokumenten in Z 2 ist wortgleich der Definition in der Richtlinie 2003/98/EG. Sie ist weit gefasst, um den Bedürfnissen der Informationsgesellschaft Rechnung zu tragen und umfasst jede im Besitz von öffentlichen Stellen befindliche Darstellung von Handlungen, Tatsachen oder Informationen sowie jede Zusammenstellung solcher Handlungen, Tatsachen und Informationen. Darunter fallen beispielsweise Informationen aus den Bereichen Wirtschaft, Soziales, Geogra-

phie, Meteorologie, Tourismus, Verkehr oder Patentwesen. Der Begriff Dokument umfasst jeden Inhalt unabhängig von der Form des Datenträgers (auch Datenbanken). Die Informationen können auf Papier, in elektronischer Form oder als Ton-, Bild- oder audiovisuelles Material vorliegen. Vom Begriff „Dokument" ist Software (insbesondere Computerprogramme) nicht erfasst (vgl. auch Erwägungsgrund 9 der Richtlinie 2003/98/EG). Die Begriffswahl „Dokument" anstelle von „Information" soll verdeutlichen, dass dieses Bundesgesetz auf die Zurverfügungstellung bereits erstellter, dh. vorhandener Dokumente (zur Weiterverwendung) und nicht auf eine allgemeine Informationsbeschaffung abzielt (EB zu § 4 Z 2).

18) Das Europäische Parlament schlug in seinem ersten Bericht[71] in der Abänderung 1 vor, den Begriff „Dokument" durch „Information" zu ersetzen, weil letzterer eher dem beabsichtigten Zweck entspräche. In der Mitteilung der Kommission an das Europäische Parlament nach Art. 251 Abs. 2 Unterabsatz 2 EGV zum gemeinsamen Standpunkt[72] heißt es, dass mit der Abänderung 1 die Bezeichnungen „Dokument" und „Dokumente" im gesamten Richtlinienvorschlag durch den Ausdruck „Informationen" ersetzt werden sollen. Zwar akzeptierte die Kommission diesen Änderungsvorschlag des Parlaments, doch legte sie Wert auf den Hinweis, dass die beiden Versionen sich nicht wesentlich von einander unterscheiden würden, sofern an dem von der

---

71 Bericht des Europäischen Parlaments über den Vorschlag für eine Richtlinie des Europäischen Parlaments und des Rates über die Weiterverwendung und kommerzielle Verwertung von Dokumenten des öffentlichen Sektors (KOM(2002) 207 – C5-0292/2002 – 2002/0123(COD)) vom 29. Jänner 2003, A5-0025/2003 endg.

72 Mitteilung der Kommission an das Europäische Parlament gem. Art 251 Abs. 2 Unterabsatz 2 EGV betreffend den vom Rat angenommenen Gemeinsamen Standpunkt des Rates im Hinblick auf den Erlass einer Richtlinie über die Weiterverwendung und kommerzielle Verwertung von Informationen des öffentlichen Sektors (SEK(2003) 0627 endg – COD 2002/0123), 2.

Kommission vorgeschlagenen Bedeutungsumfang von „Dokument“ bzw. „Information“ festgehalten würde. Auch in der Empfehlung für die 2. Lesung[73] betreffend den Gemeinsamen Standpunkt heißt es „Informationen“ statt „Dokument(e)“. So tragen sowohl die PSI-RL als auch das IWG in ihren offiziellen Bezeichnungen das Wort Informationen, hingegen sprechen die einzelnen Bestimmungen wie § 4 Z 2 IWG durchwegs von Dokumenten.

19) So sind zum Beispiel statistische Unterlagen, Wetterinformationen, Verkehrs(zähl)daten, Daten über den Ausbau oder Zustand des Straßennetzes oder Informationen aus dem Geographischen Informationssystem des Umweltbundesamtes[74] sowie Daten des Bundesamtes für Eich- und Vermessungswesens als Dokumente im Sinne des IWG zu sehen.

Zu Z 3:

20) Die Definition von Dokumenten, die sich im Besitz einer öffentlichen Stelle befinden, die sich an der Umschreibung in Erwägungsgrund 11 der Richtlinie 2003/98/EG orientiert, stellt auf die Berechtigung ab, die Weiterverwendung zu genehmigen bzw. die Dokumente zur Weiterverwendung bereitzustellen. Dies ist beispielsweise dann der Fall, wenn das Dokument von der betreffenden öffentlichen Stelle selbst erstellt worden ist oder von dieser verwaltet oder aktualisiert wird oder der Rechteinhaber der Dokumente der öffentlichen Stelle die Befugnis oder die Zustimmung erteilt, diese zur Weiterverwendung zur Verfügung zu stellen. Die Berechtigung kann sich aus den maßgeblichen Rechtsvorschriften, oder auch aus entsprechenden privatrechtlichen Vereinbarungen oder Vereinbarungen

---

[73] Empfehlung für die 2. Lesung betreffend den Gemeinsamen Standpunkt des Rates im Hinblick auf den Erlass einer Richtlinie über die Weiterverwendung und kommerzielle Verwertung von Informationen des öffentlichen Sektors (SEK(2003) 0627 endg – COD 2002/0123) v 4. September 2003 A5-0284/2003 endg.

[74] Siehe auch www.umweltbundesamt.at/umweltinformation/karten.

gemäß Art. 15a B-VG ergeben. Ausschlaggebend ist nicht allein der faktische Besitz der Dokumente, sondern die öffentliche Stelle muss hinsichtlich der fraglichen Dokumente das eindeutige umfassende Verfügungsrecht haben. Mangelt es der betreffenden öffentlichen Stelle an dieser Berechtigung, so wäre dies ein Ablehnungsgrund in Sinne des § 5 Abs. 3 (EB zu § 4 Z 3).

21) Die öffentliche Stelle muss zunächst die Rechtsordnung durchforsten, um ihre Berechtigung zum „Besitz" feststellen zu können, wobei Berechtigung in diesem Zusammenhang nicht unbedingt heißt, dass das materielle oder formelle Recht die Weitergabe explizit zulässt. Zieht man die Ziele der Richtlinie heran, so ist vertretbar, dass es lediglich kein Verbot zur Weitergabe geben darf; eine explizite Rechtsgrundlage wird man wohl nicht fordern können. Zumindest sollte aber aus der Rechtsordnung nachvollziehbar sein, dass die öffentliche Stelle das Dokument „besitzt".

22) Wie bereits zu § 4 Z 1 lit. c ausgeführt, ergibt sich aufgrund der Kompetenzlage und der Systematik dieses Bundesgesetzes, dass über Anträge auf Weiterverwendung der im Rahmen der mittelbaren Bundesverwaltung erstellten Dokumente die organisationsrechtlich zuständigen Landesbehörden berufen sind, wenn nicht flankierende Bestimmungen in Materiengesetzen des Bundes (ausnahmsweise) eine andere Behörde zuständig machen.

Zu Z 4:

23) Z 4 definiert die Weiterverwendung und stellt darauf ab, dass öffentliche Stellen Dokumente erheben, erstellen, reproduzieren und verbreiten, um ihren öffentlichen Auftrag zu erfüllen (siehe Erwägungsgrund 8 der Richtlinie 2003/98/EG). Jede Nutzung dieser Dokumente durch Rechtsträger für kommerzielle und nicht kommerzielle Zwecke, die sich vom ursprünglichen Zweck (im Rahmen des öffentlichen Auftrags), für den die Dokumente erstellt wurden, unterscheidet, stellt eine Weiterverwendung dar (siehe Art. 2 Z 4 der Richtlinie 2003/98/EG). Der

Austausch von Dokumenten zwischen bzw. innerhalb von öffentlichen Stellen stellt keine Weiterverwendung dar, soweit sie dabei ausschließlich ihren öffentlichen Auftrag (beispielsweise im Rahmen der Amtshilfe) erfüllen (EB zu § 4 Z 4).

24) Der Austausch von Dokumenten zwischen öffentlichen Stellen in Erfüllung ihres öffentlichen Auftrages unterliegt somit auch nicht dem IWG. Im Gegensatz zu § 3, der regelt, welche Dokumente generell vom Anwendungsbereich des IWG ausgenommen sind, bezieht sich § 4 Z 4 auf die Nutzung von Dokumenten, die vom Geltungsbereich des IWG erfasst sind. Nur wenn Dokumente zwischen öffentlichen Stellen ausschließlich zur Erfüllung ihres öffentlichen Auftrags ausgetauscht werden, ist das IWG (ausnahmsweise) nicht anwendbar, da der Tatbestand der Weiterverwendung diesfalls nicht erfüllt ist. Durch diese Bestimmung ist beispielsweise auch gesichert, dass der (teilweise gesetzlich angeordnete) Austausch von Dokumenten zwischen (in Privatrechtsform) ausgegliederten Rechtsträgern, die nach § 4 Z 1 lit. c als öffentliche Stellen gelten, und anderen öffentlichen Stellen vom Anwendungsbereich des IWG ausgenommen ist (siehe dazu auch die Prüfschemata in Teil III).

25) Aus dem Größenschluss aus § 4 Z 4 letzter Satz ergibt sich, dass die Weitergabe von Dokumenten innerhalb ein und derselben öffentlichen Stelle im Rahmen der Erfüllung ihres öffentlichen Auftrages keine Weiterverwendung darstellt und demgemäß auch keinen Anspruch auf Bereitstellung zur Weiterverwendung aufgrund der Nichtdiskriminierungsbestimmungen in § 10 auslöst.[75]

26) Die „Weiterverwendung“ von Dokumenten setzt eine Nutzung voraus, die über die bloße Kenntnisnahme, etwa durch Lesen eines Dokumentes, hinausgeht. Letzteres wird bereits über den Zugang (vgl. § 2 Abs. 2) ermöglicht.

---

[75] Zur Unterscheidung zwischen Weiterverwendung und Austausch und den Konsequenzen daraus siehe auch Prüfschema 2 in Teil III.

27) Den öffentlichen Stellen selbst ist eine eigene wirtschaftliche Nutzung freilich gestattet. Werden Dokumente von öffentlichen Stellen als Ausgangsmaterial für eigene wirtschaftliche Geschäftstätigkeiten verwendet, die nicht unter ihren öffentlichen Auftrag fallen, gelten für diese Tätigkeit dieselben Bedingungen wie für andere Nutzer.

28) Der Begriff „Rechtsträger“ ist weit zu verstehen und umfasst sowohl natürliche als auch juristische Personen des Privatrechts (wie insbesondere Kapitalgesellschaften (AG, GmbH), Genossenschaften, Sparkassen, (ideelle) Vereine (im Sinne des Vereinsgesetzes 2002), Sachgesamtheiten (zB Fonds) und Stiftungen) und juristische Personen des öffentlichen Rechts (wie beispielsweise Gebietskörperschaften, Sozialversicherungsträger, gesetzliche Interessensvertretungen, öffentlich-rechtliche Stiftungen usw.). Für juristische Personen des öffentlichen Rechts ist das IWG, wie bereits oben mehrfach ausgeführt, aber nur dann anwendbar, wenn sie Dokumente für (wirtschaftliche) Tätigkeiten verwenden, die nicht mehr durch ihren öffentlichen Auftrag gedeckt sind. Darüber hinaus sind auch diejenigen Gesellschaftsformen als Rechtsträger im Sinne des IWG zu verstehen, die zwar (nach herrschender Ansicht) keine juristischen Personen, diesen aber stark angenähert sind, nämlich die Personengesellschaften (OHG, KG, EWIV[76]) und die Eingetragenen Erwerbsgesellschaften (EEG). Durch den Verweis auf öffentliche Stellen im Sinne des Art. 2 Z 1 der Richtlinie 2003/98/EG soll sicher gestellt werden, dass sowohl die öffentlichen Stellen im Sinne dieses Bundesgesetzes, als auch die öffentlichen Stellen nach den anderen innerstaatlichen Gesetzen, die der Umsetzung der Richtlinie 2003/98/EG dienen, umfasst sind (EB zu § 4 Z 4).

---

[76] Vgl. dazu aber Änderungen im Handelsrechtsänderungsgesetz BGBl. I Nr. 120/2005, welches in § 2 UGB normierte, dass u. a. Europäische wirtschaftliche Interessenvereinigungen (EWIV) kraft Rechtsform Unternehmer sind.

II. Abschnitt
Weiterverwendung

Anforderungen an den Weiterverwendungsantrag und dessen weitere Bearbeitung

§ 5. (1) Anträge auf Weiterverwendung von Dokumenten sind schriftlich bei der öffentlichen Stelle, in deren Besitz sich das beantragte Dokument befindet, zu stellen. Dies kann in jeder technischen Form geschehen, die die öffentliche Stelle zu empfangen in der Lage ist.

(2) Geht aus dem Antrag im Sinne des Abs. 1 der Inhalt, der Umfang oder die Art und Weise der Weiterverwendung der beantragten Dokumente nicht ausreichend klar hervor, so hat die öffentliche Stelle den Antragsteller unverzüglich aufzufordern, den Antrag innerhalb einer zwei Wochen nicht übersteigenden Frist schriftlich zu präzisieren. Kommt der Antragsteller der Aufforderung zur Präzisierung fristgerecht nach, beginnt die Frist gemäß Abs. 3 nach Einlangen erneut zu laufen. Andernfalls gilt der Antrag als nicht eingebracht.

(3) Die öffentliche Stelle hat den Antrag in der Frist, die für die Bearbeitung von Anträgen und Begehren auf Zugang zu Dokumenten nach den geltenden Zugangsregelungen einzuhalten ist, oder wenn keine solche Frist festgelegt ist, binnen vier Wochen nach Einlangen des Antrags zu bearbeiten und unter Hinweis auf die Rechtsschutzmöglichkeiten (§§ 12 und 13)

1. die beantragten Dokumente zur Gänze zur Weiterverwendung bereitzustellen oder
2. die beantragten Dokumente teilweise zur Weiterverwendung bereitzustellen und dem Antragsteller schriftlich unter Angabe der Gründe mitzuteilen, dass seinem Antrag teilweise nicht entsprochen wird oder
3. ein endgültiges Vertragsangebot zu unterbreiten, falls für die Weiterverwendung der beantragten Dokumente

die Vereinbarung von Bedingungen gemäß § 8 Abs. 1 erforderlich ist oder

4. dem Antragsteller schriftlich unter Angabe der Gründe mitzuteilen, dass seinem Antrag nicht entsprochen wird.

(4) Stützt sich die ablehnende Mitteilung (Abs. 3 Z 2 und Z 4) darauf, dass das beantragte Dokument geistiges Eigentum Dritter ist, so hat die öffentliche Stelle auch auf den ihr bekannten Inhaber der Rechte oder ersatzweise auf denjenigen zu verweisen, von dem sie das betreffende Material erhalten hat.

(5) Bei umfangreichen und komplexen Anträgen kann die in Abs. 3 genannte Frist um vier Wochen verlängert werden. In diesem Fall ist der Antragsteller von der Verlängerung der Frist sobald wie möglich, spätestens jedoch innerhalb von drei Wochen nach Einlangen des Antrages zu verständigen.

(6) Für die Bearbeitung von Weiterverwendungsanträgen und die Bereitstellung der Dokumente zur Weiterverwendung haben sich die öffentlichen Stellen soweit möglich und sinnvoll elektronischer Mittel zu bedienen.

Anmerkung:

1) In dieser Bestimmung werden – in Umsetzung von Art. 4 der Richtlinie 2003/98/EG – die Anforderungen an Weiterverwendungsanträge und deren weitere Bearbeitung geregelt, wobei nur solche Fälle umfasst sind, in denen es einer vorherigen Genehmigung der Weiterverwendung bedarf. Oftmals wird eine solche Genehmigung nicht erforderlich sein, so dass die Informationen bloß über das Internet abgerufen und sodann verwertet werden können[77] (siehe Vorschlag für eine Richtlinie des Europäi-

[77] Die Information muss also von der öffentliche Stelle zur Weiterverwendung bereitgestellt worden sein; ein eigenmächtiges „Absaugen“ oder „Hacken“ mit technischen „Tricks“ wäre nicht zulässig, etwa wenn ein Mitgliederverzeichnis einer öffentlichen Stelle, aus dem Online-Einzelabfragen über das Internet zulässig sind, von einem Dritten als gesamte Datenbank „abgesaugt“ wird.

schen Parlaments und des Rates über die Verwertung und kommerzielle Nutzung von Dokumenten des öffentlichen Sektors /*KOM (2002) 207 vorl. – 2002/0123 (COD)*/, S. 10) (EB zu § 5).

2) Die Tatsache, dass bestimmte Informationen bereits allgemein zugänglich sind, bedeutet jedoch nicht automatisch, dass auch eine Weiterverwendung gestattet ist. Das Recht der öffentlichen Stelle, über die Weiterverwendung der in ihrem Besitz befindlichen Dokumente zu entscheiden, wird durch eine Veröffentlichung dieser Dokumente – beispielsweise auf ihrer Homepage – vorerst nicht berührt. Möchte ein Dritter diese Dokumente für kommerzielle oder nichtkommerzielle Zwecke nutzen, dh weiterverwenden, dann muss er dies auch dann beantragen, wenn bereits Zugriffsmöglichkeiten auf diese Dokumente bestehen. Anderes gilt dann, wenn die öffentliche Stelle bereits im Vorhinein – etwa durch einen entsprechenden Hinweis bei dem veröffentlichten Dokument oder generell auf der Homepage beispielsweise beim Impressum – eine Weiterverwendung ausdrücklich gestattet. Diesfalls hat der Antrag zu entfallen und kann das Dokument ohne explizite Genehmigung weiterverwendet werden.

3) Den technologischen Neuerungen auf dem Gebiet der elektronischen Medien folgend können die Weiterverwendungsanträge wenn möglich elektronisch gestellt werden und muss sich die öffentliche Stelle zur Bearbeitung der Anträge – soweit möglich – elektronischer Mittel bedienen. Auch die Bereitstellung der Dokumente hat – nach Möglichkeit – auf elektronischem Wege zu erfolgen. Der Begriff „Antrag“ ist nicht im Sinne eines Antrags nach dem AVG, sondern als Anfrage auf Weiterverwendung im privatrechtlichen Sinne zu verstehen. Die Frist zur Bearbeitung der Weiterverwendungsanträge soll gemäß Art. 4 Abs. 1 der Richtlinie 2003/98/EG angemessen sein und wird in den Abs. 3 und 5 ausführlich determiniert. Flankierend zu den Bestimmungen des Art. 4 der Richtlinie 2003/98/EG sieht Abs. 2 einen Verbesserungsauftrag an den Antragsteller zur Präzisierung des Weiterverwendungsantrags vor (EB zu § 5).

4) In Ausführung und Erfüllung von § 9 führen die vorgenommenen praktischen Vorkehrungen[78] – auch im Sinne des in § 5 Abs. 1 verfolgten Gedankens des weitestgehend formlosen und unkomplizierten Weiterverwendungsverfahrens – letztlich zu einer Verbesserung des Serviceangebotes und zu größerer Bürgernähe.

Zu Abs. 1:

5) Durch Abs. 1 wird der Antrag auf Weiterverwendung an das Formerfordernis der Schriftlichkeit gebunden. Davon umfasst sind die modernen Formen der Kommunikation wie zB Telefax oder E-Mail oder sogar SMS-Nachrichten. Eine solche Einbringung kommt freilich nur dann in Betracht, wenn in der öffentlichen Stelle eine entsprechende technische Einrichtung zur Entgegennahme von solchen Anträgen tatsächlich in Verwendung steht. Adressat dieses Antrags auf Weiterverwendung ist die öffentliche Stelle, die im Besitz der beantragten Dokumente ist, d.h. die berechtigt ist, die Weiterverwendung zu genehmigen (EB zu § 5 Abs. 1). Genauso wäre auch eine Einbringung über von der öffentlichen Stelle bereitgestellte Web-Formulare denkbar.

6) Wie bereits zu § 4 Z 3 ausgeführt, würde es einen Ablehnungsgrund in Sinne des § 5 Abs. 3 darstellen, wenn es der betreffenden öffentlichen Stelle an der Berechtigung, die Weiterverwendung zu genehmigen, mangelte.

7) Sollten bei der öffentlichen Stelle Zweifel über die Identität des Antragstellers bestehen, so sieht das IWG zwar keine ausdrückliche diesbezügliche Regelung vor, denkbar wäre aber eine Identitätsfeststellung etwa analog zu § 26 Abs. 1 DSG 2000, vor allem dann, wenn es um die Weiterverwendung von personenbezogenen Daten geht (sofern diese überhaupt zulässig ist). § 26 Abs. 1 DSG 2000 sieht eine Identitätsfeststellung „in geeigneter Form“ vor, worunter zB die Vorlage eines Lichtbildausweises oder eine beglaubigte Unterschrift verstanden wird.[79]

---

[78] Vgl. auch die Ausführungen dazu.

[79] *Knyrim,* Datenschutzrecht 223.

Zu Abs. 2:

8) Für den Fall, dass der Weiterverwendungsantrag zu allgemein formuliert und der Umfang oder der Inhalt der beantragten Dokumente bzw. die Art und Weise deren Weiterverwendung nicht klar erkennbar ist, sieht Abs. 2 – in Anlehnung an § 5 UIG und § 13 AVG – vor, dass die öffentliche Stelle den Antragsteller unverzüglich (längstens innerhalb der Frist nach Abs. 3) zu einer schriftlichen Präzisierung seines Antrags innerhalb einer Frist von zwei Wochen aufzufordern hat. Die Mindestanforderungen an die Bestimmtheit des Antrags umfassen sohin – insbesondere im Hinblick auf die Bemessung der Entgelte – auch einen Hinweis darauf, ob die beantragten Dokumente zur kommerziellen oder zur nicht kommerziellen Weiterverwendung beantragt werden (EB zu § 3 Abs. 2).

9) Dies bedeutet nicht, dass die öffentliche Stelle bei der Entgeltfestlegung nach dem Verwendungszweck unterscheiden muss, sondern bietet der jeweiligen öffentlichen Stelle lediglich die Möglichkeit, eine Differenzierung bei der Festsetzung des Entgelts vorzunehmen.

10) Wird einer solchen Verbesserungsaufforderung fristgerecht nachgekommen, dann beginnt die Frist, innerhalb derer die öffentliche Stelle den Antrag zu bearbeiten hat (Abs. 3), mit Einlangen des verbesserten Auftrags von neuem zu laufen. Daraus ergibt sich für den Fall, dass der Antragsteller der Präzisierungsaufforderung nicht fristgerecht nachkommt, dass die öffentliche Stelle zu keinem weiteren Vorgehen verpflichtet ist, sondern der Weiterverwendungsantrag ex lege als nicht eingebracht gilt. Wird der Präzisierungsaufforderung hingegen verspätet, dh. nach Ablauf der zweiwöchigen Frist, nachgekommen, so ist dies als ein neuer Antrag zu betrachten (EB zu § 3 Abs. 2).

Zu Abs. 3:

11) Abs. 3 sieht vor, dass die Frist für die Bearbeitung von Weiterverwendungsanträgen der Frist für die Bearbeitung von Anträgen und Begehren auf Zugang zu den Dokumenten in den

einschlägigen Zugangsregelungen (siehe dazu die Erläuterungen zu § 2 Abs. 2) zu entsprechen hat. Für den Fall, dass keine solchen Fristen festgelegt sind bzw. der Zugang zu den beantragten Dokumenten nicht in bestehenden Zugangsvorschriften geregelt ist, wird mit Abs. 3, 2. Halbsatz gewährleistet, dass die öffentliche Stelle den Antrag binnen vier Wochen[80] ab Einlangen zu bearbeiten hat. Die Fristsetzung ist insbesondere wichtig bei dynamischen Inhalten (zB Verkehrsdaten), deren wirtschaftlicher Wert von ihrer sofortigen Verfügbarkeit sowie von regelmäßigen Aktualisierungen abhängig ist (siehe Erwägungsgrund 12 der Richtlinie 2003/98/EG) (EB zu § 5Abs. 3).

12) Sehen Zugangsregelungen eine über vier Wochen hinausgehende Frist vor, so kommt natürlich diese zum Tragen.[81] Ein Angleichen der Bearbeitungsfrist der öffentlichen Stellen gemäß der Vorgaben des Auskunftspflichtgesetzes (§ 3 letzter Satz) auf 8 Wochen wäre einerseits nicht richtlinienkonform und würde andererseits auch nicht immer greifen, da das Auskunftspflichtgesetz nicht so viele bzw. nicht notwendigerweise dieselben öffentlichen Stellen wie das Informationsweiterverwendungsgesetz anspricht. Die Auskunftspflicht gilt insbesondere auch nicht für Anstalten und Fonds des öffentlichen Rechts sowie für ausgegliederte Rechtsträger, sofern sie keine hoheitlichen Aufgaben besorgen.

13) Ein Recht auf „Auskunft" ist zudem weniger als ein Recht auf „Informationszugang" oder „Dokumentenzugang". Es beinhaltet kein Recht auf Akteneinsicht[82], auf Zusendung

---

[80] Eine „Feinheit" ist, dass die PSI-RL die Frist mit 20 Arbeitstagen festlegt, das IWG hingegen mit vier Wochen. Dies hat jedoch den Vorteil, dass damit Streitigkeiten betreffend die Anrechnung beispielsweise eines Feiertages ausgeschlossen sind.

[81] Das ergibt sich schon aus § 2 Abs. 2, wonach bestehende Zugangsregelungen (und somit auch die darin enthaltenen Fristen) unberührt bleiben.

[82] Vgl. dazu Ausführungen unter Punkt I.1.c (Abgrenzung zu ähnlichen Themen).

von Akten (zB in Schriftform oder auf Datenträger), auf Anfertigung von Kopien oder detaillierte Bekanntgabe von Dokumenteninhalten.[83] Ebenso gebietet das Auskunftspflichtgesetz nur die Zusammenfassung des Akteninhaltes, gewährt aber keinen unmittelbaren Zugang zu den das Verwaltungswissen beinhaltenden Datenträgern.[84]

14) Kommen bei einem Weiterverwendungsantrag beispielsweise mehrere Zugangsregelungen und somit auch mehrere Fristen in Betracht, so hat die öffentliche Stelle auch hier nicht auf das Informationsweiterverwendungsgesetz abzustellen, sondern so vorzugehen, wie sie es vor Inkrafttreten des Informationsweiterverwendungsgesetzes getan hätte.

15) Ein allgemeiner Rechtsanspruch auf Weiterverwendung von Dokumenten öffentlicher Stellen wird durch das Informationsweiterverwendungsgesetz – abgesehen von den Bestimmungen in § 10, die ein Nichtdiskriminierungsgebot vorsehen – nicht normiert.

16) Im Zuge der Bearbeitung der Weiterverwendungsanträge hat die öffentliche Stelle dem Antragsteller – jeweils unter Hinweis auf die Rechtsschutzmöglichkeiten hinsichtlich der ihn betreffenden Bearbeitung der Anträge und der Entscheidungen der öffentlichen Stelle (siehe Art. 7 der Richtlinie 2003/98/EG) – kumulativ oder auch alternativ

- die beantragten Dokumente, so sie der Weiterverwendung zur Verfügung stehen, zur Weiterverwendung bereitzustellen (Z 1) oder
- die beantragten Dokumente teilweise zur Weiterverwendung bereitzustellen und dem Antragsteller eine schriftliche, begründete, den Antrag teilweise ablehnende Mitteilung zu übermitteln (Z 2) oder

---

83 Siehe *Feik*, Präsidiumsvorlage 42/PRVOR-K, S. 81 sowie *Kucsko-Stadlmayer*, Amtsverschwiegenheit und Zugang zu Informationen staatlicher Verwaltung, www.konvent.gv.at (zuletzt eingesehen am 17.12. 2004).

84 Siehe *Feik*, Zugang zu Informationen als Voraussetzung für Contentprodukte, ÖJZ 2006/28.

- ein Vertragsangebot zur Festlegung von Bedingungen zu unterbreiten (Z 3) oder
- eine schriftliche, begründete, den Antrag ablehnende Mitteilung zu übermitteln (Z 4) (EB zu § 5 Abs. 3).

17) Die öffentliche Stelle kann dem Antragsteller daher beispielsweise einen Teil der beantragten Dokumente ohne Bedingungen und einen weiteren Teil unter Festlegung von Bedingungen zur Weiterverwendung bereitstellen und die Weiterverwendung bezüglich eines weiteren Teiles schriftlich ablehnen (EB zu § 5 Z 3).

18) Ablehnungsgründe der öffentlichen Stellen ergeben sich einerseits aus § 3 Abs. 2 und den Ausführungen zu § 4 Z 3, andererseits aber auch aufgrund der Entscheidung der betreffenden öffentlichen Stelle, bestimmte Dokumente generell nicht zur Weiterverwendung zur Verfügung zu stellen.

19) Ist der Antragsteller mit der Erledigung seines Antrages nicht zufrieden, steht ihm die Möglichkeit offen, ein Schlichtungsverfahren nach § 12 IWG einzuleiten oder entsprechend § 13 IWG die ordentlichen Gerichte anzurufen.

20) Der Hinweis auf die Rechtsschutzmöglichkeiten ist insbesondere für KMU wichtig, vor allem dann, wenn diese einen Sitz im Ausland haben und im Umgang mit öffentlichen Stellen in Österreich und den entsprechenden Rechtsschutzmöglichkeiten nicht vertraut sind (EB zu § 5 Abs. 3).

Zu Abs. 4:

21) Abs. 4 soll dem Antragsteller eine Hilfestellung für die Weiterverwendung von Dokumenten für die Fälle bieten, in denen die öffentliche Stelle aufgrund von geistigen Eigentumsrechten Dritter an den beantragten Dokumenten nicht berechtigt ist, deren Weiterverwendung zu genehmigen. Die betreffende öffentliche Stelle hat in diesem Fall Auskunft über den ihr bekannten Inhaber der Rechte oder über denjenigen zu geben, von dem sie das betreffende Dokument oder das entsprechende Material dazu erhalten hat. Diese Auskunft ist der ablehnenden

Mitteilung gemäß Abs. 3 Z 2 und 4 ohne einer diesbezüglichen gesonderten An- oder Nachfrage des Antragstellers beizufügen. Dem Antragsteller soll durch diese Bestimmung ein möglicherweise nicht unbeträchtlicher Zeit- und Müheaufwand erspart werden, indem ihm die Möglichkeit geboten wird, die Dokumente bzw. die Genehmigung deren Weiterverwendung direkt beim Berechtigten zu beantragen (EB zu § 5 Abs. 4).

Zu Abs. 5:

22) Abs. 5 soll den öffentlichen Stellen bei komplexen und umfangreichen Anträgen ermöglichen, die Frist des Abs. 3 um vier Wochen zu verlängern. Der Antragsteller ist in diesem Falle frühzeitig, spätestens jedoch innerhalb von drei Wochen nach Einlangen des Antrages, darüber zu informieren, dass für die Bearbeitung seines Antrages mehr Zeit benötigt wird (EB zu § 5 Abs. 5).

Zu Abs. 6:

23) Durch Abs. 6 sollen die öffentlichen Stellen, die einen Antrag auf Weiterverwendung von Dokumenten bearbeiten, dazu angehalten werden, sich sowohl bei dieser Bearbeitung (und auch bei der Verständigung über die Fristverlängerung gemäß Abs. 5) als auch bei der Zurverfügungstellung der Dokumente – nach Möglichkeit – elektronischer Mittel zu bedienen. Viele Dokumente liegen jedoch nur in Papierform vor und nicht jede öffentliche Stelle verfügt über die Möglichkeit oder Kapazität zur Nutzung elektronischer Mittel, weshalb der Papierweg nicht grundsätzlich ausgeschlossen wird.[85] Diese Bestimmung zielt jedoch darauf ab, die Weiterverwendung zu erleichtern, indem die sonst notwendige Digitalisierung von Papierdokumen-

---

85 Tatsächlich erfolgte die Beantragung, Antragsbeantwortung sowie die Einberufung und begleitende Abwicklung des vermutlich ersten österreichischen Schlichtungsverfahrens nach § 12 IWG Anfang 2006 ausschließlich per Email, was den Ablauf erheblich beschleunigte.

ten oder die Bearbeitung von digitalen Dateien, um deren Kompatibilität zu erzielen, möglichst reduziert wird (EB zu § 5 Z Abs. 6).[86]

Verfügbare Formate

§ 6. (1) Soweit öffentliche Stellen die Weiterverwendung der in ihrem Besitz befindlichen Dokumente genehmigen, haben sie diese in allen vorhandenen Formaten oder Sprachen soweit möglich und sinnvoll in elektronischer Form bereitzustellen. Öffentliche Stellen sind auf Grundlage dieses Bundesgesetzes nicht verpflichtet, Dokumente im Hinblick auf deren Weiterverwendung neu zu erstellen, anzupassen oder weiterzuentwickeln.

(2) Werden Auszüge aus Dokumenten beantragt, so müssen diese dann nicht bereitgestellt werden, wenn dies mit einem unverhältnismäßigen Aufwand verbunden ist, der über eine einfache Handhabung hinausgeht.

(3) Öffentlichen Stellen sind auf Grundlage dieses Bundesgesetzes nicht verpflichtet, die Erstellung von Dokumenten bestimmter Art im Hinblick auf die Weiterverwendung solcher Dokumente fortzusetzen.

Anmerkung:

1) Die Bestimmungen des § 6 des IWG dienen der Umsetzung des Art. 5 der Richtlinie 2003/98/EG (EB zu § 6).

Abs. 1:

2) Durch Abs. 1 soll klar gestellt werden, dass öffentliche Stellen die zur Weiterverwendung verfügbaren Dokumente lediglich in den „vorhandenen“ Formaten und Sprachen zur Weiterverwendung bereitzustellen haben. Sie sind nicht verpflichtet, die Dokumente zu bearbeiten, neu zu erstellen oder umzufor-

---

86 Vgl. auch Erwägungsgrund 13 der PSI-Richtlinie.

matieren, um einem Antrag auf Weiterverwendung zu entsprechen. Die Dokumente sind allerdings soweit möglich und sinnvoll in elektronischer Form zur Verfügung zustellen. Dabei ist auf die technischen Möglichkeiten der jeweils betroffenen öffentlichen Stelle abzustellen, nicht aber auf die allgemeine technische Durchführbarkeit. Zur Erleichterung der Weiterverwendung sollten die öffentlichen Stellen jedoch für eine weitgehende elektronische Bereitstellung der Dokumente sorgen. Auch sollten die Dokumente bevorzugterweise in einem Format zur Verfügung gestellt werden, das nicht von der Verwendung einer bestimmten Software abhängig ist (siehe Erwägungsgrund 13 der Richtlinie 2003/98/EG) (EB zu § 6 Abs. 1).

3) Unter „Sprachen“ sind nicht nur Programmier- und Maschinensprachen, sondern auch menschliche, dh. Fremdsprachen zu verstehen.

Abs. 2:

4) Abs. 2 stellt sicher, dass öffentliche Stellen auch Auszüge aus Dokumenten zur Verfügung stellen, soweit damit nicht ein unverhältnismäßiger Aufwand verbunden ist. Eine öffentliche Stelle soll einen Antrag auf Weiterverwendung nicht schon deshalb ablehnen können, weil nur Teile des Dokumentes für eine Weiterverwendung zugänglich sind. Eine Anpassung des beantragten Dokuments ist unter Umständen dann notwendig, wenn ein bestimmter Teil, der nicht allgemein zugänglich ist, herausgenommen werden müsste, um die Weiterverwendung des allgemein zugänglichen Teiles zu gestatten (EB zu § 6 Abs. 2).[87]

Abs. 3:

5) In Abs. 3 wird festgelegt, dass öffentlich Stellen nach diesem Bundesgesetz nicht verpflichtet sind, die Erstellung be-

---

[87] Siehe Vorschlag für eine Richtlinie des Europäischen Parlaments und des Rates über die Verwertung und kommerzielle Nutzung von Dokumenten des öffentlichen Sektors /*KOM (2002) 207 vorl. – 2002/0123 (COD)*/, S.10.

stimmter Dokumente weiterzuführen oder diese zu aktualisieren, um etwaigen Wünschen nach Weiterverwendungsmöglichkeiten nachzukommen. Ändert sich der Inhalt oder der Umfang des öffentlichen Auftrags, kann dies auch den Wegfall bestimmter Dokumente zur Folge haben, die vorher für eine Weiterverwendung verfügbar waren. Aber auch bei unverändertem Fortbestand des konkreten öffentlichen Auftrags können verschiedenste Gründe wie beispielsweise eine Änderung des Ressourcenbedarfs oder Kosten-Nutzenanalysen dafür ausschlaggebend sein, dass eine öffentliche Stelle bestimmte Dokumente nicht mehr erstellt (EB zu § 6 Abs. 3).

6) Dies bedeutet, dass die öffentliche Stelle nicht gezwungen werden kann, künftig Daten und Dokumente in einer bestimmten Art oder mit einer bestimmten Software zu erstellen, nur um dem Wunsch nach einer Weiterverwendungsmöglichkeit nachzukommen. Öffentliche Stellen werden daher auch künftig in der Wahl ihrer Software und in der Wahl der Art ihrer Datenverarbeitung im öffentlichen Auftrag frei sein. Dies ist für privatwirtschaftliche Unternehmen ein wesentlicher Aspekt bei der Produktentwicklung: Sind solche Produkte stark von Daten der öffentlichen Hand abhängig, muss sich das Unternehmen des Risikos bewusst sein, dass es keinen Rechtsanspruch darauf hat, dass die öffentliche Hand diese Daten künftig weiterhin erzeugt. Eine denkbare Möglichkeit wäre, dass das privatwirtschaftliche Unternehmen mit der öffentlichen Stelle – zusätzlich zu bzw. neben den Bestimmungen des IWG – einen zivilrechtlichen Vertrag über den Bezug der Daten abschließt, der eine Lieferung der Daten über einen bestimmten Zeitraum sicherstellt.

Entgelte

§ 7. Sofern öffentliche Stellen für die Weiterverwendung der in ihrem Besitz befindlichen Dokumente Entgelte einheben, dürfen die Gesamteinnahmen aus der Bereitstellung

von Dokumenten oder der Genehmigung ihrer Weiterverwendung die Kosten ihrer Erfassung, Erstellung, Reproduktion und Verbreitung zuzüglich einer angemessenen Gewinnspanne nicht übersteigen. Die Entgelte haben sich an den Kosten des entsprechenden Abrechnungszeitraumes zu orientieren und sind unter Bedachtnahme auf die für die betreffenden öffentlichen Stellen geltenden Buchführungsgrundsätze zu berechnen.

Anmerkung:

1) In Umsetzung von Art. 6 der Richtlinie 2003/98/EG haben öffentliche Stellen nach § 7 für den Fall, dass sie für die Weiterverwendung der in ihrem Besitz befindlichen Dokumente Entgelte einheben, diese selbst festzulegen. Diese Bestimmung lässt jedoch offen, ob Entgelte eingehoben werden oder nicht, dh. der öffentlichen Stelle bleibt es unbenommen, die Bereitstellung der Dokumente und/oder die Genehmigung deren Weiterverwendung auf unentgeltlicher Basis vorzunehmen. Heben die öffentlichen Stellen jedoch Entgelte für die Weiterverwendung ein, so dürfen sie diese Entgelte nicht willkürlich festsetzen und keine überhöhten Entgelte für Dokumente fordern, die im Rahmen ihres öffentlichen Auftrags und mit öffentlichen Geldern erstellt wurden. Öffentliche Stellen sind jedoch sehr wohl berechtigt, ihre Investitionen in die Erstellung der Dokumente durch die Einhebung von Entgelten abzudecken, wobei im Sinne dieses Bundesgesetzes bei der Berechnung der Entgelte von einem kostenorientierten Ansatz auszugehen ist (EB zu § 7).

2) Der dieser Bestimmung zugrunde liegende Art. 6 der PSI-RL war einer der kontroversesten überhaupt,[88] weil man-

[88] Siehe auch *Knyrim*, PSI-Richtlinie und Informationsweiterverwendungsgesetz: Ein neuer Recht- und Wirtschaftsbereich, Österreichische Zeitschrift für Vermessung & Geoinformation (vgi), 1/2005, 17 (19).

che Mitgliedstaaten zwingend ein Entgelt vorsehen wollten, andere im Gegensatz Dokumente grundsätzlich kostenlos herausgeben wollten. Man einigte sich auf eine Mittellösung und überließ die Entgeltfrage dem nationalen Gesetzgeber. In Österreich ließ man – wie bereits oben erwähnt- den öffentlichen Stellen offen, ob sie ein Entgelt verrechnen wollen oder nicht.[89]

3) Die Regelung des § 7 legt jedoch eine Obergrenze für den Fall fest, dass öffentliche Stellen Entgelte für die Weiterverwendung ihrer Dokumente einheben. Demnach dürfen die Gesamteinnahmen die Gesamtkosten der Erfassung, Erstellung, Reproduktion und Verbreitung von Dokumenten zuzüglich einer angemessenen Gewinnspanne nicht übersteigen, wobei gegebenenfalls die Selbstfinanzierungsverpflichtungen der betreffenden öffentlichen Stelle gebührend zu berücksichtigen sind (siehe Erwägungsgrund 14 der Richtlinie 2003/98/EG). Während die Erstellung das Verfassen und das Zusammenstellen erfasst, kann die Verbreitung auch eine Anwenderunterstützung beinhalten (EB zu § 7).[90]

4) Die Kostendeckung bildet zuzüglich einer angemessenen Gewinnspanne, im Einklang mit den geltenden Buchführungsgrundsätzen und der einschlägigen Methode der Entgeltberechnung der betreffenden öffentlichen Stelle, eine Obergrenze für die Entgelte, weil überhöhte Preise ausgeschlossen sein sollen. Diese Obergrenze lässt den öffentlichen Stellen die Möglichkeit offen, niedrigere oder gar keine Entgelte für die Weiterverwendung einzuheben. Weiters gibt § 7 vor, dass allfällige einzuhebende Entgelte sich einerseits an den Kosten (für die Erfassung, Erstellung, Reproduktion und Verbreitung von Dokumenten) des entsprechenden Abrechnungszeitraums zu orien-

---

89 Als Beispiel für Entgeltfestsetzungen öffentlicher Stellen siehe etwa die Preise für Geodaten der Stadtvermessung Wien (MA 41) unter http://www.wien.gv.at/ma41/geodaten/bkm/daten.htm#abschnitt02.

90 Siehe dazu auch *Galla/Öhlböck*, Die Weiterverwendung von Informationen des öffentlichen Sektors, in *Fallenböck/Galla/Stockinger*, Urheberrecht in der digitalen Wirtschaft, Manz (2005), 265 (272).

tieren haben und andererseits unter Bedachtnahme auf die geltenden Buchführungsgrundsätze und die einschlägige Methode der Entgelteberechnung der jeweiligen öffentlichen Stelle (soweit vorhanden) zu berechnen sind (siehe Erwägungsgrund 14 der Richtlinie 2003/98/EG). Wie noch in den Erläuterungen zu §§ 9 und 10 näher ausgeführt, sind die Standardentgelte bereits im Voraus festzulegen und müssen bei vergleichbaren Kategorien der Weiterverwendung dieselben sein. Dementsprechend können für die kommerzielle und nichtkommerzielle Weiterverwendung unterschiedliche Entgelte festgelegt werden, da es sich diesfalls nicht um vergleichbare Kategorien der Weiterverwendung handelt. Danach kann auch der wirtschaftliche Wert der Dokumente für den Antragsteller bei der Kalkulation der Entgelte berücksichtigt werden. Eine Differenzierung hinsichtlich der Kalkulation der Entgelte kann gegebenenfalls beispielsweise im Hinblick auf finanzielle Beiträge von bestimmten Personengruppen sachlich gerechtfertigt sein (EB zu § 7).

5) Organe des Bundes haben auf § 49a BHG, BGBl. Nr. 213/1986, zuletzt geändert durch das Bundesgesetz BGBl. I Nr. 136/2004, und die Verordnung des Bundesministers für Finanzen über Vergütungen für Leistungen zwischen den Organen des Bundes und über Entgelte für Leistungen von Organen des Bundes gegenüber Dritten (Leistungsabgeltungs-Verordnung – LA-V), BGBl. II Nr. 388/2000, Bedacht zu nehmen (EB zu § 7).

6) Wie bereits zu § 4 Z 4 ausgeführt, handelt es sich beim Austausch von Dokumenten öffentlicher Stellen im Rahmen ihres öffentlichen Auftrages nicht um Weiterverwendung im Sinne dieses Gesetzes. Demgemäß ist das IWG nicht anwendbar und kommt natürlich auch die Kostenregelung des § 7 nicht zum Tragen.

7) Die Regelung des § 7 bezieht sich lediglich auf Kosten, die im Zusammenhang mit der Weiterverwendung von Dokumenten öffentlicher Stellen entstehen.[91] Vorgaben für die Kos-

91 Zu den Kosten, die die Vollziehung der die PSI-Richtlinien umsetzenden Gesetze verursacht, hat das Land Vorarlberg im Zuge der

ten einer bloßen Zugangsgewährung werden nicht getroffen, dh öffentliche Stellen können sich bei der Frage betreffend Kosten für den reinen Zugang zu Dokumenten nicht auf die Entgelteregelung des IWG berufen bzw. durch einen Verweis auf eine durch das IWG gedeckte Gewinnspanne bestehende Kostenregelungen in Zugangsgesetzen umgehen.

8) Die im IWG gewählte – und auf den Vorgaben der Richtlinie 2003/98/EG basierende – Entgelteregelung berücksichtigt,

---

Fortsetzung der FN 89:

Erlassung des Vorarlberger Dokumenten-Weiterverwendungsgesetz (DokWG) Kalkulationen angestellt, die sowohl die Anzahl der Anträge, die Dauer der Bearbeitung sowie die für die Bearbeitung erforderliche Qualifikation berücksichtigen.

Unter der Annahme, dass die Bearbeitung eines „einfachen“ Antrags (z.B. wenn das begehrte Dokument von der öffentlichen Hand ohne weiteres zugänglich gemacht wird) eine Stunde und die Bearbeitung eines aufwendigen Antrags (z.B. wenn die öffentliche Stelle Nutzungsbedingungen festlegen oder einen Ablehnungsbescheid erlassen muss) drei Stunden dauert und man davon ausgeht, dass die Anträge von einem Bediensteten mit Maturaniveau bearbeitet werden können (und die Heranziehung eines Juristen nur in Einzelfällen notwendig ist) und die Kosten für einen Mitarbeiter mit Maturaniveau 58,31 € (bzw. 72,75 € für Juristen) betragen, sind folgende Kosten zu erwarten (die Anzahl der Anträge kann mangels Erfahrung nur geschätzt werden):

	Vollzugskosten pro Stunde (inkl. Sach-, Raum- und Verwaltungsgemeinkosten)	Bearbeitungsdauer pro Antrag	Vollzugskosten pro Antrag	Anzahl der Anträge im Jahr	Vollzugskosten im Jahr
„Einfacher“ Antrag	58,31 €	1 Stunde	58,31 €	10	583,10 €
„Schwieriger“ Antrag	58, 31 €	3 Stunden	174,93 €	3	524,79 €
„Schwieriger“ Antrag; Jurist/in erforderlich	72,75 €	3 Stunden	218,25 €	2	436,50 €

dass bestimmte öffentliche Stellen auf die Einnahmen und den Vertrieb ihrer Dokumente angewiesen sind, um ihre Tätigkeiten teilweise finanzieren zu können. Die Mitgliedstaaten sollten zwar nach Erwägungsgrund 14 der Richtlinie den öffentlichen Stellen nahe legen, ein Grenzkostenmodell für Reproduktion und Verbreitung zu übernehmen,[92] aber dennoch steht es den Mitgliedstaaten und im Sinne der Regelung des § 7 den einzelnen öffentlichen Stellen frei, ihre Entgeltestrategie festzulegen. Damit wird der öffentlichen Stelle die vollständige Deckung der Produktions- und zugehöriger Kosten für die Erstellung der Dokumente einschließlich eines angemessenen Gewinns gestattet. Die einzig auferlegte Einschränkung ist eine Obergrenze für den Fall, dass die öffentliche Stelle aus ihren Dokumenten unangemessene Gewinne erzielt (siehe Vorschlag für eine Richtlinie des Europäischen Parlaments und des Rates über die Verwertung und kommerzielle Nutzung von Dokumenten des öffentlichen Sektors /*KOM (2002) 207 vorl. – 2002/0123 (COD)*/, S. 6) (EB zu § 7).

9) In diesem Zusammenhang ist auf Art. 13 der Richtlinie 2003/98/EG hinzuweisen, wonach diese Richtlinie drei Jahre nach ihrem In-Kraft-Treten insbesondere auf den Steigerungsgrad der Weiterverwendung des öffentlichen Sektors und die Auswirkungen der Grundsätze über die Entgelte überprüft werden soll (EB zu § 7).

10) Die Regelung des § 7 soll eine allgemeine sein. Unter Berücksichtigung der darin genannten Grundsätze sowie der Zielsetzung des IWG besteht die Möglichkeit, Sonderregelungen in einzelnen Materiengesetzen zu erlassen. So wurde anlässlich der Erlassung des IWG eine Änderung des Vermessungsgesetzes initiiert, die eine Abweichung vom bisherigen Modell der Vollkostenrechung, also der Abdeckung der Kosten der Er-

---

92 *Primosch* schließt aus diesem Erwägungsgrund, dass der Gemeinschaftsgesetzgeber damit offenbar eine „Low-Cost“-Strategie empfehle (*Primosch,* Die Bereitstellung von Dokumenten durch öffentliche Stellen in Kärnten, ÖGZ 2/2006, 42 (44f).

fassung, Erstellung, Reproduktion und Verarbeitung der Geodaten mit sich brachte. Nunmehr normiert § 48 Abs. 3 VermG in der Fassung des Bundesgesetzes BGBl. I 136/2005 eine angemessene Vergütung für die Abgabe von Geobasisdaten, die Geobasisdienste und die Verwertung der Geobasisdaten. Bei Geobasisdaten hat diese Vergütung grundsätzlich (nur) den zusätzlichen Aufwand für die Reproduktion und Verbreitung, und nicht die Kosten für die Herstellung abzudecken.[93]

---

93 Slowenien hat sich in Umsetzung der PSI-Richtlinie zu einem konkreteren Modell entschieden und zum slowenischen Informationsfreiheitsgesetz eine Verordnung erlassen, in der die verrechenbaren Kosten für die Weiterverwendung näher festgelegt werden (Verordnung 76 vom 12.8.2005 zum slowenischen Informationsfreiheitsgesetz vom 22.3.2005, beides herunterladbar unter www.dostopdoinformacij.si). Diese Verordnung bestimmt in § 22, dass die Behörde einmal im Jahr die Kosten/Gebühren für den Zugang zu Informationen festzulegen hat. Die Kosten der Bereitstellung dürfen sich nach § 23 dieser Verordnung aus den Gebühren für die Auswahl, Vorbereitung, Vervielfältigung (Kopien), Auswertung der Daten, sowie den Kosten der Stellung und der Erhaltung des Zugangs zusammensetzen. Letztere sind getrennt zu berücksichtigen und müssen 1. die Amortisation notwendiger Räumlichkeiten und Ausstattungen, welche vorwiegend für die Bearbeitung der Fälle benötigt werden; 2. Kosten dringend notwendiger Leistungen im Zusammenhang mit der Bearbeitung der Fälle (Informationslösungen, Außeneinsätze und Ähnliches); und 3. unmittelbare Kosten der Arbeit öffentlich Bediensteter in Zusammenhang mit der Bearbeitung der Fälle umfassen. Die Kosten von Informationen, die der Behörde schon seit längerem zur Verfügung stehen, sind als Kosten der Herstellung und Erhaltung des Zugangs zu berücksichtigen, allerdings längstens fünf Jahre zurück. Wenn regelmäßige Information begehrt wird, ist dies bei den Kosten besonders zu berücksichtigen. Auch für den Fall, dass Urheberrechte dritter Personen betroffen sind, sieht die Verordnung eine Lösung vor, in diesem Fall legt die Behörde nämlich nur die Kosten für den Teil fest, der nicht dritten Personen zufällt, sodass Antragstellern die Möglichkeit offen bleibt, mit den Urheberrechtsinhabern direkt eine Vereinbarung über die Abgeltung der Urheber-

11) Im Zusammenhang mit der Entgelteregelung sind zudem noch einige Punkte zu beachten:

- Das Transparenzgebot des § 9 IWG[94] bestimmt, dass die Bedingungen und Standardentgelte, die für die Weiterverwendung von Dokumenten gelten, die im Besitz öffentlicher Stellen sind, im Voraus festgelegt werden und soweit möglich und sinnvoll in elektronischer Form veröffentlicht werden müssen. Auf Anfrage muss die öffentliche Stelle die Berechnungsgrundlage für die veröffentlichten Entgelte angeben. Zusätzlich muss die betreffende öffentliche Stelle angeben, welche Faktoren bei der Berechnung der Entgelte in atypischen Fällen berücksichtigt werden.
- Der Transparenzgrundsatz des Art. 7 letzter Satz der Richtlinie hält fest, dass die öffentlichen Stellen gewährleisten müssen, dass Antragsteller, die die Weiterverwendung von Dokumenten beantragt haben, über die verfügbaren Rechts-

---

Fortsetzung der FN 91:

rechte zu treffen. Nach § 24 der Verordnung rechnet sich der Anteil der Wiederverwendung für verrechenbare Erwerbszecke als verhältnismäßiger Teil aus der Summe der Verwendung in behördlichen Verfahren und für andere öffentliche Aufgaben, Wiederverwendung zu Nichterwerbszwecken und nicht verrechenbaren Erwerbszwecken sowie verrechenbaren Erwerbszwecken, wobei der Anteil der Wiederverwendung maximal 50 % ausmachen darf und im Fall, dass sich der Teil nicht ohne unverhältnismäßigen Aufwand oder Mühe bestimmen lässt, dieser Teil mit nur 20 % berücksichtigt wird. § 25 der Verordnung sieht vor, dass dann, wenn Materialkosten (Datenträgerkosten) bei der Datenausgabe entstehen, diese verrechnet werden, wobei diese außer in gerechtfertigten Fällen oder bei Verschulden des Antragstellers nicht mehrfach verrechnet werden dürfen. Die Verordnung legt die Materialkosten exakt fest (zB eine Schwarzweißkopie A4 EUR 0,07, eine CD EUR 2,–, eine DVD-R EUR 2,80 etc). Es erfolgt keine Kostenverrechnung, wenn die Kosten unter EUR 20,– pro Abfrage oder Monat liegen.

94 Siehe auch Art 7 PSI-RL. Näheres dazu im Unterkapitel „Transparenz und praktische Vorkehrungen".

behelfe hinsichtlich der sie betreffenden Entscheidungen oder Verfahren unterrichtet werden. Dies ist ein deutlicher Hinweis darauf, dass es auch gegen überhöhte Entgelte einen Rechtsbehelf für die betroffenen Anwender geben soll.[95]
- Sehr bedeutend ist schließlich der Grundsatz der Nichtdiskriminierung in § 10 IWG, der festhält, dass die Bedingungen – und somit auch die Preise – für die Weiterverwendung von Dokumenten für die vergleichbare Kategorie der Weiterverwendung nicht diskriminierend sein dürfen.[96]
- Galla/Öhlböck weisen überdies darauf hin, dass, falls öffentliche Stellen willkürliche oder überhöhte Preise für die Weiterverwendung ihrer Dokumente, die im Rahmen ihres öffentlichen Auftrags und mit öffentlichen Geldern erstellt wurden, fordern, dies ein Missbrauch einer marktbeherrschenden Stellung im Sinne der „essential facilities – Doktrin" sein könnte. Dies, weil ein solches Verhalten als Weigerung eines marktbeherrschenden Inhabers einer wesentlichen Einrichtung verstanden werden könnte, diese zu diskriminierungsfreien Bedingungen für Tätigkeiten eines Dritten auf einem vor- oder nachgelagerten Markt zugänglich zu machen.[97]

Bedingungen für die Weiterverwendung

§ 8. (1) Öffentliche Stellen können Bedingungen für die Weiterverwendung der in ihrem Besitz befindlichen Dokumente in einem Vertrag festlegen, in welchem die wesentlichen Fragen der Weiterverwendung geregelt werden.

---

[95] Siehe dazu näher bei §§ 12 und 13.

[96] Siehe dazu näher bei § 10.

[97] *Galla/Öhlböck*, Die Weiterverwendung von Informationen des öffentlichen Sektors, in *Fallenböck/Galla/Stockinger*, Urheberrecht in der digitalen Wirtschaft, Manz (2005), 265 (273).

(2) Die Bedingungen gemäß Abs. 1 dürfen die Möglichkeiten der Weiterverwendung der beantragten Dokumente nicht unnötig einschränken und keine Behinderung des Wettbewerbs bewirken.

Anmerkung:

1) § 8 dient der Umsetzung von Art. 8 Abs. 1 der Richtlinie 2003/98/EG und gibt für den Fall, dass für die Weiterverwendung von Dokumenten Bedingungen[98] festgelegt werden, maßgebliche Grundsätze vor (EB zu § 8).

2) Eine Pflicht zur Verwendung von Bedingungen wird durch das IWG nicht normiert.[99] Eine klare Regelung beispielsweise der Haftungsfragen kann sich jedoch positiv auf den Zugang und auf die Weiterverwendung von Dokumenten des öffentlichen Sektors auswirken. Die Haftungsproblematik kann den öffentlichen Sektor nämlich dazu veranlassen, eine vorsichtige Informationspolitik zu verfolgen. Stellt eine öffentliche Einrichtung einem Informationssuchenden Daten direkt zur Verfügung, so könnte sie im Prinzip (entsprechend innerstaatlicher Haftungsvorschriften) für alle Schäden haftbar sein, die dem Bürger in diesem Zusammenhang entstehen.[100]

---

98 Als Beispiel für Nutzungsbedingungen siehe etwa jene der Stadt Wien für Geodaten der Stadtvermessung Wien (MA41) unter http://www.wien.gv.at/ma41/geodaten/nutzungsbedingungen.htm.

99 Im Vergleich dazu sieht beispielsweise Slowenien in der Verordnung 76 vom 2.8.2005 zum slowenischen Informationsfreiheitsgesetz vom 22.3. 2005 vor, dass bei jeder Weiterverwendung von Dokumenten der öffentlichen Hand eine Quellenbezeichnung vom Weiterverwender hinzugefügt werden muss, die „Öffentliche Information Slowenien" lautet und die bereitstellende Behörde zu nennen hat. Zusätzlich sieht die Verordnung in § 26 vor, dass die Behörde, wenn notwendig, auch andere Bedingungen vorschreiben kann, insbesondere in Hinblick auf die Richtigkeit, Aktualität oder das richtige Verständnis der Informationen.

100 Vgl. Grünbuch über die Informationen des öffentlichen Sektors in der Informationsgesellschaft, KOM (1998) 585.

3) Ein einfacher Hinweis beispielsweise im Impressum der Website der betreffenden öffentlichen Stelle, der eine Haftung für die Richtigkeit und Vollständigkeit der auf dieser Website angebotenen Informationen ausschließt und gegebenenfalls über die Weiterverwendungsrechte abspricht, würde die öffentlichen Stellen vor einem entsprechenden Verwaltungsaufwand sowie etwaigen zusätzlichen Kosten bewahren, und den Ansprüchen des § 8 Genüge tun.[101]

Abs. 1:

4) Abs. 1 bestimmt, dass für den Fall, dass öffentliche Stellen im Rahmen der Genehmigung der Weiterverwendung Bedingungen festlegen, öffentliche Stellen die Genehmigung eines Weiterverwendungsantrags davon abhängig machen können, dass der Antragsteller bestimmte Nutzungsbedingungen akzeptiert. Dies bedeutet nicht zwangsläufig, dass stets Bedingungen festgelegt werden müssen, denn öffentliche Stellen können die Weiterverwendung von in ihrem Besitz befindlichen Dokumenten auch ohne Bedingungen genehmigen. Lediglich für den Fall, dass die öffentlichen Stellen Bedingungen für die Weiterverwendung der in ihrem Besitz befindlichen Dokumente festlegen

[101] **Frankreich** hat im Vergleich dazu die Einhaltung der Lizenzbedingungen mit **erheblichen Strafen** sanktioniert: Dort droht etwa bei einer Abänderung der Daten oder einer Nichterwähnung des letzten Aktualisierungsdatums der Daten ohne vorheriger Zustimmung der öffentlichen Stelle oder bei einer kommerziellen Weiterverwendung ohne vorheriger Einholung einer Genehmigung dazu eine Geldstrafe bis EUR 150.000, im Wiederholungsfall bis EUR 300.000, zusätzlich zum Ausspruch eines bis zu zweijährigen Weiterverwendungsverbot und einer Urteilsveröffentlichung auf Kosten des Bestraften (vgl. Art 12 iVm Art 18 französisches Informationsweiterverwendungsgesetz (Loit portant diverses mesures d'améloration des relations entre l'administration et le public et diverses dispositions d'ordre administratif, social et fiscal, loi no. 78-753 du 17 juillet 1978, version consolidée au 7 juin 2005, http://www.legifrance.gouv.fr/texteconsolide/PPEAV.htm).

möchten, können sie dies in Form eines Vertrages ausgestalten und darin die wesentlichen Fragen der Weiterverwendung, wie zB die Haftung, die ordnungsgemäße Verwendung der Dokumente, die Garantie der unveränderten Wiedergabe oder den Quellennachweis (siehe Erwägungsgrund 17 der Richtlinie 2003/98/EG) oder auch einen regelmäßigen Zugriff zu und eine regelmäßige Auffrischung von Datenbeständen, regeln. Im Hinblick auf die in § 1 formulierte Zielsetzung des IWG, nämlich die Erleichterung der Weiterverwendung von Dokumenten und die nach § 9 erforderliche Transparenz, wäre es zweckmäßig, diese Bedingungen in Form von Standardlizenzen (vgl. Art. 8 der Richtlinie 2003/98/EG), die online zur Verfügung stehen, festzulegen (EB zu § 8 Abs. 1).

5) Die Formulierung „nicht unnötig einschränken" entspricht den Vorgaben der PSI-Richtlinie (vgl. Art. 8 Abs. 1) und ist im Zusammenhang mit der Zielbestimmung des § 1 sowie mit den gemeinschaftsrechtlichen und innerstaatlichen Wettbewerbsregeln zu verstehen, wonach die Weiterverwendung von Dokumenten öffentlicher Stellen erleichtert werden soll, sowie Wettbewerbsverzerrungen auf dem Binnenmarkt verhindert werden sollen. Nicht nachvollziehbare bzw. willkürliche Festlegungen von Nutzungseinschränkungen sollen demnach vermieden werden.

6) Die Frage, unter welchen Voraussetzungen Bedingungen für die Weiterverwendung von Dokumenten festgelegt und allenfalls in einem Vertrag vereinbart werden können, unterliegt jedenfalls der Privatautonomie der betreffenden öffentlichen Stelle.

Abs. 2:

6) Durch Abs. 2 soll – in Umsetzung von Art. 8 Abs. 1 letzter Satz der Richtlinie 2003/98/EG – gewährleistet werden, dass für den Fall, dass Bedingungen festgelegt werden, diese die Möglichkeit der Weiterverwendung der beantragten Dokumente nicht unnötig einschränken und keine Wettbewerbsbehinderung bewirken. Dass Bedingungen keine Behinderung des Wettbe-

werbs bewirken dürfen, ist dahingehend auszulegen, dass etwaige Bedingungen, wenn sie ihrer Art nach objektiv geeignet sind, den Wettbewerb zu behindern, nicht festgelegt werden dürfen. In diesem Zusammenhang ist auf die gemeinschaftsrechtlichen und innerstaatlichen Wettbewerbsvorschriften zu verweisen, die die Schaffung eines Binnenmarkts und eines Systems vorsehen, das Wettbewerbsverzerrungen auf dem Binnenmarkt verhindern soll. Die in Erwägungsgrund 17 der Richtlinie 2003/98/EG geforderte Transparenz der Bedingungen wird in § 9 näher ausgestaltet (EB zu § 8 Abs. 2).

Transparenz und praktische Vorkehrungen

§ 9. (1) Die für die Weiterverwendung von Dokumenten geltenden Standardbedingungen und Standardentgelte sind von den öffentlichen Stellen im Voraus festzulegen und in geeigneter Weise – soweit möglich und sinnvoll im Internet – zu veröffentlichen.

(2) Auf Anfrage haben die öffentlichen Stellen die Berechnungsgrundlage für die veröffentlichten Entgelte sowie die Faktoren anzugeben, die bei der Berechnung der Entgelte in atypischen Fällen berücksichtigt werden.

(3) Öffentliche Stellen haben praktische Vorkehrungen zur Erleichterung des Zuganges hinsichtlich jener Dokumente, die zur Weiterverwendung verfügbar sind, zu treffen, indem sie insbesondere

1. **Listen und Verzeichnisse über die wichtigsten in ihrem Besitz befindlichen, einer Weiterverwendung zugänglichen Dokumente führen und diese in geeigneter Weise – nach Möglichkeit im Internet – veröffentlichen;**
2. **Auskunftspersonen und Informationsstellen benennen.**

Anmerkung:

1) In Umsetzung von Art. 7 der Richtlinie 2003/98/EG werden in § 9 dieses Bundesgesetzes die öffentlichen Stellen einer-

seits zur transparenten Gestaltung der Standardbedingungen für die Weiterverwendung und der Standardtarife bzw. zur Offenlegung der Berechnungsgrundlage in atypischen Fällen verpflichtet; andererseits soll in Umsetzung von Art. 9 der Richtlinie 2003/98/EG sicher gestellt werden, dass öffentliche Stellen praktische Vorkehrungen treffen, die die Suche nach den zur Weiterverwendung verfügbaren Dokumenten erleichtern. Weiters ist vorgesehen, dass die Standardbedingungen und Standardentgelte sowie die die Suche erleichternden Listen und Verzeichnisse von der betreffenden öffentlichen Stelle – nach Möglichkeit im Internet – veröffentlicht werden. Eine solche Veröffentlichung im Internet kommt freilich nur dann in Betracht, wenn die öffentliche Stelle über die entsprechenden technischen Möglichkeiten verfügt (EB zu § 9).

2) Die Transparenz der Verwaltung stellt zudem eine wichtige Voraussetzung für die effektive Wahrnehmung von Bürgerrechten dar. Die in § 9 normierten Bestimmungen sollen auch diesem allgemeinen Transparenzgedanken hinsichtlich der für die Weiterverwendung verfügbaren Dokumente Rechung tragen.

Abs. 1:

3) Gemäß Abs. 1 sollen die für die Weiterverwendung von Dokumenten geltenden Standardbedingungen und Standardentgelte von den öffentlichen Stellen im Voraus festgelegt und in geeigneter Weise – wenn möglich, insbesondere wenn die betreffenden Dokumente selbst im Internet erscheinen, in diesem Medium – veröffentlicht werden. Auch wenn öffentliche Stellen für die Weiterverwendung von Dokumenten, die sich in ihrem Besitz befinden, keine Entgelte einheben, ist dies öffentlich bekannt zu geben. Die Gewährleistung der Klarheit und öffentlichen Verfügbarkeit der Standardbedingungen und Standardentgelte für die Weiterverwendung von Dokumenten stellt eine Voraussetzung für die Entwicklung des Informationsmarktes dar (siehe Erwägungsgrund 15 der Richtlinie 2003/98/EG).

Durch die Verpflichtung, Standardbedingungen und Standardentgelte bereits im Voraus festzulegen und zu veröffentlichen, ist sicher gestellt, dass diese objektiv sind und damit den Leitgrundsätzen der Wettbewerbspolitik nicht zu widersprechen drohen. Dadurch soll auch ein besser vorhersehbares Umfeld für Investitionsentscheidungen und Planungen der Verwerter von Dokumenten geschaffen werden (siehe Vorschlag für eine Richtlinie des Europäischen Parlaments und des Rates über die Verwertung und kommerzielle Nutzung von Dokumenten des öffentlichen Sektors /*KOM (2002) 207 vorl. – 2002/0123 (COD)*/, S. 11) (EB zu § 9 Abs. 1).

4) Im Gegensatz zu § 7, der auch Entgelte für atypische Fälle festlegt, geht § 9 Abs. 1 nur von Standardentgelten aus (erstere ergeben sich aus dem konkreten Einzelfall und insbesondere aus der Art und Weise der Weiterverwendung, weshalb sie auch nicht im Voraus festgelegt werden können).

5) Dem Veröffentlichungsgedanken von Standardentgelten und Standardbedingungen wird beispielsweise für die Weiterverwendung von Geodaten auf der Homepage des Bundesamtes für Eich- und Vermessungswesen (www.bev.gv.at) entsprochen, wo in detaillierter Form[102] über Nutzungsrechte, Schutzrechte, Nutzungsvereinbarungen, Weitergabe an Dritte, Hinweis- und Informationspflichten, Haftung, Berechnungsgrundlage usw. abgesprochen wird.

Abs. 2:

5) Gemäß Abs. 2 ist von der öffentlichen Stelle auf Anfrage die Berechnungsgrundlage für die veröffentlichten Entgelte und die Faktoren bei der Berechnung der Entgelte in atypischen Fällen bekannt zu geben (EB zu § 9 Abs. 2).

---

[102] Vgl. Amtsblatt für das Vermessungswesen, herausgegeben vom BEV – Bundesamt für Eich und Vermessungswesen, Jahrgang 2005, Wien am 16. Dezember 2005, Stück 5.

Abs. 3:

6) Abs. 3 soll Art. 9 der Richtlinie 2003/98/EG über die praktischen Vorkehrungen zur Erleichterung der Suche nach den zur Weiterverwendung verfügbaren Dokumenten umsetzen, um so den potenziellen Weiterverwendern einen Überblick über die vorhandenen und weiterverwendbaren Dokumente zu ermöglichen. Als demonstrativ aufgezählte Mittel und Einrichtungen, die geeignet sein sollen, diese Anforderung zu erfüllen, sind – in Anlehnung an das UIG – einerseits die Führung und Veröffentlichung von Listen und Verzeichnissen über die wichtigsten im Besitz der betreffenden öffentlicher Stellen befindlichen (§ 4 Z 3) und einer Weiterverwendung zugänglichen Dokumente und andererseits die Namhaftmachung von Auskunftspersonen und Informationsstellen anzuführen[103]. Durch diese Hilfsmittel soll den Weiterverwendern einerseits die Suche nach den für die Weiterverwendung verfügbaren Dokumenten und andererseits nach den entsprechenden Weiterverwendungsbedingungen erleichtert werden. Unter den „wichtigsten Dokumenten" sind jene Dokumente zu verstehen, die in großem Umfang weiterverwendet werden oder weiterverwendet werden können (siehe Erwägungsgrund 23 der Richtlinie 2003/98/EG). Als Maßstab für das Kriterium der Wichtigkeit der Dokumente kann die bisherige oder künftig zu erwartende Nachfrage herangezogen werden (EB zu § 9 Abs. 3).

7) Nicht zwingend vorgesehen, aber der Dokumentensuche durchaus dienlich wären auch Internet-Portale, die mit dezen-

---

[103] Wie bereits ausgeführt, handelt es sich dabei nur um demonstrative Beispiele und es steht den öffentlichen Stellen frei, weitere Einrichtungen zu schaffen, die die Transparenz erhöhen und die praktische Umsetzung erleichtern. Eine derartige Möglichkeit für die Praxis wäre, die vorgeschlagenen Auskunftspersonen und Informationsstellen überhaupt zu zentralen Stellen für die Abwicklung aller IWG-Angelegenheiten inklusive der Beantwortung der Anfragen – bzw bei größeren öffentlichen Stellen – der zentralen Koordinierung der Anfragen und Beantwortungen – auszubauen.

tralisierten Bestandslisten verbunden sind, ebenso wie – in Entsprechung von Erwägungsgrund 18 der Richtlinie 2003/98/EG – die Veröffentlichung der Entscheidung öffentlicher Stellen, bestimmte Dokumente nicht mehr für die Weiterverwendung zur Verfügung zu stellen oder diese Dokumente nicht mehr zu aktualisieren (EB zu § 9 Abs. 3).

8) Den Anforderungen des § 9 Abs. 3 wird insbesondere durch einen Informationsartikel über das Informationsweiterverwendungsgesetz auf der Website des Online-Amthelfers www.help.gv.at, unter der Rubrik „Unternehmer" Rechnung getragen. Aufgrund der ursprünglich dezentralen Datenhaltung durch die einzelnen öffentlichen Stellen wurde das zentrale Verzeichnis „Informationsweiterverwendungsregister" (IWR) auf der oben genannten Website eingegliedert und ist unter folgendem Link abrufbar: www.help.gv.at/iwr/. Dieses Informationsweiterverwendungsregister stellt ein einheitliches österreichweites Portal für die Bekanntgabe verwertbarer Dokumente aller öffentlichen Stellen (also auch jener, die nach den die PSI-Richtlinie umsetzenden Landesgesetzen als öffentliche Stelle zu betrachten sind) dar.[104] Das Informationsweiterverwendungsregister enthält nicht die Dokumente und Daten selbst, sondern ist ein Verzeichnis, wo welche Dokumente unter welchen Bedingungen bezogen werden können. In diesem Informationsweiterverwendungsregister lassen sich Dokumente nach Kategorie, Titel, Beschreibung und öffentlicher Stelle suchen. Die Suchergebnisse geben insbesondere Auskunft über Auskunftspersonen und Informationsstellen (vgl. § 9 Abs. 3 Z 2), aber auch über Quelle, Medieninhaber, allfällige Bedingungen und Kosten, Notwendigkeit der Antragstellung usw. Weiters enthalten diese eine Kurzbeschreibung des Dokuments, eine Information über das Datenformat, das Abgabeformat, die Dokumentspra-

[104] Das Informationsweiterverwendungsregister ging im Sommer 2006 online und hatte bereits zu Beginn eine Reihe von Dokumenten registriert, vor allem solche, die von Bundesstellen direkt kostenlos online zur Verfügung gestellt werden.

che, das Erstellungsdatum, die Update-Frequenz, eine räumliche Abgrenzung, eine Klassifizierung, ein allfälliges Muster sowie die Angabe, ob ein Onlineantrag möglich ist. In den meisten Fällen gelangt man zudem mittels Link direkt zu den betreffenden öffentlichen Stellen.[105]

Nichtdiskriminierung

§ 10. (1) Die Entgelte und sonstigen Bedingungen für die Weiterverwendung von Dokumenten, die sich im Besitz von öffentlichen Stellen befinden, haben für vergleichbare Kategorien der Weiterverwendung nicht diskriminierend zu sein.

(2) Werden Dokumente, die sich im Besitz öffentlicher Stellen befinden, von diesen als Ausgangsmaterial für eigene Geschäftstätigkeiten, die nicht unter ihren öffentlichen Auftrag fallen, weiterverwendet, so gelten für die Bereitstellung der Dokumente für diese Tätigkeiten dieselben Entgelte und sonstigen Bedingungen wie für andere Nutzer.

(3) Sind im Besitz von öffentlichen Stellen befindliche Dokumente zur Weiterverwendung verfügbar, hat diese allen potenziellen Marktteilnehmern offen zu stehen, selbst wenn diese Dokumente bereits von einem oder mehreren Marktteilnehmern als Grundlage für Mehrwertprodukte genutzt werden.

---

[105] Beispiel: über die Kategoriesuche gelangt man in der Kategorie „Bauen und Wohnen" zu einer Ergebnisseite, auf der ein Suchergebnis „Excoco" ist. Klickt man auf dieses, gelangt man zur entsprechenden Detailübersicht dieses Dokuments und erfährt, dass es sich dabei um ein „Programm zur Berechnung der externen Kosten bei der Planung einer Baumaßnahme, Bau und TGA" des Bundesministeriums für Wirtschaft und Arbeit handelt, das kostenlos direkt und sofort unter dem Link http://www.ecology.at/excoco heruntergeladen werden kann. Ein Antrag auf Weiterverwendung ist dem entsprechend bei diesem Dokument (Programm) nicht notwendig, die Weiterverwendung ist ohne Bedingungen sofort zulässig.

§ 10

Anmerkung:

1) Art. 295 EG-Vertrag besagt, dass der EG-Vertrag die Eigentumsordnung in den verschiedenen Mitgliedstaaten unberührt lässt. Dementsprechend hält Erwägungsgrund 9 der Richtlinie ausdrücklich fest, dass die Richtlinie keine Verpflichtung zur Gestattung der Weiterverwendung von Dokumenten enthält, was sich auch in § 2 Abs. 1 IWG widerspiegelt. Eine Verpflichtung von europäischer Seite würde Art. 295 EG-Vertrag widersprechen. Die PSI-Richtlinie ist demgemäß als eine Art „Anregung" an die Mitgliedstaaten zu verstehen, die Weiterverwendung von Dokumenten zu gestatten.

2) Trotz der Tatsache, dass die öffentlichen Stellen nach § 2 Abs. 1 IWG an sich nicht gezwungen sind, ihre Dokumente für die Weiterverwendung bereitzustellen, kann sich, wie in Kapitel III noch genauer erläutert wird, aus diesem Nichtdiskriminierungsgrundsatz ein Rechtsanspruch Dritter auf Bereitstellung von Dokumenten ergeben.

3) Durch das IWG wird naturgemäß keine Rückwirkung des Nichtdiskriminierungsgebotes normiert. Die vor Inkrafttreten dieses Bundesgesetzes geübte Praxis einer öffentlichen Stelle bei der Weitergabe von Dokumenten inkl. dafür eingehobener Entgelte kann daher nicht bindend sein für die Entscheidung, ob und zu welchen Bedingungen Dokumente nunmehr weitergegeben werden. Änderungen der von den betreffenden öffentlichen Stellen geübten Praxis aufgrund des IWG sind in diesem Zusammenhang sohin auch nicht als Verstoß gegen das Diskriminierungsverbot zu verstehen.

4) Sind Dokumente nicht allgemein sondern beispielsweise nur den Mitgliedern einer gesetzlichen Interessensvertretung zugänglich, so ist das IWG – und folglich auch die Nichtdiskriminierungsbestimmungen des § 10 – nicht anwendbar (vgl. auch die Anmerkungen zu § 2 Abs. 2, wonach Zugangsregelungen unberührt bleiben). Werden diese Dokumente (nur) von den Mitgliedern „weiterverwendet", so sind diesfalls die Regeln des IWG nicht anwendbar; die Weiterverwendung dieser Dokumen-

te muss allfälligen Antragstellern nach dem IWG nicht gestattet werden.

Abs. 1:

5) Das in Abs. 1 festgelegte Gebot der Nichtdiskriminierung ist ein wesentlicher Grundsatz dieses Gesetzes und dient der Umsetzung von Art. 10 Abs. 1 der Richtlinie 2003/98/EG.[106] Öffentliche Stellen sind demnach im Rahmen der Genehmigung der Weiterverwendung ihrer Dokumente verpflichtet, vergleichbare Kategorien der Weiterverwendung hinsichtlich der Entgelte und Nutzungsbedingungen gleich zu behandeln. Vergleichbare Kategorien der Nutzung sind dann gegeben, wenn der Zweck der Weiterverwendung beziehungsweise das mit der Weiterverwendung beabsichtigte Endprodukt gleich oder zumindest gleichartig ist. Für die kommerzielle und nicht kommerzielle Weiterverwendung der Dokumente können öffentliche Stellen unterschiedliche Entgelte und unterschiedliche Nutzungsbedingungen festlegen, da es sich diesfalls um keine vergleichbaren Kategorien der Weiterverwendung handelt (siehe Erwägungsgrund 19 der Richtlinie 2003/98/EG) (EB zu § 10 Abs. 1).

6) Im Ergebnis bedeutet dies, dass dieselben Daten, die einem Unternehmen für eine bestimmte Weiterverwendung bereitgestellt wurden, nicht zu denselben Bedingungen an andere Unternehmen für alle erdenklichen Weiterverwendungen herausgegeben werden müssen. Vielmehr ist hier eine Differenzierung der Bedingungen gestattet.

---

[106] *Volman* spricht hierbei von der „harten, wettbewerbsrechtlichen" Seite der PSI-Richtlinie im Vergleich zur „weicheren, stimulierenden" Seite der PSI-Richtlinie der Publizitätserfordernisse und der Empfehlungen an die Mitgliedstaaten in den Erwägungsgründen (*Yvo Volman/Meri Rantala,* PSI-Directive, Vortrag im Rahmen des OECD Worskshops on Public Sector Information, Paris, 31.5. 2006, siehe http://www.oecd.org/dataoecd/40/56/36866234.pdf – zuletzt eingesehen am 16.8.2006).

Abs. 2:

6) Abs. 2 bezweckt die Unterbindung von diskriminierenden Quersubventionen innerhalb der öffentlichen Stellen und setzt Art. 10 Abs. 2 der Richtlinie 2003/98/EG um. Öffentliche Stellen dürfen demnach ihre Dokumente zwar auch selbst kommerziell verwerten, jedoch nur unter den gleichen Bedingungen wie andere Nutzer (siehe Erwägungsgrund 9 der Richtlinie 2003/98/EG). Diese Bestimmung soll verhindern, dass private Anbieter von Informationsprodukten und Informationsdiensten durch die Konkurrenz öffentlicher Anbieter vom Markt verdrängt werden. Dies wäre insbesondere dann der Fall, wenn öffentliche Stellen ihre im Rahmen der Erfüllung ihrer öffentlichen Aufgabe erstellten „Basisinformationen" unentgeltlich oder zu günstigeren Preisen weiterverwenden dürften als private Nutzer. Indem Entgelte und Nutzungsbedingungen auch für öffentliche Stellen gelten, wenn diese Dokumente für eigene Geschäftstätigkeit weiterverwenden, wird eine ungerechtfertigte Bevorzugung öffentlicher Stellen gegenüber privaten Wettbewerbern vermieden. Die Regelung des Abs. 2 betrifft allerdings nur die Bereitstellung jener (Basis-) Dokumente, die ursprünglich von der öffentlichen Stelle im Rahmen ihres öffentlichen Auftrags erstellt und sodann von dieser – außerhalb ihres öffentlichen Auftrags – als Grundlage zur Generierung von für den Markt bestimmten Mehrwertprodukten weiterverwendet werden. Das Anbieten dieser aus den öffentlichen „Basisinformationen" erstellten Mehrwertprodukte auf dem Markt durch die öffentliche Stelle fällt nicht unter den Anwendungsbereich dieser Regelung. Wenn öffentliche Stellen im Rahmen der Erfüllung ihres öffentlichen Auftrags ihre Dokumente untereinander unentgeltlich und ohne Bedingungen austauschen, während Dritte unter Umständen für die Weiterverwendung dieser Dokumente Entgelte entrichten und/oder Nutzungsbedingungen akzeptieren müssen, so steht dies nicht in Widerspruch zur Norm des Abs. 2. Ein solcher „Austausch" von Dokumenten zwischen öffentlichen Stellen zur Erfüllung ihres öffentlichen Auftrags ist keine Wei-

terverwendung im Sinne dieses Bundesgesetzes (siehe Erwägungsgrund 19 der Richtlinie 2003/98/EG) (EB zu § 10 Abs. 2).

7) Aus der Regelung des Abs. 2 in Zusammenhang mit § 4 Z 4 ergibt sich, dass die Nichtdiskriminierungsbestimmungen auch dann anzuwenden sind, wenn die öffentliche Stelle die Dokumente einer anderen öffentlichen Stelle als Ausgangsmaterial für eine den öffentlichen Auftrag überschreitenden Weiterverwendung bereitstellt (siehe dazu auch die Prüfschemata in Teil III).

Abs. 3:

8) Abs. 3 legt fest, dass, sobald eine Weiterverwendung von Dokumenten erstmalig genehmigt wurde, diese fortan für alle potenziellen Marktteilnehmer in nicht diskriminierender Weise offen zu stehen hat. Dies gilt unabhängig davon, ob diese Dokumente bereits als Grundlage für Mehrwertprodukte genutzt werden oder nicht (siehe Art. 11 Abs. 1 der Richtlinie 2003/98/EG). Grundsätzlich dürfen Dokumente daher auch nicht exklusiv an einzelne Dritte weitergegeben werden. Näheres zu Ausschließlichkeitsbedingungen siehe unter Erläuterungen zu § 11 (EB zu § 10 Abs. 3).

Verbot von Ausschließlichkeitsvereinbarungen

§ 11. (1) Verträge oder sonstige Vereinbarungen zwischen öffentlichen Stellen und Dritten, welche ausschließliche Rechte hinsichtlich der Weiterverwendung der in den Geltungsbereich dieses Bundesgesetzes fallenden Dokumente festlegen (Ausschließlichkeitsvereinbarungen), sind unzulässig.

(2) Abs. 1 gilt nicht, wenn für die Bereitstellung eines Dienstes im öffentlichen Interesse die Einräumung eines ausschließlichen Rechtes erforderlich ist. Der Grund für eine solche Ausschließlichkeitsvereinbarung ist regelmäßig,

mindestens jedoch alle drei Jahre, zu überprüfen. In die Ausschließlichkeitsvereinbarung ist jedenfalls eine Bestimmung aufzunehmen, die der öffentlichen Stelle dann ein besonderes Kündigungsrecht sichert, wenn die regelmäßige Überprüfung ergibt, dass der die Ausschließlichkeitsvereinbarung rechtfertigende Grund nicht mehr vorliegt. Die nach dem 31. Dezember 2003 getroffenen Ausschließlichkeitsvereinbarungen müssen transparent sein und sind in geeigneter Weise – nach Möglichkeit im Internet – öffentlich bekannt zu machen.

(3) Bestehende Ausschließlichkeitsvereinbarungen, die nicht unter die Ausnahmen des Abs. 2 1. Satz fallen, enden mit Vertragsablauf bzw. gelten spätestens mit Ablauf des 31. Dezember 2008 als aufgelöst.

Anmerkung:

1) Die Regelung des § 11 legt fest, unter welchen Voraussetzungen – und in Ausnahme zu Abs. 1 – Ausschließlichkeitsvereinbarungen im Einzelfall zulässig sein können.[107]

Abs. 1:

2) Um ungerechtfertigte Einschränkungen des Wettbewerbs oder der kommerziellen Verwertung von Dokumenten zu verhindern und allen potentiellen Marktteilnehmern die Weiterverwendung von Dokumenten öffentlicher Stellen zu diskriminie-

---

107 Auch hier bietet sich ein Blick nach Slowenien an, wo in der Verordnung 76 vom 12.8.2005 zum slowenischen Informationsfreiheitsgesetz vom 22.3.2005 festgehalten wurde, dass eine Evidenz der ausschließlichen Verwendungsrechte zu schaffen ist. Diese Evidenz muss für jedes erteilte ausschließliche Recht die Bezeichnung der Behörde, die das Recht gewährte, enthalten, weiters den Zweck des ausschließlichen Verwendungsrechtes, Name und Inhaber des Rechts, die Gründe für die Erteilung, die Kosten und Bedingungen der Erteilung, das Datum der Erteilung und das Datum der ordentlichen Überprüfung des Erfordernisses der Erteilung sowie das Enddatum der Ausschließlichkeit.

rungsfreien Bedingungen zu ermöglichen, normiert Abs. 1 in Umsetzung von Art. 11 Abs. 1 der Richtlinie 2003/98/EG, dass Verträge und Vereinbarungen zwischen öffentlichen Stellen und Dritten grundsätzlich keine ausschließlichen Rechte hinsichtlich der zur Weiterverwendung zur Verfügung gestellten Dokumente einräumen dürfen. Das bedeutet auch, dass Exklusivrechte, die lediglich der Erfüllung eines öffentlichen Auftrages dienen, nicht von diesem Verbot des Abs. 1 betroffen sind, da kein Fall der Weiterverwendung vorliegt. Wie bereits in den allgemeinen Erläuterungen ausgeführt, stellen zudem Ausschließlichkeitsvereinbarungen, die zum Missbrauch einer (markt-)beherrschenden Stellung führen, einen Widerspruch zu den Wettbewerbsregeln des EG-Vertrags (Art. 82 in Verbindung mit Art. 86 EGV) dar (EB zu § 11 Abs. 1).

Abs. 2:

3) Abs. 2, der der Umsetzung von Art. 11 Abs. 2 der Richtlinie 2003/98/EG dient, enthält eine Ausnahmeregelung zu dem in Abs. 1 festgelegten Verbot von Ausschließlichkeitsvereinbarungen und regelt die Bedingungen, unter welchen im Einzelfall die Gewährung eines ausschließlichen Rechtes auf Weiterverwendung spezifischer Dokumente zulässig sein kann. Diese Bestimmung betrifft jene Fälle, in denen zwar eine Weiterverwendung im Sinne dieses Gesetzes vorliegt, die Bereitstellung eines Dienstes im allgemeinen wirtschaftlichen Interesse jedoch eine Bevorzugung Dritter erfordert. Dies ist beispielsweise dann der Fall, wenn an der Publikation bestimmter Dokumente ein öffentliches Interesse besteht, aber kein kommerzieller Verleger dazu bereit wäre, diese Dokumente ohne Einräumung eines ausschließlichen Nutzungsrechtes zu veröffentlichen (siehe Erwägungsgrund 20 der Richtlinie 2003/98/EG). Nicht notwendig ist es, dass ein durch ein ausschließliches Nutzungsrecht privilegierter Dritter mit der Weiterverwendung ausschließlich oder überwiegend nicht kommerzielle Aufgaben wahrnimmt, er kann damit auch kommerzielle Zwecke verfolgen (siehe Erwägungs-

grund 20 der Richtlinie 2003/98/EG, der auf das Beispiel eines „kommerziellen Verlegers" verweist). Der Grund für die Erforderlichkeit der Einräumung eines ausschließlichen Rechtes ist regelmäßig – mindestens alle drei Jahre – zu überprüfen (EB zu § 11 Abs. 2).

4) Als Auslegungshilfe für die Frage des Vorliegens eines allgemeines wirtschaftlichen Interesses dient die Mitteilung der Europäischen Kommission über Leistungen der Daseinsvorsorge in Europa,[108] in deren Anhang der Begriff „Dienstleistungen von allgemeinem wirtschaftlichen Interesse" als „marktbezogene Tätigkeiten, die im Interesse der Allgemeintheit erbracht und daher von den Mitgliedstaaten mit besonderen Gemeinwohlverpflichtungen verbunden werden. Gemeint sind insbesondere Verkehrs-, Energieversorgungs- und Telekommunikationsdienste".

5) In Ausschließlichkeitsvereinbarungen nach Abs. 2 ist eine Klausel aufzunehmen, die der öffentlichen Stelle ein Kündigungsrecht für den Fall einräumt, dass die regelmäßige Überprüfung ergibt, dass der die Ausnahme von der Regelung des § 11 Abs. 1 rechtfertigende Grund nicht mehr vorliegt (EB zu § 11 Abs. 2).

6) Ausschließlichkeitsvereinbarungen nach Abs. 2 müssen aus sich heraus klar und eindeutig verständlich, d.h. inhaltlich transparent sein und von der öffentlichen Stelle, die ihre Dokumente für eine Weiterverwendung zur Verfügung stellt und diesbezüglich Ausschließlichkeitsvereinbarungen abschließt, öffentlich bekannt gemacht werden. Die Veröffentlichung hat – soweit möglich – im Internet zu erfolgen. Die Verpflichtung zur Publikation und zur transparenten inhaltlichen Ausgestaltung bezieht sich auch auf jene Exklusivrechte, die nach dem 31. Dezember 2003, also vor In-Kraft-Treten dieses Bundesgesetzes aber unmittelbar nach dem In-Kraft-Treten der Richtlinie 2003/98/EG, eingeräumt wurden. Durch diese Bestimmung wird Art. 11 Abs. 2 der Richtlinie Rechnung getragen (EB zu § 11 Abs. 2).

---

108 Siehe Amtsblatt der EU vom 19.1.2001, C 17/4.

7) Ob eine Situation eine Ausschließlichkeitsvereinbarung rechtfertigt und mithin den Wettbewerb nicht unnötig einschränkt, wäre von Fall zu Fall gemäß Art. 86 EGV zu prüfen (vgl. Vorschlag für eine Richtlinie des Europäischen Parlaments und des Rates über die Verwertung und kommerzielle Nutzung von Dokumenten des öffentlichen Sektors /*KOM (2002) 207 vorl. – 2002/0123 (COD)*/, S. 12) (EB zu § 11 Abs. 2).

8) Das grundsätzliche Verbot von Ausschließlichkeitsvereinbarungen gilt freilich auch für den Fall der Weiterverwendung durch eine andere öffentliche Stelle, da die öffentliche Stelle diesfalls wie ein Dritter zu behandeln ist.

9) Sollte sich im Nachhinein herausstellen, dass doch auch andere Verleger ohne Einräumung eines ausschließlichen Nutzungsrechtes bereit wären, für die Publikation zu sorgen, so sollte die öffentliche Stelle diesen Fall im Vorhinein bedenken und als außerordentlichen Kündigungsgrund vorsehen (§ 11 Abs. 2 zweiter Satz IWG verpflichtet öffentliche Stellen, sich in ihren Ausschließlichkeitsvereinbarungen besondere Kündigungsrechte für den Fall des Wegfallens des rechtfertigenden Grundes zu sichern).

Abs. 3:

10) Abs. 3 normiert in Umsetzung von Art. 11 Abs. 3 der Richtlinie 2003/98/EG, dass bei In-Kraft-Treten dieses Bundesgesetzes bestehende Ausschließlichkeitsvereinbarungen, die nicht unter die Ausnahme des Abs. 2 1. Satz fallen, nicht unmittelbar unwirksam werden, sondern grundsätzlich bis zu deren Vertragsablauf, längstens jedoch bis 31. Dezember 2008 geschützt sind (EB zu § 11 Abs. 3).

III. Abschnitt
Rechtsschutz

Schlichtung

§ 12. (1) Der Antragsteller kann vor Einbringung einer Klage gemäß § 13 zur gütlichen Einigung über Rechtsstreitigkeiten, die die Weiterverwendung von Dokumenten öffentlicher Stellen nach diesem Bundesgesetz betreffen, eine Schlichtungsstelle befassen.

(2) Die Schlichtungsstelle besteht aus drei Mitgliedern. Je ein Mitglied wird von jeder Partei bestellt; die beiden Mitglieder wählen den Vorsitzenden. Dieser muss eine an der Sache unbeteiligte Person sein und darf zu keiner Partei in einem Verhältnis stehen, das ihre Unbefangenheit in Zweifel ziehen lässt.

(3) Der Antragsteller hat der öffentlichen Stelle nachweislich den beabsichtigten Antrag auf Schlichtung zu übermitteln und das von ihm bestellte Mitglied namhaft zu machen. Macht die öffentliche Stelle nicht binnen zwei Wochen nachweislich dem Antragsteller das von ihr bestellte Mitglied namhaft oder wählen die beiden von den Parteien bestellten Mitglieder nicht binnen zwei Wochen ab der Namhaftmachung des Mitglieds der öffentlichen Stelle den Vorsitzenden, dann ist die Klage gemäß § 13 unverzüglich nach Ablauf dieser Fristen zulässig.

(4) Wurde eine Schlichtungsstelle befasst, so ist eine Klage gemäß § 13 dann zulässig, wenn nicht innerhalb von drei Monaten ab Bestellung des Vorsitzenden eine gütliche Einigung erzielt worden ist.

(5) Sofern die Parteien nichts anderes vereinbaren, hat die Kosten der Schlichtung zunächst der Antragsteller zu tragen. Wenn keine gütliche Einigung erzielt werden kann, sind diese Kosten im Rechtsstreit wie vorprozessuale Kosten zu behandeln.

Anmerkung:

1) Durch die in § 13 vorgesehene Gewährleistung des Rechtsschutzes durch eine Verweisung auf den ordentlichen streitigen Rechtsweg kann es unter Umständen zu einem nicht unerheblichen Mehranfall bei den Gerichten kommen. Dem kann durch die Möglichkeit der Vorschaltung einer außergerichtlichen Streitbeilegung vorgebeugt werden. Geeignete Schlichtungsstellen haben zudem den Vorteil, dass sie den Rechtsstreit unter Umständen rascher lösen können (EB zu § 12).[109]

Abs. 1:

2) Die Bestimmung des § 12 Abs. 1 sieht daher – in Anlehnung an Art. III des Zivilrechts-Änderungsgesetzes 2004, BGBl. I Nr. 91/2003 – für den Antragsteller die Möglichkeit vor, vor Einbringung einer Klage die Angelegenheit einer geeigneten Schlichtungsstelle zu unterbreiten. Die Vorschaltung einer Schlichtung soll einerseits der Entlastung der Gerichte dienen, und andererseits die Auseinandersetzung rasch und außerhalb eines förmlichen gerichtlichen Verfahrens bereinigen (EB zu § 12 Abs. 1).

Abs. 2:

3) Die Besetzung der Schlichtungsstelle ist den Bestimmungen über die Schlichtungskommission nach dem Verwertungsgesellschaftengesetz, BGBl. Nr. 112/1936, idgF, nachgebildet. Demnach hat die Schlichtungsstelle aus drei Mitgliedern zu bestehen, wobei jeweils eines vom Antragsteller und von der betreffenden öffentlichen Stelle bestellt wird. Diese beiden

[109] Der ursprüngliche Ministerialentwurf des IWG sah kein Schlichtungsverfahren, sondern lediglich einen Rechtsschutz vor den ordentlichen Gerichten vor. Erst die Regierungsvorlage enthielt ein Schlichtungsverfahren, das schließlich Eingang in das IWG fand (vgl. dazu 265/ME (XXII. GP) und 1026 d. Blg. Sten. Prot. NR XXII. GP).

Mitglieder haben sodann den Vorsitzenden zu wählen, der an der Sache unbeteiligt und unbefangen sein muss (EB zu § 12 Abs. 2).

4) Somit muss jedenfalls der Vorsitzende „neutral" sein; bei den beiden von den Parteien bestellten Mitgliedern ist dies nicht unbedingt erforderlich. Dem entsprechend können zB die beiden Parteien ihre Rechtsvertreter als Schlichter benennen und diese müssen dann einen Vorsitzenden wählen. Ein Schlichtungsverfahren wird aber nur dann gut funktionieren und zu einem Ergebnis führen, wenn die Schlichter (insbes. die von den Parteien benannten) bemüht sind, aktiv einen Konsens zu finden und sich – im Gegensatz zu einer gerichtlichen Auseinandersetzung – nicht in die Rolle eines bloßen Verteidigers der Position ihrer Partei begeben.

Abs. 3:

5) Das Verfahren zur Bestellung der Mitglieder der Schlichtungskommission sieht – in Anlehnung an das oben zitierte Verwertungsgesellschaftengesetz – vor, dass der Antragsteller der betreffenden öffentlichen Stelle den Schlichtungsantrag zu übermitteln und das von ihm bestellte Mitglied namhaft zu machen hat. Wird in der Folge von der öffentlichen Stelle nicht binnen zwei Wochen das von ihr bestellte Mitglied namhaft gemacht bzw. wird daraufhin von den von beiden Parteien bestellten Mitgliedern nicht binnen zwei Wochen der Vorsitzende gewählt, so steht dem Antragsteller unverzüglich der ordentliche Rechtsweg offen (EB zu § 12 Abs. 3).

6) Die Einleitung des Verfahrens dauert somit lediglich 4 Wochen.[110] Werden die jeweils zweiwöchigen Fristen nicht eingehalten, so kann unverzüglich das ordentliche Gericht nach § 13 IWG angerufen werden.

---

[110] Eine zwischen den Parteien ausdrücklich vereinbarte Fristverlängerung zB bei Problemen mit der Schlichtersuche (insbes. bei der Suche nach einem Vorsitzenden) ist aber denkbar.

7) Das Schlichtungsverfahren kann nur vom Antragsteller, nicht aber von der öffentlichen Stelle eingeleitet werden. Durch den Antrag wird die Möglichkeit einer gerichtlichen Rechtsverfolgung max. 4 Monate[111] gehemmt.

Abs. 4:

5) Für den Fall, dass eine Schlichtungsstelle befasst wird, kann der Antragsteller – in Anlehnung an Art. III des Zivilrechts-Änderungsgesetzes 2004, BGBl. I Nr. 91/2003 – nur dann eine Klage nach § 13 einbringen, wenn es nicht gelingt, die Angelegenheit in einem Zeitraum von drei Monaten ab Bestellung des Vorsitzenden zu bereinigen. Davon ist auch der Fall erfasst, dass die Schlichtungsstelle nicht binnen drei Monaten tätig wird.[112] Durch diese Regelung des Abs. 4 soll sicher gestellt werden, dass Rechtsstreitigkeiten entweder einer Schlichtungsstelle oder vor dem Gericht, nicht jedoch vor beiden gleichzeitig, ausgetragen werden können (EB zu § 12 Abs. 4).

Abs. 5:

6) Nach Abs. 5 sollen die Kosten der Schlichtung – nach dem Vorbild des Art. III des Zivilrechts-Änderungsgesetzes 2004, BGBl. I Nr. 91/2003 – zunächst grundsätzlich vom Antragsteller getragen werden. Von dieser gesetzlichen Kostentragungsregelung kann aber durch eine entsprechende Vereinbarung (insbesondere im Rahmen der vor der Schlichtungsstelle erzielten Einigung) abgewichen werden. Weiters wird klargestellt, dass die Kosten einer erfolglos versuchten Schlichtung im Rechtsstreit wie vorprozessuale Kosten zu behandeln sind (EB zu § 12 Abs. 5).

---

[111] Zwei plus zwei Wochen Schiedsrichter bzw. Vorsitzendenfindung und anschließend 3 Monate Verfahrensdauer.

[112] Auch hier ist wieder – im Sinne der Förderung einer konsensualen Einigung – eine gemeinsame Fristverlängerung zwischen den Parteien denkbar, vor allem wenn komplizierte technische oder rechtliche Fragen geklärt werden müssen.

Anrufung der Gerichte

§ 13. Zur Entscheidung über Rechtsstreitigkeiten, die die Weiterverwendung von Dokumenten öffentlicher Stellen nach diesem Bundesgesetz betreffen, sind die ordentlichen Gerichte zuständig.

Anmerkung:

1) Zur Gewährleistung des Rechtsschutzes normiert § 13 eine Verweisung auf den ordentlichen streitigen Rechtswegs. Für Rechtsstreitigkeiten, die die Weiterverwendung von Dokumenten öffentlicher Stellen nach diesem Bundesgesetz betreffen, ist eine Zuständigkeit der ordentlichen Gerichte vorgesehen, da die Weiterverwendung als reine Privatwirtschaftsverwaltung zu betrachten ist (EB zu § 13).

2) Die PSI-Richtlinie enthält keine ausdrücklichen Vorgaben bezüglich der „Rechtsbehelfe" (Art. 7 der Richtlinie), die hinsichtlich der sie betreffenden Entscheidungen oder Verfahren zur Verfügung stehen müssen. Während der Bund bei der Umsetzung der PSI-Richtlinie den Ansatz der Privatwirtschaftsverwaltung verfolgt und die ordentlichen Gerichte für Rechtsstreitigkeiten zuständig gemacht hat, haben die Bundesländer einen differenzierten Rechtsweg, nämlich den administrativen Instanzenzug gewählt und die Verwaltungsbehörden als Rechtsschutzinstanz normiert (vgl. Teil V).[113]

3) So sehen beispielsweise die §§ 11 f des WIWG[114] verschiedene Instanzenzüge für verschiedene Fälle vor, wobei vor allem an die im Bereich der Auskunftspflicht und der Umweltinformation bereits bestehenden Verfahrensvorschriften angeknüpft wird, die ein Antragsrecht auf Bescheiderlassung vor-

---

[113] Zur Vollziehung im eigenen Wirkungsbereich in den Ländern am Beispiel Kärnten siehe *Primosch*, Die Bereitstellung von Dokumenten durch öffentliche Stellen in Kärnten, ÖGZ 2/2006, 42 (44).

[114] Wiener Informationsweiterverwendungsgesetzes, Wr. LGBl 2005/52 vom 20.9.2005.

sehen und letztlich damit – über den Weg der Aufsichtsbehörde – den Weg zum VwGH eröffnen. § 19 des Oö. Auskunftspflicht-, Datenschutz- und Informationsweiterverwendungsgesetz[115] sieht die Erlassung eines Bescheides auf Antrag vor, gegen den unmittelbar Vorstellung an die Aufsichtsbehörde, in einigen Fällen Berufung an den unabhängigen Verwaltungssenat erhoben werden kann. § 19 Abs. 7 leg. cit. nennt ausdrücklich das Recht zu Beschwerde an den Verwaltungsgerichtshof.[116]

4) In den Stellungnahmen im Begutachtungsverfahren zum IWG wurde die gespaltene Umsetzung des Rechtsschutzes mehrfach kritisiert,[117] denn die Zersplitterung des Rechtsschutzes auf verschiedene Verwaltungsinstanzen und gleichzeitig den Zivilrechtsweg könnte dazu führen, dass bei Datenanwendungen, die Daten sowohl aus Bundes- als auch Landesebene benötigen, bis zu zehn[118] parallele Verfahren –in verschiedenen Verwaltungsverfahren und vor Gericht – geführt werden müssten, um Unklarheiten zu lösen.[119]

5) Die Zuständigkeit der ordentlichen Gerichte im Bundes – IWG hat zwar vermutlich den Nachteil der längeren Verfahrens-

---

115 Oö. LGBl 2006/86 vom 31.7.2006.

116 Siehe auch bei *Knyrim,* PSI-Richtlinie und Informationsweiterverwendungsgesetz: Ein neuer Rechtsbereich, ÖGZ 8/2005, 36.

117 Siehe unter anderem die Stellungnahmen der Wirtschaftskammer Österreich (26/SN-265/ME XXII. GP) und des Verbandes für Informationswirtschaft in Österreich (11/SN-265ME XXII. GP) sowie den Hinweis bei *Knyrim,* Verwaltungsdaten, bitte warten, Rechtspanorama, Die Presse, 4.7.2005.

118 Denkbar sind überdies eine Vielzahl paralleler IWG-Verfahren in einem Bundesland, wenn zB Daten vieler Gemeinden benötigt werden und etwa – wie in § 19 Abs. 3 Z 1 Oö. Auskunftspflicht-, Datenschutz- und Informationsweiterverwendungsgesetz vorgesehen – jeder Bürgermeister einer Oö. Gemeinde einen abschlägigen Bescheid erlässt.

119 Stellungnahme des Österreichischen Städtebundes 2/SN-265/ME XXII. GP. Siehe auch *Knyrim,* Kernpunkte der PSI-Richtlinie, ecolex 2005, 738 (740).

dauer, andererseits jedoch den Vorteil, dass es, egal um welche Stelle es geht, immer nur eine materielle Zuständigkeit gibt; da es sich um „civil rights" handelt, muss auch ein Tribunal iSd Art. 6 MRK zuständig gemacht werden. Dem gegenüber hat die Zuständigkeit von Verwaltungsbehörden den Vorteil eines überschaubareren Kostenrisikos und einer vermutlich kürzeren Verfahrensdauer.[120] Erst die Praxis wird zeigen, welche Lösung die Bessere ist.

120 Siehe auch *Knyrim*, PSI-Richtlinie und Informationsweiterverwendungsgesetz: Ein neuer Recht- und Wirtschaftsbereich, Österreichische Zeitschrift für Vermessung & Geoinformation (vgi), 1/2005, 17 (20).

IV. Abschnitt
Schlussbestimmungen

Vollziehung

§ 14. Mit der Vollziehung sind betraut:
1. hinsichtlich § 13 der Bundesminister für Justiz,
2. hinsichtlich der Angelegenheiten, die nur den Wirkungsbereich eines Mitglieds der Bundesregierung betreffen, dieses und
3. im Übrigen die Bundesregierung.

Anmerkung:

Die Vollzugszuständigkeit richtet sich nach dem Bundesministeriengesetz (EB zu § 14).

Verweisungen

§ 15. Soweit in diesem Bundesgesetz auf Bestimmungen anderer Bundesgesetze verwiesen wird, sind diese in ihrer jeweils geltenden Fassung anzuwenden.

Anmerkung:

Da das IWG an mehreren Stellen auf andere Bundesgesetze (beispielsweise auf das Datenschutzgesetz oder allgemein auf Zugangsregelungen) verweist, stellt § 15 klar, dass diese jeweils in der geltenden Fassung anzuwenden sind (EB zu § 15).

Sprachliche Gleichbehandlung

§ 16. Soweit in diesem Bundesgesetz personenbezogene Bezeichnungen nur in männlicher Form angeführt sind, beziehen sie sich auf Frauen und Männer in gleicher Weise. Bei der Anwendung auf bestimmte Personen ist die jeweils geschlechtsspezifische Form zu verwenden.

§ 17

Anmerkung:

Ungeachtet der in diesem Bundesgesetz verwendeten personenbezogenen Bezeichnungen sind die Bestimmungen dieses Bundesgesetzes für Frauen und Männer gleichermaßen anwendbar (EB zu § 16).

Umsetzungshinweis

§ 17. Mit diesem Bundesgesetz wird die Richtlinie 2003/98/EG über die Weiterverwendung von Informationen des öffentlichen Sektors (PSI-Richtlinie), ABl. Nr. L 345 vom 31.12.2003 S. 90, umgesetzt.

Anmerkung:

Das Informationsweiterverwendungsgesetz dient der Umsetzung der Richtlinie 2003/98/EG, die, wie bereits mehrfach erwähnt, darauf abzielt, die nationalen Bestimmungen und Verfahren für die Weiterverwendung von Dokumenten öffentlicher Stellen auf ein Mindestniveau anzugleichen und damit ein reibungsloses Funktionieren des Binnenmarkts und die einwandfreie Entwicklung der Informationsgesellschaft in der Europäischen Gemeinschaft sicherzustellen (EB zu § 17).

Teil III – Prüfschemata

1. Struktur des IWG

§ 1 IWG erklärt Gegenstand und Anwendungsbereich des IWG: Das IWG enthält einen Mindestbestand an Regeln für die Weiterverwendung und die praktischen Mittel zur Erleichterung der Weiterverwendung vorhandener Dokumente, die im Besitz öffentlicher Stellen sind. § 2 Abs. 1 IWG enthält den allgemeinen Grundsatz des IWG, dass in den Fällen, in denen Dokumente, die im Besitz öffentlicher Stellen sind, zur Weiterverwendung bereitgestellt werden, dies entsprechend den Regeln des IWG zu erfolgen hat.

Von der Anwendbarkeit des IWG gibt es eine Reihe von Ausnahmen. Zusammengefasst kann gesagt werden, dass das IWG dann anwendbar ist und eine Bereitstellung von Dokumenten einer öffentlichen Stelle zur Weiterverwendung nach IWG dann stattfinden kann, wenn

- es sich um ein **Dokument** handelt (§ 4 Z 2 IWG)
- dieses Dokument sich **im Besitz** einer **öffentlichen Stelle** befindet (§ 4 Z 1 und 3 IWG)
- dieses Dokument **im öffentlichen Auftrag erstellt wurde** (§ 3 Abs. 1 Z 1 IWG) und
- **keine Ausnahmebestimmung** (§ 3 Abs. 1 Z 2 bis 8 IWG) **vorliegt** und die Regeln über **Amtsverschwiegenheit, Auskunftspflicht** (§ 2 Abs. 2 und 3 zweiter Halbsatz IWG) und jene des **Datenschutzgesetzes 2000** (§ 2 Abs. 3 erster Halbsatz IWG) einer Bereitstellung nicht entgegenstehen.

Im Falle einer Bereitstellung können nach den Tarifgrundsätzen in § 7 IWG **Entgelte** erhoben werden, es darf aber nach § 10 IWG **keine Diskriminierung** stattfinden.

Aus dieser Struktur des IWG lässt sich das nachstehende Prüfschema herausarbeiten:

2. Prüfschema 1: „Herausgabeanspruch“

1. **Dokument von öffentlicher Stelle?** (§ 4 Z 1 IWG)
- Bund (§ 4 Z 1 lit a IWG)
- Bundesgesetzlich eingerichtete Selbstverwaltungskörperschaften (§ 4 Z 1 lit b IWG)
- Einrichtungen auf bundesgesetzlicher Grundlage (§4 Z 1 lit c IWG)
- Unternehmungen iSd Art. 126 b Abs. 2, 127 Abs. 3, 127 a Abs. 3 BVG (§ 4 Z 1 lit d IWG)
- Verbände, die sich überwiegend aus zwei oder mehreren öffentlichen Stellen gemäß lit a bis d zusammensetzen (§ 4 Z 1 lit e IWG)

Ja | Nein

2. **Dokument im öffentlichen Auftrag erstellt?** (§ 3 Abs. 1 Z 1 IWG)

Ja | Nein

3. **Dokument** (§ 4 Z 2 IWG)? **Ausnahmebestimmungen, DSG, Amtsverschwiegenheit als Hemmnis?** (§ 2 Abs. 2 und 3, § 3 Abs. 1 Z 2 bis 8 IWG)

Nein | Ja

4. **„Herausgabeanspruch“ besteht wenn Herausgabeentscheidung**

Kein „Herausgabeanspruch“

5. **Herausgabepreis?**

- § 7 IWG: Kostenlos bis maximal tatsächliche Kosten plus angemessener Gewinnspanne
- § 10 IWG: keine Diskriminierung: selber Preis intern/extern für vergleichbare Kategorien der Weiterverwendung

---

Zur Erklärung dieses Prüfschemas sei Folgendes gesagt:

Zur ersten Frage muss sich die öffentliche Einrichtung, bei der um eine Weiterverwendung eines Dokuments angefragt wird, überlegen, ob sie unter den Begriff „öffentliche Stelle", der in § 4 Z 1 IWG näher definiert wird, fällt. Siehe dazu die weiteren Ausführungen in Teil II dieses Buches sowie Prüfschema 3.

Kommt die angefragte Einrichtung zum Ergebnis, dass sie keine öffentliche Stelle im Sinne des IWG ist, so besteht jedenfalls kein „Herausgabeanspruch" nach dem IWG.

Kommt sie zum Ergebnis, dass sie unter den Begriff der öffentlichen Stelle fällt, so ist die zweite Frage im Prüfschema zu untersuchen, nämlich ob das Dokument im öffentlichen Auftrag erstellt wurde. Diese Frage ergibt sich aus § 3 Abs. 1 Z 1 IWG. Zum Begriff „öffentlicher Auftrag" siehe die Kommentierung zu § 3 IWG in Teil II dieses Buches.

Kommt die öffentliche Stelle zum Ergebnis, dass das Dokument nicht im öffentlichen Auftrag erstellt wurde, so besteht wieder kein „Herausgabeanspruch". Kommt sie zum Ergebnis, dass das Dokument im öffentlichen Auftrag erstellt wurde, so ist die dritte Frage zu erörtern, nämlich ob Ausnahmebestimmungen eine Herausgabe verhindern bzw ob überhaupt ein Dokument im Sinne der Richtlinie vorliegt. Ein Dokument ist nach § 4 Z 2 IWG jeder Inhalt, unabhängig von der Form des Datenträgers (auf Papier oder in elektronischer Form, Ton-, Bild- oder audiovisuelles Material); weiters ein beliebiger Teil eines solchen Inhalts. Nach Erwägungsgrund 9 der Richtlinie erstreckt sich der Begriff „Dokument" ausdrücklich nicht auf Computerprogramme. Siehe zu dieser Frage näher in Teil II und IV dieses Buches.

Die verschiedenen Ausnahmebestimmungen sind in § 2 Abs. 2 und 3 sowie § 3 IWG aufgezählt, demnach fallen unter das IWG nicht:

– Dokumente, die nach **bestehenden Zugangsregelungen** nicht zugänglich sind (§ 2 Abs. 2 IWG), einschließlich aus Gründen
  - des Schutzes der **nationalen Sicherheit** (dh Staatssicherheit), der Verteidigung oder der **öffentlichen Sicherheit** oder weil sie
  - **Geschäfts- oder Betriebsgeheimnisse** enthalten oder sonst vertraulich sind (§ 3 Abs. 1 Z 2 IWG)
  - die nur bei **Nachweis eines besonderen Interesses** zugänglich sind (§ 3 Abs. 1 Z 3 IWG)

– Dokumente, die **geistiges Eigentum Dritter** sind (§ 3 Abs. 1 Z 4 IWG) oder von **gewerblichen Schutzrechten** erfasst werden (§ 3 Abs. 1 Z 5 IWG);

– Dokumente, die im Besitz des **ORF** und seiner Tochtergesellschaften sind und der Wahrnehmung eines öffentlich-rechtlichen Auftrages dienen (§ 3 Abs. 1 Z 6 IWG);

– Dokumente, die im Besitz von **Bildungs- und Forschungseinrichtungen** (etwa Schulen, Hochschulen, Archiven, Bibliotheken und Forschungsinstituten) sind (§ 3 Abs. 1 Z 7 IWG);

– Dokumente, die im Besitz **kultureller Einrichtungen** (wie etwa Museen, Bibliotheken, Archiven, Orchestern, Opern, Balletten und Theatern) sind (§ 3 Abs. 1 Z 8 IWG).

Die Richtlinie lässt weiters die nationalen Rechtsregeln über die Zugangsregelungen der Bürger oder Unternehmen an Dokumenten bestehen, was in Österreich neben verschiedenen Einzelgesetzen (siehe dazu bei § 2 Abs 2 in der Kommentierung in Teil II) auch den Bereich **Amtsverschwiegenheit** berührt[121] (§ 2 Abs. 2 IWG).

---

[121] Siehe zu diesem Spannungsverhältnis näher *Knyrim/Haidinger*, Die Zulässigkeit der Bekanntgabe personenbezogener Daten an Untersuchungskommissionen am Beispiel Stadt Wien, ZfV 2005, 694 (695f). Zur Amtsverschwiegenheit siehe auch die Ausschussberichte des Österreichkonvents mwN unter http://www.konvent.gv.at/portal/page?_pageid=905,690483&_dad=portal&_schema=PORTAL (zuletzt eingesehen 6.8.2006).

Unberührt bleiben nach der Richtlinie weiters die Bestimmungen des **Datenschutzgesetzes 2000** (§ 2 Abs. 3 IWG). Dies bedeutet, dass vor allem darauf geachtet werden muss, dass die Daten, die in Dokumenten enthalten sind, möglichst nur in nicht personenbezogener Form im Sinne von § 1 Abs. 1 DSG 2000 herausgegeben werden. Eine Herausgabe in personenbezogener Form wäre nur unter den Voraussetzungen der §§ 6ff DSG 2000 zulässig, die im Einzelfall genau durchgeprüft werden müssten.[122]

Kommt die angefragte öffentliche Stelle somit zum Ergebnis, dass ein Dokument im Sinne der Richtlinie vorliegt und keine der vorgesehenen Ausnahmen zutrifft, so besteht ein „Herausgabeanspruch" und man ist am Ende des Prüfschemas angelangt. Dies allerdings nur unter der Voraussetzung, dass die öffentliche Stelle die Dokumente grundsätzlich zur Weiterverwendung bereitstellt (§ 2 Abs. 1 IWG) oder bereits bereitgestellt hat, also **schon eine Herausgabeentscheidung vorliegt**. Zu beachten ist nämlich, dass, wenn in den Prüfschemata von einem **„Herausgabeanspruch"** gesprochen wird, dieser in Wirklichkeit **kein von der Europäischen Union statuierter Anspruch ist**, da die PSI-Richtlinie nach ihrem Erwägungsgrund 9 ausdrücklich **keine Verpflichtung zur Gestattung der Weiterverwendung** von Dokumenten durch die Mitgliedsstaaten vorschreibt. Die Grundsatzentscheidung, ob eine Weiterverwendung genehmigt wird, ist nach Erwägungsgrund 9 der Richtlinie vielmehr **Angelegenheit** der Mitgliedsstaaten bzw nach IWG **der betreffenden öffentlichen Stelle**.

Gelangt die angefragte öffentliche Stelle schließlich zum Ergebnis, dass ein „Herausgabeanspruch" besteht, so stellt sich die Frage nach dem möglichen **Herausgabepreis**, der nach den Tarifgrundsätzen in § 7 IWG so festgelegt werden kann, dass die Gesamteinnahmen aus der Bereitstellung von Dokumenten

---

122 Siehe dazu *Knyrim*, Datenschutzrecht (Manz 2003), 81 ff sowie die Kommentierung zu § 2 Abs. 3 in Teil II dieses Buches.

und der Gestattung ihrer Weiterverwendung die Kosten ihrer Erfassung, Erstellung, Reproduktion und Verbreitung zuzüglich einer angemessenen Gewinnspanne nicht übersteigen. Die öffentliche Stelle hat somit die Möglichkeit, die Dokumente entweder kostenlos herauszugeben oder einen Kostenbeitrag zu verrechnen, zu dem sie sogar einen angemessenen Gewinnaufschlag machen kann.

Eine der wesentlichsten Bestimmungen des IWG ist die **Nichtdiskriminierungsbestimmung des § 10 IWG**, nach dem die Bedingungen für die Weiterverwendung von Dokumenten für vergleichbare Kategorien der Weiterverwendung nicht diskriminierend sein dürfen. Siehe zu den angeführten Punkten näher in Teil II und IV dieses Buches.

3. Prüfschema 2: Austausch oder Weiterverwendung von Dokumenten

Mit Prüfschema 1 lassen sich vor allem jene Fälle einfach prüfen, in denen dritte Einzelpersonen oder Unternehmen aus der Privatwirtschaft an eine öffentliche Stelle wegen der Herausgabe von Dokumenten herantreten. Schwieriger ist die Frage, welche Regeln dann anzuwenden sind, wenn an eine öffentliche Stelle nicht Unternehmen oder Einzelpersonen aus der Privatwirtschaft herantreten, sondern **eine andere Stelle, die unter den Begriff „öffentliche Stelle" der Richtlinie fällt**, und Dokumente weiterverwenden möchte. **§ 4 Z 4 IWG**, der die „Weiterverwendung" definiert, unterscheidet nämlich **zwischen der „Weiterverwendung"** als Nutzung von Dokumenten, die im Besitz öffentlicher Stellen sind, durch natürliche oder juristische Personen für kommerzielle oder nicht kommerzielle Zwecke, die sich von dem ursprünglichen Zweck im Rahmen des öffentlichen Auftrags, für den die Dokumente erstellt wurden, **und dem „Austausch"** von Dokumenten zwischen öffentlichen Stellen ausschließlich im Rahmen der Erfüllung ihres öffentlichen Auftrags. Somit ist die „feine" Grenze zwischen „Austausch" von Dokumenten in den Fällen, wo eine öffentliche Stelle die Dokumente an eine öffentliche Stelle für öffentliche Zwecke weitergibt vom Fall der „kommerziellen Weiterverwendung" der Dokumente durch Dritte unbedingt zu unterscheiden:

Nach der Definition in § 4 Z 4 2. Satz IWG findet ein **„Austausch"** dann statt, wenn es sich um ein

- **Dokument**
- **von** einer **öffentlichen Stelle** handelt,
- das **an eine öffentliche Stelle** gesandt wird,
- wobei der „Austausch" zwischen den beiden öffentlichen Stellen ausschließlich **im Rahmen der Erfüllung ihres öffentlichen Auftrags** geschieht, dh die „empfangende" Stelle das Dokument, welches im öffentlichen Auftrag erstellt wurde, ebenfalls im öffentlichen Auftrag verwendet.

Daraus lässt sich das zweite, nachfolgende Prüfschema ableiten:

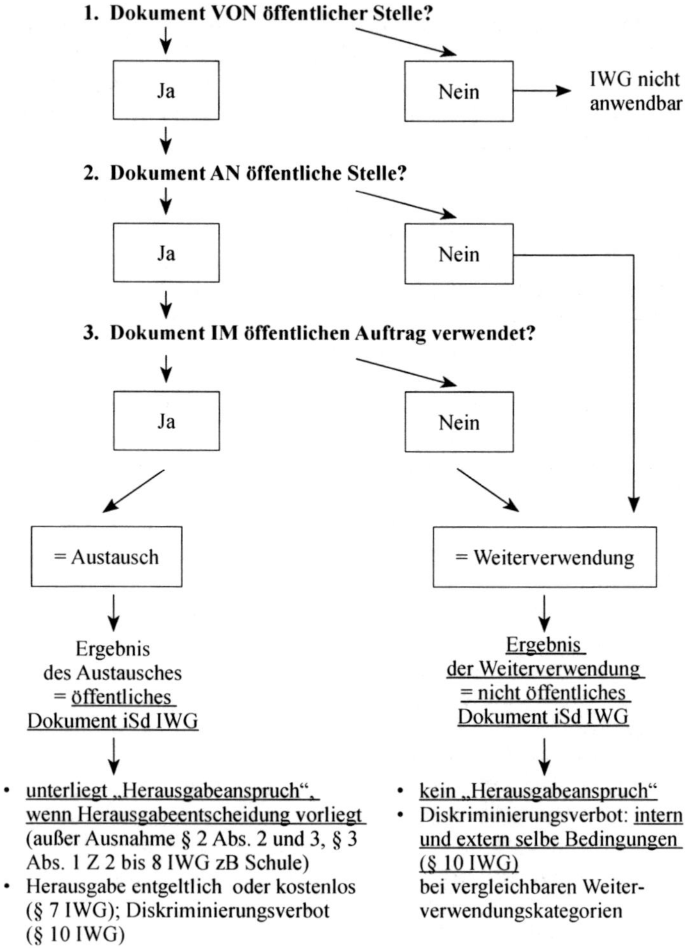

Als Erklärung zu diesem Prüfschema ist Folgendes festzuhalten:

Vorausgesetzt wird in diesem Prüfschema, dass das Dokument ein Dokument iSd § 4 Z 2 IWG ist und dass es im öffentlichen Auftrag (§ 3 Abs. 1 Z 1 IWG) erstellt wurde, was nach Prüfschema 1 zu prüfen ist.

Als **erste Prüffrage** im Prüfschema 2 muss zunächst wieder festgestellt werden, ob das Dokument **von** einer öffentlichen Stelle stammt. Ist dies nicht der Fall, ist die Richtlinie schon aufgrund § 2 Abs. 1 IWG nicht anwendbar. Stammt es von einer öffentlichen Stelle, so ist die **zweite Frage** zu prüfen, nämlich ob das Dokument **an** eine öffentliche Stelle geht. Zum Begriff der öffentlichen Stelle siehe Prüfschema 3 unten. Ist die empfangende Stelle keine öffentliche Stelle, so liegt eine „Weiterverwendung" im Sinn des § 4 Z 4 erster Satz IWG vor, da dann die empfangende Stelle eine natürliche oder juristische Person sein muss, die das Dokument für kommerzielle oder nicht kommerzielle Zwecke verwendet. Ist die empfangende Stelle eine öffentliche Stelle im Sinn der Richtlinie, so ist die **dritte Frage** zu lösen, nämlich ob das Dokument von der empfangenden Stelle **im öffentlichen Auftrag verwendet wurde**.

Es kann somit sein, dass die öffentliche Stelle, die das Dokument anfragt, dieses **nicht** für einen öffentlichen Auftrag verwendet, sondern aus den Dokumenten zB eine Datenanwendung generieren möchte, um damit einen finanziellen Gewinn zu erzielen. Diesfalls wäre die Weitergabe eine **Weiterverwendung** iSd § 4 Z 4 erster Satz IWG. Verwendet die empfangende öffentliche Stelle die Dokumente selbst aber im öffentlichen Auftrag, so handelt es sich nicht um eine Weiterverwendung, sondern um einen **Austausch** iSd § 4 Z 4 zweiter Satz IWG.

Die **Konsequenzen**, ob es sich um einen „Austausch" oder um eine „Weiterverwendung" handelt, sind sehr unterschiedlich und daher sehr bedeutend:

Liegt im Ergebnis ein **„Austausch"** vor, so ist das **Ergebnis der Verarbeitung** durch die zweite öffentliche Stelle, die das

Dokument erhalten hat, **ebenfalls ein öffentliches Dokument**, da es iSd § 2 Abs. 1 IWG durch eine öffentliche Stelle im öffentlichen Auftrag verwendet wurde. Das Ergebnis der Verarbeitung oder Verwendung des Dokuments durch die zweite öffentliche Stelle unterliegt daher ebenso wie das ursprüngliche öffentliche Dokument dem „Herausgabeanspruch", soweit natürlich nicht wieder eine der Ausnahmebestimmungen des § 2 Abs. 2 und 3 oder § 3 Abs. 1 Z 2 bis 8 IWG vorliegt, die zweite öffentliche Stelle iSd § 4 Z 3 IWG zur Bereitstellung berechtigt ist und eine Grundsatzentscheidung zur Herausgabe getroffen wurde oder bereits eine Herausgabe stattgefunden hat. Für die Herausgabe gilt somit wieder der **Tarifgrundsatz** des § 7 IWG, der eine kostenlose oder eine entgeltliche Herausgabe zulässt, sowie das **Diskriminierungsverbot** des § 10 IWG. Letzteres enthält für die Weiterverwendung von Dokumenten durch eine öffentliche Stelle eine besondere Bestimmung: Werden nämlich Dokumente von öffentlichen Stellen als Ausgangsmaterial für eigene Geschäftstätigkeit weiterverwendet, die nicht unter ihren öffentlichen Auftrag fallen, so gelten für die Bereitstellung der Dokumente für diese Tätigkeiten dieselben Entgelte und sonstigen Bedingungen wie für andere Nutzer. Daraus lässt sich der **Umkehrschluss** ziehen, **dass für den Fall, dass keine „Weiterverwendung", sondern bloß ein „Austausch" vorliegt und somit die Regelungen des IWG keine Anwendung finden, die Weitergabe der Dokumente „intern" zwischen öffentlichen Stellen im öffentlichen Auftrag auch kostenfrei oder gegenüber außenstehenden Dritten in „diskriminierender Weise" erfolgen kann.**[123]

Wenn daher eine öffentliche Stelle mit einer anderen öffentlichen Stelle Dokumente für die Verwendung im öffentlichen Auftrag austauscht, kann dieser Austausch (aus Sicht des Um-

123 Dies allerdings aus rein IWG-rechtlicher Sicht unter Außerachtlassung von für den Austausch geltenden Regelungen wie beispielsweise jene der Amtshilfe.

kehrschlusses des IWG, allenfalls aber unter Beachtung anderer geltender Bestimmungen wie etwa der Amtshilfe) kostenlos oder zu unterschiedlichen Bedingungen gegenüber jenen der Weiterverwendung erfolgen; das im Zuge dieses Austausches entstehende Dokument oder Verwendungsergebnis ist aber wieder ein öffentliches Dokument, das – vorausgesetzt eine Herausgabeentscheidung wurde getroffen oder es fand bereits eine Herausgabe statt – einem „Herausgabeanspruch" unterliegt. Somit gelangt man im Ergebnis nach einem „Austausch" nach Prüfschema 2 wieder zu Prüfschema 1, an Hand dessen man erneut prüfen kann, ob und inwiefern ein „Herausgabeanspruch" besteht. Ebenso kann ein mehrmaliger Austausch von Dokumenten zwischen öffentlichen Stellen stattfinden, bei dem jeweils das Prüfschema 2 erneut durchgeprüft werden muss. Originale Dokumente können somit im internen Austausch **auch in mehreren Arbeitsgängen jeweils weiterverwendet oder bearbeitet werden**, wobei dann **jeder Schritt vom Originaldokument über alle Zwischenstadien bis zum Ergebnis der letzten Verarbeitung jeweils ein öffentliches Dokument ist**, das allenfalls einem „Herausgabeanspruch" unterliegt, sofern die involvierten öffentlichen Stellen eine Herausgabeentscheidung getroffen haben oder bereits eine Herausgabe stattgefunden hat und diese iSd § 4 Z 3 IWG zur Bereitstellung berechtigt sind.

Dieser **„Kreislauf"** wird erst dann unterbrochen, wenn das Dokument einmal nicht an eine öffentliche Stelle geht (in diesem Fall ist nach Prüfschema 1 weiterzuprüfen) oder wenn es an eine öffentliche Stelle geht, die das Dokument nicht im öffentlichen Auftrag bearbeitet, sondern zB das Dokument gewinnbringend weiterverwendet. Liegt eine solche Weiterverwendung vor, so ist auch das Ergebnis der Weiterverwendung kein öffentliches Dokument mehr iSd § 2 Abs. 1 IWG, da es nicht mehr im öffentlichen Auftrag erstellt wurde.

Als Besonderheit ist hier wieder § 10 IWG hervorzuheben, der besagt, dass dann, wenn eine öffentliche Stelle für die eigene Geschäftstätigkeit Dokumente von öffentlichen Stellen als

Ausgangsmaterial verwendet und diese Geschäftstätigkeit *nicht* unter ihren öffentlichen Auftrag fällt, für die Bereitstellung der Dokumente für diese Tätigkeit dieselben Entgelte und sonstigen Bedingungen wie für andere Nutzer gelten. Wenn eine empfangende öffentliche Stelle ein Dokument daher nicht im öffentlichen Auftrag verwendet, sondern im Sinne des IWG für „eigene", nicht öffentliche Zwecke „weiterverwendet", erhält sie das Dokument somit nur zu denselben Bedingungen wie jeder andere Nutzer in einer vergleichbaren Verwendungskategorie (§ 10 Abs 1 IWG); also wie jeder Nutzer aus der Privatwirtschaft in einer vergleichbaren Verwendungskategorie kostenlos oder entgeltlich.

Der **Vorteil** einer „Weiterverwendung" im Sinne des IWG gegenüber einem „Austausch" ist, dass das Ergebnis von der jeweiligen Stelle nicht herausgegeben werden muss, dh die Stelle kann das Ergebnis gut für sich wirtschaftlich nutzen. Der **Nachteil** ist, dass die betreffende Stelle das Dokument nur zu denselben Bedingungen erhalten darf wie die Privatwirtschaft, dh dass sie sich das Dokument unter Umständen kaufen muss. Bleibt die Verwendung durch die öffentliche Stelle hingegen im öffentlichen Auftrag und liegt somit ein „Austausch" vor, so kann der Austausch kostenlos erfolgen, das Ergebnis unterliegt aber dem „Herausgabeanspruch", wenn die öffentliche Stelle eine Herausgabeentscheidung getroffen hat, oder bereits eine Herausgabe zur Weiterverwendung stattgefunden hat und die öffentliche Stelle iSd § 4 Z 3 IWG zur Bereitstellung berechtigt ist.[124]

---

124 Es wird darauf hingewiesen, dass in Teil IV, Kapitel „Fallkonstellationen zur Nichtdiskriminierung" durch weitere Grafiken spezifische Fallkonstellationen zum Thema Austausch/Weiterverwendung im Lichte der Nichtdiskriminierung erläutert werden.

4. Prüfschema 3: Öffentliche Stelle

Für den Begriff „öffentliche Stelle“, der Bestandteil von Prüfschema 1 und 2 ist, lässt sich folgendes Unterprüfschema aus § 4 Z 1 IWG entnehmen:

1. **Bund oder Selbstverwaltungskörperschaft?** (§ 4 Z 1 lit a und b IWG)
   - Bund
   - bundesgesetzlich eingerichtete Selbstverwaltungskörperschaft

Nein | Ja

2. **Einrichtung auf bundesgesetzlicher Grundlage wie Stiftung, Privatstiftung, Fonds und Anstalten sowie sonstige Körperschaften des öffentlichen Rechts?** (§ 4 Z 4 lit c IWG)
   - Einrichtung wurde zur Erfüllung von im Allgemeininteresse liegenden Aufgaben nicht gewerblicher Art gegründet und
   - ist zumindest Teilrechtsfähigkeit und
   - unterliegt dem Einfluss öffentlicher Stellen, dh wird überwiegend von Bund, anderen Einrichtungen auf bundesgesetzlicher Grundlage oder von sonstigen öffentlichen Stellen finanziert oder ihre Leitung unterliegt deren Aufsicht oder ihre Verwaltungs-/Leitungs-/Aufsichtsorgane bestehen mehrheitlich aus Mitgliedern, die von diesen ernannt werden

Nein | Ja

3. **Unternehmung iSd Art. 126b Abs. 2, 127 Abs. 3 und 127a Abs. 3 B-VG** (§ 4 Z 4 lit d IWG)
   - Unternehmung wurde zur Erfüllung von im Allgemeininteresse liegenden Aufgaben nicht gewerblicher Art gegründet und
   - unterliegt dem Einfluss öffentlicher Stellen, dh wird überwiegend von Bund, Ländern, Gemeinden oder anderen Einrichtungen auf bundes- oder landesgesetzlicher Grundlage finanziert oder ihre Leitung unterliegt deren Aufsicht oder ihre Verwaltungs-/Leitungs-/Aufsichtsorgane bestehen mehrheitlich aus Mitgliedern, die von diesen ernannt werden

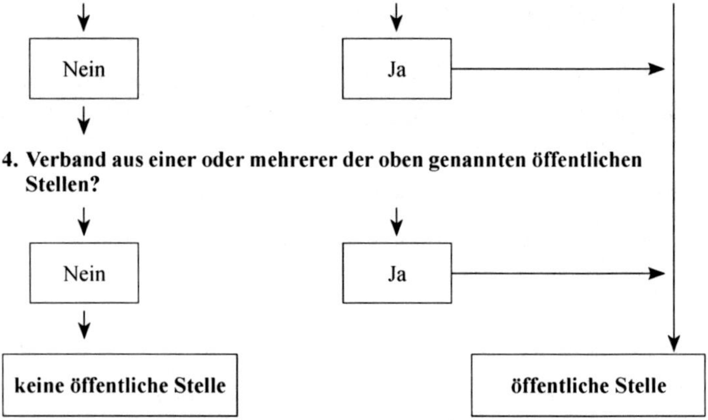

§ 4 Z 1 lit d IWG bestimmt, dass für Unternehmungen iSd Art. 127a Abs. 3 B-VG das Erfordernis der Gemeindeeinwohnerzahl von 20.000 unbeachtlich ist.

Der Ablauf des Prüfschemas bedarf keiner weiteren Erklärung, zur näheren Erläuterung der einzelnen Begriffe wird auf die Kommentierung zu § 4 Z 1 in Teil IV dieses Buches verwiesen.

Teil IV
Ausgewählte Fragen und Fallbeispiele

1. Beispiele für die Weiterverwendung von öffentlichen Daten

Als konkretes Anwendungsbeispiel für die Weiterverwendung von Daten öffentlicher Stellen sei die Webseite www.verkehrslage.at angeführt. Bei dieser Webseite handelt es sich zwar um eine Anwendung, die noch vor dem Inkrafttreten des IWG entstanden ist, sie zeigt aber, wie Informationen der öffentlichen Hand weiterverwendet und mit Informationen von privatwirtschaftlichen Unternehmen in einer nützlichen und sehr informativen Form zusammengeführt werden können, auch wenn es sich in diesem Fall um eine nicht kommerzielle Webseite handelt. Die Webseite Verkehrslage.at versteht sich als österreichweite Plattform für aktuelle Verkehrsinformationen (Verkehrs-

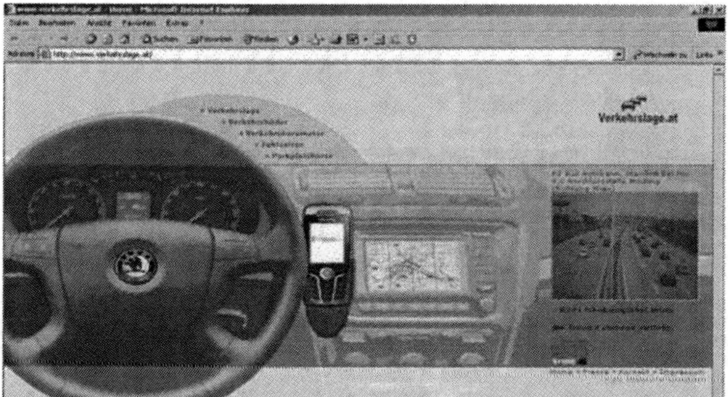

bilder, Verkehrslage, Verkehrsnews) und wird vom Institut für Verkehrsinformation (IfV), einem nicht gewinnorientierten Verein, betrieben. Das IfV kooperiert eng mit Gebietskörperschaften, Forschungseinrichtungen und Unternehmen und insbesondere mit dem Verkehrsmanagement der Stadt Wien.[125] Auf der Einstiegseite von www.verkehrslage.at gelangt man in ein Menü, wo man verschiedene Bereiche anwählen kann, nämlich die aktuelle Verkehrslage, Verkehrsbilder, ein Verkehrsbarometer, Fahrzeiten und eine „Parkplatzbörse“.

Klickt man auf den Menüpunkt „Verkehrslage“, wird man auf eine Karte des Verkehrsmanagements der MA 46 der Stadt Wien durchgelinkt, auf der aktuelle Fahrgeschwindigkeiten in drei verschiedenen Farben grafisch angezeigt werden. Diese Verkehrskarte wird in Zusammenarbeit zwischen MA 46 und Arsenal Research basierend auf dem Kartenmaterial von Karten der Firma TeleAtlas erstellt:

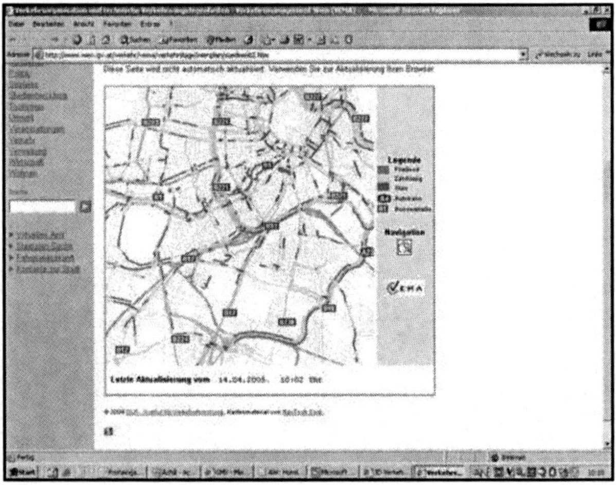

125 Siehe das Impressum auf http://www.verkehrslage.at (zuletzt eingesehen am 8.8.2006).

Klickt man auf den Menüpunkt „Verkehrsbilder", so gelangt man auf eine Auswahl von Webcams, deren Bilder von verschiedenen Betreibern eingespeist werden, ua privaten Firmen wie Canon, T-Mobile oder Kabel TV Wien:

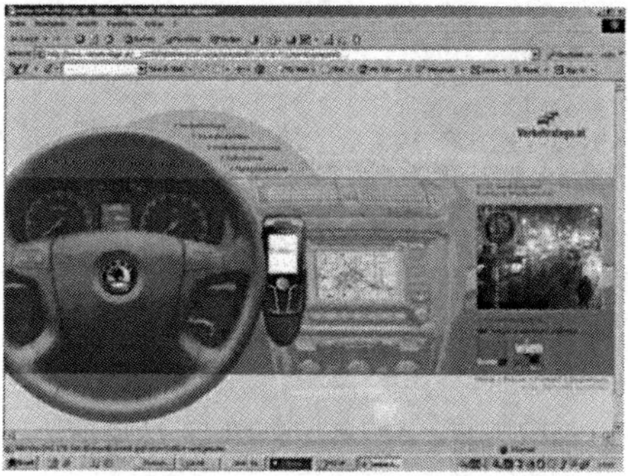

Klickt man auf „Verkehrsbarometer", so erhält man die aktuelle Durchschnittsgeschwindigkeit in Wien im Stadtverkehr/ auf der Stadtautobahn in Form eines Tachometers angezeigt. Auch diese Daten wurden wieder in Zusammenarbeit zwischen MA 46 und Arsenal Research erstellt:

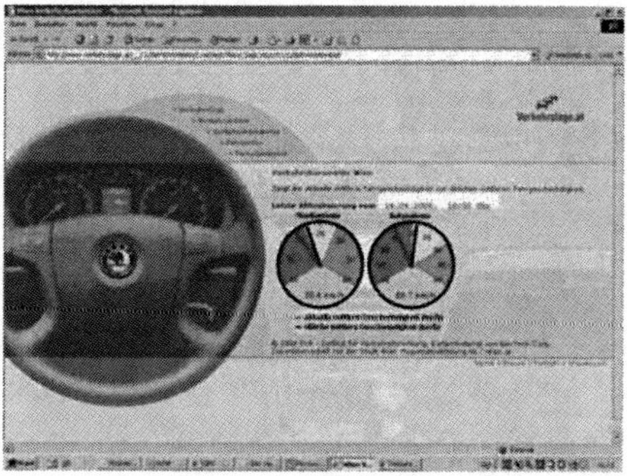

Unter „Parkplatzbörse" wird man hingegen auf eine Webseite der Stadtbaudirektion Wien weitergelinkt, auf der von sämtlichen Garagenanbietern Wiens die aktuell freien Parkplätze zusammengefasst im Überblick angezeigt werden:

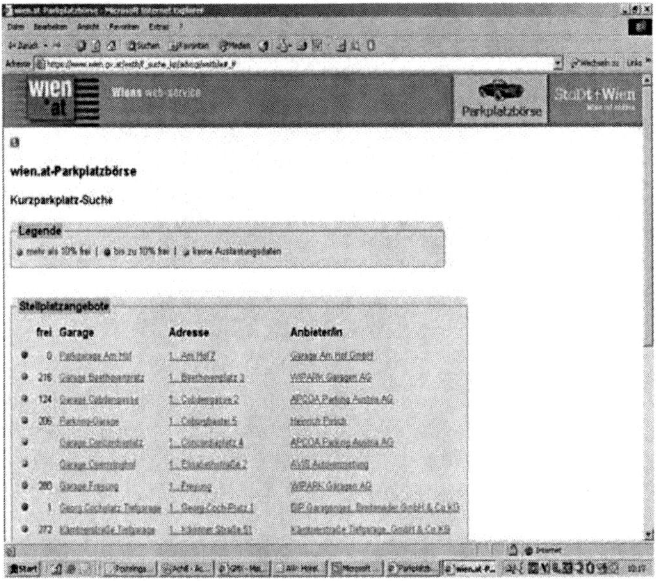

Andere Beispiele für die Weiterverwendung von Daten öffentlicher Hand finden sich zB im eContentplus-Programm[126] der EU, mit dem der Zugang zu digitalen Inhalten, ihrer Nutzung und Verwertung in der Gemeinschaft sowie die Schaffung und Verbreitung von Informationen in Bereichen von öffentli-

[126] Beschluss 456/2005/EG des Europäischen Parlaments und des Rates vom 9. März 2005 über ein Mehrjahresprogramm der Gemeinschaft zur Erleichterung des Zugangs zu digitalen Inhalten sowie ihrer Nutzung und Verwertung in Europa, ABl L 79/1 v. 24.3.2005.

chem Interesse auf Gemeinschaftsebene gefördert werden soll.[127] Ein Beispiel[128] ist etwa das Projekt „Georama", mit dem Informationen gezielt für Berg- und Landtourismus zusammengefasst werden sollen und an dem das Institut für Geoinformation der TU Wien beteiligt ist:

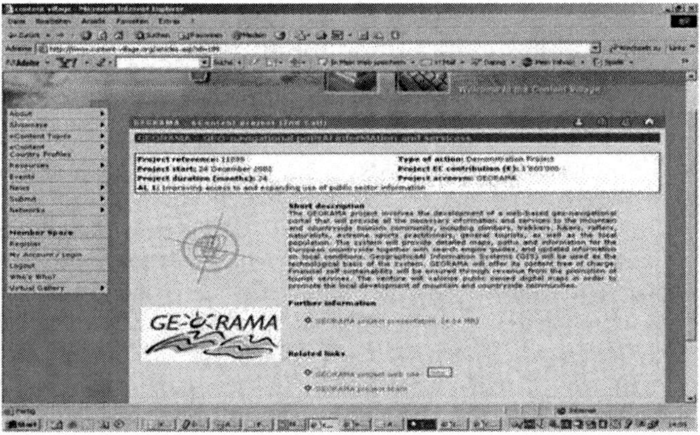

In der Ausschreibung 2006 des eContentplus-Programmes wurden gezielt Projekte mit geografischen und pädagogischen

---

[127] Mag. *Martin Baumgartner*, eContentplus – Chance für Österreichs Content-Wirtschaft?, Vortrag im Rahmen des Seminars „Daten des öffentlichen Sektors privatwirtschaftlich nutzen", Business Circle, 13.6.2006.

[128] Andere Beispiele aus dem eContent-Programm finden sich im Internet etwa unter http://www.eu-projects.com/epatent/, http://www.oscar-econtent.org, http://www.ticketmobility.com/ oder http://www.eurohappening.com. Übersichten über geförderte Programme finden sich unter http://cordis.europa.eu/econtent/projects/projects.htm oder http://www.content-village.org/ (alle Links zuletzt eingesehen am 8.8.2006).

Informationen sowie digitale Bibliotheken gefördert. Das eContentplus-Programm läuft in den Jahren 2005 bis 2008.[129]

2. Geistiges Eigentum und IWG

§ 3 Abs. 1 Z 4 IWG nimmt Dokumente, die **geistiges Eigentum Dritter** sind, ausdrücklich vom Geltungsbereich aus. Laut Erwägungsgrund 24 PSI-RL werden weder die Info-Richtlinie[130] noch die Datenbank-Richtlinie[131] durch die PSI-RL berührt.[132] Letztere regelt nur die Bedingungen, nach denen öffentliche Stellen ihre Rechte an geistigem Eigentum innerhalb des Informationsbinnenmarktes wahrnehmen können, wenn sie die Weiterverwendung von Dokumenten genehmigen.

Da ausdrücklich festgehalten wird, dass das Bestehen von Rechten öffentlicher Stellen an geistigem Eigentum oder deren Inhaberschaft daran nicht berührt werden und auch nicht die Wahrnehmung dieser Rechte über die gesetzten Grenzen hinaus beschränkt ist und ausdrücklich Dokumente, die Eigentum Dritter sind, vom Anwendungsbereich ausgenommen werden, ist festzustellen, dass das IWG **keinen unmittelbaren Anspruch auf Werknutzungsbewilligungen (= Lizenzen) verleiht**, sondern nur das Verfahren regelt, wie diese zu vergeben sind.

---

129 Nähere Informationen zum Programm unter http://europa.eu.int/econtentplus sowie bei der Österreichischen Nationalen eContentplus Kontaktstelle unter http://www.ffg.at/index.php?cid=295. Informationen über Veranstaltungen und konkrete Projekte finden sich weiters zB unter http://www.econtentplus.net oder http://www.cordis.lu/econtent/psi/psi_projects.htm (alle Links zuletzt eingesehen am 8.8.2006).

130 Richtlinie 2001/29/EG vom 22. Mai 2001 zur Harmonisierung bestimmter Aspekte des Urheberrechtes und der verwandten Schutzrechte in der Informationsgesellschaft.

131 Richtlinie 96/9/EG vom 11. März 1996 über den rechtlichen Schutz von Datenbanken.

132 Für das IWG vgl die EB zu § 3 Z 4.

2.1. Die Compass-Verlag – Entscheidung und das IWG

Die EB zum IWG halten fest, dass der Begriff „geistiges Eigentum“ das Urheberrecht und verwandte Schutzrechte des UrhG umfasst, insbesondere Datenbanken im Sinne der §§ 76c ff (Sui-Generis-Schutz). Sie führen weiters aus, dass durch das IWG das Bestehen von Rechten öffentlicher Stellen an geistigem Eigentum oder deren Inhaberschaft daran nicht berührt werden. In diesem Zusammenhang verweisen die EB auf § 7 Abs. 1 UrhG, welcher normiert, dass **Gesetze, Verordnungen, amtliche Erlässe, Bekanntmachungen und Entscheidungen** sowie ausschließlich oder vorwiegend **zum amtlichen Gebrauch hergestellte Werke** bestimmter Art – im Gegensatz zu Landkartenwerken, die vom Bundesamt für Eich- und Vermessungswesen hergestellt oder bearbeitet und zur Verbreitung bestimmt sind (Abs. 2) – **keinen urheberrechtlichen Schutz genießen**.[133]

Mit der Problematik des Schutzes von Datenbanken der öffentlichen Hand hat sich der Oberste Gerichtshof bereits im Jahr 2002 in der bekannten Entscheidung Compass-Verlag befasst.[134] Zur Sicherung eines inhaltsgleichen Unterlassungsanspruchs beantragte die Republik Österreich als Klägerin, dem Beklagten Compass-Verlag mit einstweiliger Verfügung aufzutragen, es bis zur Rechtskraft des über die Klage ergehenden Urteils zu unterlassen, Daten aus dem Firmenbuch der Republik Österreich zu verwerten, insbesondere Daten zu speichern oder zu vervielfältigen, um sie an dritte Personen weiterzugeben, für Dritte zugänglich zu machen, aus diesen Daten Auskünfte zu erteilen oder diese Daten auf eine sonstige Weise zu verbreiten oder ähnliche Handlungen vorzunehmen. Die Argumentation

133 EB zu § 3 Abs. 1 Z 4 IWG, siehe im Detail in Teil III dieses Buches bzw. Kommentar zu § 3 Abs. 1 Z 4 in Teil II.

134 OGH 4 Ob 17/02g vom 9.4.2002, SZ 2002/43. Der Prozess war im Hauptverfahren im Jahr 2006 noch anhängig. Eine weitere Entscheidung gegen dieselbe Beklagte zum selben Thema durch einen anderen Kläger ist OGH 4 Ob 30/02v vom 28.5.2002.

der Republik war, dass die Datenbank des Firmenbuchs auf Grund ihrer Struktur und Funktionsweise als Datenbankwerk iSd § 40f Abs. 2 UrhG zu beurteilen sei, an dem die Klägerin gem § 40g UrhG das ausschließliche Werknutzungsrecht besitze. Im Hinblick auf den erheblichen Investitionsaufwand der Klägerin (40 Personenjahre, 100 Mio. S = rund 7,2 Mio. EUR) sei das Firmenbuch zumindest eine besonders geschützte Datenbank iSd § 76c UrhG, an der die Schutzrechte der Klägerin als deren Herstellerin zustünden. Berechtigte Interessen der Klägerin iSd § 76d UrhG seien dadurch verletzt, dass die Tätigkeit der Beklagten zu einem derzeit nicht näher zu bewertenden Gebührenentfall führe. Es liege im berechtigten Interesse der Klägerin, Datenbanken mit wesentlichen Firmendaten, die aber – wie jene der Beklagten – nicht aktuell seien und gleichzeitig von ihrer Aufmachung her den Anschein erweckten, authentische Daten zu enthalten, zu untersagen, um das Vertrauen der beteiligten Kreise im Geschäftsverkehr zu sichern.

Der Beklagte Compass Verlag beantragte die Abweisung des Sicherungsantrags. Die Firmenbuchdatenbank der Klägerin sei seiner Argumentation nach keine geschützte Datenbank iSd § 76c UrhG. Selbst wenn diese Datenbank durch das Schutzrecht sui generis des § 76c UrhG geschützt wäre, läge keine verbotene Verwertungshandlung iSd § 76d UrhG vor. Die von der Klägerin zur Begründung des Schutzes nach § 40f UrhG angeführten Umstände beträfen ausschließlich die im Rahmen des Datenbankschutzes nicht geschützte Abfragesoftware. Die Richtlinie 96/9/EG vom 11. März 1996 über den rechtlichen Schutz von Datenbanken (Datenbank-RL) wolle den Informationsmarkt fördern, nicht einen ganzen – dem Vertrieb von Firmenbuchdaten nachgeschalteten – Markt vernichten. Die Beklagten böten mit ihrer Wirtschaftsdatenbank einen inhaltlichen und technischen Mehrwert an. Da die Beklagten nur Aktualisierungsdaten benötigten, begingen sie keine Verwertungshandlung iSd § 76d UrhG. Die Klägerin könne verhalten werden, den Beklagten die anders nicht zugänglichen Aktualisierungen zu angemessenen Bedingungen zu überlassen; sie könne deshalb der Beklagten nicht untersagen, die Aktualisierungen auch zu verwerten. Im Sinne der Harmonisierung des Urheberrechts in Europa werde es zu einer Ausnahme für amtliche Datenbanken auch vom sui-generis-Schutz kommen. Weshalb die Beklagten von ihren Kunden für eine Verrechnungsstelle der Klägerin gehalten werden sollten, die authentische Auskünfte erteile, sei nicht ersichtlich.[135]

Der OGH argumentierte, dass es zu keiner analogen Anwendung des § 7 UrhG auf eine geschützte Datenbank isd § 76c UrhG komme und entschied, dass das Firmenbuch nach § 76d Abs. 1 UrhG als Datenbank geschützt sei, dass aber aufgrund der Monopolstellung des Firmenbuches nach der essential-facilities-Doktrin **Zugang zu diesem gegen angemessenes Entgelt zu gewähren sei**.

Der OGH befasst sich in seiner Argumentation mit verschiedenen Rechtsmeinungen, etwa jener von *Kucsko*,[136] der die Ansicht vertritt, es handle sich bei diesem Fall um eine planwidrige Lücke im UWG, die durch entsprechende Anwendung des § 7 UrhG auch im Leistungsschutzbereich iS des Zwecks der allgemeinen Freistellung amtlicher Werke im öffentlichen Interesse zu schließen sei. Ebenso zitierte er *Haller,*[137] der die Auffassung vertritt, dass die Freistellung amtlicher Werke auch im Bereich des Leistungsschutzes anzuwenden sei. *Vogel*,[138] den der OGH ebenso zitiert, lehnt hingegen eine analoge Anwendung urheberrechtlicher Vorschriften betreffend amtliche Werke auf das Leistungsschutzrecht von Datenbanken ab, weil die Aufzählung in Art. 9 Datenbank-RL die Schranken des Rechts sui-

---

135 OGH 4Ob17/02g vom 9.4.2002, SZ 2002/43.

136 *Kucsko,* Öffentlicher E-Content und Urheberrecht, ecolex 2001, 681 ff [682].

137 *Haller,* Amtliche Werke im Internet – urheberrechtliche Schlaglichter, in FS *Dittrich*, 163 ff, 173.

138 *Vogel* in *Schricker*, dUrhG² § 87b Rz 25.

generis abschließend regle. Soweit der gesetzliche Informationsauftrag eines öffentlich zugänglichen staatlichen Registers reiche, sei ein Amortisationsinteresse der öffentlichen Verwaltung nicht berührt; würden hingegen wesentliche Teile oder die Gesamtheit eines Registers vervielfältigt, um diese etwa **bei der Erstellung eines Konkurrenzregisters oder eines Registers mit anderen Parametern wirtschaftlich zu nutzen**, stehe die bestimmungsgemäße Nutzung des Registers in Frage. Derart motivierte Verwertungshandlungen unterlägen deshalb uneingeschränkt dem Verbot der Entnahme oder Weiterverwertung wesentlicher Datenbankteile oder der Datenbank in ihrer Gesamtheit, weil bei ihnen das öffentliche Register seine Funktion als Informationsquelle für jedermann verliere und **über seinen gesetzlichen Auftrag hinaus zum Objekt des wirtschaftlichen Interesses weniger werde**.

Dittrich[139] stimmt dieser Argumentation, wie der OGH weiter ausführt, ohne Einschränkungen zu. Er zieht aus der Entstehungsgeschichte der Datenbank-RL den Schluss, dass Art. 9 Datenbank-RL die zulässigen Ausnahmen vom sui-generis-Schutzrecht abschließend regle und betont, dass der nach allgemeiner Auffassung für schlichte Datenbanken bezweckte **Investitionsschutz auch der öffentlichen Hand zugute kommen müsse**, die ja auch das Investitionsrisiko trage.

Der OGH schloss sich letztlich den von ihm als überzeugend bezeichneten Ausführungen von *Vogel* und *Dittrich* an. Der Zweck der Richtlinie – den Schutz von Datenbanken im Binnenmarkt zu vereinheitlichen – erfordere es, den Schutzumfang einheitlich zu regeln; wenn daher die Datenbank-RL („DB-RL“) festlege, dass die Mitgliedstaaten Ausnahmen vom Recht sui generis festsetzen können, spreche dies zunächst dafür, dass nur die angeführten Ausnahmen festgelegt werden können. Auch die von *Kucsko* als Argument herangezogene Möglichkeit des

---

139 *Dittrich,* Einige Bemerkungen zum Schutz schlichter Datenbanken, ÖBl 2002, 3 ff [6].

Verzichts eines Mitgliedstaats auf den Schutz der DB-RL vertrage sich mit deren Zielsetzung nicht. Schließlich wäre Erwägungsgrund 52 der DB-RL, wonach Mitgliedstaaten bereits bestehende Rechtsvorschriften über Ausnahmen des Schutzrechts beibehalten dürfen, unverständlich und entbehrlich, würde man den Ausnahmekatalog des Art. 9 DB-RL als nur beispielhafte Aufzählung ansehen. Dem Argument, es führte zu einem nicht zu begründenden Widerspruch, wäre zwar bei jenen Datenbankwerken, die freie Werke sind, der „höherwertige" Urheberrechtsschutz gem § 7 UrhG ausgeschaltet, würde hingegen für dieselbe Datenbank der parallele Leistungsschutz ohne diese Ausnahmebestimmung Anwendung finden, sei entgegenzuhalten, dass im Fall einer wesentlichen Investition in eine Datenbank – welche Voraussetzung von der Einhebung einer Abfragegebühr nicht berührt werde – auch **ein berechtigtes Interesse der öffentlichen Hand anerkannt werden müsse, die Nutzung nur mit ihrer Zustimmung und gegen Entgelt zu gestatten**.

Der eingeschränkte Schutz schlichter Datenbanken stelle laut OGH im übrigen sicher, dass jedermann auf für ihn wichtige Daten zugreifen könne, weil davon regelmäßig nur unwesentliche Teile der Datenbank betroffen seien, die nur unter besonderen, im Regelfall nicht vorliegenden Voraussetzungen geschützt seien; auch unter diesem Gesichtspunkt erscheine es bei schlichten Datenbanken – anders als etwa bei Urteilen, Gesetzestexten und anderen freien Werken iSd § 7 Abs. 1 UrhG – nicht notwendig, sie gemeinfrei zu stellen, um die notwendige Information des Publikums sicherzustellen und dessen Abschottung von bedeutsamen Informationen zu verhindern. **Eine analoge Anwendung des § 7 UrhG auf geschützte Datenbanken iSd § 76c UrhG sei demnach laut OGH weder nach Art. 9 Datenbank-RL möglich, noch nach dem Zweck dieser Bestimmung geboten.**[140]

---

[140] OGH 4Ob17/02g vom 9.4.2002, SZ 2002/43.

Der OGH zitiert in seiner E an späterer Stelle nochmals *Dittrich*,[141] laut dem jede Datennutzung für eine Tätigkeit, die **auf die Erzielung eines wirtschaftlichen, über den gesetzlichen Informationsauftrag hinausgehenden Vorteils gerichtet sei**, unter das Schutzrecht des Herstellers falle und spricht mehrfach den Hintergrund des Schutzzwecks, nämlich den **Investitionsschutz** an. Liest man – unabhängig vom Leitsatz der E zur essential-facilities-Doktrin – diese Argumentationskette des OGH nach und vergleicht man diese mit den Zielen der PSI-Richtlinie bzw. dem IWG – nämlich bewusst eine Öffnung von staatlichen Dokumentensammlungen herbeizuführen, um es Dritten privatwirtschaftlichen Unternehmen zu ermöglichen, damit einen wirtschaftlichen, über den gesetzlichen Informationsauftrag hinausgehenden Vorteil zu erlangen (so der Gesetzestext des § 2 Abs. 1 und des § 4 Z 4 1. Satz IWG), ist fraglich, ob das IWG nicht auf diese Argumentation des OGH aus dem Jahr 2002 Einfluss haben könnte. Dies insbesondere in Hinblick auf Erwägunsgrund 22 der PSI-RL, laut dem **Mitgliedstaaten Urheberrecht in einer Weise ausüben sollen, die eine Weiterverwendung erleichtert**. Ändert es die Sichtweise bei der oben zitierten Argumentation von *Vogel*,[142] der dagegen ist, dass ein öffentliches Register über seinen gesetzlichen Auftrag hinaus zum Objekt des wirtschaftlichen Interesses weniger werde, wenn das IWG genau den Zweck hat, öffentliche Register zur wirtschaftlichen Weiterverwertung (zwar nicht weniger, sondern diskriminierungsfrei aller interessierten Unternehmen) zu öffnen? Oder lässt sich das IWG mit der oben zitierten Sichtweise *Dittrichs*,[143] dass ein Investitionskostenersatz auch der öffentlichen Hand zugute kommen müsse, kombinieren, da die Entgeltbestimmung des § 7 IWG die Verrechnung von Erfassungs- und Erstellungskosten zulässt? Erst künftige Judikatur wird Klarheit darüber bringen, die Diskussion

141 *Dittrich,* aaO 7 f.

142 *Vogel* aaO Rz 25.

143 *Dittrich,* aaO 5, FN 9.

um den Datenbankschutz von öffentlichen Datenbanken dürfte jedenfalls durch das IWG weiterhin spannend bleiben.

2.2. Computerprogramm, Datenbank und IWG

2.2.1. Zum Begriff des Computerprogramms: Software-RL[144]

Software ist nach § 2 Z 1 UrhG als Sprachwerk, also als Werk der Literatur, geschützt.

Laut Erwägungsgrund 9 PSI-RL erstreckt sich der Begriff „Dokument“ nicht auf Computerprogramme. Weder die PSI-Richtlinie selbst noch die Software-RL enthält eine Definition des Begriffes „Computerprogramm“.[145] Ganz allgemein werden Computerprogramme als Folge von Befehlen verstanden, die dazu dienen, einen Computer zur Ausführung bestimmter Funktionen oder Aufgaben zu veranlassen und zwar ohne Rücksicht auf die gewählte Form, Sprache oder Notation.

Die Umsetzung der Software-RL in Österreich erfolgte in den §§ 40a ff UrhG. Nach § 40a Abs. 2 UrhG umfasst der Ausdruck „Computerprogramm“ alle Ausdrucksformen einschließlich des Maschinencodes sowie das Material zur Entwicklung des Computerprogramms. Üblicherweise werden Computerprogramme dadurch charakterisiert, dass sie „ablauffähig“ sind (vgl Art. 4 lit a Software-Richtlinie). Davon zu unterscheiden sind andere Werke der Literatur, die gleichfalls in Programmiersprachen geschrieben sind. So ist der HTML-Code, mit dem Webseiten erstellt werden, kein Computerprogramm im Sinne des UrhG, weil er nicht lauffähig ist.[146]

---

[144] Richtlinie 91/250/EWG des Rates vom 14. Mai 1991 über den Rechtsschutz von Computerprogrammen, ABl L 122 vom 17.5.1991, 42.

[145] Zu den Gründen siehe *Walter* in *Walter* (Hrsg), Europäisches Urheberrecht (Springer 2001) Art 1 Software-RL Rz 19.

[146] Zum österreichischen Urheberrecht siehe *Dittrich*, Urheberrecht^4 (Manz 2004).

2.2.2. Zum Begriff der Datenbanken: Datenbank-Richtlinie[147]

In Ergänzung zum oben zur Compass-Verlag E des OGH[148] gesagten sei hier nochmals der Begriff der „Datenbank“ erörtert: Mit der Datenbank-Richtlinie wurde das so genannte „sui-generis-Schutzrecht“ für „schlichte“ Datenbanken eingeführt. Davor waren Datenbanken als Sammelwerke im Sinne des § 6 UrhG geschützt, was jedoch voraussetzte, dass die Beiträge in Folge der Zusammenstellung zu einem einheitlichen Ganzen eine eigentümliche geistige Schöpfung darstellten (jetzt ausdrücklich in § 40f Abs. 2 UrhG). Mit der Datenbank-RL wurde ein Leistungsschutzrecht für „schlichte“ Datenbanken eingeführt, Voraussetzung für den Schutz ist nunmehr nach § 76c Abs. 1 UrhG, dass für die Beschaffung, Überprüfung oder Darstellung ihres Inhalts eine nach Art oder Umfang wesentliche Investition erforderlich war. Der Schutz besteht unabhängig davon, ob die Datenbank als solche oder ihr Inhalt für den urheberrechtlichen oder einen anderen sonderrechtlichen Schutz in Betracht kommt. Der sui-generis-Schutz berührt auch die am Inhalt der Datenbank etwa bestehenden Rechte nicht.

Die freie Werknutzung umfasst entweder die Entnahme (= Vervielfältigung) unwesentlicher Teile (= normale Nutzung, § 76d Abs. 1 erster Satz UrhG e-contrario) oder von wesentlichen Teilen zu privaten Zwecken, jedoch nicht wenn der Zugriff durch elektronische Mittel erfolgt (§ 76d Abs. 3 Z 1 UrhG).[149]

§§ 40f Abs. 1 UrhG definierten die Datenbank als **Sammlungen von Werken, Daten oder anderen unabhängigen Elementen**, die systematisch oder methodisch angeordnet und einzeln mit elektronischen Mitteln oder auf andere Weise zugäng-

---

[147] Richtlinie 96/9/EG des europäischen Parlaments und des Rates vom 11. März 1996 über den rechtlichen Schutz von Datenbanken ABl L 77 vom 27.3.1996, 20.

[148] OGH 4 Ob 17/02g vom 9.4.2002.

[149] Vgl *Dittrich*, Urheberrecht[4] (2004) § 76d.

lich sind. Erfasst werden sowohl statische als auch dynamische Datenbanken, also insbesondere solche, deren Datenbestand und -anordnung ständig, entweder durch Aufnahme neuer Daten oder Löschen alter Daten, verändert wird.[150] Zum Begriff der „Daten“ wird vertreten, dass man als solche insbesondere jegliche Art von Angaben oder Informationseinheiten bezeichnet. Der Oberbegriff „Element“, also Grundbestandteil, setzt eine gewisse erkennbare Einheit voraus; im Übrigen ist dieser Begriff äußerst weit zu verstehen und umfasst insbesondere Material wie Texte, Töne, Bilder, Zahlen und Fakten.[151] „Unabhängigkeit“ ist in dem Sinn zu verstehen, dass beispielsweise die einzelnen Filmbilder eine beabsichtigte Folge von Einzelbildern, die den Eindruck bewegter Bilder, also eines Filmes ergeben, voneinander abhängig sind. Gleiches gilt für die einzelnen Töne innerhalb eines Musikwerks.[152]

Ein wesentliches Merkmal von Datenbanken besteht darin, dass der Nutzer einen Zugriff auf die **einzelnen** Daten hat. Dies kann als zusätzliches Argument dafür herangezogen werden, dass Werke bzw Werkteile nicht als Sammlungen von Daten, etwa von Bildpunkten (Pixeln) oder Tönen, angesehen werden können. Die einzelnen Bildpunkte oder Töne sind nämlich als solche auf der Ebene des Datenretrieval nicht zugänglich; es ist dies nur im Zusammenhang mit der gesamten Bild- oder der gesamten Tonaufzeichnung der Fall.

Das Gesetz stellt klar, dass Computerprogramme, die für die Herstellung oder den Betrieb einer elektronisch zugänglichen Datenbank verwendet werden, nicht Bestandteil der Datenbank selbst sind. Dies betrifft die so genannte „Retrieval Software“.[153] Bei der Lösung von IWG-Fragen mit urheberrechtlichen „Schnittstellen“ ist **somit genau zu analysieren, was urheber-**

[150] *Lewinski* in *Walter* Datenbank-RL Art 1 Rz 6.

[151] *Lewinski* aaO Rz 17.

[152] *Lewinski* aaO Rz 18.

[153] Dies ist jene Software, die das Durchsuchen der Datenbank ermöglicht.

rechtlich geschützte Software ist und was die eigentlichen Daten sind, die mit dieser Software verarbeitet werden bzw ob eine urheberrechtlich geschützte Datenbank vorliegt.[154]

2.2.3. Beispielfall: Landkarten und die diesen zugrunde liegenden Vermessungsdaten

Eine Landkarte könnte verschiedenen rechtlichen Schutzmechanismen unterliegen. Vom Schutz im Rahmen einer Datenbank ist zunächst der urheberrechtliche Schutz des einzelnen Beitrages zur Datenbank zu unterscheiden, der hier als erster untersucht wird: Nach der Jud[155] können Karten urheberrechtlichen Schutz genießen, sofern eine Landkarte durch Farb- und Formgebung besonders anschaulich und daher charakteristisch gestaltet ist. Ist die Unterscheidbarkeit von anderen Kartenwerken gegeben, dann genießen solche Karten urheberrechtlichen Schutz als Werke der Literatur nach § 2 Z 3 UrhG. Zusammengefasst unterliegen Karten dann dem UrhG, wenn die **Formgebung** „originell" iSd UrhG ist.[156]

Nach § 7 Abs. 1 UrhG sind ausschließlich oder vorwiegend zum amtlichen Gebrauch hergestellte amtliche Werke freie Werke und genießen somit keinen urheberrechtlichen Schutz. Die vom Bundesamt für Eich- und Vermessungswesen hergestellten oder bearbeiteten und zur Verbreitung bestimmten Landkartenwerke sind jedoch explizit (§ 7 Abs. 2 UrhG) von dieser Regel ausgenommen.

---

[154] Siehe dazu auch die differenzierten urheberrechtlichen Überlegungen von *Galla/Öhlböck*, Die Weiterverwendung von Informationen des öffentlichen Sektors, in *Fallenböck/Galla/Stockinger*, Urheberrecht in der digitalen Wirtschaft, Manz (2005), 265 (274).

[155] OGH 17.12.2002, 4 Ob 248/02b – *Meteodata*, MR 2003, 35; OGH 24.11.1998, 4 Ob 292/98i, MR 1999, 171; *Twaroch*, Urheberrecht an Topografischen und thematischen Karten, MR 1992, 183.

[156] Vgl auch *Hertin*, Datenbankschutz für topographische Landkarten, GRUR 2004, 646.

Die einer Karte zugrunde liegenden Vermessungsdaten sind mangels Originalität vom urheberrechtlichen Schutz ausgeschlossen. Fraglich ist daher, inwiefern Vermessungsdaten bzw topographische Basisinformationen einer topographischen Landkarte (zB Vermessungspunkt) durch das urheberrechtliche Leistungsschutzrecht geschützt werden, und welche Schlüsse man aus dem Ergebnis auf den Begriff des „Dokuments“ des IWG ziehen kann.

a) Karten/Vermessungsdaten als Datenbank

In Deutschland wird vertreten, dass die dort von den Landesvermessungsämtern errichteten digitalen Landschaftskarten Datenbanken im Rechtssinn seien. Das digitale Landschaftskartenmodell ATKIS konzentriert sich auf die Wiedergabe von einzelnen Informationen, die dort in hierarchischer Gliederung angeordnet werden. Die Einzeldaten seien nach systematischen Kriterien zugänglich. Vorbehaltlich, dass die Beschaffung, Überprüfung oder Darstellung der Elemente eine nach Art oder Umfang wesentliche Investition ist, besteht für dieses Landschaftskartenmodell Leistungsschutz.[157]

Die freie Werknutzung an digitalisierten Landkarten und der ihnen zugrunde liegenden Daten beschränkt sich auf die unwesentliche Entnahme der Daten, weil der Zugriff immer mit elektronischen Mitteln erfolgen wird.

b) Karten/Vermessungsdaten als Dokument

Während die Datenbankrichtlinie von Daten oder selbstständigen Elementen spricht, nimmt das IWG Bezug auf „Dokumente“.

In der EDV sind Dokumente solche Dateien, die nicht ausführbar sind (zB HTML-Dokumente, Word-Dokumente).[158] Eine andere Definition beschreibt das Dokument als einen phy-

---

157 *Hertin*, Datenbankschutz aao.

158 Vgl de.wikipedia.org, Stichwort „Dokument“.

sisch existenten Informationscontainer (als Papierdokument oder als Datei in einem Computer). Ein Dokument muss als Einheit speicherbar und versendbar sein und als solche auch aufgefunden, wahrgenommen (gesehen, gelesen, gehört) und verwendet werden können.[159]

Im Hinblick auf die Definition von „Dokument" in der PSI-RL und im IWG (Dokument ist auch ein beliebiger Teil eines Inhaltes) und die Ziele der beabsichtigten Maßnahme (vgl Erwägungsgrund 25 der PSI-RL), nämlich die Erleichterung der Erstellung weiterer Informationsprodukte und -dienste anhand von Dokumenten des öffentlichen Sektors, die Förderung einer effektiven Grenzüberschreitenden Nutzung von Dokumenten des öffentlichen Sektors durch Privatunternehmen zur Entwicklung von Mehrwert-Informationsprodukten und -diensten sowie die Beschränkung von Wettbewerbsverzerrungen auf den Gemeinschaftsmarkt, wird man aufgrund des hohen Wertes von Vermessungsdaten darauf schließen können, dass **Vermessungsdaten „Dokumente" im Sinne der PSI-Richtlinie sind. Diese sind somit allenfalls von einer öffentlichen Stelle herauszugeben, sofern sie nicht iSd oben Erörterten unter die Schutzbereiche „Computerprogramm" oder „Datenbank" fallen und dadurch vom „Herausgabeanspruch" ausgenommen sind.**[160]

3. Weiterverwendung/Austausch in der Praxis

3.1. Produktherstellung durch öffentliche Stelle

Wie in der Kommentierung in Teil II sowie bei den Prüfschemata in Teil III festgestellt wurde, unterscheidet das IWG zwischen den Begriffen „Weiterverwendung" und „Austausch".

---

159 www.hmc-cp.de/def/def_doku.htm.

160 Dies, sofern sie nicht der spezielleren Bestimmungen des Vermessungsgesetzes (BGBl 306/1968 idF BGBl I 136/2005) unterliegen.

Die Unterscheidung ist bedeutend, da eine „Weiterverwendung" iSd § 4 Z 4 1. Satz IWG von Dokumenten öffentlicher Stellen für kommerzielle oder nichtkommerzielle Zwecke, die sich von dem ursprünglichen Zweck des öffentlichen Auftrags, in dessen Rahmen die Dokumente erstellt wurden, unterscheiden, unter das IWG fällt. Ein „Austausch" von Dokumenten iSd § 4 Z 4 2. Satz IWG zwischen öffentlichen Stellen ausschließlich im Rahmen der Erfüllung ihres öffentlichen Auftrages fällt hingegen nicht unter das IWG.

Eine wesentliche, in der Praxis daraus resultierende Frage für öffentliche Stellen ist, ob es diesen freisteht, Daten (auch anderer öffentlicher Stellen) zu eigenen Produkten zu verarbeiten und entgeltlich auf dem freien Markt anzubieten. Fraglich ist dabei überdies, ob durch eine solche Verarbeitung der Privatwirtschaft die von der öffentlichen Stelle für die Verarbeitung herangezogenen Daten kostenlos zur Verfügung gestellt werden müssen.

Wie bereits festgestellt, statuiert die Richtlinie und ebenso das IWG kein Gebot der Mitgliedstaaten, dass Daten herausgegeben werden müssen. Umgekehrt enthält sie kein Gebot, dass bestimmte Daten nicht herausgegeben werden dürfen. Ein derartiges Gebot könnte sich höchstens aus bestehenden österreichischen Normen, wie zB der Amtsverschwiegenheit, dem Datenschutzgesetz oder dem Urheberrecht, ergeben. Dementsprechend steht es öffentlichen Stellen zunächst grundsätzlich frei, (eigene) Daten zu eigenen Produkten zu verarbeiten und (entgeltlich) auf dem freien Markt anzubieten.

Prüft man die Frage nach Prüfschema 2 (Teil III dieses Buches), so zeigt sich, dass es sich bei den Daten für ein solches Produkt der öffentlichen Stelle vermutlich um Dokumente <u>von</u> einer öffentlichen Stelle handelt, die allenfalls <u>an</u> eine andere öffentliche Stelle weitergegeben werden, womit die ersten beiden Fragen mit „ja" zu beantworten wären. Bei der dritten Frage, ob das Dokument <u>im</u> öffentlichen Auftrag verwendet wird, wäre die Antwort aber „nein", womit man im Ergebnis zu einer

Weiterverwendung im Sinne des IWG gelangen würde (alle 3 Fragen müssten in der Praxis im konkreten Fall aber im Detail erarbeitet werden). Das Verarbeitungsergebnis würde zwar nicht dem „Herausgabeanspruch" unterliegen, da aber eine Weiterverwendung stattgefunden hat, ist die Nichtdiskriminierungsregel des § 10 Abs. 2 IWG[161] anzuwenden, die besagt, dass, wenn eine öffentliche Stelle als Ausgangsmaterial für eigene Geschäftstätigkeit Dokumente weiterverwendet und dies nicht unter den öffentlichen Auftrag fällt, für die Bereitstellung der Dokumente für diese Tätigkeit an die öffentliche Stelle dieselben Entgelte und sonstigen Bedingungen wie für andere Nutzer in einer vergleichbaren Verwendungskategorie gelten.

Im Ergebnis bedeutet dies, dass dann, **wenn eine öffentliche Stelle Daten einer anderen öffentlichen Stelle kostenlos zur Verfügung stellt, damit diese ein wirtschaftliches Produkt herstellt, in diesem Fall auch die Privatwirtschaft auf Grund des Nichtdiskriminierungsgebotes die Grunddaten für vergleichbare Anwendungskategorien kostenlos erhalten muss.**[162]

Erzeugt die öffentliche Stelle hingegen Produkte, die **nicht im Wettbewerb des freien Marktes angeboten werden, sondern die der Erfüllung des öffentlichen Auftrages dienen, so wäre dies** nach Prüfschema 2 **ein „Austausch" der Dokumente, der unabhängig davon, ob die öffentliche Stelle gleichzeitig die Daten auch an Dritte weiterverkauft oder selbst entgeltlich verwendet, kostenlos möglich wäre**. Dann allerdings, wenn die Grenze zwischen öffentlichem Auftrag und kommerzieller Weiterverwendung überschritten wird, kommt wieder das Nichtdiskriminierungsgebot zu tragen.

Schwierig ist die Abgrenzung bei Produkten, die ursprünglich in Erfüllung des öffentlichen Auftrages von einer öffentlichen Stelle erzeugt wurden, von dieser aber **in der Folge kom-**

---

[161] Siehe dazu näher im Unterkapitel „Nichtdiskriminierung".

[162] Dies ist allerdings eine rein IWG-rechtliche Sicht unter Ausblendung von Regelungen, die sich etwa in der Amtshilfe oder im Finanzausgleich finden.

merziell weiterverwendet werden. Dadurch, dass die Herstellung des Produktes im öffentlichen Auftrag vermutlich ursprünglich ohne Bezahlung der Dokumente durch die öffentliche Stelle erfolgte, das Produkt aber dann kommerziell weiterverwendet wird, müssten entsprechend des Nichtdiskriminierungsgrundsatzes **andere Marktteilnehmer die Ausgangsdaten für vergleichbare Kategorien der Weiterverwendung zu denselben Bedingungen erhalten wie die öffentliche Stelle**, die diese nun weiterverwendet, also ebenfalls gratis, wenn sie die öffentliche Stelle kostenlos erhält. Andernfalls hätte die öffentliche Stelle den wettbewerbsverzerrenden Vorteil gegenüber Unternehmen der Privatwirtschaft. Derartige „Quersubventionen" sollen laut Erwägungsgrund 9 der Richtlinie aber ausdrücklich verhindert werden.

3.2. Fallbeispiel

Als Beispiel, um die Grenze zwischen „Austausch" und „Weiterverwendung" zu erklären, sei angenommen, dass eine Stadtgemeinde vom Bund Daten erhält, um die Fahrtrouten ihrer Straßenreinigung optimieren zu können.[163] Wie ist dies einzuordnen?

Bei diesem Beispiel wird als Annahme davon ausgegangen, dass die Dokumente, die dafür verwendet werden, vom Bund als öffentliche Stelle im öffentlichen Auftrag erstellt wurden, ein Dokument iSd des IWG sind und keine der Ausnahmebestimmungen der §§ 2 und 3 IWG ein Hemmnis für die Herausgabe sind und somit Prüfschema 1 aus Teil III dieses Buches ergibt, dass ein „Herausgabeanspruch" bestehen würde.

Zur weiteren Prüfung des Falles ist Prüfschema 2 aus Teil III heranzuziehen. Zu diesem kann festgestellt werden, dass die Daten laut Angabe von einer öffentlichen Stelle – dem Bund – an eine öffentliche Stelle – die Gemeinde – gehen. Somit sind die ersten beiden Fragen des Prüfschemas 2 mit „ja" zu beant-

[163] Siehe *Knyrim,* PSI-Richtlinie und Informationsweiterverwendungsgesetz: ein neuer Rechtsbereich, ÖGZ 8/2005, 36 (38).

worten. Es bleibt somit die dritte Frage, nämlich ob das Dokument im öffentlichen Auftrag verwendet wird. Die Straßenreinigung bzw eine Optimierung des Betriebs der Straßenreinigung liegt uE im öffentlichen Auftrag, da es sich bei der Straßenreinigung um einen Bereich der Daseinsvorsorge handelt. Dies, weil er in Zusammenhang mit der Bereitstellung von Verkehrseinrichtungen (Straßen) und Entsorgungseinrichtungen (insbesondere Abfallbeseitigung) steht. Einen Anhaltspunkt dafür bietet auch Art. 86 Abs. 2 EG-V, der jene Tätigkeiten, die der Allgemeinheit – im Gegensatz zu Individual- oder Gruppeninteressen – unmittelbar zugute kommen, definiert. **Dementsprechend liegt hinsichtlich der Straßenreinigung ein „Austausch" iSd § 4 Z 4 2. Satz IWG und daher keine „Weiterverwendung" vor. In diesem Fall erfolgt die Datenweitergabe zu Bedingungen unabhängig von jenen des Wirtschaftslebens**.

Geht die Stadtgemeinde in der Folge dazu über, die Datenanwendung, die sie mit den Daten des Bundes erstellt hat, kommerziell zu verwerten – etwa die weiterverwendeten Daten zu verkaufen – liegt kein „Austausch" mehr vor, sondern eine Weiterverwendung iSd § 4 Z 4 1. Satz IWG und die Datenanwendung unterliegt damit jedenfalls dem IWG.[164]

4. Fallkonstellationen zur Nichtdiskriminierung

Wesentlicher „Kern" des IWG ist dessen in § 10 festgelegter Nichtdiskriminierungsgrundsatz, der besagt, dass die Entgelte und Bedingungen für die Weiterverwendung von Dokumenten, die sich im Besitz von öffentlichen Stellen befinden, für vergleichbare Kategorien der Weiterverwendung nicht diskriminierend zu sein haben. Vor allem dann, wenn öffentliche Stellen Daten (Dokumente) teils selbst für nichtkommerzielle öffentli-

---

164 Zu beachten ist allerdings auch hier wieder, ob die Stadtgemeinde iSd § 4 Z 3 IWG zur Bereitstellung zur Weiterverwendung berechtigt ist.

che Zwecke austauschen, teils aber für kommerzielle Zwecke nutzen, ergeben sich verschiedenste Fallkonstellationen, die genau analysiert werden müssen, um nicht in eine „Diskriminierungsfalle“ zu stolpern.

4.1. Datenweiterverwendung parallel zu öffentlichem Register

Eine Fallkonstellation ist, dass eine öffentliche Stelle ihre Daten mit kommerziellem Interesse „veredelt“, diese Daten aber gleichzeitig in einem anderen öffentlichen Register im öffentlichen Auftrag geführt werden.

Zur Lösung dieser Konstellation ist auf Prüfschema 2 in Teil III dieses Buches zu verweisen. Aus diesem ergibt sich, dass dann, wenn die Daten nicht im öffentlichen Auftrag verwertet werden, die dritte Frage des Prüfschemas mit „nein“ zu beantworten ist und damit eine „Weiterverwendung“ der Daten iSd § 4 Z 4 1. Satz IWG vorliegt, was zur Folge hat, dass die Stelle, die die Daten „veredelt“, die Daten nur zu denselben Bedingungen erhalten kann, wie die allgemeine Wirtschaft in vergleichbaren Anwendungen.

Werden die Daten hingegen von einer öffentlichen Stelle im öffentlichen Auftrag zB in einem öffentlichen Register geführt, so ist die dritte Frage im Prüfschema 2 mit „ja“ zu beantworten und es liegt ein „Austausch“ iSd § 4 Z 4 2. Satz IWG vor. Dies mit der Konsequenz, dass dieser Austausch eben keine Weiterverwendung iSd IWG ist und daher dem IWG nicht unterliegt und daher folglich die darin normierten Regelungen über Bedingungen und Entgelte nicht anwendbar sind (die Dokumente könnten daher beispielsweise kostenlos oder zu einem von der die Daten herausgebenden Stelle im Rahmen eines Konsultationsverfahrens festzusetzenden Preis herausgegeben werden). Dies unabhängig davon, ob die Daten gleichzeitig in einer anderen Anwendung derselben Anwendungskategorie wirtschaftlich verwertet werden.

Eine öffentliche Stelle A kann somit Daten an ein öffentliches Register, das von einer öffentlichen Stelle B geführt wird, kostenlos oder zu einem Preis X abgeben, was selbst dann möglich ist, wenn gleichzeitig eine öffentliche Stelle C oder ein Wirtschaftsreibender D die Daten für eine kommerzielle Weiterverwendung zu einem Preis Y (der entsprechend § 7 IWG berechnet wurde) erhält. Dies, da die Weitergabe der Daten zwischen A und B ein „Austausch" ist, der nicht unter die Bestimmungen des IWG fällt, die Weitergabe von A nach C und D hingegen eine Weiterverwendung für kommerzielle Zwecke ist, die unter die Richtlinie fallen. Wesentlich ist nach IWG bloß, dass der Preis Y zwischen C und D derselbe ist, während Preis X und Y variieren können, vorausgesetzt, dass es sich um vergleichbare Zwecke, dh Kategorien der Weiterverwendung handelt. Dies sei an folgendem Schema grafisch dargestellt:

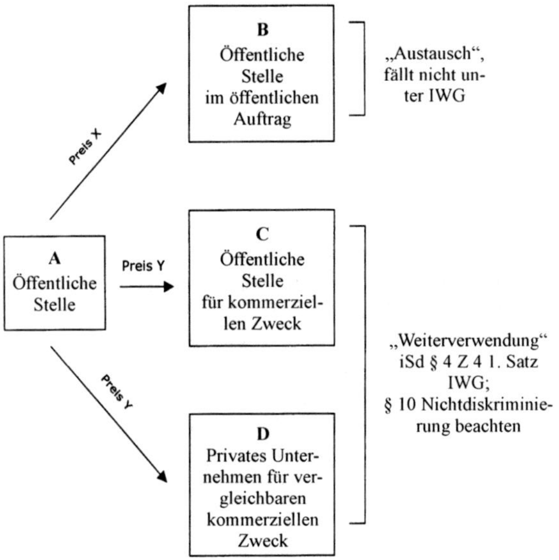

Sollten die Funktionen der öffentlichen Stellen B und C durch eine öffentliche Stelle wahrgenommen werden, müsste dennoch bei dieser intern eine Trennung zwischen den Funktionen im öffentlichen Auftrag und der Verwendung für (vergleichbare) kommerzielle Zwecke vorgenommen werden, um es zu ermöglichen, einen unterschiedlichen Preis X und Y zu verrechnen. Ist dies nicht möglich, so müsste unter Umständen an diese einheitliche Stelle der Preis Y verrechnet werden, damit es gegenüber dem privaten Unternehmen D nicht zu einer Diskriminierung kommt. Dies soll nachstehende Grafik verdeutlichen:

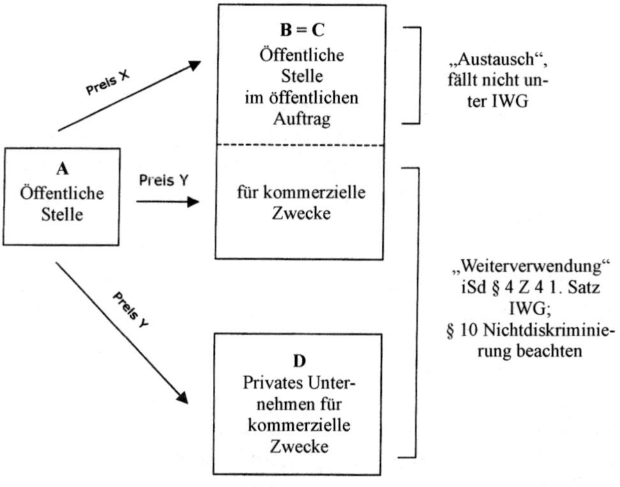

Lässt sich die im Feld B=C strichlierte Trennlinie nicht ziehen, so müsste, wie oben gesagt, an die öffentliche Stelle B=C unter Umständen insgesamt der Preis Y verrechnet werden, damit es nicht zu einer Diskriminierung gegenüber D kommt, dh es dürfte keinen Preis X geben. Gibt daher die öffentliche Stelle A ihre Dokumente kostenlos an B=C weiter, würde dies im Umkehrschluss bedeuten, dass diese Kostenfreiheit als Preis Y gelten würde, sodass später an ein privates Unternehmen D – sofern es sich um eine vergleichbare Kategorie der Weiterverwendung handelt – ebenfalls nur den Preis Y, also eben nichts, verrechnet werden dürfte.

4.2. Kostenlose Datenweitergabe an Dritte im Interesse der öffentlichen Stelle

Eine andere häufig vorkommende Fallkonstellation ist, dass öffentliche Stellen Dokumente an Dritte weitergeben, dies aber im Interesse der öffentlichen Stelle liegt, etwa die Weitergabe von Dokumenten an öffentliche Schulen für schulische Ausbildungszwecke, oder für Projekte, die zwar nicht im direkten Auftrag der öffentlichen Stelle erfolgen, für diese aber von großem Nutzen sind. Fraglich ist, ob eine solche kostenlose Datenweitergabe bewirkt, dass privatwirtschaftliche Unternehmen dieselben Daten ebenfalls kostenlos von der öffentlichen Stelle fordern können.

Auch bei dieser Fallkonstellation wird zunächst wieder davon ausgegangen, dass die Daten, um die es hier geht, entsprechend dem Prüfschema 1 aus Teil III dieses Buches einem „Herausgabeanspruch" unterliegen würden. In der Folge ist wieder mit Prüfschema 2 fortzusetzen und überdies Prüfschema 3 heranzuziehen. Es wird davon ausgegangen, dass die Daten im Beispiel von einer öffentlichen Stelle iSd § 4 Z 1 IWG stammen. Nach Prüfschema 3 fällt eine öffentliche Schule unter den Begriff der öffentlichen Stelle. Verwendet die öffentliche Schule die Daten für schulische Ausbildungszwecke, so findet dies im Rahmen des öffentlichen Bildungsauftrages (Art. 14 ff BVG) statt, der entschieden ein öffentlicher Auftrag ist. Dementsprechend sind alle drei Fragen des Prüfschema 2 mit „ja" zu beantworten und im Ergebnis ist die **Datenweitergabe von öffentlichen Stellen an öffentliche Schulen, auch unabhängig davon**

ob es dafür ein begründetes Interesse der öffentlichen Stelle gibt, ein „Austausch" iSd § 4 Z 4 2. Satz IWG.

Wie bereits festgestellt unterliegt ein derartiger „Austausch" nach § 4 Z 4 2. Satz IWG nicht dem IWG und bewirkt daher nicht, dass dieselben Daten an private Unternehmen zu kommerziellen Zwecken zu den gleichen Bedingungen (zB kostenfrei) weitergegeben werden müssen.

Zu beachten ist hierbei, dass die Schule als öffentliche Stelle zwar an sich einem „Herausgabeanspruch" unterliegen würde, dass es aber für Bildungs- und Forschungseinrichtungen in § 3 Abs. 1 Z 7 IWG eine Sonderausnahme gibt, die deren Dokumente von der Anwendung des IWG ausnimmt. Die öffentliche Stelle hätte somit aufgrund des IWG gegenüber der öffentlichen Schule ihrerseits keinen „Herausgabeanspruch" (zB hinsichtlich eines Arbeitsergebnisses aus einer Projektarbeit). Es würde sich in einem derartigen Fall daher für die öffentliche Stelle empfehlen, beim „Austausch" der Daten mit der öffentlichen Schule – der ja ebenfalls nicht unter das IWG fällt – ausdrücklich individuell zu vereinbaren, dass allfällige, für die öffentliche Stelle interessante Verarbeitungsergebnisse (zB Ergebnisse einer Projektarbeit) an die öffentliche Stelle herauszugeben sind.

Zum **zweiten Beispiel der Fallkonstellation** sei angenommen, dass es im konkreten Fall um die Adaptierung eines Wasserkraftwerkes durch ein Energieunternehmen geht, wobei im Zuge der Adaptierung auch Maßnahmen für einen besseren Hochwasserschutz umgesetzt werden.

Es wird wieder davon ausgegangen, dass Prüfschema 1 des Teil III dieses Buches erfüllt ist und in Prüfschema 2 die erste Frage jedenfalls mit „ja" zu beantworten ist, dh dass die Dokumente oder Daten von einer öffentlichen Stelle stammen. Die nächste zu klärende Frage ist, ob diese Daten an eine öffentliche Stelle gehen. Es müsste dazu im Einzelfall entsprechend dem Prüfschema 3 geprüft werden, ob der Empfänger der Daten (das Energieunternehmen) eine öffentliche Stelle iSd IWG ist oder nicht. Ist dies nicht der Fall, so liegt eine Weiterverwendung der

Daten vor. Ist das Energieunternehmen hingegen eine öffentliche Stelle, so muss im Prüfschema 2 weiter geprüft werden, ob die Daten auch im öffentlichen Auftrag verwendet werden. Die Annahme im konkreten Fall ist, dass die Verwendung der Daten in einem Projekt erfolgt, das nicht von der öffentlichen Stelle selbst beauftragt ist, aber für diese von großem Nutzen ist – wie eben zB die Adaptierung eines Wasserkraftwerkes, mit dem auch Maßnahmen für einen besseren Hochwasserschutz umgesetzt werden. Die Regulierung und Instandhaltung der Gewässer zum Hochwasserschutz ist ein typischer Fall eines öffentlichen Auftrags (Art. 10 Abs. 1 Z 10 B-VG). Selbst wenn nicht die öffentliche Stelle direkt der Auftraggeber ist, bedeutet dies nicht, dass die Verarbeitung dennoch nicht im öffentlichen Auftrag erfolgen kann. Es könnte zB auch eine andere öffentliche Stelle den Auftrag erteilt haben und es könnte für eine öffentliche Stelle sogar ein privates Unternehmen im Rahmen eines Werkvertrages das Projekt erfüllen, wenn sichergestellt ist, dass das Verarbeitungsergebnis ausschließlich der auftraggebenden öffentlichen Stelle zugute kommt und somit das private Unternehmen bloß als Werkersteller der öffentlichen Stelle zugerechnet werden kann. Liegt ein öffentlicher Auftraggeber vor und liegt die Verwendung der Daten im öffentlichen Auftrag, so läge ein „Austausch“ der Daten vor. Ist dies nicht der Fall, so läge eine „Weiterverwendung“ der Daten vor.

Wie bereits festgehalten ist dann, wenn ein „Austausch“ iSd § 4 Z 4 2. Satz IWG vorliegt, eine Weitergabe der Daten kostenlos oder zu einem bestimmten Preis und unter bestimmten Bedingungen an die öffentliche Stelle, die im öffentlichen Auftrag die Daten verarbeitet, möglich, ohne dass dadurch eine Pflicht der öffentlichen Stelle bewirkt wird, dieselben Daten ebenfalls kostenfrei oder zum selben Preis bzw. unter denselben Bedingungen an die Wirtschaft zu kommerziellen Zwecken weiterzugeben.

Liegt eine Weiterverwendung der Daten iSd § 4 Z 4 1. Satz IWG vor, weil entweder die Daten nicht an eine öffentliche Stelle gingen oder die öffentliche Stelle die Daten nicht im öffentlichen Auftrag verwendet hat, so bedeutet dies, dass die Daten bei einer vergleichbaren Kategorie der Weiterverwendung grundsätzlich zum selben Preis oder im Falle der Kostenfreiheit ebenfalls kostenfrei an die Wirtschaft zu kommerziellen Zwecken weitergegeben werden müssten.

4.3. Vergleichbare Kategorien der Weiterverwendung

Was „vergleichbare Kategorien" der Weiterverwendung sind, erklärt weder die Richtlinie noch das IWG näher. Aus den EB zum IWG[165] ergibt sich allerdings, dass vergleichbare Kategorien der Nutzung dann gegeben sind, wenn der **Zweck der Weiterverwendung beziehungsweise das mit der Weiterverwendung beabsichtigte Endprodukt gleich oder zumindest gleichartig ist**. Werden so zB Adressdaten von Gemeinden von einem Direktmarketingunternehmen für Mailing-Aktionen weiterverwendet,[166] so müsste ein weiteres Marketinginstitut dieselben Adressdaten für Mailing-Aktionen zu denselben Konditionen erhalten. Werden die Adressdaten hingegen von einem weiteren Unternehmen dazu verwendet, um diese in Verknüpfung mit Standortdaten zB zu einem Routenfinder bzw Fahrzeugleitsystem zusammenzuführen, so wäre dies eine andere Verwendungskategorie (Routenplaner im Vergleich zu Mailing-Aktion). Dem entsprechend könnte in dieser anderen Kategorie auch ein anderer Preis (der sich im Rahmen der Entgeltgrundsätze des § 7 IWG bewegen muss) festgelegt werden.

Daraus lässt sich ableiten, dass dieselben Dokumente, die an ein Unternehmen für eine bestimmte Kategorie der Weiterverwendung zur Verfügung gestellt wurden, nicht an alle Unternehmen für alle erdenklichen Weiterverwendungen zu denselben Bedingungen herausgegeben werden müssen, sondern dieselben Bedingungen nur für vergleichbare Anwendungskatego-

[165] Siehe Teil III, Kommentar zu § 10 Abs. 1 IWG.

[166] Zu beachten wären in so einem Fall datenschutzrechtliche Aspekte sowie § 151 GewO.

rien gelten. Dem entsprechend könnte dasselbe Unternehmen bei verschiedenen Kategorien der Weiterverwendung (Zwekken) verschiedene Preise bezahlen.

Dieser Zusammenhang sei nochmals mittels einer Grafik verdeutlicht:

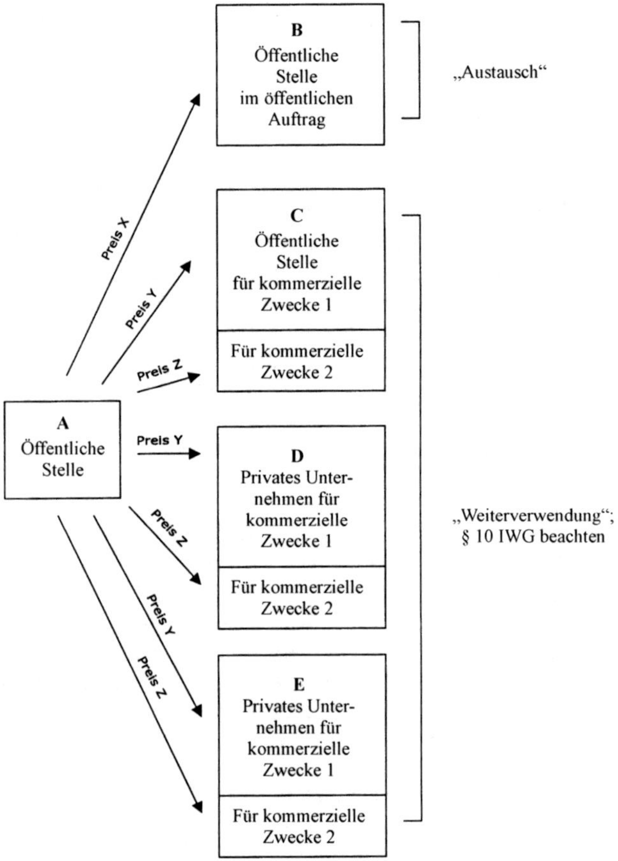

Zur Erklärung: Die öffentliche Stelle A kann die Daten mit der öffentlichen Stelle B, die die Daten im öffentlichen Auftrag verwendet, austauschen. Dies fällt nicht unter das IWG; somit können dort vom IWG unabhängige Bedingungen festgesetzt werden.

Gegenüber einer öffentlichen Stelle, die die Daten für kommerzielle Zwecke weiterverwendet, kann ein anderer Preis Y verrechnet werden, der entsprechend den Bestimmungen über die Entgeltfestsetzung des § 7 IWG festgelegt werden muss und der aufgrund der Nichtdiskriminierungsbestimmung des § 10 IWG derselbe sein muss, der auch einem privaten Unternehmen D oder E für eine vergleichbare Verwendungskategorie (Zweck 1) verrechnet wird.

Werden die Daten hingegen für eine andere Verwendungskategorie – einen Zweck 2 – (kommerziell) weiterverwendet, so kann entsprechend § 10 Abs. 1 IWG auch ein anderer Preis Z verrechnet werden (sowie auch andere Bedingungen festgesetzt werden), wobei dieser Preis Z aber auch wieder sowohl für die öffentliche Stelle C als auch für die Unternehmen D und E gleich sein muss.

Die Abgrenzung der verschiedenen Zwecke bzw Verwendungskategorien iSd § 10 IWG wird in der Praxis schwierig sein. Die Problematik ist im Datenschutzrecht hinlänglich bekannt, da dort § 6 Abs. 1 Z 2 DSG 2000 den so genannten Zweckbindungsgrundsatz festschreibt und es somit auch dort gilt, verschiedene Zwecke voneinander zu trennen. Dementsprechend könnte die dort entwickelte Methodik auch hier angewandt werden.[167]

5. Formulierung eines Weiterverwendungsantrags

Anträge auf Weiterverwendung von Dokumenten sind nach § 5 Abs. 1 IWG bei den öffentlichen Stellen einzubringen, in deren Besitz sich das beantragte Dokument befindet. § 5 Abs. 2

---

[167] Näheres dazu siehe *Knyrim*, Datenschutzrecht (Manz 2003), 83f.

IWG sieht zwar die Möglichkeit eines „Verbesserungsauftrages" vor, wenn aus dem Antrag der Inhalt oder der Umfang der beantragten Dokumente nicht ausreichend klar hervorgeht. Dennoch empfiehlt sich, von vornherein möglichst klare und präzise Anträge auf Weiterverwendung zu stellen. Aus dem Weiterverwendungsantrag, der als „formloser" Brief abgefasst sein kann, sollten folgende Punkte zu entnehmen sein:

- Bezeichnung als Antrag nach Informationsweiterverwendungsgesetz im Betreff des Antragschreibens;
- Name und Anschrift des Antragstellers (allenfalls Identitätsnachweis);
- möglichst präzise Angabe, für welche Dokumente eine Weiterverwendung beantragt wird – bei Daten am besten eine Aufzählung der gewünschten Datensätze, allenfalls und soweit bekannt auch die Angabe, aus welcher Dokumentensammlung/welcher Datenbank der öffentlichen Hand diese stammen;
- Ausführungen darüber, in welcher Weise der Antragsteller die Dokumente weiterverwenden möchte (zB: Integration in eine näher beschriebene Software für bestimmte Zwecke, Entwicklung eines näher beschriebenen Informationsproduktes)
- Angaben darüber, ob die Bereitstellung nur einmalig oder in bestimmten Intervallen gewünscht wird (zB für regelmäßige Updates in einem Softwareprodukt)[168]
- Angabe, in welchen verfügbaren Formaten die Bereitstellung erwünscht ist (§ 6 Abs. 1 IWG) oder ob bloß Auszüge

[168] Dazu ist jedoch § 6 Abs. 3 IWG zu beachten, laut dem öffentliche Stellen nicht verpflichtet sind, die Erstellung von Dokumenten bestimmter Art im Hinblick auf die Weiterverwendung solcher Dokumente fortzusetzen, der Antragsteller somit nach dem IWG keinen Rechtsanspruch auf künftige Dokumente oder Daten (bzw. deren künftiger Erstellung) hat, sondern, wenn überhaupt, nur auf bereits vorliegende.

aus Dokumenten gewünscht sind (§ 6 Abs. 2 IWG) und auf welche Weise die Übergabe der Dokumente oder Daten gewünscht ist (zB in Papierform, auf bestimmten Datenträgern, per Email)
– allenfalls Angaben, ob die Weiterverwendung aus Sicht des Antragstellers unter bereits veröffentlichte Standardbedingungen oder Standardentgelte fällt oder es sich um einen atypischen Fall handelt bzw. ob die Bekanntgabe der Berechnungsgrundlage und Weiterverwendungsbedingungen gewünscht wird (§ 8 Abs. 1, § 9 Abs. 1 und 2 IWG);

Der Antrag sollte möglichst entweder an jene Stelle gesandt werden, die im Besitz[169] der Dokumente ist oder, falls eine zentrale IWG-Stelle von der öffentlichen Stelle bekannt gegeben wurde, an diese bzw. sollte der Adressat vorher bei der von der öffentlichen Stelle einzurichtenden Auskunftsperson oder der Informationsstelle[170] erfragt werden.

6. Datenformate

§ 6 Abs. 1 IWG bestimmt, dass öffentliche Stellen Dokumente in allen vorhandenen Formaten oder Sprachen – soweit möglich und sinnvoll – in elektronischer Form zur Verfügung stellen sollen. Auszüge aus einem Dokument müssen nur dann zur Verfügung gestellt werden, wenn dies nicht mit einem unverhältnismäßigen Aufwand verbunden ist. Die praktische Anwendung dieser Regeln lässt sich am Beispiel von Vermessungsdaten zeigen: Vermessungsdaten,[171] die im Rahmen des öffentlichen Auftrags erhoben werden, werden von öffentlichen

---

169 § 4 Z 3 IWG.

170 § 9 Abs. 3 Z 2 IWG.

171 Ausgeklammert sind aus diesem Beispiel Vermessungsdaten, die spezielleren Bestimmungen des Vermessungsgesetzes (BGBl 306/1968 idF BGBl I 136/2005) unterliegen.

Stellen in einem oder allenfalls mehreren Formaten gespeichert. Nach § 6 IWG muss die öffentliche Stelle die Vermessungsdaten grundsätzlich in den vorhandenen Formaten zur Verfügung stellen. Fraglich ist, in welchem Bearbeitungsgrad die Vermessungsdaten zur Verfügung gestellt werden müssen. Plandaten zB aus Katasterplänen setzen sich aus einer Reihe von Vermessungspunkten zusammen, wobei diese Vermessungspunkte bloß „Rohdaten" für die Pläne sind. Fraglich ist, ob die öffentliche Stelle diese Rohdaten in Form der Vermessungspunkte herausgeben müssen. Nach der Definition von „Dokument" fällt unter diese nicht nur der Inhalt eines Dokuments, sondern auch jeder beliebige Teil eines solchen Inhalts. Demnach würden auch Rohdaten unter einen „Herausgabeanspruch" fallen.

Ausgehend von obigen Bestimmungen muss die betroffene öffentliche Stelle feststellen, welchen Aufwand es machen würde, auch „Rohdaten" wie zB Vermessungspunkte zur Verfügung zu stellen. Die Verarbeitung der Vermessungspunkte erfolgt typischerweise als Zwischenschritt bei der Erstellung von Plänen mittels einer Software, die uU erst das Endergebnis der Verarbeitung – die fertigen Plandaten – einfach exportieren kann. Ein solcher Plandatenexport erfolgt typischerweise über vordefinierte Schnittstellen, ist durch einfache Handhabung – oft durch eine „Exportierfunktion" in der Software – möglich und die öffentliche Stelle wäre zu einer Herausgabe der Plandaten – sofern eine Grundsatzentscheidung zur Herausgabe getroffen wurde oder eine Herausgabe bereits stattfand – folglich verpflichtet.

Ist es der öffentlichen Stelle hingegen nicht möglich, die im System gespeicherten „Rohdaten" durch eine derartige, einfache Exportierfunktion der Software zu exportieren, sondern müssten dazu zB erst eigene Schnittstellen oder ein eigenes „Exportprogramm" programmiert werden, so wäre dies keine einfache Handhabung mehr, sondern könnte einen unverhältnismäßigen Aufwand bedeuten, besonders im Hinblick darauf, dass das Endergebnis der Plandaten uU viel einfacher exportiert werden kann. Diese Lösung entspricht auch Erwägungsgrund 13 der

Richtlinie, der besagt, dass öffentliche Stellen die Dokumente möglichst in einem Format zur Verfügung stellen sollen, das nicht von der Verwendung einer bestimmten Software abhängig ist. Bei einer „Exportfunktion", die die Daten über eine vordefinierte Schnittstelle exportiert, werden die Daten von der Software in den meisten Fällen so generiert, dass diese ohne die Software oder zumindest mit anderen, gängigen Softwareprogrammen eingelesen werden können. Die Verarbeitung der Rohdaten, zB der Vermessungspunkte, ist aber meist nicht ohne die Software möglich, was zeigt, dass eben die öffentliche Stelle Daten, die bloß zwischenverarbeitet werden, nicht herausgeben muss, wenn deren verwendete Software es nicht ermöglicht, die Daten in den Zwischenschritten ohne diese Software zu verwenden.

Als weiteres Beispiel für die Frage des Datenexports seien Daten genannt, die zB in einem ganz normalen Textdokument enthalten sind. Angenommen, die öffentliche Stelle benutzt Microsoft „Word für Windows" für ihre Dokumentenverarbeitung, so kann einem Antrag auf Weiterverwendung dadurch nachgekommen werden, dass das Dokument einfach durch den Befehl „Senden an" an einen E-Mail-Empfänger gesandt wird.[172] Der Antragsteller könnte aber auch verlangen, dass die Behörde die Dokumente in jenen Formaten übermittelt, die in Microsoft „Word für Windows" standardmäßig verfügbar sind. In diesem Fall müsste die öffentliche Stelle das Dokument mit der Funktion „Speichern unter" einfach in eines der dort verfügbaren Dateiformate (zB Rich Textformat, MS-Dos-Text, Word für McIntosh, Word Perfect, Works etc) speichern, was jedenfalls eine einfache Handhabung wäre.[173] Verlangt der Antragsteller

---

172 Vorausgesetzt natürlich, dass vorher die Zulässigkeit einer derartigen Versendung geprüft wurde.

173 Abhängig allerdings von der Anzahl der Dokumente, die derart verarbeitet werden müssten, denn bei einer größeren Anzahl von Dokumenten wäre auch eine oftmalige Wiederholung eines solchen Speichervorganges insgesamt sehr zeitaufwändig.

ein Format, das standardmäßig in der Microsoft-Software nicht enthalten ist, so müsste die öffentliche Stelle wohl eine entsprechende Schnittstelle bei Microsoft oder einem anderen Unternehmen einkaufen oder sich selbst programmieren lassen, was einen unverhältnismäßigen Aufwand besonders dann bedeuten könnte, wenn es nur um den Export eines oder weniger Dokumente geht und die entsprechende Software im Vergleich zum wirtschaftlichen Wert des Dokumentes teuer wäre. Geht es hingegen um eine große Anzahl von Dokumenten und wäre eine derartige Software um einen sehr geringen Preis jederzeit leicht erhältlich (oder sogar zB durch kostenlosen Download im Internet), so wäre es uU kein unverhältnismäßiger Aufwand, eine derartige zusätzliche Software bei der öffentlichen Stelle zu installieren.[174]

7. Handlungsbedarf öffentlicher Stellen in Hinblick auf die Transparenzbestimmungen

Wie in Teil II dieses Buches kommentiert, schreibt § 9 IWG öffentlichen Stellen vor, transparent zu sein; dies unter anderem durch Festsetzung von Standardentgelten und Weiterverwendungsbedingungen im Voraus und deren Veröffentlichung nach Möglichkeit im Internet, durch Bereitstellung von Auskunftspersonen und Informationsstellen, Veröffentlichung von Listen über verfügbare Dokumente etc.

Diese Transparenzbestimmungen werden öffentlichen Stellen einigen Arbeitsaufwand verursachen. Bereits zum Inkrafttretensstichtag am 1. Juli 2005 hätten nämlich sowohl die Listen der verfügbarer Daten und Dokumente online gestellt sein müssen, als auch die Bedingungen und Preise zum Erhalt dieser Da-

[174] Zu berücksichtigen ist dabei überdies die Möglichkeit, Kosten für solchen Aufwand allenfalls nach § 7 IWG dem Antragsteller in Rechnung zu stellen.

ten. Dies bedeutet für öffentliche Stellen, dass sie raschest möglich nach folgendem „Fahrplan" vorgehen sollten, um die Transparenzbestimmungen zu erfüllen und sich über ihren eigenen Standpunkt zum Thema IWG klar zu werden:[175]

- Bestand aufnehmen: Was gibt es für Daten? Woher stammen diese? In welchen Formaten liegen sie vor? Mit welchen anderen Stellen werden sie ausgetauscht? Werden sie zu kommerziellen Zwecken weiterverwendet? An wen werden sie weitergegeben?
- Grundsatzentscheidung über die Datenherausgabe treffen.
- Verwendungsstrategie entwerfen: Was für öffentliche/kommerzielle Interessen bestehen derzeit, können künftig bestehen? Welche Preise sollen wem verrechnet werden?
- Bestandslisten online Stellen.
- Nutzungsbedingungen entwerfen, Entgelte berechnen und beides online stellen.
- Informationsstellen einrichten, Mitarbeiter informieren und schulen.

Der folgende **Fragenkatalog** soll jenen öffentlichen Stellen, die sich für eine Bereitstellung von Dokumenten zur Weiterverwendung entschlossen haben, bei der zentralen Planung des „IWG-Prozesses" helfen. Er wurde daher in der Absicht erstellt, von einer übergeordneten „Einheit"[176] einer öffentlichen Stelle an die untergeordneten „Einheiten" weitergegeben zu werden, um im Wege der internen Umfrage einheitlich an die notwendi-

[175] Siehe auch *Knyrim,* PSI-Richtlinie und Informationsweiterverwendungsgesetz: ein neuer Rechtsbereich, ÖGZ 8/2005, 36 (39).

[176] Der Begriff „Einheit" wurde hier als „neutraler" Begriff verwendet, um nicht mit Begriffen aus der Verwaltungshierarchie oder dem Gesellschaftsrecht „Vorurteile" darüber zu fällen, wie eine solche Einheit IWG-rechtlich (nämlich insbesondere als eigene öffentliche Stelle oder nicht) einzuordnen ist.

gen Informationen zu kommen. Es wurden dabei auch datenschutzrechtliche Aspekte berücksichtigt.[177]

1. Welche Daten (personenbezogen oder nicht personenbezogen, dh auch rein „technische“ Daten) werden in Ihrer Einheit erhoben? Bitte Datenarten angeben. In welchen Datenanwendungen oder Datenbanken werden diese gespeichert/verarbeitet? Bitte Bezeichnung und kurze „Inhaltsangabe“ über die Datenbank.
2. Erhält Ihre Einheit überdies Daten von anderen Einheiten oder öffentlichen Stellen? Wenn ja, bitte Datenarten angeben und die Stellen, von denen Daten erhalten werden.
3. Werden (egal auf welche Weise) Daten an andere öffentliche Stellen, private Unternehmen, Privatpersonen oder sonstige Dritte übermittelt? Wenn ja, bitte Datenarten und Datenempfänger angeben.
4. Zu 1. bis 3. soweit anwendbar: Zu welchem Zweck/welchen Zwecken und Aufgrund welcher Rechtsgrundlage werden Daten erhoben/erhalten/verarbeitet/übermittelt? Bitte jeweils Zweck und Rechtsgrundlage angeben.
5. Zu 1. und 2.: Dient die Datenverwendung der Erfüllung eines öffentlichen Auftrages oder zur Verfolgung kommerzieller Interessen? Bitte nähere Angaben.
6. Zu 3., wenn Übermittlungen stattfinden: Dient die Übermittlung der Daten dem Empfänger zur Erfüllung eines öffentlichen Auftrages oder zur Verfolgung kommerzieller Interessen oder zum persönlichen Nutzen von Privatpersonen? Bitte nähere Angaben.
7. Gibt es mündliche Nutzungsvereinbarungen oder schriftliche Nutzungsverträge über den Erhalt von oder die Über-

[177] Die datenschutzrechtliche Zulässigkeit der Datenverarbeitung/-übermittlung sollte allenfalls jedoch eingehender geprüft werden, etwa nach dem Prüfschema in *Knyrim,* Datenschutzrecht 155f.

mittlung der Daten? Wenn ja, bitte beilegen oder deren Inhalt beschreiben.

8. Wenn Ihre Einheit besondere Rechtsform- oder Eigentumsverhältnisse hat (zB ausgegliederte Gesellschaft, Stiftung, etc.), bitte Angaben zu den Rechts- und Eigentumsverhältnissen und dem Tätigkeitsbereich machen (Teilrechtsfähigkeit ja/nein?, Eigentumsverhältnisse, Aufsichtsbefugnisse, Rechtsgrundlage, Tätigkeit für im Allgemeininteresse liegende Aufgaben?)
9. Besitzt Ihre Einheit eine DVR-Nummer? Wurden die unter 1. und 2. genannten Datenverarbeitungen oder die unter 3. genannten Datenübermittlungen beim Datenverarbeitungsregister gemeldet?[178] Wenn ja, bitte DVR-Registerauszug beilegen, wenn nein, bitte Angabe, warum nicht.

8. Erste praktische Erfahrung mit dem Schlichtungsverfahren

Anfang 2006 wurde das – soweit bekannt – erste österreichische Schlichtungsverfahren nach § 12 IWG durchgeführt. Antragsteller war ein österreichisches Softwareunternehmen, das Software für spezifische Berufsgruppen entwickelt und vertreibt und überdies als Dienstleister (Verrechnungsstelle) den Zugang zu öffentlichen Datenbanken (e-Government-Applikationen) vermittelt. Das Unternehmen stellte bei einer bundesgesetzlich eingerichteten Selbstverwaltungskörperschaft den Antrag auf Bereitstellung einer Reihe von personenbezogenen Datensätzen aus dem gesamten Mitgliederverzeichnis dieser Körperschaft. Dies, da es die Daten einerseits in die Software als Service für deren Verwender implementieren (und regelmäßig aktualisieren) wollte, andererseits zur Zugangskontrolle für den Zugang

[178] Zur DVR-Meldepflicht von Datenanwendungen und dem Meldeverfahren siehe *Knyrim,* Datenschutzrecht 25ff.

zu den öffentlichen Datenbanken benötigte. Die Selbstverwaltungskörperschaft lehnte eine Bereitstellung dieser Datensätze zur Weiterverwendung ab. Dies ua mit der Begründung, dass diese Datensätze grundsätzlich nicht zur Weiterverwendung bereitgestellt würden, sie zur Weitergabe der gewünschten personenbezogenen Daten (formell wie auch datenschutzrechtlich) nicht befugt sei und die Zusammenstellung der gewünschten Datensätze eine Anpassung erforderlich machen würde, zu der sie nach § 6 Abs. 1 IWG nicht verpflichtet sei.

Der Antrag war ausreichend präzise und ausführlich formuliert, um die Selbstverwaltungskörperschaft die Sachlage erkennen zu lassen und eine rasche – wenn auch abschlägige – Antwort geben zu können. Der Antragsteller beantragte daraufhin die Schlichtung und machte einen Schlichter namhaft. Die Selbstverwaltungskörperschaft macht ihrerseits binnen weniger Tagen einen Schlichter namhaft. Beide Schlichter verfügten über Vorkenntnisse in Fragen der Datenverarbeitung.[179] Schwieriger war es hingegen, einen Vorsitzenden zu finden, der sowohl in Fragen der Datenverarbeitung über Vorkenntnisse verfügte, als auch – wenige Wochen nach dessen Inkrafttreten – sich bereits mit dem IWG befasst hatte, überdies neutral zwischen den beiden Parteien stand und relativ kurzfristig für die Schlichtungssitzungen zeitlich verfügbar war. Die Wahl fiel schließlich nach mehreren Vorschlägen auf einen Universitätsprofessor aus dem Bereich des IT-Rechts.[180]

Vor und während des Verfahrens traten einige **formelle Rechtsfragen** auf, die in § 12 IWG nicht näher geregelt sind und daher erst zwischen den Parteien geklärt werden mussten:

---

179 Der Co-Autor diese Buches Dr. Knyrim war einer der von den Parteien benannten Schlichter.

180 Die Wahl von Schiedsrichtern, die wirtschaftliches und juristisches Grundwissen aber auch technisches Verständnis sowie Vorkenntnisse des IWG gut vorbereitet mit in die Schlichtungssitzung brachten, erwies sich als sehr förderlich, da die Schlichtungssitzungen dadurch rasch und zielgerichtet abgewickelt werden konnten.

- **Schlichtungsort:** Die Einigung darauf erfolgte rasch, der Vorsitzende stellte ein „neutrales" Büro in Wien zur Verfügung.
- **Schlichterkosten:** Denkbar wäre die Verrechnung der Schlichterkosten nach Stundensatz,[181] nach einem vorfixierten Pauschalbetrag, nach einer bestehenden Schlichtungsordnung,[182] oder nach einem gesetzlichen Verrechnungstarif wie etwa dem Rechtsanwaltstarif.[183] Letzterer wurde im konkreten Fall vereinbart, wobei die beiden Schlichter und der Vorsitzende damit einverstanden waren, jeder nach dem Tarif gleich wie ein Rechtsvertreter entlohnt zu werden.
- **Kosten der öffentlichen Stelle:** § 12 Abs. 5 IWG spricht von „Kosten der Schlichtung", nicht von „Kosten der Schlichter". Dem entsprechend waren auch die Kosten der öffentlichen Stelle für die Teilnahme an der Schlichtung Diskussionsstoff; die Frage wurde aber nicht endgültig gelöst, da die Selbstverwaltungskörperschaft zur Förderung eine konsensualen Einigung auf eine Geltendmachung ihrer Kosten ausdrücklich verzichtete.
- **Beginn der Kostentragung:** Der organisatorische Ablauf des Schlichtungsverfahrens macht es dem Wortlaut nach § 12 Abs. 2 bis 4 IWG ausdrücklich erforderlich, dass die beiden von jeder Partei benannten Schlichter einen unbefangenen Schlichter suchen und wählen, was einen entsprechenden

---

181 Etwa für Rechtsanwälte iSv § 1, 18 AHK iVm 1003, 1152 ABGB.

182 Etwa jene der WIPO – siehe http://arbiter.wipo.int.

183 Als Bemessungsgrundlage für den Rechtsanwaltstarif kommt – sofern dieser nicht betraglich etwa durch eine konkrete Entgeltforderung für die Datenverwendung fixiert ist – ein Streitwert von EUR 36.000 in Frage, analog zum Streitwert nach AHK bei Kartellsachen (aufgrund des wettbewerbsrechtlichen Bezuges in § 10 IWG) bzw. Urheberrechtssachen und Immaterialgüterrecht (aufgrund § 3 Abs. 1 Z 4 und 5 IWG). Ebenso denkbar ist es, für ein 3-Schlichter-Verfahren analog zu einem Richtersenat § 14 lit a) RATG mit einer Bemessungsgrundlage von EUR 21.800 heranzuziehen.

Zeitaufwand erfordert. Die Selbstverwaltungskörperschaft vertrat daher die Ansicht, dass das Schlichtungsverfahren als ad-hoc Schlichtungsverfahren – und damit die Kostentragung – mit der Antragstellung und den vorgeschriebenen „Institutionalisierungshandlungen" wie eben der Vorsitzendensuche beginnt, und nicht erst mit der Vollendung der Wahl des Vorsitzenden. Das diese Rechtsansicht nicht ungewöhnlich ist, zeigt zB Art. 4 der Regeln für das Schlichtungsverfahren der WIPO[184], der vorsieht, dass der Tag des Beginns des Schlichtungsverfahrens der Tag ist, an dem der Schlichtungsantrag bei der Schlichtungsstelle (im IWG wäre dies analog die öffentliche Stelle) eingeht.[185] Im konkreten Fall willigte der Antragsteller ein, die zwischen Schlichterbenennung und erster Schlichtungssitzung liegenden Kosten des vom Selbstverwaltungskörper ernannten Schlichters zu tragen.

- **Anzuwendendes Recht:** Auch zum anzuwendenden materiellen wie auch Prozessrecht gäbe es verschiedene Anknüpfungspunkte. Da Sachverhalt und Parteien rein österreichisch waren, war das materielle Recht kein Diskussionspunkt. Hinsichtlich des Prozessrechtes wurde – nach Diskussion verschiedener Varianten wie zB der Heranziehung bestehender Schlichtungs- oder Schiedsordnungen – einigten sich die Schlichter darauf, keine unmittelbar anwendbare Prozessordnung zu vereinbaren, als Interpretationshilfe in Zweifelsfragen jedoch die ZPO heranzuziehen.
- **Stimmengewichtung:** Bei zwei „parteiischen" Schlichtern und einem „neutralen" Vorsitzenden stellt sich die Frage nach einer Stimmengewichtung. Verschiedene Möglichkei-

184 http://arbiter.wipo.int.

185 In Österreich gibt es – soweit ersichtlich – noch keine ausdrückliche Judikatur zu dieser Frage, allerdings zeigt die jüngst in AnwBl 2005, 470 veröffentlichte Entscheidung LG ZRS Wien, 19.8.2004, 36 R 147/04s, dass eine Honorarverrechnung ab erster Handlung der Gegenseite jedenfalls zulässig ist.

ten bieten sich hier an: Etwa, dass die Stimme des Vorsitzenden den Ausschlag gibt oder, dass die Mehrheit aller Stimmen zählt oder iSd § 12 Abs. 4 IWG nur Stimmeneinheit eine „gütlichen" Einigung bedeutet. Im konkreten Fall wurde eine Stimmengewichtung mit einfacher Stimmenmehrheit vereinbart.

- **Offenstehen des Rechtsweges:** Da § 12 Abs. 4 IWG zwar von einer „gütlichen Einigung" spricht, es sich bei der Schlichtung nach IWG aber um kein „echtes" Schiedsverfahren handelt, wurde auch die Frage diskutiert, ob der ordentliche Rechtsweg nach der Schlichtung offen stehe, was im konkreten Fall in Hinblick auf § 13 IWG ausdrücklich so vereinbart wurde.
- **Parteiengehör:** Obwohl die von den Parteien benannten Schlichter gut informiert und vorbereitet waren, wurde beiden Parteien die Gelegenheit zu einer persönlichen Befragung in den Schlichtungssitzungen gegeben.
- **Verfahrensabwicklung:** Weiterverwendungsantrag, abschlägige Antwort, Schlichtungsantragstellung, Schlichter- und Vorsitzendenfindung, Terminkoordinierung und Protokollerstellung wie auch Unterlagenversendung, erfolgten **ausschließlich per Email**, was zu einer sehr raschen Verfahrensabwicklung führte. So wurden etwa die Protokolle vom Vorsitzenden bereits in der Sitzung mittels Laptop entworfen, binnen 1–2 Tagen zur Korrektur an die Schlichter versandt, von diesen ebenso rasch durchgesehen und lagen den Parteien dadurch binnen weniger Tage vor. Die Schlichtungssitzungen selbst dauerten aufgrund der gut vorbereiteten Schlichter jeweils nur zwischen 1 und 3 Stunden, die formellen und materiellen Punkte konnte rasch abgearbeitet werden.

Die Aufarbeitung der **materiellen Rechtsfragen** zeigte sich erheblich schwieriger als ursprünglich erwartet. Zwar konnten nach kurzer Prüfung einige Rechtsfragen außer Streit gestellt werden, etwa, dass die Selbstverwaltungskörperschaft eine öffentliche Stelle iSd IWG sei. Rasch zeigte sich, dass erhebliche juristische „Detailarbeit“ nötig war, um festzustellen, ob die gewünschten Dokumente überhaupt im „öffentlichen Auftrag“ der Selbstverwaltungskörperschaft erstellt waren oder nicht, wofür in die „tiefen“ der Normen, mit denen die Selbstverwaltungskörperschaft eingerichtet war, vorgedrungen werden musste.

Auch um Festzustellen, ob die bisherige Publikation verschiedener Datensätze aus dem Mitgliederverzeichnis in einem in Buchform gedruckten Mitgliederverzeichnis bzw. einem Online-Verzeichnis der Selbstverwaltungskörperschaft bereits als eine Weiterverwendung iSd § 4 Abs. 4 1. Satz IWG bzw. als bereits erfolgte Bereitstellung zur Weiterverwendung iSd § 2 Abs. 1 IWG zu qualifizieren sei, musste in den der Selbstverwaltungskörperschaft zugrunde liegenden Normen Rechtsforschung betrieben werden.

Selbst die Frage, ob die gewünschten Daten überhaupt „im Besitz“ iSd § 4 Z 3 der Selbstverwaltungskörperschaft seien oder diese nur als Dienstleister ihrer Unterorganisationen aufträte, war eine Rechtsfrage, die nicht auf Anhieb zu lösen war, sondern zunächst auch einer Befassung mit den zugrunde liegenden Normen bedurft hätte.

Der Ausgang des Schlichtungsverfahrens war aufgrund der komplizierten, mehrstufigen Rechtsfragen dann auch ein völlig anderer, als bei dessen Einleitung erwartet worden war: Der Antragsteller konnte darlegen, dass er in seiner Funktion als Dienstleister (Verrechnungsstelle) für den Zugang zu öffentlichen Datenbanken (e-Government-Applikationen) aufgrund von verschiedenen Verordnungen und Verträgen von den öffentlichen Betreibern dieser Datenbanken **gezwungen sei**, die Befugnis seiner Kunden, denen er den Zugang vermittelt, auf deren (Berufs-)berechtigung **zu prüfen** und daher zumindest einen Teil der von ihm beantragten Datensätze in regelmäßig aktualisierten Versionen unbedingt benötige. Für die Selbstverwaltungskörperschaft war diese **Notwendigkeit aufgrund von vom An-**

tragsteller vorgelegten Verordnungen und Verträge nachvollziehbar und diese versprach, dem Antragsteller die zur Erfüllung seiner Dienstleisterpflichten unbedingt notwendigen Datensätze – im Wege über die Betreiber der öffentlichen Datenbanken – zur Verfügung zu stellen.

Bei dieser Zurverfügungstellung handelte es sich allerdings nicht um eine Bereitstellung zur Weiterverwendung iSd § 4 Z 4 1. Satz IWG, sondern um einen Austausch von Dokumenten zwischen öffentlichen Stellen (Selbstverwaltungskörperschaft an öffentlichen Datenbankbetreiber bzw. dessen vertraglichen Dienstleister als Zugangsvermittler) iSd § 4 Z 4 2. Satz IWG zur Erfüllung ihres öffentlichen Auftrages (normativ vorgeschriebene Kontrolle der (Berufs-)befugnis für den Zugang zu den öffentlichen Datenbanken). Der Austausch fiel daher nach § 3 Abs. 1 iVm § 4 Z 4 2. Satz IWG nicht unter das IWG und daher **nicht in die Kompetenz der Schlichtungsstelle** nach § 12 IWG. Der Antragsteller teilte der Schlichtungsstelle mit, dass er den Erhalt zumindest des Teils der Datensätze, die zum Zweck der Zugangsvermittlung benötigt, als für ihn ausreichenden „Teilerfolg" betrachte und zog den Schlichtungsantrag zurück. Das Schlichtungsverfahren blieb somit ohne Abschluss, war aber dennoch für alle Beteiligten sehr lehrreich und brachte dem Antragsteller zumindest einen – wenn auch außerhalb des IWG liegenden – Teilerfolg.

Wie die Praxis in anderen Beratungsfällen, die Diskussionen mit und Vorträge von verschiedenen Beteiligten zeigen, sind öffentliche Stellen derzeit noch sehr zurückhaltend und vorsichtig mit der Bereitstellung von Dokumenten zur Weiterverwendung nach IWG, da diese mit der neuen Rechtsmaterie noch nicht ausreichend vertraut sind und befürchten, dass eine erstmalige Bereitstellung zu einem unkontrollierbaren **„Dammbruch"** im IWG führte. Dem entsprechend stehen öffentliche Stellen derzeit **Lösungen, die eine Zurverfügungstellung der Daten aufgrund bereits länger bestehender Rechtsgrundlagen (etwa spezifischer gesetzlicher Verpflichtungen, geltender Zugangs-**

regelungen) außerhalb des Regimes des IWG ermöglichen, positiver Gegenüber.

Teil V
Normen

1. Informationsweiterverwendungsgesetz des Bundes

Bundesgesetz über die Weiterverwendung
von Informationen öffentlicher Stellen
(Informationsweiterverwendungsgesetz – IWG)

(NR: GP XXII RV 1026 AB 1150 S. 125.
BR: AB 7425 S. 727.) [CELEX-Nr.: 32003L0098]
StF: BGBl. I Nr. 135/2005

I. Abschnitt
Allgemeine Bestimmungen

Ziel

§ 1. Ziel dieses Bundesgesetzes ist die Erleichterung der Weiterverwendung von Dokumenten öffentlicher Stellen, insbesondere um dadurch die Erstellung neuer Informationsprodukte und -dienste zu fördern.

Geltungsbereich

§ 2. (1) Dieses Bundesgesetz regelt den rechtlichen Rahmen für die kommerzielle und nicht kommerzielle Weiterverwendung von im Besitz öffentlicher Stellen befindlichen und in ihrem öffentlichen Auftrag erstellten Dokumenten, sofern sie diese zur Weiterverwendung bereitstellen.

(2) Rechtsvorschriften, die den Zugang zu Dokumenten öffentlicher Stellen regeln, werden durch dieses Bundesgesetz nicht berührt.

(3) Die Bestimmungen des Datenschutzgesetzes 2000, BGBl. I Nr. 165/1999, zuletzt geändert durch das Bundesgesetz BGBl. I Nr. 13/2005, sowie gesetzliche Verschwiegenheitspflichten werden durch dieses Bundesgesetz nicht berührt.

Ausnahmen vom Geltungsbereich

§ 3. (1) Dieses Bundesgesetz gilt nicht für Dokumente,
1. deren Erstellung nicht unter den öffentlichen Auftrag der betreffenden öffentlichen Stelle fällt;
2. die, insbesondere aus Gründen der nationalen Sicherheit, der umfassenden Landesverteidigung, der öffentlichen Sicherheit oder weil sie Geschäfts- oder Betriebsgeheimnisse enthalten oder sonst der Vertraulichkeit unterliegen, nicht zugänglich sind;
3. die nur bei Nachweis eines besonderen Interesses zugänglich sind;
4. die geistiges Eigentum Dritter sind;
5. die von gewerblichen Schutzrechten erfasst werden;
6. die im Besitz des Österreichischen Rundfunks (ORF) oder seiner Tochtergesellschaften sind und der Wahrnehmung des öffentlich-rechtlichen Auftrags dienen;
7. die im Besitz von Bildungs- und Forschungseinrichtungen sind;
8. die im Besitz kultureller Einrichtungen sind.

(2) Für die Bearbeitung von Anträgen auf Weiterverwendung von in Abs. 1 Z 1 bis 5 genannten Dokumenten sind § 5 Abs. 3 Z 2 und 4 sowie Abs. 4 bis 6 anzuwenden.

Begriffsbestimmungen

§ 4. Im Sinne dieses Bundesgesetzes bedeutet
1. öffentliche Stelle:
   a) der Bund,
   b) bundesgesetzlich eingerichtete Selbstverwaltungskörperschaften,

c) Einrichtungen auf bundesgesetzlicher Grundlage wie Stiftungen, Privatstiftungen, Fonds und Anstalten sowie sonstige Körperschaften des öffentlichen Rechts, die
   - zu dem besonderen Zweck gegründet wurden, im Allgemeininteresse liegende Aufgaben zu erfüllen, die nicht gewerblicher Art sind und
   - zumindest teilrechtsfähig sind und
   - überwiegend vom Bund, von anderen Einrichtungen auf bundesgesetzlicher Grundlage oder von sonstigen öffentlichen Stellen (Art. 2 Z 1 der Richtlinie 2003/98/EG über die Weiterverwendung von Informationen des öffentlichen Sektors, ABl. Nr. L 345 vom 31.12.2003 S. 90) finanziert werden oder hinsichtlich ihrer Leitung der Aufsicht durch diese unterliegen oder deren Verwaltungs-, Leitungs- oder Aufsichtsorgan mehrheitlich aus Mitgliedern besteht, die vom Bund, von anderen Einrichtungen auf bundesgesetzlicher Grundlage oder von sonstigen öffentlichen Stellen (Art. 2 Z 1 der Richtlinie 2003/98/EG) ernannt worden sind,

d) Unternehmungen im Sinne des Art. 126b Abs. 2 B-VG, des Art. 127 Abs. 3 B-VG und des Art. 127a Abs. 3 B-VG, die
   - zu dem besonderen Zweck gegründet wurden, im Allgemeininteresse liegende Aufgaben zu erfüllen, die nicht gewerblicher Art sind und
   - überwiegend von Bund, Ländern, Gemeinden oder anderen Einrichtungen auf bundes- oder landesgesetzlicher Grundlage finanziert werden oder hinsichtlich ihrer Leitung der Aufsicht durch diese unterliegen oder deren Verwaltungs-, Leitungs- oder Aufsichtsorgan mehrheitlich aus Mitgliedern besteht, die von Bund, Ländern, Gemeinden oder anderen Einrichtungen auf bundes- oder landesgesetzlicher Grundlage ernannt worden sind, wobei das Erfordernis der Ge-

meindeeinwohnerzahl von 20 000 für Unternehmungen gemäß Art. 127a Abs. 3 B-VG unbeachtlich ist,

e) Verbände, die sich überwiegend aus zwei oder mehreren öffentlichen Stellen gemäß lit. a bis d zusammensetzen.

2. Dokument:

a) jeder Inhalt unabhängig von der Form des Datenträgers (auf Papier oder in elektronischer Form, Ton-, Bild- oder audiovisuelles Material),

b) ein beliebiger Teil eines solchen Inhaltes.

3. ein Dokument, das sich im Besitz einer öffentlichen Stelle befindet:
ein Dokument, das zur Weiterverwendung bereitzustellen die öffentliche Stelle berechtigt ist.

4. Weiterverwendung:
die Nutzung von Dokumenten, die im Besitz öffentlicher Stellen sind, durch Rechtsträger für kommerzielle und nichtkommerzielle Zwecke, die sich von dem ursprünglichen Zweck des öffentlichen Auftrags, in dessen Rahmen die Dokumente erstellt wurden, unterscheiden. Der Austausch von Dokumenten zwischen öffentlichen Stellen im Sinne des Art. 2 Z 1 der Richtlinie 2003/98/EG, ausschließlich im Rahmen der Erfüllung ihres öffentlichen Auftrags stellt keine Weiterverwendung dar.

II. Abschnitt
Weiterverwendung

Anforderungen an den Weiterverwendungsantrag und dessen weitere Bearbeitung

§ 5. (1) Anträge auf Weiterverwendung von Dokumenten sind schriftlich bei der öffentlichen Stelle, in deren Besitz sich das beantragte Dokument befindet, zu stellen. Dies kann in jeder technischen Form geschehen, die die öffentliche Stelle zu empfangen in der Lage ist.

(2) Geht aus dem Antrag im Sinne des Abs. 1 der Inhalt, der Umfang oder die Art und Weise der Weiterverwendung der beantragten Dokumente nicht ausreichend klar hervor, so hat die öffentliche Stelle den Antragsteller unverzüglich aufzufordern, den Antrag innerhalb einer zwei Wochen nicht übersteigenden Frist schriftlich zu präzisieren. Kommt der Antragsteller der Aufforderung zur Präzisierung fristgerecht nach, beginnt die Frist gemäß Abs. 3 nach Einlangen erneut zu laufen. Andernfalls gilt der Antrag als nicht eingebracht.

(3) Die öffentliche Stelle hat den Antrag in der Frist, die für die Bearbeitung von Anträgen und Begehren auf Zugang zu Dokumenten nach den geltenden Zugangsregelungen einzuhalten ist, oder wenn keine solche Frist festgelegt ist, binnen vier Wochen nach Einlangen des Antrags zu bearbeiten und unter Hinweis auf die Rechtsschutzmöglichkeiten (§§ 12 und 13)

1. die beantragten Dokumente zur Gänze zur Weiterverwendung bereitzustellen oder
2. die beantragten Dokumente teilweise zur Weiterverwendung bereitzustellen und dem Antragsteller schriftlich unter Angabe der Gründe mitzuteilen, dass seinem Antrag teilweise nicht entsprochen wird oder
3. ein endgültiges Vertragsangebot zu unterbreiten, falls für die Weiterverwendung der beantragten Dokumente die Vereinbarung von Bedingungen gemäß § 8 Abs. 1 erforderlich ist oder
4. dem Antragsteller schriftlich unter Angabe der Gründe mitzuteilen, dass seinem Antrag nicht entsprochen wird.

(4) Stützt sich die ablehnende Mitteilung (Abs. 3 Z 2 und Z 4) darauf, dass das beantragte Dokument geistiges Eigentum Dritter ist, so hat die öffentliche Stelle auch auf den ihr bekannten Inhaber der Rechte oder ersatzweise auf denjenigen zu verweisen, von dem sie das betreffende Material erhalten hat.

(5) Bei umfangreichen und komplexen Anträgen kann die in Abs. 3 genannte Frist um vier Wochen verlängert werden. In

diesem Fall ist der Antragsteller von der Verlängerung der Frist sobald wie möglich, spätestens jedoch innerhalb von drei Wochen nach Einlangen des Antrages zu verständigen.

(6) Für die Bearbeitung von Weiterverwendungsanträgen und die Bereitstellung der Dokumente zur Weiterverwendung haben sich die öffentlichen Stellen soweit möglich und sinnvoll elektronischer Mittel zu bedienen.

Verfügbare Formate

§ 6. (1) Soweit öffentliche Stellen die Weiterverwendung der in ihrem Besitz befindlichen Dokumente genehmigen, haben sie diese in allen vorhandenen Formaten oder Sprachen soweit möglich und sinnvoll in elektronischer Form bereitzustellen. Öffentliche Stellen sind auf Grundlage dieses Bundesgesetzes nicht verpflichtet, Dokumente im Hinblick auf deren Weiterverwendung neu zu erstellen, anzupassen oder weiterzuentwickeln.

(2) Werden Auszüge aus Dokumenten beantragt, so müssen diese dann nicht bereitgestellt werden, wenn dies mit einem unverhältnismäßigen Aufwand verbunden ist, der über eine einfache Handhabung hinausgeht.

(3) Öffentliche Stellen sind auf Grundlage dieses Bundesgesetzes nicht verpflichtet, die Erstellung von Dokumenten bestimmter Art im Hinblick auf die Weiterverwendung solcher Dokumente fortzusetzen.

Entgelte

§ 7. Sofern öffentliche Stellen für die Weiterverwendung der in ihrem Besitz befindlichen Dokumente Entgelte einheben, dürfen die Gesamteinnahmen aus der Bereitstellung von Dokumenten oder der Genehmigung ihrer Weiterverwendung die Kosten ihrer Erfassung, Erstellung, Reproduktion und Verbreitung zuzüglich einer angemessenen Gewinnspanne nicht übersteigen. Die Entgelte haben sich an den Kosten des entsprechenden Abrechnungszeitraumes zu orientieren und sind unter Bedachtnahme auf die für die betreffenden öffentlichen Stellen geltenden Buchführungsgrundsätze zu berechnen.

Bedingungen für die Weiterverwendung

§ 8. (1) Öffentliche Stellen können Bedingungen für die Weiterverwendung der in ihrem Besitz befindlichen Dokumente in einem Vertrag festlegen, in welchem die wesentlichen Fragen der Weiterverwendung geregelt werden.

(2) Die Bedingungen gemäß Abs. 1 dürfen die Möglichkeiten der Weiterverwendung der beantragten Dokumente nicht unnötig einschränken und keine Behinderung des Wettbewerbs bewirken.

Transparenz und praktische Vorkehrungen

§ 9. (1) Die für die Weiterverwendung von Dokumenten geltenden Standardbedingungen und Standardentgelte sind von den öffentlichen Stellen im Voraus festzulegen und in geeigneter Weise – soweit möglich und sinnvoll im Internet – zu veröffentlichen.

(2) Auf Anfrage haben die öffentlichen Stellen die Berechnungsgrundlage für die veröffentlichten Entgelte sowie die Faktoren anzugeben, die bei der Berechnung der Entgelte in atypischen Fällen berücksichtigt werden.

(3) Öffentliche Stellen haben praktische Vorkehrungen zur Erleichterung des Zuganges hinsichtlich jener Dokumente, die zur Weiterverwendung verfügbar sind, zu treffen, indem sie insbesondere

1. Listen und Verzeichnisse über die wichtigsten in ihrem Besitz befindlichen, einer Weiterverwendung zugänglichen

Dokumente führen und diese in geeigneter Weise – nach Möglichkeit im Internet – veröffentlichen;

2. Auskunftspersonen und Informationsstellen benennen.

Nichtdiskriminierung

§ 10. (1) Die Entgelte und sonstigen Bedingungen für die Weiterverwendung von Dokumenten, die sich im Besitz von öffentlichen Stellen befinden, haben für vergleichbare Kategorien der Weiterverwendung nicht diskriminierend zu sein.

(2) Werden Dokumente, die sich im Besitz öffentlicher Stellen befinden, von diesen als Ausgangsmaterial für eigene Geschäftstätigkeiten, die nicht unter ihren öffentlichen Auftrag fallen, weiterverwendet, so gelten für die Bereitstellung der Dokumente für diese Tätigkeiten dieselben Entgelte und sonstigen Bedingungen wie für andere Nutzer.

(3) Sind im Besitz von öffentlichen Stellen befindliche Dokumente zur Weiterverwendung verfügbar, hat diese allen potenziellen Marktteilnehmern offen zu stehen, selbst wenn diese Dokumente bereits von einem oder mehreren Marktteilnehmern als Grundlage für Mehrwertprodukte genutzt werden.

Verbot von Ausschließlichkeitsvereinbarungen

§ 11. (1) Verträge oder sonstige Vereinbarungen zwischen öffentlichen Stellen und Dritten, welche ausschließliche Rechte hinsichtlich der Weiterverwendung der in den Geltungsbereich dieses Bundesgesetzes fallenden Dokumente festlegen (Ausschließlichkeitsvereinbarungen), sind unzulässig.

(2) Abs. 1 gilt nicht, wenn für die Bereitstellung eines Dienstes im öffentlichen Interesse die Einräumung eines ausschließlichen Rechtes erforderlich ist. Der Grund für eine solche Ausschließlichkeitsvereinbarung ist regelmäßig, mindestens jedoch alle drei Jahre, zu überprüfen. In die Ausschließlichkeitsvereinbarung ist jedenfalls eine Bestimmung aufzunehmen, die der öffentlichen

Stelle dann ein besonderes Kündigungsrecht sichert, wenn die regelmäßige Überprüfung ergibt, dass der die Ausschließlichkeitsvereinbarung rechtfertigende Grund nicht mehr vorliegt. Die nach dem 31. Dezember 2003 getroffenen Ausschließlichkeitsvereinbarungen müssen transparent sein und sind in geeigneter Weise – nach Möglichkeit im Internet – öffentlich bekannt zu machen.

(3) Bestehende Ausschließlichkeitsvereinbarungen, die nicht unter die Ausnahmen des Abs. 2 1. Satz fallen, enden mit Vertragsablauf bzw. gelten spätestens mit Ablauf des 31. Dezember 2008 als aufgelöst.

III. Abschnitt
Rechtsschutz

Schlichtung

§ 12. (1) Der Antragsteller kann vor Einbringung einer Klage gemäß § 13 zur gütlichen Einigung über Rechtsstreitigkeiten, die die Weiterverwendung von Dokumenten öffentlicher Stellen nach diesem Bundesgesetz betreffen, eine Schlichtungsstelle befassen.

(2) Die Schlichtungsstelle besteht aus drei Mitgliedern. Je ein Mitglied wird von jeder Partei bestellt; die beiden Mitglieder wählen den Vorsitzenden. Dieser muss eine an der Sache unbeteiligte Person sein und darf zu keiner Partei in einem Verhältnis stehen, das ihre Unbefangenheit in Zweifel ziehen lässt.

(3) Der Antragsteller hat der öffentlichen Stelle nachweislich den beabsichtigten Antrag auf Schlichtung zu übermitteln und das von ihm bestellte Mitglied namhaft zu machen. Macht die öffentliche Stelle nicht binnen zwei Wochen nachweislich dem Antragsteller das von ihr bestellte Mitglied namhaft oder wählen die beiden von den Parteien bestellten Mitglieder nicht binnen zwei Wochen ab der Namhaftmachung des Mitglieds der öffentlichen Stelle den Vorsitzenden, dann ist die Klage gemäß § 13 unverzüglich nach Ablauf dieser Fristen zulässig.

(4) Wurde eine Schlichtungsstelle befasst, so ist eine Klage gemäß § 13 dann zulässig, wenn nicht innerhalb von drei Monaten ab Bestellung des Vorsitzenden eine gütliche Einigung erzielt worden ist.

(5) Sofern die Parteien nichts anderes vereinbaren, hat die Kosten der Schlichtung zunächst der Antragsteller zu tragen. Wenn keine gütliche Einigung erzielt werden kann, sind diese Kosten im Rechtsstreit wie vorprozessuale Kosten zu behandeln.

Anrufung der Gerichte

§ 13. Zur Entscheidung über Rechtsstreitigkeiten, die die Weiterverwendung von Dokumenten öffentlicher Stellen nach diesem Bundesgesetz betreffen, sind die ordentlichen Gerichte zuständig.

IV. Abschnitt
Schlussbestimmungen

Vollziehung

§ 14. Mit der Vollziehung sind betraut:
1. hinsichtlich § 13 der Bundesminister für Justiz,
2. hinsichtlich der Angelegenheiten, die nur den Wirkungsbereich eines Mitglieds der Bundesregierung betreffen, dieses und
3. im Übrigen die Bundesregierung.

Verweisungen

§ 15. Soweit in diesem Bundesgesetz auf Bestimmungen anderer Bundesgesetze verwiesen wird, sind diese in ihrer jeweils geltenden Fassung anzuwenden.

Sprachliche Gleichbehandlung

§ 16. Soweit in diesem Bundesgesetz personenbezogene Bezeichnungen nur in männlicher Form angeführt sind, beziehen sie sich auf Frauen und Männer in gleicher Weise. Bei der Anwendung auf bestimmte Personen ist die jeweils geschlechtsspezifische Form zu verwenden.

Umsetzungshinweis

§ 17. Mit diesem Bundesgesetz wird die Richtlinie 2003/98/EG über die Weiterverwendung von Informationen des öffentlichen Sektors (PSI-Richtlinie), ABl. Nr. L 345 vom 31.12.2003 S. 90, umgesetzt.

2. Richtlinie 2003/98/EG über die Weiterverwendung von Informationen des öffentlichen Sektors

Richtlinie 2003/98/EG des europäischen Parlaments und des Rates vom 17. November 2003 über die Weiterverwendung von Informationen des öffentlichen Sektors, Amtsblatt der EU Nr. L 340 vom 31.12.2003, S. 90

DAS EUROPÄISCHE PARLAMENT UND DER RAT DER EUROPÄISCHEN UNION –

gestützt auf den Vertrag zur Gründung der Europäischen Gemeinschaft, insbesondere auf Artikel 95,
auf Vorschlag der Kommission(1),
nach Stellungnahme des Europäischen Wirtschafts- und Sozialausschusses(2),
nach Stellungnahme des Ausschusses der Regionen(3),
gemäß dem Verfahren des Artikels 251 des Vertrags(4),
in Erwägung nachstehender Gründe:

(1) Der Vertrag sieht die Schaffung eines Binnenmarkts und eines Systems vor, das Wettbewerbsverzerrungen auf dem Binnenmarkt verhindert. Die Angleichung der Bestimmungen und Verfahren der Mitgliedstaaten zur Nutzung von Informationen des öffentlichen Sektors trägt zur Erreichung dieser Ziele bei.

(2) Die Entwicklung hin zu einer Informations- und Wissensgesellschaft beeinflusst das Leben aller Bürger der Gemeinschaft, indem ihnen u. a. neue Möglichkeiten für den Zugang zu und den Erwerb von Kenntnissen erschlossen werden.

(3) Digitale Inhalte spielen bei dieser Entwicklung eine wichtige Rolle. Im Bereich der Inhaltsproduktion wurden in den letzten Jahren und werden auch weiterhin rasch Arbeitsplätze geschaffen. Die meisten dieser Arbeitsplätze entstehen in kleinen aufstrebenden Unternehmen.

(4) Der öffentliche Sektor erfasst, erstellt, reproduziert und verbreitet ein breites Spektrum an Informationen aus zahlreichen Gebieten wie Informationen über Soziales, Wirtschaft, Geografie, Wetter, Tourismus, Geschäftsleben, Patentwesen und Bildung.

(5) Eines der Hauptziele der Errichtung eines Binnenmarkts ist die Schaffung von Bedingungen zur Förderung der Entwicklung gemeinschaftsweiter Dienstleistungen. Informationen des öffentlichen Sektors sind wesentliches Ausgangsmaterial für Produkte und Dienste mit digitalen Inhalten und werden angesichts der Entwicklung drahtloser Inhaltsdienste zu einer noch bedeutenderen Inhaltsquelle werden. Dabei ist auch eine breite grenzüberschreitende geografische Flächendeckung von Bedeutung. Umfassendere Möglichkeiten für die Weiterverwendung von Informationen des öffentlichen Sektors sollten u. a. die europäischen Unternehmen in die Lage versetzen, deren Potenzial zu nutzen, und zu Wirtschaftswachstum und zur Schaffung von Arbeitsplätzen beitragen.

(6) Die Bestimmungen und Verfahren der Mitgliedstaaten zur Nutzung von Informationsquellen des öffentlichen Sektors weichen erheblich voneinander ab, was ein Hemmnis für die Nutzung des wirtschaftlichen Potenzials dieser grundlegenden Dokumentenquelle darstellt. Die Tradition der öffentlichen Stellen im Bereich der Nutzung von Informationen des öffentlichen Sektors hat sich jedoch sehr unterschiedlich entwickelt. Dies sollte berücksichtigt werden. Eine Angleichung der nationalen Bestimmungen und Verfahren für die Weiterverwendung von Dokumenten des öffentlichen Sektors auf einem Mindestniveau sollte daher in Fällen durchgeführt werden, in denen die Unterschiede zwischen den nationalen Bestimmungen und Verfahren oder ein Mangel an Klarheit das reibungslose Funktionieren des Binnenmarkts und die einwandfreie Entwicklung der Informationsgesellschaft in der Gemeinschaft behindern.

(7) Darüber hinaus könnten einzelstaatliche Gesetzgebungsmaßnahmen, die angesichts der technologischen Herausforde-

rungen bereits von einigen Mitgliedstaaten eingeleitet wurden, ohne ein Mindestmaß an Harmonisierung auf Gemeinschaftsebene zu noch erheblicheren Abweichungen führen. Die Auswirkungen dieser rechtlichen Unterschiede und Unsicherheiten werden mit der Weiterentwicklung der Informationsgesellschaft, die bereits zu einer wesentlich stärkeren grenzüberschreitenden Informationsnutzung geführt hat, an Bedeutung gewinnen.

(8) Für die Bedingungen der Weiterverwendung von Dokumenten des öffentlichen Sektors ist ein allgemeiner Rahmen erforderlich, um zu gewährleisten, dass die Bedingungen für die Weiterverwendung solcher Informationen gerecht, angemessen und nichtdiskriminierend sind. Öffentliche Stellen erheben, erstellen, reproduzieren und verbreiten Dokumente, um ihren öffentlichen Auftrag zu erfüllen. Die Nutzung dieser Dokumente aus anderen Gründen stellt eine Weiterverwendung dar. Die Mitgliedstaaten können mit ihren Maßnahmen über die in dieser Richtlinie festgelegten Mindeststandards hinausgehen und eine umfassendere Weiterverwendung gestatten.

(9) Diese Richtlinie enthält keine Verpflichtung zur Gestattung der Weiterverwendung von Dokumenten. Die Entscheidung, ob eine Weiterverwendung genehmigt wird, ist Sache der Mitgliedstaaten bzw. der betreffenden öffentlichen Stelle. Diese Richtlinie sollte für Dokumente gelten, die für die Weiterverwendung zugänglich gemacht werden, wenn öffentliche Stellen Lizenzen für Informationen vergeben oder diese verkaufen, verbreiten, austauschen oder herausgeben. Damit es nicht zu Quersubventionen kommt, sollte die Weiterverwendung auch die spätere Verwendung von Dokumenten innerhalb derselben Organisation für Tätigkeiten, die nicht unter ihren öffentlichen Auftrag fallen, umfassen. Zu den Tätigkeiten, die nicht unter den öffentlichen Auftrag fallen, gehört in der Regel die Bereitstellung von Dokumenten, die ausschließlich zu kommerziellen Zwecken und im Wettbewerb mit anderen Marktteilnehmern gegen Gebühr erstellt werden. Der Begriff „Dokument" erstreckt sich nicht auf Computerprogramme. Die Richtlinie stützt sich

auf die geltenden Zugangsregelungen der Mitgliedstaaten und berührt nicht die einzelstaatlichen Vorschriften über den Zugang zu Dokumenten. Sie gilt nicht in den Fällen, in denen Bürger oder Unternehmen die Dokumente nach der einschlägigen Zugangsregelung nur erhalten können, wenn sie ein besonderes Interesse nachweisen können. Auf Gemeinschaftsebene wird in Artikel 41 (Recht auf eine gute Verwaltung) und Artikel 42 der Charta der Grundrechte der Europäischen Union das Recht jedes Unionsbürgers und jeder natürlichen oder juristischen Person mit Wohnsitz oder satzungsmäßigem Sitz in einem Mitgliedstaat auf Zugang zu den Dokumenten des Europäischen Parlaments, des Rates und der Kommission anerkannt. Öffentliche Stellen sollten ermutigt werden, alle ihre Dokumente zur Weiterverwendung bereitzustellen. Öffentliche Stellen sollten eine Weiterverwendung von Dokumenten einschließlich amtlicher Rechtsetzungs- und Verwaltungstexte in den Fällen fördern und unterstützen, in denen sie berechtigt sind, die Weiterverwendung zu genehmigen.

(10) Die Begriffsbestimmungen „öffentliche Stelle“ und „Einrichtung des öffentlichen Rechts“ sind den Richtlinien über das öffentliche Auftragswesen entnommen (Richtlinien 92/50/ EWG(5), 93/36/EWG(6), 93/37/EWG(7) und 98/4/EG(8)). Öffentliche Unternehmen werden von diesen Begriffsbestimmungen nicht erfasst.

(11) Diese Richtlinie gibt eine den Entwicklungen in der Informationsgesellschaft entsprechende allgemeine Definition des Begriffs „Dokument“ vor. Der Begriff umfasst jede im Besitz öffentlicher Stellen befindliche Darstellung von Handlungen, Tatsachen oder Informationen sowie jede Zusammenstellung solcher Handlungen, Tatsachen oder Informationen unabhängig von der Form des Datenträgers (auf Papier oder in elektronischer Form, Ton-, Bild- oder audiovisuelles Material). Ein im Besitz einer öffentlichen Stelle befindliches Dokument ist ein Dokument, für das die öffentliche Stelle berechtigt ist, die Weiterverwendung zu genehmigen.

(12) Die Frist für die Beantwortung von Anträgen auf Weiterverwendung sollte angemessen sein und der Frist für die Beantwortung von Anträgen auf Zugang zu den Dokumenten nach den einschlägigen Zugangsregelungen entsprechen. Angemessene Fristen in der gesamten Union werden die Erstellung neuer Informationsprodukte und -dienste europaweit fördern. Sobald ein Antrag auf Weiterverwendung bewilligt wurde, sollten die öffentlichen Stellen die Dokumente innerhalb einer Zeitspanne zur Verfügung stellen, die es ermöglicht, deren volles wirtschaftliches Potenzial zu nutzen. Dies ist besonders wichtig bei dynamischen Inhalten (z. B. Verkehrsdaten), deren wirtschaftlicher Wert von ihrer sofortigen Verfügbarkeit und von regelmäßigen Aktualisierungen abhängt. Sollte eine Lizenz verwendet werden, so kann die rechtzeitige Verfügbarkeit von Dokumenten Teil der Lizenzbedingungen sein.

(13) Die Möglichkeiten für eine Weiterverwendung können verbessert werden, indem die Notwendigkeit, Papierdokumente zu digitalisieren oder digitale Dateien zu bearbeiten, damit sie untereinander kompatibel sind, verringert wird. Daher sollten öffentliche Stellen Dokumente in allen vorhandenen Formaten oder Sprachen – soweit möglich und sinnvoll – in elektronischer Form zur Verfügung stellen. Öffentliche Stellen sollten Anträge auf Bereitstellung von Auszügen aus vorhandenen Dokumenten positiv beurteilen, wenn einem solchen Antrag bereits durch eine einfache Handhabung entsprochen werden kann. Öffentliche Stellen sollten jedoch nicht verpflichtet sein, einen Auszug aus einem Dokument zur Verfügung zu stellen, wenn dies mit einem unverhältnismäßigen Aufwand verbunden ist. Um die Weiterverwendung zu erleichtern, sollten die öffentlichen Stellen ihre eigenen Dokumente in einem Format zur Verfügung stellen, das – soweit möglich und sinnvoll – nicht von der Verwendung einer bestimmten Software abhängig ist. Soweit es möglich und sinnvoll ist, sollten die öffentlichen Stellen die Möglichkeiten der Weiterverwendung von Dokumenten durch und für Menschen mit Behinderungen berücksichtigen.

(14) Soweit Gebühren erhoben werden, sollten die Gesamteinnahmen die Gesamtkosten der Erfassung, Erstellung, Reproduktion und Verbreitung von Dokumenten zuzüglich einer angemessenen Gewinnspanne nicht übersteigen, wobei gegebenenfalls die Selbstfinanzierungsverpflichtungen der betreffenden öffentlichen Stelle gebührend zu berücksichtigen sind. Die Erstellung umfasst das Verfassen und das Zusammenstellen; die Verbreitung kann auch die Anwenderunterstützung beinhalten. Die Kostendeckung bildet zuzüglich einer angemessenen Gewinnspanne, im Einklang mit den geltenden Buchführungsgrundsätzen und der einschlägigen Methode der Gebührenberechnung der betreffenden öffentlichen Stelle, eine Gebührenobergrenze, da überhöhte Preise ausgeschlossen sein sollten. Die in dieser Richtlinie festgelegte Gebührenobergrenze berührt nicht das Recht der Mitgliedstaaten bzw. der öffentlichen Stellen, niedrigere oder gar keine Gebühren zu erheben; die Mitgliedstaaten sollten den öffentlichen Stellen nahe legen, Dokumente zu Gebühren bereitzustellen, die die Grenzkosten für die Reproduktion und Verbreitung der Dokumente nicht überschreiten.

(15) Die Gewährleistung der Klarheit und öffentlichen Verfügbarkeit der Bedingungen für die Weiterverwendung von Dokumenten des öffentlichen Sektors ist eine Voraussetzung für die Entwicklung eines gemeinschaftsweiten Informationsmarktes. Deshalb sollten alle geltenden Bedingungen für die Weiterverwendung von Dokumenten allen potenziellen Weiterverwendern erläutert werden. Die Mitgliedstaaten sollten zur Unterstützung und Erleichterung der Anträge auf Weiterverwendung die Anlage von gegebenenfalls online zugänglichen Verzeichnissen der verfügbaren Dokumente fördern. Antragsteller, die die Weiterverwendung von Dokumenten beantragt haben, sollten über die verfügbaren Rechtsbehelfe hinsichtlich der sie betreffenden Entscheidungen oder Verfahren unterrichtet werden. Dies wird insbesondere für KMU wichtig sein, die möglicherweise mit dem Umgang mit öffentlichen Stellen anderer Mitgliedstaaten und den entsprechenden Rechtsbehelfen nicht vertraut sind.

(16) Die Offenlegung aller allgemein verfügbaren Dokumente, die sich im Besitz des öffentlichen Sektors befinden – die nicht nur die Politik, sondern auch die Justiz und die Verwaltung betreffen – ist ein grundlegendes Mittel zur Erweiterung des Rechts auf Wissen, das wiederum ein Grundpfeiler der Demokratie ist. Diese Zielvorgabe gilt für Institutionen auf allen Ebenen, das heißt auf lokaler, nationaler und internationaler Ebene.

(17) In einigen Fällen wird die Weiterverwendung von Dokumenten stattfinden, ohne dass eine Lizenz vereinbart wird. In anderen Fällen wird eine Lizenz erteilt werden, in der die Bedingungen für die Weiterverwendung durch den Lizenznehmer, wie die Haftung, die ordnungsgemäße Verwendung der Dokumente, die Garantie der unveränderten Wiedergabe und der Quellennachweis, festgelegt sind. Falls öffentliche Stellen Lizenzen für die Weiterverwendung von Dokumenten vergeben, sollten die Lizenzbedingungen gerecht und transparent sein. In dieser Hinsicht können auch Standardlizenzen, die online zur Verfügung stehen, eine wichtige Rolle spielen. Die Mitgliedstaaten sollten deshalb für die Verfügbarkeit von Standardlizenzen sorgen.

(18) Entscheidet sich die zuständige Behörde, bestimmte Dokumente nicht mehr für die Weiterverwendung zur Verfügung zu stellen oder diese Dokumente nicht mehr zu aktualisieren, so sollte sie diese Entscheidung so bald wie möglich, möglichst auf elektronischem Weg, bekannt geben.

(19) Die Bedingungen für die Weiterverwendung sollten für vergleichbare Kategorien der Weiterverwendung nichtdiskriminierend sein. Dem sollte z. B. nicht entgegenstehen, dass öffentliche Stellen in Erfüllung ihres öffentlichen Auftrags Informationen gebührenfrei austauschen, während Dritte für die Weiterverwendung derselben Dokumente Gebühren entrichten müssen. Dem sollte auch nicht entgegenstehen, dass für die kommerzielle und die nichtkommerzielle Weiterverwendung unterschiedliche Gebühren festgelegt werden.

(20) Bei der Aufstellung der Grundsätze für die Weiterverwendung von Dokumenten sollten öffentliche Stellen die Wettbewerbsvorschriften einhalten und Ausschließlichkeitsvereinbarungen zwischen ihnen und Privatpartnern nach Möglichkeit vermeiden. Für die Bereitstellung eines Dienstes von allgemeinem wirtschaftlichen Interesse kann jedoch in manchen Fällen ein ausschließliches Recht auf Weiterverwendung spezifischer Dokumente des öffentlichen Sektors erforderlich sein. Dies kann der Fall sein, wenn kein kommerzieller Verleger die Informationen ohne ein solches ausschließliches Recht veröffentlichen würde.

(21) Diese Richtlinie sollte unter uneingeschränkter Beachtung der Grundsätze des Schutzes personenbezogener Daten nach der Richtlinie 95/46/EG des Europäischen Parlaments und des Rates vom 24. Oktober 1995 zum Schutz natürlicher Personen bei der Verarbeitung personenbezogener Daten und zum freien Datenverkehr(9) durchgeführt und angewandt werden.

(22) Rechte Dritter an geistigem Eigentum werden von dieser Richtlinie nicht berührt. Zur Vermeidung von Missverständnissen bezieht sich der Begriff „Rechte des geistigen Eigentums" ausschließlich auf das Urheberrecht und verwandte Schutzrechte (einschließlich von Sui-generis-Schutzrechten). Diese Richtlinie gilt nicht für Dokumente, die von gewerblichen Schutzrechten erfasst werden, wie Patente, eingetragene Muster und Marken. Die Richtlinie berührt nicht das Bestehen von Rechten öffentlicher Stellen an geistigem Eigentum oder deren Inhaberschaft daran und schränkt auch nicht die Wahrnehmung dieser Rechte über die in dieser Richtlinie gesetzten Grenzen hinaus ein. Die sich aus dieser Richtlinie ergebenden Verpflichtungen sollten nur insoweit gelten, als sie mit den Bestimmungen völkerrechtlicher Übereinkommen zum Schutz der Rechte des geistigen Eigentums, insbesondere der Berner Übereinkunft zum Schutz von Werken der Literatur und Kunst (Berner Übereinkunft) und dem Übereinkommen über handelsbezogene Aspekte der Rechte des geistigen Eigentums (TRIPS-Übereinkommen),

vereinbar sind. Öffentliche Stellen sollten ihre Urheberrechte jedoch auf eine Weise ausüben, die eine Weiterverwendung erleichtert.

(23) Durch Hilfsmittel, die es potenziellen Weiterverwendern erleichtern, die für die Weiterverwendung verfügbaren Dokumente und die entsprechenden Weiterverwendungsbedingungen zu finden, kann die grenzüberschreitende Nutzung von Dokumenten des öffentlichen Sektors wesentlich vereinfacht werden. Daher sollten die Mitgliedstaaten sicherstellen, dass praktische Vorkehrungen getroffen werden, die Weiterverwendern bei ihrer Suche nach den zur Weiterverwendung verfügbaren Dokumenten behilflich sind. Vorzugsweise online verfügbare Bestandslisten der wichtigsten Dokumente (Dokumente, die in großem Umfang weiterverwendet werden oder weiterverwendet werden könnten) und Internet-Portale, die mit dezentralisierten Bestandslisten verbunden sind, sind Beispiele für solche praktischen Vorkehrungen.

(24) Diese Richtlinie lässt die Richtlinie 2001/29/EG des Europäischen Parlaments und des Rates vom 22. Mai 2001 zur Harmonisierung bestimmter Aspekte des Urheberrechts und der verwandten Schutzrechte in der Informationsgesellschaft (10) und die Richtlinie 96/9/EG des Europäischen Parlaments und des Rates vom 11. März 1996 über den rechtlichen Schutz von Datenbanken(11) unberührt. Sie regelt die Bedingungen, nach denen öffentliche Stellen ihre Rechte an geistigem Eigentum innerhalb des Informationsbinnenmarkts wahrnehmen können, wenn sie die Weiterverwendung von Dokumenten genehmigen.

(25) Da die Ziele der beabsichtigten Maßnahme, nämlich die Erleichterung der Erstellung gemeinschaftsweiter Informationsprodukte und -dienste anhand von Dokumenten des öffentlichen Sektors, die Förderung einer effektiven grenzüberschreitenden Nutzung von Dokumenten des öffentlichen Sektors durch Privatunternehmen zur Entwicklung von Mehrwert-Informationsprodukten und -diensten sowie die Beschränkung von Wettbewerbsverzerrungen auf dem Gemeinschaftsmarkt, auf

Ebene der Mitgliedstaaten nicht ausreichend erreicht werden können und daher wegen der eindeutig gemeinschaftlichen Dimension und Wirkung der genannten Maßnahme besser auf Gemeinschaftsebene zu erreichen sind, kann die Gemeinschaft im Einklang mit dem in Artikel 5 des Vertrags niedergelegten Subsidiaritätsprinzip tätig werden. Entsprechend dem in demselben Artikel genannten Verhältnismäßigkeitsprinzip geht diese Richtlinie nicht über das für die Erreichung dieser Ziele erforderliche Maß hinaus. Diese Richtlinie sollte ein Mindestmaß an Harmonisierung erreichen und damit vermeiden, dass es bei der Regelung der Weiterverwendung von Dokumenten des öffentlichen Sektors zu weiteren Diskrepanzen zwischen den Mitgliedstaaten kommt –

HABEN FOLGENDE RICHTLINIE ERLASSEN:

KAPITEL I
ALLGEMEINE BESTIMMUNGEN

Artikel 1
Gegenstand und Anwendungsbereich

(1) Diese Richtlinie enthält einen Mindestbestand an Regeln für die Weiterverwendung und die praktischen Mittel zur Erleichterung der Weiterverwendung vorhandener Dokumente, die im Besitz öffentlicher Stellen der Mitgliedstaaten sind.

(2) Diese Richtlinie gilt nicht für

a) Dokumente, deren Bereitstellung nicht unter den gesetzlich oder durch andere verbindliche Rechtsvorschriften des Mitgliedstaats festgelegten oder bei Fehlen solcher Rechtsvorschriften nach der allgemeinen Verwaltungspraxis in dem betreffenden Mitgliedstaat bestimmten öffentlichen Auftrag der betreffenden öffentlichen Stellen fällt;

b) Dokumente, die geistiges Eigentum Dritter sind;
c) Dokumente, die nach den Zugangsregelungen der Mitgliedstaaten nicht zugänglich sind, einschließlich aus Gründen
   – des Schutzes der nationalen Sicherheit (d. h. Staatssicherheit), der Verteidigung oder der öffentlichen Sicherheit,
   – der statistischen Geheimhaltung oder der Geschäftsgeheimnisse;
d) Dokumente, die im Besitz öffentlich-rechtlicher Rundfunkanstalten und ihrer Zweigstellen oder anderer Stellen und deren Zweigstellen sind und der Wahrnehmung eines öffentlichen Sendeauftrags dienen;
e) Dokumente, die im Besitz von Bildungs- und Forschungseinrichtungen wie Schulen, Hochschulen, Archiven, Bibliotheken und Forschungsinstituten, gegebenenfalls einschließlich von Einrichtungen, die zum Zweck des Transfers von Forschungsergebnissen gegründet wurden, sind;
f) Dokumente, die im Besitz kultureller Einrichtungen wie Museen, Bibliotheken, Archiven, Orchestern, Opern, Balletten und Theatern sind.

(3) Diese Richtlinie stützt sich auf die geltenden Zugangsregelungen der Mitgliedstaaten und lässt diese Regelungen unberührt. Sie gilt nicht in den Fällen, in denen Bürger oder Unternehmen im Rahmen der Zugangsregelung ein besonderes Interesse am Zugang zu den Dokumenten nachweisen müssen.

(4) Diese Richtlinie hat keinerlei Auswirkungen auf den Schutz natürlicher Personen bei der Verarbeitung personenbezogener Daten gemäß den Rechtsvorschriften der Gemeinschaft und der Mitgliedstaaten und lässt insbesondere die Pflichten und Rechte gemäß der Richtlinie 95/46/EG unberührt.

(5) Die sich aus dieser Richtlinie ergebenden Verpflichtungen gelten nur insoweit, als sie mit den Bestimmungen völkerrechtlicher Übereinkommen zum Schutz der Rechte des geistigen Eigentums, insbesondere der Berner Übereinkunft und dem TRIPS-Übereinkommen, vereinbar sind.

Artikel 2
Begriffsbestimmungen

Im Sinne dieser Richtlinie bezeichnet der Ausdruck

1. „öffentliche Stelle" den Staat, Gebietskörperschaften, Einrichtungen des öffentlichen Rechts und Verbände, die aus einer oder mehreren dieser Körperschaften oder Einrichtungen bestehen;
2. „Einrichtung des öffentlichen Rechts": eine Einrichtung, die
   a) zu dem besonderen Zweck gegründet wurde, im Allgemeininteresse liegende Aufgaben zu erfüllen, die nicht gewerblicher Art sind, und
   b) Rechtspersönlichkeit besitzt und
   c) überwiegend vom Staat, von Gebietskörperschaften oder von anderen Einrichtungen des öffentlichen Rechts finanziert wird oder hinsichtlich ihrer Leitung der Aufsicht durch letztere unterliegt oder deren Verwaltungs-, Leitungs- oder Aufsichtsorgan mehrheitlich aus Mitgliedern besteht, die vom Staat, von Gebietskörperschaften oder von anderen Einrichtungen des öffentlichen Rechts ernannt worden sind;
3. „Dokument"
   a) jeder Inhalt unabhängig von der Form des Datenträgers (auf Papier oder in elektronischer Form, Ton-, Bild- oder audiovisuelles Material);
   b) einen beliebigen Teil eines solchen Inhalts;
4. „Weiterverwendung" die Nutzung von Dokumenten, die im Besitz öffentlicher Stellen sind, durch natürliche oder juristische Personen für kommerzielle oder nichtkommerzielle Zwecke, die sich von dem ursprünglichen Zweck im Rahmen des öffentlichen Auftrags, für den die Dokumente erstellt wurden, unterscheiden. Der Austausch von Dokumenten zwischen öffentlichen Stellen ausschließlich im Rahmen der Erfüllung ihres öffentlichen Auftrags stellt keine Weiterverwendung dar;

5. „personenbezogene Daten“ Daten im Sinne von Artikel 2 Buchstabe a) der Richtlinie 95/46/EG.

Artikel 3
Allgemeiner Grundsatz

Die Mitgliedstaaten stellen sicher, dass in den Fällen, in denen die Weiterverwendung von Dokumenten, die im Besitz öffentlicher Stellen sind, erlaubt wird, dass diese Dokumente gemäß den Bedingungen der Kapitel III und IV für kommerzielle und nichtkommerzielle Zwecke weiterverwendet werden können. Die Dokumente werden, soweit möglich, in elektronischer Form zur Verfügung gestellt.

KAPITEL II
ANTRAEGE AUF WEITERVERWENDUNG

Artikel 4
Anforderungen an die Bearbeitung von Anträgen auf Weiterverwendung

(1) Für die Bearbeitung von Anträgen auf Weiterverwendung und die Bereitstellung der Dokumente zur Weiterverwendung an den Antragsteller oder – falls eine Lizenz erforderlich ist – für die Unterbreitung eines endgültigen Lizenzangebots an den Antragsteller halten die öffentlichen Stellen eine angemessene Frist ein, die der Frist für die Bearbeitung von Anträgen auf Zugang zu Dokumenten entspricht, und bedienen sich dabei, soweit möglich und sinnvoll, elektronischer Mittel.

(2) Wurden keine Fristen oder sonstige Regelungen für die rechtzeitige Bereitstellung der Dokumente festgelegt, so müssen die öffentlichen Stellen innerhalb von höchstens 20 Arbeitstagen nach Eingang des Antrags den Antrag bearbeiten und dem Antragsteller die Dokumente zur Weiterverwendung bereitstellen oder – falls eine Lizenz erforderlich ist – ihm ein endgültiges

Lizenzangebot unterbreiten. Diese Frist kann bei umfangreichen oder komplexen Anträgen um weitere 20 Arbeitstage verlängert werden. In diesen Fällen wird der Antragsteller innerhalb von drei Wochen nach dem ursprünglichen Antrag davon unterrichtet, dass für die Bearbeitung mehr Zeit benötigt wird.

(3) Im Fall eines ablehnenden Bescheids teilt die öffentliche Stelle dem Antragsteller die Gründe für die Ablehnung mit und stützt sich dabei auf die einschlägigen Bestimmungen der Zugangsregelung des betreffenden Mitgliedstaats oder auf die einzelstaatlichen Bestimmungen, die gemäß dieser Richtlinie, insbesondere gemäß Artikel 1 Absatz 2 Buchstaben a), b) und c) oder Artikel 3, erlassen wurden. Wird ein ablehnender Bescheid auf Artikel 1 Absatz 2 Buchstabe b) gestützt, so verweist die öffentliche Stelle auf die natürliche oder juristische Person, die Inhaber der Rechte ist, soweit diese bekannt ist, oder ersatzweise auf den Lizenzgeber, von dem die öffentliche Stelle das betreffende Material erhalten hat.

(4) Ein ablehnender Bescheid muss einen Hinweis auf die Rechtsbehelfe enthalten, die dem Antragsteller zur Verfügung stehen, um gegen die Entscheidung vorzugehen.

(5) Die unter Artikel 1 Absatz 2 Buchstaben d), e) und f) fallenden öffentlichen Stellen müssen den Anforderungen des vorliegenden Artikels nicht entsprechen.

KAPITEL III
BEDINGUNGEN FÜR DIE WEITERVERWENDUNG

Artikel 5
Verfügbare Formate

(1) Öffentliche Stellen stellen ihre Dokumente in allen vorhandenen Formaten oder Sprachen – soweit möglich und sinnvoll – in elektronischer Form zur Verfügung. Dies verpflichtet die öffentlichen Stellen nicht, Dokumente neu zu erstellen oder anzupassen, um dem Antrag nachzukommen, und beinhaltet auch kei-

ne Verpflichtung, Auszüge aus Dokumenten zur Verfügung zu stellen, wenn dies mit einem unverhältnismäßigen Aufwand verbunden ist, der über eine einfache Handhabung hinausgeht.

(2) Die öffentlichen Stellen können auf der Grundlage dieser Richtlinie nicht verpflichtet werden, die Erstellung von Dokumenten bestimmter Art im Hinblick auf die Weiterverwendung solcher Dokumente durch eine Organisation des privaten oder öffentlichen Sektors fortzusetzen.

Artikel 6
Tarifgrundsätze

Soweit Gebühren erhoben werden, dürfen die Gesamteinnahmen aus der Bereitstellung von Dokumenten und der Gestattung ihrer Weiterverwendung die Kosten ihrer Erfassung, Erstellung, Reproduktion und Verbreitung zuzüglich einer angemessenen Gewinnspanne nicht übersteigen. Die Gebühren sollten für den entsprechenden Abrechnungszeitraum kostenorientiert sein und unter Beachtung der für die betreffenden öffentlichen Stellen geltenden Buchführungsgrundsätze berechnet werden.

Artikel 7
Transparenz

Die Bedingungen und Standardgebühren, die für die Weiterverwendung von Dokumenten gelten, die im Besitz öffentlicher Stellen sind, werden im Voraus festgelegt und, soweit möglich und sinnvoll, in elektronischer Form veröffentlicht. Auf Anfrage gibt die öffentliche Stelle die Berechnungsgrundlage für die veröffentlichten Gebühren an. Die betreffende öffentliche Stelle gibt zudem an, welche Faktoren bei der Berechnung der Gebühren in atypischen Fällen berücksichtigt werden. Die öffentlichen Stellen gewährleisten, dass Antragsteller, die die Weiterverwendung von Dokumenten beantragt haben, über die verfügbaren Rechtsbehelfe hinsichtlich der sie betreffenden Entscheidungen oder Verfahren unterrichtet werden.

Artikel 8
Lizenzen

(1) Öffentliche Stellen können die Weiterverwendung von Dokumenten ohne Bedingungen gestatten oder aber die Bedingungen gegebenenfalls in einer Lizenz festlegen, in der wesentliche Fragen geregelt werden. Diese Bedingungen dürfen die Möglichkeiten der Weiterverwendung nicht unnötig einschränken und nicht der Behinderung des Wettbewerbs dienen.

(2) Die Mitgliedstaaten, in denen Lizenzen verwendet werden, stellen sicher, dass für die Weiterverwendung von Dokumenten des öffentlichen Sektors Standardlizenzen, die an besondere Lizenzanträge angepasst werden können, in digitaler Form zur Verfügung stehen und elektronisch bearbeitet werden können. Die Mitgliedstaaten fordern alle öffentlichen Stellen zur Verwendung der Standardlizenzen auf.

Artikel 9
Praktische Vorkehrungen

Die Mitgliedstaaten stellen sicher, dass praktische Vorkehrungen getroffen werden, die die Suche nach den zur Weiterverwendung verfügbaren Dokumenten erleichtern, wie vorzugsweise online verfügbare Bestandslisten der wichtigsten Dokumente und Internet-Portale, die mit dezentralisierten Bestandslisten verbunden sind.

KAPITEL IV
NICHTDISKRIMINIERUNG UND LAUTERER HANDEL

Artikel 10
Nichtdiskriminierung

(1) Die Bedingungen für die Weiterverwendung von Dokumenten sind für vergleichbare Kategorien der Weiterverwendung nichtdiskriminierend.

(2) Werden Dokumente von öffentlichen Stellen als Ausgangsmaterial für eigene Geschäftstätigkeiten weiterverwendet, die nicht unter ihren öffentlichen Auftrag fallen, so gelten für die Bereitstellung der Dokumente für diese Tätigkeiten dieselben Gebühren und sonstigen Bedingungen wie für andere Nutzer.

Artikel 11
Verbot von Ausschließlichkeitsvereinbarungen

(1) Die Weiterverwendung von Dokumenten steht allen potenziellen Marktteilnehmern offen, selbst wenn auf diesen Dokumenten beruhende Mehrwertprodukte bereits von einem oder mehreren Marktteilnehmern genutzt werden. Verträge oder sonstige Vereinbarungen zwischen den öffentlichen Stellen, die im Besitz der Dokumente sind, und Dritten dürfen keine ausschließlichen Rechte gewähren.

(2) Ist allerdings für die Bereitstellung eines Dienstes im öffentlichen Interesse ein ausschließliches Recht erforderlich, so ist der Grund für dessen Erteilung regelmäßig, mindestens jedoch alle drei Jahre, zu überprüfen. Die nach dem Inkrafttreten dieser Richtlinie getroffenen Ausschließlichkeitsvereinbarungen müssen transparent sein und öffentlich bekannt gemacht werden.

(3) Bestehende Ausschließlichkeitsvereinbarungen, die nicht unter die Ausnahmen des Absatzes 2 fallen, werden bei Vertragsablauf, spätestens jedoch am 31. Dezember 2008 beendet.

KAPITEL V
SCHLUSSBESTIMMUNGEN

Artikel 12
Umsetzung

Die Mitgliedstaaten setzen die Rechts- und Verwaltungsvorschriften in Kraft, die erforderlich sind, um dieser Richtlinie spätestens bis zum 1. Juli 2005 nachzukommen. Sie setzen die Kommission unverzüglich davon in Kenntnis.

Wenn die Mitgliedstaaten diese Vorschriften erlassen, nehmen sie in den Vorschriften selbst oder durch einen Hinweis bei der amtlichen Veröffentlichung auf diese Richtlinie Bezug. Die Mitgliedstaaten regeln die Einzelheiten der Bezugnahme.

Artikel 13
Überprüfung

(1) Die Kommission überprüft die Anwendung dieser Richtlinie vor dem 1. Juli 2008 und übermittelt dem Europäischen Parlament und dem Rat die Ergebnisse dieser Überprüfung sowie etwaige Vorschläge zur Änderung der Richtlinie.

(2) Bei der Überprüfung werden insbesondere der Anwendungsbereich und die Auswirkungen dieser Richtlinie geprüft, einschließlich des Steigerungsgrads der Weiterverwendung von Dokumenten des öffentlichen Sektors, der Auswirkungen der angewandten Tarifgrundsätze und der Weiterverwendung amtlicher Rechtsetzungs- und Verwaltungstexte, sowie weitere Möglichkeiten der Verbesserung des reibungslosen Funktionierens des Binnenmarkts und die Entwicklung der europäischen Inhaltsindustrie.

Artikel 14
Inkrafttreten

Diese Richtlinie tritt am Tag ihrer Veröffentlichung im Amtsblatt der Europäischen Union in Kraft.

Artikel 15
Adressaten

Diese Richtlinie ist an alle Mitgliedstaaten gerichtet.

Geschehen zu Brüssel am 17. November 2003.

Im Namen des Europäischen Parlaments
P. Cox
Der Präsident

Im Namen des Rates
G. Alemanno
Der Präsident

(1) ABl. C 227 E vom 24.9.2002, S. 382.
(2) ABl. C 85 vom 8.4.2003, S. 25.
(3) ABl. C 73 vom 26.3.2003, S. 38.
(4) Stellungnahme des Europäischen Parlaments vom 12. Februar 2003 (noch nicht im Amtsblatt veröffentlicht), Gemeinsamer Standpunkt des Rates vom 26. Mai 2003 (ABl. C 159 E vom 8.7.2003, S. 1) und Standpunkt des Europäischen Parlaments vom 25. September 2003 (noch nicht im Amtsblatt veröffentlicht). Beschluss des Rates vom 27. Oktober 2003.
(5) ABl. L 209 vom 24.7.1992, S. 1. Zuletzt geändert durch die Richtlinie 2001/78/EG der Kommission (ABl. L 285 vom 29.10.2001, S. 1).
(6) ABl. L 199 vom 9.8.1993, S. 1. Zuletzt geändert durch die Richtlinie 2001/78/EG.
(7) ABl. L 199 vom 9.8.1993, S. 54. Zuletzt geändert durch die Richtlinie 2001/78/EG.
(8) ABl. L 101 vom 1.4.1998, S. 1.
(9) ABl. L 281 vom 23.11.1995, S. 31.
(10) ABl. L 167 vom 22.6.2001, S. 10.
(11) ABl. L 77 vom 27.3.1996, S. 20.

3. Beschluss der Kommission vom 7.4.2006 über die Weiterverwendung von Informationen der Kommission

Beschluss der Kommission vom 7. April 2006 über die Weiterverwendung von Informationen der Kommission (2006/291/EG, Euratom), Amtsblatt der EU Nr. L 107 vom 20.4.2006, S. 38

COMMISSION DECISION of 7 April 2006 on the re-use of Commission information (2006/291/EC, Euratom)

THE COMMISSION OF THE EUROPEAN COMMUNITIES,
Having regard to the Treaty establishing the European Community, and in particular Article 218(2) thereof,
Having regard to the Treaty establishing the European Atomic Energy Community, and in particular Article 131 thereof,
Having regard to the Treaty on European Union, and in particular Article 28(1) and Article 41(1) thereof,
Whereas:

(1) The new information and communication technologies have created unprecedented possibilities to aggregate and combine content from different sources.

(2) Public sector information is an untapped resource that could be the basis of new, added-value, information society products and services. The Commission underlined the economic potential of public sector information in its Communication of 23.10.2001 (1) 'eEurope 2002: Creating an EU framework for the exploitation of public sector information'.

(3) The Commission and the other Institutions are themselves holders of many documents of all kinds which could be re-used in added-value information products and services and which could provide a useful content resource for companies and citizens alike.

(4) The right to access Commission documents is regulated through Regulation (EC) No 1049/2001 of the European Parliament and of the Council of 30 May 2001 regarding public access to European Parliament, Council and Commission documents (2).

(5) Directive 2003/98/EC of the European Parliament and of the Council (3) sets minimum rules for the re-use of public sector information throughout the European Union. In its recitals it encourages Member States to go beyond these minimum rules and to adopt open data policies, allowing a broad use of documents held by public sector bodies.

(6) In its Communication 'eEurope 2002: Creating an EU framework for the exploitation of public sector information', the Commission announced an update of the policies on the re-use of information of the EU institutions. Several positive steps have been made in this respect, such as the new Eurostat policy on dissemination of information and the move towards a freely accessible Eurlex portal.

(7) The new Commission initiative 'i2010 – a European Information Society for growth and employment', aims among other things at facilitating the creation and circulation of European content. As part of i2010, this Decision determines the conditions for the re-use of Commission documents, with a view to achieving a broad re-use.

(1) COM(2001) 607 final.

(2) OJ L 145, 31.5.2001, p. 43.

(3) OJ L 345, 31.12.2003, p. 90.

(8) An open re-use policy at the Commission will support new economic activity, lead to a wider use and spread of Community information, enhance the image of openness and transparency of the Institutions, and avoid unnecessary administrative burden for users and Commission services.

(9) This Decision should be implemented and applied in full compliance with the principles relating to the protection of personal data in accordance with Regulation (EC) 45/2001 of the

European Parliament and the Council of 18 December 2000 on the protection of individuals with regard to the processing of personal data by the Community institutions and bodies and on the free movement of such data (1).

(10) This Decision should not apply to documents for which the Commission is not in a position to allow re-use, e.g. in view of third party intellectual property rights or where the documents have been received from the other Institutions,

HAS DECIDED AS FOLLOWS:

Article 1
Subject matter

This Decision determines the conditions for the re-use of documents held by the Commission or on its behalf by the Office for Official Publications of the European Communities (Publications Office) with the aim of facilitating a wider re-use of information, enhancing the image of openness of the Commission, and avoiding unnecessary administrative burden for re-users and the Commission services alike.

Article 2
Scope

1. This Decision applies to public documents authored by the Commission or by public and private entities on its behalf:
   (a) which have been published by the Commission or by the Publications Office on its behalf through publications, websites or other dissemination tools; or
   (b) which have not been published for economic or other practical reasons, such as studies, reports and other data.
2. This Decision shall not apply:
   (a) to software or to documents covered by industrial property rights such as patents, trademarks, registered designs, logos and names;

(b) to documents for which the Commission is not in a position to allow re-use in view of intellectual property rights of third parties;

(c) to the research results of the Joint Research Centre;

(d) to documents made accessible to a party under specific rules governing privileged access to documents.

3. This Decision shall be implemented in full respect of the rules on the protection of individuals with regard to the processing of personal data, and in particular Regulation (EC) No 45/2001.
4. This Decision is without prejudice to and in no way affects Regulation (EC) No 1049/2001.

Article 3
Definitions

For the purposes of this Decision, the following definitions shall apply:

1. 'document' shall mean:
   (a) any content whatever its medium (written on paper or stored in electronic form or as a sound, visual or audiovisual recording);
   (b) any part of such content;
2. 're-use' shall mean the use of documents by persons or legal entities of documents, for commercial or non-commercial purposes other than the initial purpose for which the documents were produced. The exchange of documents between the Commission and other public sector bodies which use these documents purely in the pursuit of their public tasks does not constitute re-use;
3. 'personal data' shall mean data as defined in Article 2(a) of Regulation (EC) No 45/2001.

Article 4
General principle

Subject to the restrictions set out in Article 2(2) and 2(3) all documents shall be re-usable for commercial or noncommercial purposes in accordance with the conditions set out below. Where possible, documents shall be made available through electronic means.

Article 5
Processing applications for re-use

1. In order to limit the need to make individual re-use applications the Commission services shall, where appropriate, indicate whether documents are re-usable (e.g. by general notices on web pages).
2. An application for the re-use of a document shall be handled promptly. An acknowledgement of receipt shall be sent to the applicant. Within 15 working days from registration of the application, the Commission service or Publications Office shall either allow re-use of the document requested, and, where relevant, provide a copy of the document, or, in a written reply, indicate the total or partial refusal of the application, stating the reasons.
3. In exceptional cases, for example in the event of an application relating to a very long document to a very large number of documents or in case the application needs to be translated, the time-limit provided for in paragraph 2 may be extended by 15 working days, provided that the applicant is notified in advance and that detailed reasons are given.
4. In the case of a refusal, the Commission service or Publications Office shall inform the applicant of the right to bring an action before the Court of First Instance of the European Communities or to lodge a complaint with the European Ombudsman, under the conditions laid down in Articles 230 and 195 of the EC Treaty, respectively, or Articles 146 and 107(d) of the Euratom Treaty.

5. Where a refusal is based on Article 2(2)b of this Decision, the reply to the applicant shall include a reference to the natural or legal person who is the rightholder, where known, or alternatively to the licensor from which the Commission has obtained the relevant material, where known.

Article 6
Available formats

Documents shall be made available in any existing format or language version, through electronic means where possible and appropriate.

This does not imply an obligation to create, to adapt or to update documents in order to comply with the application, nor any obligation to provide extracts from documents where this would involve disproportionate effort, going beyond a simple operation. Neither does this Decision create any obligation for the Commission to translate the documents requested into any other language versions than those already available at the moment of the application.

On the basis of this Decision, the Commission or the Publications Office may not be required to continue the production of certain types of documents or to preserve them in a given format with a view to the re-use of such documents by a natural or legal person.

Article 7
Principles governing charging

1. The re-use of documents shall in principle be free of charge.
2. In specific cases, marginal costs incurred for the reproduction and dissemination of documents may be recovered.
3. In cases where the Commission decides to adapt a document in order to satisfy a specific application, the costs involved in the adaptation may be recovered from the applicant. The assessment of the need to recover such costs shall take into account the effort necessary for the adaptation as well as the

potential advantages the re-use may bring to the Communities, for example in terms of spreading information on the functioning of the Communities or in terms of the image of the Institution to the outside world.

Article 8
Transparency

1. Any applicable conditions and standard charges for the re-use of documents shall be pre-established and published, through electronic means where possible and appropriate.
2. The search for documents will be facilitated by practical arrangements, such as asset-lists of main documents available for re-use.

Article 9
Licenses

The re-use of documents may be allowed without conditions or conditions may be imposed, where appropriate through a license or through a disclaimer. Typical conditions for re-use include the obligation for the re-user to acknowledge the source of the documents, the obligation not to distort the original meaning or message of the documents, and non-liability of the Commission for any consequence stemming from the re-use. The conditions shall not unnecessarily restrict possibilities for re-use.

Article 10
Non-discrimination and prohibition of exclusive arrangements

1. Any applicable conditions for the re-use of documents shall be non-discriminatory for comparable categories of re-use.
2. The re-use of documents shall be open to all potential actors in the market. No exclusive rights shall be granted.
3. However, where an exclusive right is necessary for the provision of a service in the public interest, the validity of the

reason for granting such an exclusive right shall be subject to regular review, and shall, in any event, be reviewed after three years. Any exclusive arrangement shall be transparent and made public.

Article 11
Implementation

In accordance with Article 14 of the Commission's rules of procedure, the power to take decisions on behalf of the Commission on applications for re-use is delegated to the Directors-General and Heads of Service. They shall take the necessary measures to ensure that the procedures in relation to documents for which they are responsible meet the requirements of this Decision. To this end, they shall designate an official to consider applications for re-use and coordinate the response of the Directorate-General or Service.

Article 12
Review

This Decision shall be reviewed three years after its entry into force. The review shall in particular look into the possible application of this Decision to the research results of the Joint Research Centre.

Article 13
Entry into force

This Decision shall enter into force on the day of its publication in the Official Journal of the European Union.

Done at Brussels, 7 April 2006.

For the Commission
Viviane REDING
Member of the Commission

4. IWG-Umsetzungsgesetze der Bundesländer

Bei den nachstehenden IWG-Umsetzungsgesetzen der Bundesländer ist zu beachten, dass es sich teilweise erst um Entwürfe handelt. Diese sind ausdrücklich als solche bezeichnet. Aus Salzburg lag im Zeitpunkt des Abschlusses des Manuskriptes dieses Buches (Jänner 2007) noch kein Entwurf vor.

4.1. Burgenland

Gesetzesbeschluss vom 14. Dezember 2006 über die Auskunftspflicht, die Weiterverwendung von Informationen öffentlicher Stellen sowie die Statistik des Landes Burgenland (Burgenländisches Auskunftspflicht-, Informationsweiterverwendungs- und Statistikgesetz – Bgld. AISG)

Der Landtag hat – hinsichtlich des 1. Abschnitts in Ausführung des Auskunftspflicht-Grundsatzgesetzes, BGBl. Nr. 286/1987, in der Fassung des Gesetzes BGBl. I Nr. 158/1998 – beschlossen:

INHALTSVERZEICHNIS

1. Abschnitt
Allgemeine Auskunftspflicht

2. Abschnitt
Weiterverwendung von Dokumenten öffentlicher Stellen

3. Abschnitt
Landesstatistik

4. Abschnitt
Gemeinsame Bestimmungen

1. Abschnitt
Allgemeine Auskunftspflicht

§ 1
Auskunftspflicht

(1) Die Organe des Landes, der Gemeinden, der Gemeindeverbände und der durch Landesgesetz geregelten Selbstverwaltungskörper haben über Angelegenheiten ihres Wirkungsbereiches Auskünfte zu erteilen, soweit dem eine gesetzliche Verschwiegenheitspflicht nicht entgegensteht.

(2) Jede Person hat das Recht, Auskünfte zu verlangen.

(3) Auskünfte sind Wissenserklärungen über Angelegenheiten, die dem zur Auskunft verpflichteten Organ zum Zeitpunkt der Einbringung des Auskunftsbegehrens bekannt sind.

(4) Auskünfte sind nur insoweit zu erteilen, als dadurch die Besorgung der übrigen Aufgaben der Verwaltung nicht wesentlich beeinträchtigt wird. Berufliche Vertretungen sind nur gegenüber den ihnen jeweils Zugehörigen auskunftspflichtig und dies insoweit, als dadurch die ordnungsgemäße Erfüllung ihrer gesetzlichen Aufgaben nicht verhindert wird.

(5) Auskünfte sind nicht zu erteilen, wenn sie offenbar mutwillig verlangt werden, wenn umfangreiche Ausarbeitungen erforderlich wären oder wenn die Informationen dem Auskunftswerber anders unmittelbar zugänglich sind.

§ 2
Auskunftsbegehren

(1) Auskünfte können mündlich, telefonisch oder schriftlich verlangt werden, wobei für die Form der Einbringung des Auskunftsbegehrens das Allgemeine Verwaltungsverfahrensgesetz 1991 (AVG) anzuwenden ist.

(2) Die Auskunftswerberin oder der Auskunftswerber kann um schriftliche Ausführung eines mündlichen oder telefonischen

Auskunftsbegehrens sowie um Verbesserung eines unklaren schriftlichen Auskunftsbegehrens innerhalb einer angemessenen mindestens zweiwöchigen Frist ersucht werden, wenn aus dem Begehren der Inhalt oder der Umfang der gewünschten Auskunft nicht ausreichend klar hervorgeht. Wird einem solchen Auftrag nicht entsprochen, gilt das Auskunftsbegehren als nicht eingebracht.

§ 3
Auskunftserteilung

(1) Auskünfte sind, soweit möglich, mündlich oder telefonisch zu erteilen.

(2) Auskünfte sind ohne unnötigen Aufschub, spätestens aber binnen acht Wochen nach ihrem Einlangen, zu erteilen. Kann diese Frist aus besonderen Gründen nicht eingehalten werden, ist der Auskunftswerber jedenfalls zu verständigen.

§ 4
Auskunftsverweigerung

Wird eine Auskunft nicht erteilt, ist auf Antrag der Auskunftswerberin oder des Auskunftswerbers hierüber ein Bescheid zu erlassen. Für das Verfahren in solchen Angelegenheiten gilt das AVG.

§ 5
Eigener Wirkungsbereich der Gemeinde

Die in diesem Abschnitt genannten Angelegenheiten sind, soweit sie von Organen der Gemeinden oder Gemeindeverbände wahrzunehmen sind, solche des eigenen Wirkungsbereichs der Gemeinde.

§ 6
Befreiung von Verwaltungsabgaben

Auskunftsbegehren und Amtshandlungen nach diesem Abschnitt sind von Landes- und Gemeindeverwaltungsabgaben befreit.

2. Abschnitt
Weiterverwendung von Dokumenten öffentlicher Stellen

§ 7
Ziel

Ziel dieses Abschnitts ist die Erleichterung der Weiterverwendung von Dokumenten öffentlicher Stellen, insbesondere um dadurch die Erstellung neuer Informationsprodukte und Informationsdienste zu fördern.

§ 8
Sachlicher Geltungsbereich

(1) Dieser Abschnitt regelt den rechtlichen Rahmen für die kommerzielle und nicht kommerzielle Weiterverwendung von im Besitz öffentlicher Stellen gemäß § 10 Abs. 1 befindlichen und in ihrem öffentlichen Auftrag erstellten Dokumenten, sofern sie diese zur Weiterverwendung bereitstellen.

(2) Rechtsvorschriften, die den Zugang zu Dokumenten öffentlicher Stellen regeln, werden durch diesen Abschnitt nicht berührt.

(3) Die Bestimmungen des Datenschutzgesetzes 2000, BGBl. I Nr. 165/1999, zuletzt geändert durch das Gesetz BGBl. I Nr. 13/2005, des Burgenländischen Datenschutzgesetzes, LGBl. Nr. 87/2005, sowie gesetzliche Verschwiegenheitspflichten werden durch diesen Abschnitt nicht berührt.

§ 9
Ausnahmen vom sachlichen Geltungsbereich

(1) Dieser Abschnitt gilt nicht für Dokumente,
1. deren Erstellung nicht unter den öffentlichen Auftrag der betreffenden öffentlichen Stelle fällt;
2. die, insbesondere aus Gründen der nationalen Sicherheit, der umfassenden Landesverteidigung, der öffentlichen Sicherheit oder weil sie Geschäfts- oder Betriebsgeheimnisse enthalten oder sonst der Vertraulichkeit unterliegen, nicht zugänglich sind;
3. die nur bei Nachweis eines besonderen Interesses zugänglich sind;
4. die geistiges Eigentum Dritter sind;
5. die von gewerblichen Schutzrechten erfasst werden;
6. die im Besitz öffentlich-rechtlicher Rundfunkanstalten und ihrer Zweigstellen oder anderer Stellen und deren Zweigstellen sind und der Wahrnehmung eines öffentlich-rechtlichen Sendeauftrags dienen;
7. die im Besitz von Bildungs- und Forschungseinrichtungen wie Schulen, Hochschulen, Archiven, Bibliotheken und Forschungsinstituten sind und
8. die im Besitz kultureller Einrichtungen wie Museen, Bibliotheken, Archiven, Orchestern, Opern und Theatern sind.

(2) Für die Bearbeitung von Anträgen auf Weiterverwendung von in Abs. 1 Z 1 bis 5 genannten Dokumenten ist § 12 Abs. 3 Z 2 und 4 sowie Abs. 4 bis 6 anzuwenden.

§ 10
Persönlicher Geltungsbereich

(1) Dieser Abschnitt gilt für folgende öffentliche Stellen:
1. das Land;
2. die Gemeinden;
3. landesgesetzlich eingerichtete Selbstverwaltungskörper;

4. Einrichtungen auf landesrechtlicher Grundlage wie Stiftungen, Fonds und Anstalten sowie Körperschaften des öffentlichen Rechts, die
   a) zu dem besonderen Zweck gegründet wurden, im Allgemeininteresse liegende Aufgaben zu erfüllen, die nicht gewerblicher Art sind, und
   b) zumindest teilrechtsfähig sind und
   c) überwiegend vom Land, von einer Gemeinde, von anderen Einrichtungen auf landesgesetzlicher Grundlage oder von sonstigen öffentlichen Stellen (Art. 2 Z 1 der Richtlinie 2003/98/EG über die Weiterverwendung von Informationen des öffentlichen Sektors, ABl. Nr. L345 vom 31.12.2003 S. 90) finanziert werden oder hinsichtlich ihrer Leitung der Aufsicht durch diese unterliegen oder deren Verwaltungs-, Leitungs- oder Aufsichtsorgan mehrheitlich aus Mitgliedern besteht, die vom Land, von einer Gemeinde, von anderen Einrichtungen auf landesgesetzlicher Grundlage oder von sonstigen öffentlichen Stellen (Art. 2 Z 1 der Richtlinie 2003/98/EG) ernannt worden sind und
   d) keine Unternehmungen im Sinne der Art. 127 Abs. 3 oder 127a Abs. 3 des Bundes-Verfassungsgesetzes (B-VG), BGBl. Nr. 1/1930, zuletzt geändert durch das Gesetz BGBl. I Nr. 121/2005, sind;
5. Verbände, die sich überwiegend aus zwei oder mehreren öffentlichen Stellen gemäß Z 1 bis 4 zusammensetzen.

(2) Die Vollziehung dieses Abschnitts ist insoweit im eigenen Wirkungsbereich der Gemeinden und anderer Einrichtungen der Selbstverwaltung zu besorgen, als sie gesetzlich übertragene Aufgaben im eigenen Wirkungsbereich wahrnehmen.

§ 11
Begriffsbestimmungen

In diesem Abschnitt bedeuten die Begriffe

1. „Dokument“:
   jeder Inhalt unabhängig von der Form des Datenträgers (auf Papier oder in elektronischer Form, Ton-, Bild- oder audiovisuelles Material) ausgenommen Computerprogramme sowie einen beliebigen Teil eines solchen Inhaltes;
2. „Dokument, das sich im Besitz einer öffentlichen Stelle befindet“:
   ein Dokument, für das die öffentliche Stelle berechtigt ist, die Weiterverwendung zu genehmigen;
3. „Weiterverwendung“:
   die Nutzung von Dokumenten, die im Besitz öffentlicher Stellen sind, durch Rechtsträger für kommerzielle und nichtkommerzielle Zwecke, die sich von dem ursprünglichen Zweck des öffentlichen Auftrags, in dessen Rahmen die Dokumente erstellt wurden, unterscheiden. Der Austausch von Dokumenten zwischen öffentlichen Stellen im Sinne des Art. 2 Z 1 der Richtlinie 2003/98/EG ausschließlich im Rahmen der Erfüllung ihres öffentlichen Auftrags stellt keine Weiterverwendung dar.

§ 12
Anträge auf Weiterverwendung und ihre Bearbeitung

(1) Anträge auf Weiterverwendung von Dokumenten sind schriftlich bei der öffentlichen Stelle, in deren Besitz sich das beantragte Dokument befindet, zu stellen, wobei für die Form der Einbringung des Antrags das AVG anzuwenden ist.

(2) Geht aus einem Antrag gemäß Abs. 1 der Inhalt, der Umfang oder die Art und Weise der Weiterverwendung der beantragten Dokumente nicht ausreichend klar hervor, hat die öffentliche Stelle die Antragstellerin oder den Antragsteller unverzüglich aufzufordern, den Antrag innerhalb einer zwei Wochen nicht übersteigenden Frist schriftlich zu präzisieren. Kommt die Antragstellerin oder der Antragsteller der Aufforderung zur Präzisierung fristge-

recht nach, beginnt die Frist gemäß Abs. 3 nach Einlangen erneut zu laufen. Andernfalls gilt der Antrag als nicht eingebracht.

(3) Die öffentliche Stelle hat den Antrag in der Frist, die für die Bearbeitung von Anträgen und Begehren auf Zugang zu Dokumenten nach den geltenden Zugangsregelungen einzuhalten ist, oder, wenn keine solche Frist festgelegt ist, binnen vier Wochen nach Einlangen des Antrags zu bearbeiten und unter Hinweis auf die Rechtsschutzmöglichkeiten gemäß §§ 19 und 20

1. die beantragten Dokumente zur Gänze zur Weiterverwendung bereitzustellen oder
2. die beantragten Dokumente teilweise zur Weiterverwendung bereitzustellen und der Antragstellerin oder dem Antragsteller schriftlich unter Angabe der Gründe mitzuteilen, dass seinem Antrag teilweise nicht entsprochen wird oder
3. ein endgültiges Vertragsangebot zu unterbreiten, falls für die Weiterverwendung der beantragten Dokumente die Vereinbarung von Bedingungen gemäß § 15 Abs. 1 erforderlich ist oder
4. der Antragstellerin oder dem Antragsteller schriftlich unter Angabe der Gründe mitzuteilen, dass seinem Antrag nicht entsprochen wird.

(4) Stützt sich eine ablehnende Mitteilung gemäß Abs. 3 Z 2 oder Z 4 darauf, dass das beantragte Dokument geistiges Eigentum Dritter ist, hat die öffentliche Stelle auch auf die ihr bekannte Inhaberin oder auf den ihr bekannten Inhaber der Rechte oder ersatzweise auf diejenige oder denjenigen zu verweisen, von der oder dem sie das betreffende Material erhalten hat.

(5) Bei umfangreichen und komplexen Anträgen kann die in Abs. 3 genannte Frist um vier Wochen verlängert werden. In diesem Fall ist die Antragstellerin oder der Antragsteller von der Verlängerung der Frist sobald wie möglich, spätestens jedoch innerhalb von drei Wochen nach Einlangen des Antrags zu verständigen.

(6) Für die Bearbeitung von Weiterverwendungsanträgen und die Bereitstellung der Dokumente zur Weiterverwendung

haben sich die öffentlichen Stellen, soweit möglich und sinnvoll, elektronischer Mittel zu bedienen.

§ 13
Umfang der Bereitstellungspflicht

(1) Soweit öffentliche Stellen die Weiterverwendung der in ihrem Besitz befindlichen Dokumente genehmigen, haben sie diese in allen vorhandenen Formaten oder Sprachen, soweit möglich und sinnvoll in elektronischer Form, bereitzustellen. Öffentliche Stellen sind jedoch nach diesem Abschnitt nicht verpflichtet, Dokumente neu zu erstellen, anzupassen oder weiterzuentwickeln, um einem Begehren auf Weiterverwendung nachzukommen.

(2) Werden Auszüge aus Dokumenten beantragt, müssen diese dann nicht bereitgestellt werden, wenn dies mit einem unverhältnismäßigen Aufwand verbunden ist, der über eine einfache Handhabung hinausgeht.

(3) Öffentliche Stellen sind auf Grundlage dieses Abschnitts nicht verpflichtet, die Erstellung von Dokumenten bestimmter Art im Hinblick auf die Weiterverwendung solcher Dokumente fortzusetzen.

§ 14
Entgelte und Abgabenbefreiung

(1) Sofern öffentliche Stellen für die Weiterverwendung der in ihrem Besitz befindlichen Dokumente Entgelte einheben, dürfen die Gesamteinnahmen aus der Bereitstellung von Dokumenten oder der Genehmigung ihrer Weiterverwendung die Kosten ihrer Erfassung, Erstellung, Reproduktion und Verbreitung zuzüglich einer angemessenen Gewinnspanne nicht übersteigen. Die Entgelte haben sich an den Kosten des entsprechenden Abrechnungszeitraumes zu orientieren und sind unter

Bedachtnahme auf die für die betreffenden öffentlichen Stellen geltenden Buchführungsgrundsätze zu berechnen.

(2) Unbeschadet des Abs. 1 sind in Angelegenheiten dieses Abschnitts keine landesgesetzlich geregelten Verwaltungsabgaben zu entrichten.

§ 15
Bedingungen für die Weiterverwendung

(1) Öffentliche Stellen können Bedingungen für die Weiterverwendung der in ihrem Besitz befindlichen Dokumente in einem Vertrag festlegen, in welchem die wesentlichen Fragen der Weiterverwendung geregelt werden.

(2) Die Bedingungen gemäß Abs. 1 dürfen die Möglichkeiten der Weiterverwendung der beantragten Dokumente nicht unnötig einschränken und keine Behinderung des Wettbewerbs bewirken.

§ 16
Transparenz und praktische Vorkehrungen

(1) Die für die Weiterverwendung von Dokumenten geltenden Standardentgelte und Standardbedingungen sind von den öffentlichen Stellen im Voraus festzulegen und in geeigneter Weise, soweit möglich und sinnvoll im Internet, zu veröffentlichen.

(2) Auf Anfrage haben die öffentlichen Stellen die Berechnungsgrundlage für die veröffentlichten Entgelte sowie die Faktoren anzugeben, die bei der Berechnung der Entgelte in atypischen Fällen berücksichtigt werden.

(3) Öffentliche Stellen haben praktische Vorkehrungen zur Erleichterung des Zugangs hinsichtlich jener Dokumente, die zur Weiterverwendung verfügbar sind, zu treffen, indem sie insbesondere

1. Listen und Verzeichnisse über die wichtigsten in ihrem Besitz befindlichen, einer Weiterverwendung zugänglichen Do-

kumente führen und diese in geeigneter Weise, nach Möglichkeit im Internet, veröffentlichen;
2. Auskunftspersonen und Informationsstellen benennen.

§ 17
Diskriminierungsverbot

(1) Die Entgelte und sonstigen Bedingungen für die Weiterverwendung von Dokumenten, die sich im Besitz von öffentlichen Stellen befinden, dürfen für vergleichbare Kategorien der Weiterverwendung nicht diskriminierend sein.

(2) Werden Dokumente, die sich im Besitz öffentlicher Stellen befinden, von diesen als Ausgangsmaterial für eigene Geschäftstätigkeiten, die nicht unter ihren öffentlichen Auftrag fallen, weiterverwendet, gelten für die Bereitstellung der Dokumente für diese Tätigkeiten dieselben Entgelte und sonstigen Bedingungen wie für andere Nutzer.

(3) Sind im Besitz von öffentlichen Stellen befindliche Dokumente zur Weiterverwendung verfügbar, haben diese allen potenziellen Marktteilnehmerinnen und Marktteilnehmern offen zu stehen, selbst wenn diese Dokumente bereits von einer Marktteilnehmerin oder einem Marktteilnehmer bzw. von mehreren Marktteilnehmerinnen oder Marktteilnehmern als Grundlage für Mehrwertprodukte genutzt werden.

§ 18
Verbot von Ausschließlichkeitsvereinbarungen

(1) Verträge oder sonstige Vereinbarungen zwischen öffentlichen Stellen und Dritten, die ausschließliche Rechte hinsichtlich der Weiterverwendung der in den Geltungsbereich dieses Abschnitts fallenden Dokumente festlegen (Ausschließlichkeitsvereinbarungen), sind unzulässig.

(2) Abs. 1 gilt nicht, wenn für die Bereitstellung eines Dienstes im öffentlichen Interesse die Einräumung eines ausschließ-

lichen Rechts erforderlich ist. Der Grund für eine solche Ausschließlichkeitsvereinbarung ist regelmäßig, mindestens jedoch alle drei Jahre, zu überprüfen. In die Ausschließlichkeitsvereinbarung ist jedenfalls eine Bestimmung aufzunehmen, die der öffentlichen Stelle dann ein besonderes Kündigungsrecht sichert, wenn die regelmäßige Überprüfung ergibt, dass der die Ausschließlichkeitsvereinbarung rechtfertigende Grund nicht mehr vorliegt. Nach dem 31. Dezember 2003 getroffene Ausschließlichkeitsvereinbarungen müssen transparent sein und sind in geeigneter Weise, nach Möglichkeit im Internet, öffentlich bekannt zu machen.

(3) Bestehende Ausschließlichkeitsvereinbarungen, die nicht unter die Ausnahmen des Abs. 2 erster Satz fallen, enden mit Vertragsablauf bzw. gelten spätestens mit Ablauf des 31. Dezember 2008 als aufgelöst.

§ 19
Rechtsschutz bei ablehnenden Mitteilungen gemäß § 12 Abs. 3 Z 2 und 4

(1) Wurde der Antragstellerin oder dem Antragsteller gemäß § 12 Abs. 3 Z 2 oder 4 mitgeteilt, dass ihrem oder seinem Begehren teilweise oder zur Gänze nicht entsprochen werden kann, hat die öffentliche Stelle, sofern sie zur Erlassung von Bescheiden befugt ist, hierüber auf Antrag einen Bescheid zu erlassen. Der Antrag auf Erlassung eines Bescheids ist von der Antragstellerin oder vom Antragsteller binnen zwei Wochen nach Zugang der ablehnenden Mitteilung bei der öffentlichen Stelle schriftlich einzubringen.

(2) Eine öffentliche Stelle, die zur Erlassung von Bescheiden nicht befugt ist, hat Anträge im Sinne des Abs. 1 samt dem betreffenden ursprünglichen Weiterverwendungsantrag sowie der ablehnenden Mitteilung ohne unnötigen Aufschub an die für die Führung der Aufsicht zuständige Verwaltungsbehörde weiterzuleiten. Im diesbezüglichen Verfahren vor der Auf-

sichtsbehörde erster und gegebenenfalls zweiter Instanz ist die öffentliche Stelle Partei. Der allfällige Instanzenzug richtet sich nach den für das Aufsichtsverfahren einschlägigen landesgesetzlichen Vorschriften. Die öffentliche Stelle ist berechtigt, gegen Bescheide der Aufsichtsbehörde in Verfahren nach diesem Abschnitt nach Erschöpfung des administrativen Instanzenzuges Beschwerde wegen Rechtswidrigkeit an den Verwaltungsgerichtshof und an den Verfassungsgerichtshof zu erheben.

(3) Für Verfahren gemäß Abs. 1 und 2 gilt das AVG.

§ 20
Rechtsschutz bei Nutzungsverträgen gemäß § 12 Abs. 3 Z 3

(1) Meint die Antragstellerin oder der Antragsteller, dass einzelne Bestimmungen des unterbreiteten verbindlichen Vertragsangebotes gemäß § 12 Abs. 3 Z 3 nicht den Vorschriften dieses Abschnitts entsprechen, hat sie oder er dies der öffentlichen Stelle innerhalb der für die Annahme des Vertragsangebotes bestimmten angemessenen Frist schriftlich mitzuteilen. Falls der Antragstellerin oder dem Antragsteller daraufhin nicht binnen acht Wochen ein in ihrem oder seinem Sinn abgeänderter Nutzungsvertrag angeboten wird, kann sie oder er die Feststellung durch die Berufungs- bzw. Aufsichtsbehörde beantragen, dass einzelne, genau zu bezeichnende Bestimmungen des verbindlichen Vertragsangebots gegen Vorschriften dieses Abschnitts verstoßen haben. Ein solcher Antrag ist bei der öffentlichen Stelle, die das betreffende Vertragsangebot gelegt hat, binnen weiterer zwei Wochen einzubringen und von dieser ohne unnötigen Aufschub der zuständigen Berufungs- bzw. Aufsichtsbehörde vorzulegen. Im Verfahren vor der Aufsichtsbehörde erster und gegebenenfalls zweiter Instanz finden die Bestimmungen des § 19 Abs. 2 zweiter bis vierter Satz Anwendung.

(2) Ein Antrag gemäß Abs. 1 hat jedenfalls zu enthalten:
1. die genaue Bezeichnung der öffentlichen Stelle,
2. die genaue Bezeichnung der als rechtswidrig erachteten Bestimmungen des betreffenden Vertragsangebots,
3. die bestimmte Bezeichnung des Rechts, in dem sich die Antragstellerin oder der Antragsteller als verletzt erachtet,
4. die Gründe, auf die sich die Behauptung der Rechtswidrigkeit stützt,
5. ein bestimmtes Begehren und
6. die Angaben, die zur Beurteilung der Rechtzeitigkeit des Antrages erforderlich sind.

(3) Ein Antrag auf Feststellung gemäß Abs. 1 darf sich nur auf jene Bestimmungen beziehen, die von der Antragstellerin oder dem Antragsteller im Rahmen ihrer oder seiner vorangegangenen schriftlichen Mitteilung (Abs. 1 erster Satz) bemängelt wurden.

(4) Die öffentliche Stelle hat die auf Grund eines Antrags gemäß Abs. 1 ergangene Entscheidung der Berufungs- bzw. Aufsichtsbehörde bei ihren zukünftigen Vertragsangeboten gemäß § 12 Abs. 3 Z 3 zu berücksichtigen.

(5) Für Verfahren nach den Abs. 1 bis 4 gilt das AVG

3. Abschnitt
Landesstatistik

§ 21
Einrichtung und Aufgaben der Landesstatistik

(1) Die Landesstatistik ist von der Landesregierung zu besorgen und umfasst alle statistischen Tätigkeiten und Erhebungen, deren Träger das Land ist und die für die Landesverwaltung von Bedeutung sind oder sonst im Interesse des Landes liegen.

(2) Als Landesstatistik wird auch jene Organisationseinheit des Amtes der Landesregierung bezeichnet, die nach dessen Geschäftseinteilung mit der Besorgung der Aufgaben der Landesstatistik befasst ist.

(3) Die Aufgaben der Landesstatistik sind insbesondere:

1. die Durchführung empirischer Analysen, Modellrechnungen und Prognosen sowie die Erstellung von Statistiken, die im Interesse des Landes gelegen sind, einschließlich der dafür notwendigen Erhebungen oder Abfragen aus öffentlichen Registern;
2. die Erzielung von Mehrwerten aus statistischen Informationen durch Zusammenführung und Auswertung von Ergebnissen verschiedener Daten- und Informationsquellen;
3. die Erstellung von statistischen Datensammlungen für das Land;
4. die Mitwirkung in den mit statistischen Angelegenheiten befassten Gremien und Einrichtungen der Bundesstatistik sowie die Wahrnehmung der Interessen des Landes in diesen Gremien und Einrichtungen in Zusammenarbeit mit den sachlich zuständigen Dienststellen des Amtes der Landesregierung;
5. die Zusammenarbeit mit den Einrichtungen der Bundesstatistik, den anderen Landesstatistiken sowie mit sonstigen Statistikbetreibern, soweit dies für die Wahrnehmung der übertragenen Aufgaben sinnvoll und zweckmäßig ist;
6. die Durchführung der durch Landesgesetze oder Verordnungen der Landesregierung angeordneten statistischen Erhebungen, sofern in diesen Gesetzen oder Verordnungen nicht andere Stellen damit betraut sind.

§ 22
Grundsätze

Bei der Wahrnehmung der Aufgaben der Landesstatistik sind folgende Grundsätze zu beachten:

1. Gewährleistung von Objektivität und Unparteilichkeit bei der Erstellung der Statistiken, insbesondere durch die Anwendung frei gewählter statistischer Methoden und Verfahren nach international anerkannten wissenschaftlichen Grundsätzen und Standards und deren Offenlegung;
2. Gewährleistung von Zuverlässigkeit, Erheblichkeit, Kostenwirksamkeit und Transparenz;
3. laufende Überprüfung der Statistiken auf Qualitätsverbesserungen;
4. Sicherstellung einer möglichst hohen Aktualität der Statistiken;
5. Erreichung einer möglichst hohen Kohärenz der Statistiken;
6. Minimierung der Belastung und ausreichende Information der Betroffenen und Auskunftspflichtigen;
7. Wahrung der Vertraulichkeit, der statistischen Geheimhaltung und des Datenschutzes von personenbezogenen Daten;
8. Veröffentlichung von Ergebnissen statistischer Erhebungen gemäß § 29;
9. Sicherstellung der geschlechtsspezifischen Erhebung und Auswertung der Daten in allen Fällen, in denen ein Geschlechtsbezug sinnvoll und aufgrund der Art der Erhebung möglich ist.

§ 23
Ermittlung und Verarbeitung von Daten

(1) Die Ermittlung von Daten kann erfolgen durch:
1. Zusammenarbeit mit der Statistik Österreich, dem Bund, den Ländern sowie mit sonstigen Institutionen, die Statistik betreiben,
2. Ermittlung von Daten aus öffentlichen Registern,
3. Ermittlung von Statistikdaten,
4. Ermittlung von Verwaltungsdaten,
5. statistische Erhebungen gemäß § 25.

(2) Die Stellen, die öffentliche Register führen, sowie die Inhaber von Statistikdaten oder Verwaltungsdaten sind verpflich-

tet, der Landesstatistik jene Daten nach Möglichkeit in EDV-lesbarer Form zu übermitteln, deren Erforderlichkeit zur Besorgung der Aufgaben der Landesstatistik glaubhaft gemacht wird.

(3) Bei der Ermittlung und Verarbeitung von Daten ist – unter Beachtung der datenschutzrechtlichen Vorschriften – so weit wie möglich auf schutzwürdige Interessen der Betroffenen Rücksicht zu nehmen.

§ 24
Umgang mit personenbezogenen Daten

(1) Personenbezogene Daten dürfen nur für Zwecke der Landesstatistik verwendet werden.

(2) Personenbezogene Daten dürfen nur so lange aufbewahrt werden, als dies zur Erstellung der betreffenden Statistik erforderlich ist.

(3) Im Rahmen der Landesstatistik verwendete personenbezogene Daten dürfen an Dritte nur übermittelt werden, wenn gesetzliche Bestimmungen dies vorsehen oder der Betroffene ausdrücklich zustimmt.

(4) Im Übrigen finden die Bestimmungen des Datenschutzgesetzes 2000, BGBl. I Nr. 165/1999, zuletzt geändert durch das Gesetz BGBl. I Nr. 13/2005, des Burgenländischen Datenschutzgesetzes, LGBl. Nr. 87/2005, sowie bestehende gesetzliche Verschwiegenheitspflichten Anwendung.

§ 25
Statistische Erhebungen

(1) Statistische Erhebungen umfassen die Ermittlung von Daten durch:

1. Messen, Wägen oder Zählen,
2. Befragungen.

(2) Statistische Erhebungen können betreffen:
1. natürliche Personen,
2. juristische Personen des öffentlichen und privaten Rechts,
3. Personengesellschaften des Handelsrechts.

(3) Statistische Erhebungen können durchgeführt werden:
1. in Form einer Vollerhebung oder
2. in Form einer auf statistischen Methoden beruhenden Stichprobenerhebung.

(4) Statistische Erhebungen, mit denen eine Auskunftspflicht der individuellen Dateninhaber verbunden ist, dürfen nur aufgrund einer Verordnung gemäß § 26 oder besonderer gesetzlicher Anordnung durchgeführt werden.

(5) Liegt eine Rechtsgrundlage im Sinne des Abs. 4 nicht vor, ist eine statistische Erhebung nur mit Zustimmung der Betroffenen zulässig. Diese sind mit dem Ersuchen um Erteilung der Zustimmung über die Verwendung ihrer Daten sowie über das Recht, die Zustimmung zu verweigern, zu informieren.

(6) Bei einer statistischen Erhebung, die nicht nach Abs. 4 angeordnet wurde, darf die Landesstatistik nur dann personenbezogene Daten verwenden, wenn die Betroffenen der Verwendung ihrer Daten ausdrücklich zugestimmt haben.

§ 26
Verordnungsermächtigung

(1) Statistische Erhebungen, mit denen eine Auskunftspflicht verbunden ist, sind von der Landesregierung mit Verordnung anzuordnen und öffentlich anzukündigen. Eine Anordnung ist nur zulässig, wenn
1. die durch die statistischen Erhebungen gewonnenen Daten für die Wahrnehmung von Landesaufgaben benötigt werden,
2. der Arbeitsaufwand und die Kosten in einem angemessenen Verhältnis zur Bedeutung der Landesaufgabe, für die sie benötigt werden, stehen,
3. die Daten nicht unter Wahrung des Grundsatzes der Sparsamkeit der Verwaltung auf andere Weise ermittelt werden können und

4. die Erreichung des Erhebungszwecks auch nicht durch eine freiwillige Auskunftserteilung der Betroffenen erwartet werden kann.

(2) Die Verordnung hat zu enthalten:

1. den Zweck der Erhebung,
2. den Erhebungsgegenstand,
3. die Erhebungsmerkmale,
4. die Art und Methode der Erhebung,
5. den räumlichen und zeitlichen Bereich der Erhebung,
6. den Kreis der Auskunftspflichtigen und die Form ihrer Mitwirkung sowie
7. erforderlichenfalls die Befugnisse der Zähl-, Erhebungs- und Kontrollorgane, Stichproben zu nehmen, Zählungen und Messungen vorzunehmen oder in für die Erhebung notwendige Aufzeichnungen Einsicht zu nehmen.

(3) Berührt der Inhalt einer beabsichtigten Erhebungsverordnung den Wirkungsbereich einer gesetzlichen Interessenvertretung, ist vor Erlassung der Verordnung der betreffenden gesetzlichen Interessenvertretung Gelegenheit zur Stellungnahme binnen angemessener Frist zu geben.

(4) Zur Durchführung statistischer Erhebungen können bestimmte Drucksorten, besonders im Hinblick auf eine EDV-mäßige Auswertung der erhobenen Daten, vorgeschrieben werden.

(5) Statistische Erhebungen aufgrund einer Verordnung gemäß § 26 dürfen nur dann personenbezogen sein, wenn dies unerlässlich ist für die

1. Festlegung des Personenkreises einer Erhebung,
2. Überprüfung der Erfüllung einer Auskunftspflicht oder
3. Berichtigung oder Vervollständigung von Auskünften.

§ 27
Auskunfts- und Duldungspflichten

(1) Durch eine Verordnung gemäß § 26 dürfen zur Auskunftserteilung nur verpflichtet werden:

1. natürliche Personen, die das 14. Lebensjahr vollendet und einen Wohnsitz im Burgenland haben,
2. juristische Personen des öffentlichen und privaten Rechts sowie Personengesellschaften des Handelsrechts, die einen Sitz oder eine Niederlassung im Burgenland haben.

(2) Die durch eine Verordnung gemäß § 26 zur Auskunftserteilung verpflichteten Personen, Erwerbs- oder Personengesellschaften bzw. deren vertretungsbefugte Organe haben Auskünfte rechtzeitig, vollständig und wahrheitsgetreu zu erteilen.

(3) Wenn dies in einer Verordnung gemäß § 26 vorgesehen ist, ist den mit der Durchführung der Erhebung betrauten Zähl-, Erhebungs- und Kontrollorganen auf deren Verlangen in dem für die Erhebung erforderlichen Umfang das Betreten von Räumlichkeiten, Anlagen, Grundstücken und Betrieben, die Entnahme von Proben und anderem Untersuchungsmaterial, die Vornahme von Zählungen und Messungen einschließlich der Anbringung der erforderlichen Geräte und die Einsichtnahme in die für die Erhebung bedeutsamen Aufzeichnungen zu gestatten. Erhebungen in Betrieben dürfen nur während der Geschäfts- und Betriebszeiten und nur nach vorheriger Ankündigung durchgeführt werden, wobei die Ankündigung mindestens eine Woche vor den Erhebungen erfolgen muss. Bei dem Betreten ist eine Störung des Geschäfts- bzw. Betriebsablaufes zu vermeiden.

(4) Angaben, die in Erfüllung der Auskunftspflicht gemäß Abs. 2 gemacht werden oder durch Ermittlungen gemäß Abs. 3 erworben werden, dürfen nur für statistische Zwecke verwendet werden. Den mit den Erhebungen oder der Weiterleitung der Angaben betrauten Stellen ist es nicht gestattet, die ihnen im Zuge dieser Tätigkeit bekannt werdenden Informationen für andere Zwecke als die der Statistik zu verwenden.

§ 28
Zähl-, Erhebungs- und Kontrollorgane

(1) Für die Durchführung von statistischen Erhebungen können Zähl-, Erhebungs- und Kontrollorgane bestellt werden. Die-

se gelten für die Dauer ihrer Bestellung als Beamte im Sinne des § 74 Z 4 des Strafgesetzbuches (StGB), BGBl. Nr. 60/1974, zuletzt geändert durch das Gesetz BGBl. I Nr. 56/2006.

(2) Zähl-, Erhebungs- und Kontrollorganen gemäß Abs. 1 ist von der Landesregierung für die Dauer ihrer Tätigkeit eine amtliche Bestätigung auszustellen. Die Organe haben diese Bestätigung zusammen mit einem amtlichen Lichtbildausweis mit sich zu führen und der oder dem Auskunftspflichtigen unaufgefordert vorzuweisen.

(3) Zähl-, Erhebungs- und Kontrollorgane gemäß Abs. 1 sind zur Verschwiegenheit über alle ihnen ausschließlich aus dieser Tätigkeit bekannt gewordenen Tatsachen verpflichtet, deren Geheimhaltung im Interesse der Aufrechterhaltung der öffentlichen Ruhe, Ordnung und Sicherheit, der umfassenden Landesverteidigung, der auswärtigen Beziehungen, im wirtschaftlichen Interesse einer Körperschaft des öffentlichen Rechts, zur Vorbereitung einer Entscheidung oder im überwiegenden Interesse der Parteien geboten ist.

§ 29
Veröffentlichung von Ergebnissen statistischer Erhebungen

(1) Die Ergebnisse von statistischen Erhebungen sind von der Landesregierung auf geeignete Weise zu veröffentlichen.

(2) Statistiken sind so zu veröffentlichen, dass ein Rückschluss auf Angaben über bestimmte oder bestimmbare Betroffene ausgeschlossen werden kann. Kann ein Rückschluss nicht ausgeschlossen werden, darf die Veröffentlichung nur nach vorheriger ausdrücklicher schriftlicher Zustimmung der Betroffenen vorgenommen werden.

§ 30
Strafbestimmungen

(1) Eine Verwaltungsübertretung begeht und ist von der Bezirksverwaltungsbehörde mit einer Geldstrafe bis zu 2.200,– Euro zu bestrafen, wer

1. einer Auskunftspflicht gemäß § 27 Abs. 2 nicht oder nicht rechtzeitig nachkommt,
2. bei einer Auskunftserteilung gemäß § 27 Abs. 2 wissentlich unvollständige oder wahrheitswidrige Angaben macht,
3. einer Duldungspflicht gemäß § 27 Abs. 3 nicht nachkommt,
4. die Verschwiegenheitspflicht gemäß § 28 Abs. 3 verletzt.

(2) Die Tat ist nicht zu bestrafen, wenn sie den Tatbestand einer in die Zuständigkeit der Gerichte fallenden strafbaren Handlung bildet.

4. Abschnitt
Gemeinsame Bestimmungen

§ 31
Verweise auf Landesgesetze

Soweit in diesem Gesetz auf Bestimmungen anderer Landesgesetze verwiesen wird, sind diese in ihrer jeweils geltenden Fassung anzuwenden.

§ 32
Umsetzungshinweis

Mit dem 2. Abschnitt dieses Gesetzes wird die Richtlinie 2003/98/EG über die Weiterverwendung von Informationen des öffentlichen Sektors, ABl. Nr. L 345 vom 31.12.2003 S. 90, umgesetzt.

§ 33
Inkrafttretensbestimmung

(1) Dieses Gesetz tritt an dem der Kundmachung folgenden Monatsersten in Kraft.

(2) Mit dem Inkrafttreten dieses Gesetzes tritt das Gesetz über die Auskunftspflicht der Organe des Landes, der Gemeinden, der Gemeindeverbände und der durch Landesgesetz geregelten Selbstverwaltungskörper (Bgld. Auskunftspflichtgesetz), LGBl. Nr. 3/1989, außer Kraft.

(3) Nach dem Bgld. Auskunftspflichtgesetz, LGBl. Nr. 3/1989, anhängige Verfahren sind nach der bis zum Inkrafttreten dieses Gesetzes geltenden Rechtslage zu Ende zu führen.

4.2. Kärnten

70. Gesetz vom 7. Juli 2005 über Auskunftspflicht, Datenschutz und Statistik des Landes Kärntner Informations- und Statistikgesetz – K-ISG

Ktn. LGBl. 70/2005 vom 7. Juli 2005

Der Landtag von Kärnten hat beschlossen:

1. Abschnitt
Allgemeine Auskunftspflicht

§ 1
Auskunftspflicht

(1) Die Organe des Landes, der Gemeinden, der Gemeindeverbände und die Organe der durch Landesgesetze geregelten Selbstverwaltung haben über Angelegenheiten ihres Wirkungsbereiches Auskünfte zu erteilen, soweit dem eine gesetzliche Verschwiegenheitspflicht nicht entgegensteht.

(2) Unter Auskünften sind Wissenserklärungen über Angelegenheiten zu verstehen, die dem zur Auskunft verpflichteten Organ zum Zeitpunkt der Einbringung des Auskunftsbegehrens aufgrund seiner amtlichen Tätigkeit bekannt sind und nicht erst zum Zweck der Erfüllung der Auskunftspflicht beschafft oder erarbeitet werden müssen.

(3) Auskunft ist nur in einem solchen Umfang zu erteilen, der die Besorgung der übrigen Aufgaben der Organe nicht wesentlich beeinträchtigt. Auskunft ist nicht zu erteilen, wenn sie offenkundig mutwillig verlangt wird, wenn die Auskunftserteilung umfangreiche Ausarbeitungen erfordern würde oder wenn die gewünschten Informationen dem Auskunftswerber auf andere Weise unmittelbar zugänglich sind.

(4) Organe beruflicher Vertretungen sind nur gegenüber den Mitgliedern und sonstigen Zugehörigen zur Auskunft verpflich-

tet, und dies nur insoweit, als dadurch die ordnungsgemäße Erfüllung ihrer gesetzlichen Aufgaben nicht verhindert wird.

§ 2
Recht auf Auskunft

(1) Jedermann hat das Recht, Auskünfte mündlich, telefonisch oder schriftlich zu verlangen. Schriftliche Auskunftsbegehren können nach Maßgabe der vorhandenen technischen Möglichkeiten auch telegrafisch, fernschriftlich, mit Telefax, im Wege automationsunterstützter Datenübertragung oder in jeder anderen technisch möglichen Weise eingebracht werden.

(2) Dem Auskunftswerber kann aufgetragen werden, innerhalb einer angemessenen, mindestens zweiwöchigen Frist

a) ein mündliches oder telefonisches Auskunftsbegehren schriftlich auszuführen oder
b) ein unklares schriftliches Auskunftsbegehren zu verbessern.

Wird einem solchen Auftrag nicht fristgerecht entsprochen, so gilt das Auskunftsbegehren als nicht eingebracht.

§ 3
Auskunftserteilung

(1) Auskünfte sind so weit wie möglich mündlich oder telefonisch zu erteilen.

(2) Auskunft ist ohne unnötigen Aufschub, spätestens aber innerhalb von acht Wochen nach dem Einlangen des Auskunftsbegehrens zu erteilen. Wurde die schriftliche Ausführung oder die Verbesserung des Auskunftsbegehrens nach § 2 Abs. 2 aufgetragen, so beginnt diese Frist mit dem Einlangen des schriftlichen oder verbesserten Auskunftsbegehrens. Kann die Frist zur Auskunftserteilung aus besonderen Gründen nicht eingehalten werden, so ist der Auskunftswerber unter Angabe der Gründe rechtzeitig, spätestens aber innerhalb von acht Wochen darüber zu benachrichtigen.

(3) Langt bei einem Organ ein Auskunftsbegehren über eine Angelegenheit ein, die nicht in seinen Wirkungsbereich fällt, so hat es das Auskunftsbegehren ohne unnötigen Aufschub an das zuständige Organ unter gleichzeitiger Benachrichtigung des Auskunftswerbers weiterzuleiten oder den Auskunftswerber an dieses zu verweisen.

§ 4
Auskunftsverweigerung

(1) Wird eine Auskunft verweigert, so ist dies dem Auskunftswerber unter Angabe des Grundes mitzuteilen. Auf Antrag des Auskunftswerbers ist die Verweigerung der Auskunft mit schriftlichem Bescheid auszusprechen. Als Verfahrensordnung, nach der der Bescheid zu erlassen ist, gilt das Allgemeine Verwaltungsverfahrensgesetz 1991, BGBl. Nr. 51, zuletzt geändert durch BGBl. I Nr. 10/2004; ist jedoch für die Angelegenheit, in der die Auskunft verweigert wird, ein anderes Verfahrensgesetz anzuwenden, so gilt dieses.

(2) Über Berufungen gegen Bescheide im Sinne von Abs. 1 entscheidet, soweit es sich um Entscheidungen von Landesorganen handelt, der unabhängige Verwaltungssenat.

2. Abschnitt
Umweltinformation

§ 5
Förderung der Umweltinformation; informationspflichtige Stellen

(1) Die in § 1 Abs. 1 genannten Organe und sonstige natürliche oder juristische Personen, die als Organe des Landes oder der Gemeinden beauftragt sind, im Zusammenhang mit der Umwelt öffentliche Aufgaben wahrzunehmen, sowie natürliche oder juristische Personen, denen unter der Kontrolle der genannten

Organe öffentliche Zuständigkeiten im Zusammenhang mit der Umwelt zukommen – im Folgenden „informationspflichtige Stellen“ genannt –, haben die Öffentlichkeit im Bemühen um Zugang zu Umweltinformationen, insbesondere in Fällen des § 7 Abs. 3, zu unterstützen. Sie haben die Öffentlichkeit über die aus diesem Abschnitt ableitbaren Rechte zu unterrichten und in angemessenem Umfang Informationen, Orientierung und Beratung zu bieten.

(2) Die für Organe beruflicher Vertretungen im § 1 Abs. 4 festgelegten Einschränkungen bei der Informationspflicht gelten für diesen Abschnitt nicht.

(3) Im Sinne der in Abs. 1 genannten Verpflichtung haben die informationspflichtigen Stellen durch praktische Vorkehrungen sicherzustellen, dass das Recht auf Zugang zu Umweltinformationen wirksam ausgeübt werden kann; dies kann insbesondere geschehen durch

a) die Benennung von Auskunftsbeamten,
b) den Aufbau oder die Unterhaltung von Einrichtungen zur Einsichtnahme in die gewünschten Informationen,
c) Verzeichnisse oder Listen betreffend Umweltinformationen, die im Besitz der informationspflichtigen Stelle sind, oder
d) die Einrichtung von Informationsstellen mit klaren Angaben, wo solche Informationen zu finden sind.

§ 6
Freier Zugang zu Umweltinformationen

(1) Die informationspflichtigen Stellen haben bei ihnen vorhandene oder für sie bereit gehaltene Umweltinformationen jedermann auf Antrag zugänglich zu machen.

(2) Als Umweltinformationen gelten sämtliche Informationen in schriftlicher, visueller, akustischer, elektronischer oder sonstiger materieller Form über

a) den Zustand von Umweltbestandteilen wie Luft und Atmosphäre, Wasser, Boden, Land, Landschaft und natürliche Lebensräume einschließlich Feuchtgebieten, die Artenvielfalt und ihre Bestandteile, einschließlich genetisch veränderter Organismen, sowie die Wechselwirkungen zwischen diesen Bestandteilen;

b) Faktoren wie Stoffe, Energie, Lärm und Strahlung oder Abfall einschließlich radioaktiven Abfalls, Emissionen, Ableitungen oder sonstiges Freisetzen von Stoffen in die Umwelt, die sich auf die unter lit. a genannten Umweltbestandteile auswirken oder wahrscheinlich auswirken;

c) Maßnahmen (einschließlich Verwaltungsmaßnahmen), wie z. B. Politiken, Gesetze, Pläne und Programme, Verwaltungsakte, Umweltvereinbarungen und Tätigkeiten, die sich auf die unter lit. a und b genannten Umweltbestandteile und -faktoren auswirken oder wahrscheinlich auswirken, sowie Maßnahmen oder Tätigkeiten zum Schutz dieser Elemente;

d) Berichte über die Umsetzung des Umweltrechts;

e) Kosten/Nutzen-Analysen und sonstige wirtschaftliche Analysen und Annahmen, die im Rahmen der unter lit. c genannten Maßnahmen und Tätigkeiten verwendet werden;

f) den Zustand der menschlichen Gesundheit und Sicherheit gegebenenfalls einschließlich der Kontamination der Lebensmittelkette, Bedingungen für menschliches Leben sowie Kulturstätten und Bauwerke in dem Maße, in dem sie vom Zustand der unter lit. a genannten Umweltbestandteile oder – durch diese Bestandteile – von den unter den lit. b und c aufgeführten Faktoren, Maßnahmen oder Tätigkeiten betroffen sind oder sein können.

§ 7
Mitteilungspflichten

(1) Einem Antragsteller sind Umweltinformationen, unter Berücksichtigung der allenfalls vom Antragsteller angegebenen Termine, so bald wie möglich, spätestens jedoch innerhalb eines Monats nach Eingang des Antrags zugänglich zu machen.

(2) Ist die beantragte Information derart umfangreich und komplex, dass die Zugänglichmachung innerhalb eines Monats nicht möglich ist, so ist diese Umweltinformation innerhalb von zwei Monaten nach Eingang des Antrags zugänglich zu machen. In diesem Fall ist dem Antragsteller die Verlängerung der Frist unter Angabe von Gründen so bald wie möglich, in jedem Fall jedoch vor Ablauf der einmonatigen Frist mitzuteilen.

(3) Ist ein Antrag zu allgemein formuliert, so ist der Antragsteller so rasch wie möglich, spätestens innerhalb eines Monats aufzufordern, den Antrag innerhalb einer angemessenen, mindestens zweiwöchigen Frist zu präzisieren.

(4) Wird der Antrag auf Zurverfügungstellung von Umweltinformationen in einer bestimmten Form oder in einem bestimmten Format gestellt, so ist diesem Antrag zu entsprechen, es sei denn

a) die Informationen sind bereits in einer anderen, dem Antragsteller leicht zugänglichen Form bzw. einem anderen, dem Antragsteller leicht zugänglichen Format öffentlich verfügbar oder
b) es ist für die Behörde in Anbetracht des damit verbundenen Aufwandes angemessen, die Information in einer anderen Form bzw. in einem anderen Format zugänglich zu machen; in diesem Fall sind die Gründe für die Wahl dieser anderen Form bzw. dieses anderen Formats anzugeben.

(5) Wird einem Begehren nicht entsprochen, so ist das in der Verständigung zu begründen und es ist auf das Rechtsschutzverfahren (§ 9) hinzuweisen.

§ 8
Mitteilungsschranken

(1) Ein Antrag auf Zugang zu Umweltinformationen darf abgelehnt werden, wenn die gewünschte Information nicht bei der Stelle, an die der Antrag gerichtet ist, vorhanden ist und auch nicht für diese bereitgehalten wird; in einem solchen Fall

hat die Stelle für den Fall, dass ihr bekannt ist, dass diese Information bei einer anderen Stelle vorhanden ist oder für diese bereitgehalten wird, den Antrag unverzüglich an diese weiterzuleiten und den Antragsteller darüber zu informieren.

(2) Ein Antrag auf Zugang zu Umweltinformationen darf weiters abgelehnt werden, wenn der Antrag
a) offensichtlich missbräuchlich gestellt wird,
b) zu allgemein formuliert ist und eine ausreichende Präzisierung im Sinne von § 7 Abs. 3 nicht fristgerecht erfolgt,
c) interne Mitteilungen betrifft, wobei die Folgewirkungen einer Bekanntgabe mit dem öffentlichen Interesse an einer Bekanntgabe dieser Informationen abzuwägen sind.

(3) Wenn der Antrag Material betrifft, das gerade vervollständigt wird, oder noch nicht abgeschlossene Schriftstücke oder noch nicht aufbereitete Daten, so ist die Stelle bekannt zu geben, die das Material vorbereitet, sowie der voraussichtliche Zeitpunkt der Fertigstellung.

(4) Ein Antrag auf Zugang zu Umweltinformationen darf abgelehnt werden, wenn ihre Bekanntgabe negative Auswirkungen hätte auf:
a) die Vertraulichkeit der Beratungen von Behörden, sofern eine derartige Vertraulichkeit gesetzlich vorgesehen ist,
b) internationale Beziehungen, die öffentliche Sicherheit oder die Landesverteidigung,
c) laufende Gerichtsverfahren, die Möglichkeiten einer Person, ein faires Verfahren zu erhalten, oder die Möglichkeiten einer Behörde, Untersuchungen strafrechtlicher oder disziplinärer Art durchzuführen,
d) Geschäfts- oder Betriebsgeheimnisse, sofern diese durch einzelstaatliches oder gemeinschaftliches Recht geschützt sind, um berechtigte wirtschaftliche Interessen einschließlich des öffentlichen Interesses an der Wahrung der Geheimhaltung von statistischen Daten und des Steuergeheimnisses zu schützen,
e) Rechte an geistigem Eigentum,

f) die Vertraulichkeit personenbezogener Daten und/oder Akten über eine natürliche Person, sofern diese der Bekanntgabe dieser Information an die Öffentlichkeit nicht zugestimmt hat und sofern eine derartige Vertraulichkeit nach innerstaatlichem oder gemeinschaftlichem Recht vorgesehen ist,
g) die Interessen oder den Schutz einer Person, die die beantragte Information freiwillig zur Verfügung gestellt hat, ohne dazu gesetzlich verpflichtet zu sein oder verpflichtet werden zu können, es sei denn, dass diese Person der Herausgabe der betreffenden Informationen zugestimmt hat, oder
h) den Schutz der Umweltbereiche, auf die sich die Informationen beziehen, wie z. B. die Aufenthaltsorte seltener Tierarten.

(5) Die in Abs. 1, 2 und 4 genannten Ablehnungsgründe sind eng auszulegen. Im Einzelfall ist das öffentliche Interesse an der Bekanntgabe mit den Ablehnungsinteressen abzuwägen. Anträge auf Informationen über Emissionen in die Umwelt dürfen unter Hinweis auf Abs. 4 lit. a, d, f, g und h nicht abgelehnt werden.

(6) Fallen beantragte Umweltinformationen zum Teil unter Abs. 2 lit. c oder Abs. 3, sind diese auszugsweise bekannt zu geben, soweit sie von diesen Ausnahmebestimmungen nicht erfasst sind und von den nicht dem Zugangsrecht unterliegenden Umweltinformationen getrennt werden können.

§ 9
Rechtsschutz

(1) Werden die verlangten Umweltinformationen nicht oder nicht im begehrten Umfang mitgeteilt, so ist auf Antrag des Informationssuchenden darüber mit Bescheid abzusprechen.

(2) Zuständig zur Erlassung eines Bescheides im Sinne von Abs. 1 ist die informationspflichtige Stelle, soweit sie behördliche Aufgaben besorgt; ist dies nicht der Fall, sind diese Anträge im Sinne des Abs. 1 ohne unnötigen Aufschub an die für die Führung der Aufsicht oder der sonstigen Kontrolle oder für de-

ren Einrichtung zuständige bescheiderlassende Stelle, in sonstigen Fällen an die Bezirksverwaltungsbehörde des Verwaltungsbezirkes, in dem die informationspflichtige Stelle ihren Sitz hat, weiterzuleiten oder die Informationssuchenden an diese zu verweisen.

(3) Über Berufungen gegen Bescheide im Sinne von Abs. 2 entscheidet, soweit es sich um Entscheidungen von Landesorganen handelt, der unabhängige Verwaltungssenat.

§ 10
Gebühren

Der Zugang zu öffentlichen Verzeichnissen und Listen und die Einsichtnahme in die beantragten Umweltinformationen an Ort und Stelle sind unentgeltlich. Kaufpreise oder Schutzgebühren für Publikationen bleiben davon unberührt. Für die Bereitstellung von Umweltinformationen kann die Landesregierung durch Verordnung Kostenersätze festlegen. Kaufpreise, Schutzgebühren und Kostenersätze für die Bereitstellung von Umweltinformationen dürfen jedoch eine angemessene Höhe nicht überschreiten.

§ 11
Veröffentlichung von Umweltinformationen

(1) Die informationspflichtigen Stellen haben dafür zu sorgen, dass Umweltinformationen, über die sie in Wahrnehmung landesgesetzlich übertragener Aufgaben im Bereich des Umweltschutzes verfügen und an denen die Öffentlichkeit aus Gründen des Umweltschutzes ein Informationsinteresse hat, in geeigneter Weise veröffentlicht werden, soweit Geheimhaltungsinteressen nicht entgegenstehen. Solche Umweltinformationen sind möglichst in der Öffentlichkeit zugänglichen elektronischen Datenbanken bereitzustellen, um eine aktive und systematische Verbreitung in der Öffentlichkeit zu fördern.

(2) Der Verbreitungsauftrag im Sinne von Abs. 1 gilt vor allem für folgende, erforderlichenfalls zu aktualisierende Informationen mit Umweltbezug:

a) internationale Verträge;
b) Pläne und Programme;
c) Berichte über Umsetzungsfortschritte internationaler Verträge und nationaler Pläne und Programme;
d) Umweltzustandsberichte;
e) Daten aus der Überwachung von Tätigkeiten, die Umweltauswirkungen haben oder erwarten lassen;
f) Genehmigungen mit erheblichen Umweltauswirkungen und Umweltvereinbarungen;
g) Umweltverträglichkeitsprüfungen und Risikobewertungen, den Zustand der Umweltbestandteile wie Luft und Atmosphäre, Wasser, Boden, Land, Landschaft und natürliche Lebensräume einschließlich Feuchtgebiete, Küsten und Meeresgebiete, die Artenvielfalt und ihre Bestandteile einschließlich genetisch veränderter Organismen sowie die Wechselwirkungen zwischen diesen Bestandteilen betreffend.

(3) Wenn die menschliche Gesundheit oder die Umwelt unmittelbar bedroht sind, haben die informationspflichtigen Stellen die bei ihnen vorliegenden oder für sie bereitgehaltenen Umweltinformationen unverzüglich zu verbreiten, wenn es der betroffenen Öffentlichkeit dadurch ermöglicht wird, den drohenden Schaden abzuwenden oder zu begrenzen. Die Mitteilungsschranken im Sinne von § 8 sind dabei zu beachten.

§ 12
Umweltzustandsbericht

In regelmäßigen, höchstens vierjährigen Abständen hat das Land einen Umweltzustandsbericht herauszugeben, der Informationen über die Umweltqualität und die Umweltbelastungen zu enthalten hat.

3. Abschnitt
Datenschutz

§ 13
Anwendungsbereich

(1) Dieser Abschnitt regelt den Schutz personenbezogener Daten, die in nicht automationsunterstützt geführten Dateien (manuell geführten Dateien) für Zwecke solcher Angelegenheiten verwendet werden, in denen die Zuständigkeit zur Gesetzgebung Landessache ist.

(2) Die Bestimmungen dieses Abschnittes sind auf die nicht automationsunterstützte Verwendung personenbezogener Daten im Sinne von Abs. 1 in Kärnten anzuwenden. Sie sind darüber hinaus auf die nicht automationsunterstützte Verwendung personenbezogener Daten im Sinne von Abs. 1 in anderen Mitgliedstaaten der Europäischen Union anzuwenden, soweit diese Verwendung für Zwecke einer in Kärnten gelegenen Haupt- oder Zweigniederlassung eines Auftraggebers erfolgt.

(3) Abweichend von Abs. 2 ist das Recht des Sitzstaates des Auftraggebers auf die nicht automationsunterstützte Verwendung personenbezogener Daten im Sinne des Abs. 1 in Kärnten anzuwenden, wenn ein Auftraggeber des privaten Bereichs mit Sitz in einem anderen Mitgliedstaat der Europäischen Union personenbezogene Daten in Kärnten zu einem Zweck verwendet, der keiner in Kärnten gelegenen Niederlassung dieses Auftraggebers zuzurechnen ist.

(4) Dieser Abschnitt findet keine Anwendung auf

a) personenbezogene Daten, soweit sie im Sinne des Abs. 1 durch Kärnten nur durchgeführt werden, und
b) die Verarbeitung personenbezogener Daten durch natürliche Personen für ausschließlich persönliche oder familiäre Zwecke.

§ 14
Anwendung des Datenschutzgesetzes 2000 (DSG 2000)

(1) Die in diesem Abschnitt verwendeten Begriffe haben die im § 4 DSG 2000, BGBl. I Nr. 165/1999, zuletzt geändert durch BGBl. I Nr.13/2005, festgelegte Bedeutung.

(2) Nicht automationsunterstützt geführte Dateien gelten als Datenanwendungen im Sinne des Art. 2 § 4 Z 7 DSG 2000.

(3) Art. 2 1. bis 9. Abschnitt DSG 2000 sind auf nicht automationsunterstützt geführte Dateien im Sinne des § 13 Abs. 1 sinngemäß anzuwenden, wobei in § 6 Abs. 4 DSG 2000 an die Stelle des Bundeskanzlers die Landesregierung tritt und § 17 DSG 2000 mit der Maßgabe anzuwenden ist, dass die Meldepflicht nur für solche Dateien besteht, deren Inhalt gemäß § 18 Abs. 2 DSG 2000 der Vorabkontrolle unterliegt.

4. Abschnitt
Weiterverwendung von Dokumenten öffentlicher Stellen

§ 15
Anwendungsbereich

(1) Dieser Abschnitt regelt die Bereitstellung und Gestattung der Weiterverwendung von Dokumenten öffentlicher Stellen für Zwecke, die sich von dem ursprünglichen Zweck ihrer Erstellung im Rahmen der Wahrnehmung einer landesgesetzlich übertragenen Aufgabe unterscheiden.

(2) Diesem Abschnitt unterliegen nicht:

a) die Übermittlung von Dokumenten innerhalb und zwischen Gebietskörperschaften sowie anderen Rechtsträgern, die ausschließlich der Wahrnehmung einer gesetzlich übertragenen Aufgabe dient;
b) die Übermittlung von Dokumenten an Dritte ausschließlich für einen Zweck, der dem ursprünglichen Zweck ihrer Er-

stellung im Rahmen der Wahrnehmung einer landesgesetzlich übertragenen Aufgabe entspricht;

c) die Erteilung von Auskünften gemäß dem 1. Abschnitt dieses Gesetzes;

d) die Zurverfügungstellung von Umweltinformationen gemäß dem 2. Abschnitt dieses Gesetzes;

e) die Bereitstellung und Gestattung der Weiterverwendung von Dokumenten, die im Besitz einer Bildungs- oder Forschungseinrichtung (insbesondere Schule, Archiv, Bibliothek, Verwaltungsakademie, Forschungsinstitut), einer kulturellen Einrichtung (insbesondere Museum, Theater, Orchester) oder einer öffentlich-rechtlichen Rundfunkanstalt mit öffentlichem Sendeauftrag ist.

(3) In diesem Abschnitt bedeuten die Begriffe:

a) „öffentliche Stelle“: das Land, eine Gemeinde, ein Gemeindeverband oder eine durch Landesgesetz geregelte andere juristische Person des öffentlichen Rechts (Körperschaft, Anstalt, Stiftung, Fonds) oder das Österreichische Institut für Bautechnik;

b) „Dokument“: jede Darstellung eines Inhalts unabhängig von der Form des Datenträgers (insbesondere auf Papier oder in elektronischer Form oder als Ton-, Bild- oder audiovisuelles Material), die eine öffentliche Stelle im Rahmen der Wahrnehmung einer landesgesetzlich übertragenen Aufgabe erstellt hat;

c) „Weiterverwendung“: die Verwendung eines von einer öffentlichen Stelle bereitgestellten Dokuments für Zwecke, die sich von dem ursprünglichen Zweck ihrer Erstellung im Rahmen der Wahrnehmung einer landesgesetzlich übertragenen Aufgabe unterscheiden.

§ 16
Ermächtigung zur Bereitstellung

(1) Die öffentlichen Stellen dürfen auf Antrag Dokumente aus ihrem jeweiligen Zuständigkeitsbereich oder Teile solcher

Dokumente bereitstellen und deren Weiterverwendung gestatten, soweit gesetzliche Vorschriften eingehalten, die Besorgung der übrigen Aufgaben der Verwaltung nicht behindert sowie die in den Verwaltungsvorschriften geschützten öffentlichen Interessen und die überwiegenden berechtigten Interessen Dritter gewahrt werden. Einem Antrag darf jedenfalls nicht entsprochen werden, wenn

a) der Antrag offensichtlich missbräuchlich gestellt worden ist oder
b) das Dokument Träger geistigen Eigentums Dritter ist oder
c) der Bereitstellung eine gesetzliche Verschwiegenheitspflicht, insbesondere das Grundrecht auf Datenschutz, entgegensteht oder
d) eine besondere gesetzliche Beschränkung für den Zugang zum Dokument besteht oder
e) Auszüge aus Dokumenten begehrt werden, die nur mit einem unverhältnismäßigen Aufwand, der über eine gewöhnliche Handhabung hinausgeht, zur Verfügung gestellt werden können, oder
f) der Antragsteller nicht erklärt, ein Benützungsentgelt (§ 17) zu entrichten, oder
g) der Antragsteller nicht erklärt, die Bedingungen für die Weiterverwendung von Dokumenten (§ 18) einzuhalten.

(2) Abs. 1 lit. f gilt nur, wenn die öffentliche Stelle ein Benützungsentgelt verlangt, das den Grundsätzen des § 17 Abs. 1 entspricht. Abs. 1 lit. g gilt nur, wenn die öffentliche Stelle Bedingungen für die Weiterverwendung von Dokumenten festlegt, die den Grundsätzen des § 18 Abs. 2 und 3 erster und zweiter Satz entsprechen.

(3) § 2 Abs. 2, § 3 Abs. 2 und 3, § 4 Abs. 1 und § 7 Abs. 5 gelten für die Behandlung und Ablehnung von Anträgen auf Weiterverwendung von Dokumenten sinngemäß. Wenn in dem das einzelne Gebiet der Verwaltung regelnden Gesetz für den Zugang zu Dokumenten eine kürzere oder längere Frist vorgesehen ist, tritt diese an die Stelle der in § 3 Abs. 2 erster Satz

genannten Frist. Sofern es sich nicht um Bescheide der Gemeinden, Gemeindeverbände oder der durch Landesgesetze geregelten Selbstverwaltung handelt, entscheidet über Berufungen gegen Bescheide der unabhängige Verwaltungssenat. Im Fall einer Ablehnung aus dem Grund des Abs. 1 lit. b hat die öffentliche Stelle auf die natürliche oder juristische Person zu verweisen, die – soweit bekannt – Inhaber der Rechte ist, oder ersatzweise auf den Lizenzgeber, von dem die öffentliche Stelle das betreffende Material erhalten hat.

§ 17
Benützungsentgelt

(1) Sofern die öffentliche Stelle ein Benützungsentgelt für die Weiterverwendung von Dokumenten vereinbart, dürfen die Gesamteinnahmen aus der Bereitstellung von Dokumenten und der Gestattung ihrer Weiterverwendung die Kosten ihrer Erfassung, Erstellung, Reproduktion und Verbreitung zuzüglich einer angemessenen Gewinnspanne nicht übersteigen. Ein Benützungsentgelt hat für den entsprechenden Abrechnungszeitraum kostenorientiert zu sein; es ist unter Bedachtnahme auf die für die betreffende öffentliche Stelle geltenden Buchführungsgrundsätze zu berechnen.

(2) Ein Benützungsentgelt, das die öffentliche Stelle in Standardfällen (§ 19 Abs. 1) vereinbaren will, ist nach Möglichkeit auf der Internetseite der öffentlichen Stelle, ansonsten an einem bei ihr allgemein zugänglichen Ort im Vorhinein bekannt zu geben.

(3) Auf Anfrage hat die öffentliche Stelle die Berechnungsgrundlage für ein veröffentlichtes Benützungsentgelt anzugeben. Zudem hat die öffentliche Stelle erforderlichenfalls Auskunft über die Faktoren zu geben, die bei der Berechnung des Benützungsentgelts in atypischen Fällen berücksichtigt werden. Die Bestimmungen des 1. Abschnittes sind jeweils anzuwenden.

§ 18
Bedingungen für die Weiterverwendung

(1) Die öffentlichen Stellen haben unter Bedachtnahme auf die Abs. 2 und 3 im Vorhinein Bedingungen für die Weiterverwendung von Dokumenten bekannt zu geben (Vertragsschablone), sofern sie die Weiterverwendung bestimmter Typen von Dokumenten nicht ohne Bedingungen gestatten oder nicht die Bedingungen in Einzelfällen nach den Grundsätzen der Abs. 2 und 3 gesondert vereinbaren. Die im Vorhinein bekannt gegebenen Bedingungen (Vertragsschablone) sind nach Möglichkeit auf der Internetseite der öffentlichen Stelle, ansonsten an einem bei ihr allgemein zugänglichen Ort zu veröffentlichen.

(2) Die Bedingungen für die Weiterverwendung von Dokumenten, die gegebenenfalls in einer Lizenz festgelegt werden können, dürfen die Möglichkeiten für die Weiterverwendung nicht unnötig einschränken und nicht der Behinderung des Wettbewerbs dienen. Sie müssen für vergleichbare Kategorien der Weiterverwendung nichtdiskriminierend sein. Die Weiterverwendung von Dokumenten muss allen Marktteilnehmern offen stehen, selbst wenn auf diesen Dokumenten beruhende Mehrwertprodukte bereits von einem oder mehreren Marktteilnehmern genutzt werden.

(3) Dritten dürfen keine ausschließlichen Rechte zur Weiterverwendung gewährt werden. Ist allerdings für die Bereitstellung eines Dienstes im öffentlichen Interesse ein ausschließliches Recht zur Weiterverwendung erforderlich, so ist der Grund für dessen Einräumung regelmäßig, mindestens jedoch alle drei Jahre, zu überprüfen. Diese Ausschließlichkeitsvereinbarungen sind gemäß Abs. 1 letzter Satz bekannt zu geben, sofern sie nach dem 31. Dezember 2003 abgeschlossen wurden. Die an diesem Tag allenfalls bestehenden Ausschließlichkeitsvereinbarungen, die nicht unter die Ausnahme des zweiten Satzes fallen, sind spätestens am 31. Dezember 2008 aufzulösen, sofern sie nicht früher durch Zeitablauf enden.

(4) Werden Dokumente von öffentlichen Stellen als Ausgangsmaterial für eigene Geschäftstätigkeiten weiterverwendet, die nicht der Wahrnehmung einer gesetzlich übertragenen Aufgabe dienen, so gelten für die Bereitstellung der Dokumente für diese Tätigkeiten dieselben Benützungsentgelte und sonstigen Bedingungen wie für andere Nutzer.

(5) Wenn eine öffentliche Stelle für die Weiterverwendung von Dokumenten Standardlizenzen verwendet, die an besondere Lizenzanträge angepasst werden können, hat sie diese in digitaler Form und nach Möglichkeit zur elektronischen Bearbeitung zur Verfügung zu stellen.

§ 19
Service

(1) Die öffentlichen Stellen haben an einem bei ihnen allgemein zugänglichen Ort oder nach Möglichkeit auf ihrer Internetseite bekannt zu geben, welche Typen von verfügbaren Dokumenten aus ihrem Zuständigkeitsbereich für eine Bereitstellung an Dritte unter den Voraussetzungen des § 16 Abs. 1 unter Bedachtnahme auf die bisherige oder künftig zu erwartende Nachfrage in Betracht kommen (Standardfälle).

(2) Werden Dokumente Dritten bereitgetellt, hat dies im jeweils vorhandenen Format, nach Möglichkeit in elektronischer Form, zu geschehen. Die öffentlichen Stellen sind jedoch nicht verpflichtet, Dokumente zum Zweck der Weitergabe neu zu erstellen oder anzupassen oder künftig deren Erstellung fortzusetzen.

5. Abschnitt
Landesstatistik

§ 20
Aufgaben

(1) Die Landesstatistik umfasst alle statistischen Tätigkeiten und Erhebungen, deren Träger das Land ist und die für die Lan-

desverwaltung von Bedeutung sind oder sonst im Interesse des Landes liegen.

(2) Die Landesstatistik ist von der Landesregierung zu besorgen und umfasst insbesondere folgende Aufgaben:

a) die empirische Analyse von relevanten Sachverhalten durch die Erstellung von Statistiken einschließlich der Durchführung von statistischen Erhebungen samt Abfragen aus öffentlichen Registern;
b) die Erzielung von Mehrwerten der statistischen Information durch die Zusammenführung und Auswertung von Ergebnissen verschiedener Daten- und Informationsquellen;
c) die Erstellung von statistischen Datensammlungen für das Land;
d) die Mitwirkung in den mit statistischen Angelegenheiten befassten beratenden Gremien und Einrichtungen der Organe der Bundesanstalt „Statistik Österreich" sowie die Wahrnehmung der Interessen des Landes in diesen Gremien;
e) die Zusammenarbeit mit den Organen der Bundesstatistik, den anderen Landesstatistiken sowie mit anderen Statistikproduzenten, soweit dies für die Wahrnehmung der übertragenen Aufgaben sinnvoll und zweckmäßig ist;
f) die Durchführung der durch Landesgesetze oder Verordnungen der Landesregierung angeordneten Erhebungen, sofern in diesen Gesetzen oder Verordnungen nicht andere Stellen damit betraut sind.

§ 21
Grundsätze

Bei der Erfüllung der Aufgaben der Landesstatistik sind folgende Grundsätze zu beachten:

a) Gewährleistung von Objektivität und Unparteilichkeit;
b) Anwendung frei gewählter statistischer Methoden und Verfahren nach international anerkannten wissenschaftlichen Grundsätzen und Standards und deren Offenlegung;

c) Sicherstellung einer möglichst hohen Aktualität;
d) Bemühen um möglichst hohe Kohärenz der Statistik;
e) laufende Überprüfung der Statistiken auf mögliche Qualitätsverbesserungen;
f) Minimierung der Belastung und ausreichende Information der Betroffenen und Auskunftspflichtigen;
g) Veröffentlichung von statistischen Erhebungen und
h) Wahrung des Statistikgeheimnisses.

§ 22
Beschaffung und Verarbeitung von Daten

(1) Die Beschaffung von Daten kann erfolgen durch:
a) Zusammenarbeit mit der „Statistik Österreich", dem Bund, den Ländern sowie mit sonstigen Institutionen, die Statistik betreiben,
b) die Beschaffung von Statistikdaten,
c) die Beschaffung von Verwaltungsdaten,
d) die Beschaffung von Daten aus öffentlichen Registern,
e) statistische Erhebungen.

(2) Bei der Ermittlung und Beschaffung von Daten ist – unter Beachtung der datenschutzrechtlichen Vorschriften – so weit wie möglich auf schutzwürdige Interessen der Betroffenen Rücksicht zu nehmen. Die mit der Verarbeitung von Daten und Erstellung von Statistiken betrauten Personen haben sicherzustellen, dass bei allen Arbeitsschritten Daten gegen unerlaubte Zugriffe, Missbrauch, Zerstörung und Diebstahl gesichert sind.

(3) Die Stellen, die öffentliche Register führen, sowie die Inhaber von Verwaltungsdaten oder Statistikdaten sind verpflichtet, der Landesstatistik jene Daten nach Möglichkeit in EDV-lesbarer Form zu übermitteln, deren Erforderlichkeit zur Besorgung der Aufgaben der Landesstatistik glaubhaft gemacht wird.

(4) Statistische Erhebungen durch Befragung mit Auskunftspflicht der individuellen Dateninhaber dürfen nur auf Grund besonderer gesetzlicher Anordnung durchgeführt werden.

§ 23
Personenbezogene Daten

(1) Statistische Erhebungen dürfen nur dann personenbezogen sein, wenn dies unerlässlich ist für
a) die Festlegung des Personenkreises,
b) die Überprüfung der Erfüllung einer Auskunftspflicht oder
c) die Berichtigung oder Vervollständigung von Auskünften.

(2) Personenbezogene Daten dürfen nur für statistische Zwecke verwendet und nur so lange aufbewahrt werden, als dies zur Erstellung der betreffenden Statistik erforderlich ist.

(3) Die mit Aufgaben der Landesstatistik betrauten Personen sind über alle personenbezogenen Daten, die ihnen in Wahrnehmung dieser Tätigkeit, und über alle Tatsachen, die ihnen bei der statistischen Erhebung zur Kenntnis gelangt sind, zur Verschwiegenheit verpflichtet.

(4) Im Rahmen der Landesstatistik verwendete personenbezogene Daten dürfen an Dritte nur übermittelt werden, wenn gesetzliche Bestimmungen dies vorsehen oder der Betroffene ausdrücklich und unmissverständlich zustimmt.

6. Abschnitt
Gemeinsame Bestimmungen

§ 24
Eigener Wirkungsbereich

(1) Die im 1. Abschnitt geregelten Aufgaben der Gemeinde sind solche des eigenen Wirkungsbereichs.

(2) Die Vollziehung des 2. und 4. Abschnittes ist insoweit im eigenen Wirkungsbereich der Gemeinden und anderer Einrichtungen der Selbstverwaltung zu besorgen, als sie gesetzlich übertragene Aufgaben im eigenen Wirkungsbereich wahrnehmen.

§ 25
Strafbestimmungen

(1) Eine Verwaltungsübertretung begeht, wer

a) sich vorsätzlich widerrechtlichen Zugang zu einer Datenanwendung im Sinne des § 13 Abs. 1 verschafft oder einen erkennbar widerrechtlichen Zugang vorsätzlich aufrechterhält,
b) Daten im Sinne des § 13 Abs. 1 vorsätzlich in Verletzung des Datengeheimnisses (§ 14 dieses Gesetzes in Verbindung mit § 15 DSG 2000) übermittelt, insbesondere Daten, die ihm gemäß § 14 dieses Gesetzes in Verbindung mit §§ 46 oder 47 DSG 2000 anvertraut wurden, vorsätzlich für andere Zwecke verwendet,
c) Daten im Sinne des § 13 Abs. 1 entgegen einem rechtskräftigen Urteil oder Bescheid verwendet, nicht beauskunftet, nicht richtig stellt oder nicht löscht,
d) Daten im Sinne des § 13 Abs. 1 vorsätzlich entgegen § 14 dieses Gesetzes in Verbindung mit § 26 Abs. 7 DSG 2000 löscht,
e) Daten im Sinne des § 12 Abs. 1 ermittelt, verarbeitet oder übermittelt, ohne seine Meldepflicht gemäß § 14 dieses Gesetzes in Verbindung mit § 17 DSG 2000 erfüllt zu haben,
f) Daten im Sinne des § 13 Abs. 1 in das Ausland übermittelt oder überlässt, ohne die erforderliche Genehmigung der Datenschutzkommission gemäß § 14 dieses Gesetzes in Verbindung mit § 13 DSG 2000 eingeholt zu haben,
g) seine Offenlegungs- oder Informationspflichten gemäß § 14 dieses Gesetzes in Verbindung mit den §§ 23, 24 und 25 DSG 2000 verletzt oder
h) die gemäß § 14 dieses Gesetzes in Verbindung mit § 14 DSG 2000 erforderlichen Sicherheitsmaßnahmen gröblich außer Acht lässt.

(2) Sofern die Tat nicht den Tatbestand einer in die Zuständigkeit der Gerichte fallenden strafbaren Handlung bildet oder nach anderen Verwaltungsstrafbestimmungen mit strengerer Strafe bedroht ist, ist eine Verwaltungsübertretung nach Abs. 1 lit. a mit

einer Geldstrafe bis zu 2500,– Euro, eine Verwaltungsübertretung nach Abs. 1 lit. b bis e mit einer Geldstrafe bis zu 18.000,– Euro und eine Verwaltungsübertretung nach Abs. 1 lit. f bis h mit einer Geldstrafe bis 9000,– Euro zu ahnden.

(3) Der Versuch ist strafbar.

§ 26
Abgabenbefreiung

Unbeschadet der §§ 10 und 17 sind in den Angelegenheiten dieses Gesetzes keine landesgesetzlich geregelten Verwaltungsabgaben zu entrichten.

§ 27
Umsetzungshinweise

(1) Durch den 2. Abschnitt wird die Richtlinie 2003/4/EG des Europäischen Parlaments und des Rates vom 28. Jänner 2003 über den Zugang der Öffentlichkeit zu Umweltinformationen und zur Aufhebung der Richtlinie 90/313/EWG des Rates, ABl. Nr. L 41 vom 14. Februar 2003, S 26, umgesetzt.

(2) Durch den 3. Abschnitt wird die Richtlinie 95/46/EG des Europäischen Parlaments und des Rates vom 24. Oktober 1995 zum Schutz natürlicher Personen bei der Verarbeitung personenbezogener Daten und zum freien Datenverkehr, ABl. Nr. L 281 vom 23. November 1995, S 31, umgesetzt.

(3) Durch den 4. Abschnitt wird die Richtlinie 2003/98/EG des Europäischen Parlaments und des Rates vom 17. November 2003 über die Weiterverwendung von Informationen des öffentlichen Sektors, ABl. Nr. L 345 vom 31. Dezember 2003, S 90, umgesetzt.

§ 28
In-Kraft-Treten und Außer-Kraft-Treten

(1) Dieses Gesetz tritt mit Ausnahme des 4. Abschnittes an dem der Kundmachung folgenden Monatsersten in Kraft.

(2) Der 4. Abschnitt tritt am 1. Juli 2005 in Kraft.

(3) Mit dem In-Kraft-Treten dieses Gesetzes treten

a) das Gesetz über die Auskunftspflicht in der Verwaltung des Landes und der Gemeinden, LGBl. Nr. 29/1988, in der Fassung LGBl. Nr. 11/2001,
b) das Gesetz über den Schutz personenbezogener Daten bei nicht automationsunterstützt geführten Dateien (Kärntner Landes-Datenschutzgesetz – K-LDSG), LGBl. Nr. 59/2000, und
c) das Gesetz über die Landesstatistik, LGBl. Nr. 32/1957, außer Kraft.

Der Präsident des Landtages:
DI Freunschlag

Der Landeshauptmann:
Dr. Haider

Der 1. Landeshauptmann-Stellvertreter:
Dr. Strutz

Der 2. Landeshauptmann-Stellvertreter:
Dr. Ambrozy

Die Landesrätin:
Dr. Schaunig-Kandut

Der Landesrat:
Dörfler

Der Landesrat:
Ing. Rohr

Der Landesrat:
Dr. Martinz

4.3. Niederösterreich

Der Landtag von Niederösterreich hat am 5. Oktober 2006 in Ausführung des Auskunftspflicht-Grundsatzgesetzes, BGBl.Nr. 286/1987 in der Fassung BGBl. I Nr. 158/1998, beschlossen:

Änderung des NÖ Auskunftsgesetzes

LGBl. 94a/2006 vom 22. November 2006

Artikel I

Das NÖ Auskunftsgesetz, LGBl. 0020, wird wie folgt geändert:

1. Dem § 1 wird folgendes Inhaltsverzeichnis vorangestellt:

„Inhaltsverzeichnis:

§ 1 Inhalt

Abschnitt 1
Allgemeines Auskunftsrecht

§ 2 Recht auf Auskunft
§ 3 Verlangen um Auskunft
§ 4 Erteilung der Auskunft
§ 5 Einschränkungen des Auskunftsrechtes
§ 6 Verweigerung der Auskunft durch Bescheid

Abschnitt 2
Umweltinformation

§ 7 Ziel, Anwendungsbereich
§ 8 Umweltinformationen
§ 9 Informationspflichtige Stellen
§ 10 Freier Zugang zu Umweltinformationen

Abschnitt 3
Weiterverwendung von Dokumenten öffentlicher Stellen

Abschnitt 4
Gemeinsame Bestimmungen

2. § 6 entfällt.
3. Die §§ 1 bis 5 erhalten die Bezeichnung §§ 2 bis 6. § 1 (neu) lautet:

„§ 1
Inhalt

Dieses Gesetz regelt
1. das Recht auf Auskunft von Verwaltungsorganen (Abschnitt 1)
2. das Recht auf freien Zugang zu Umweltinformationen und die Information der Öffentlichkeit über die Umwelt (Abschnitt 2)
3. die Weiterverwendung von Dokumenten öffentlicher Stellen (Abschnitt 3).“
4. Dem § 2 (neu) wird folgende Abschnittsbezeichnung vorangestellt:

„Abschnitt 1
Allgemeines Auskunftsrecht“

5. Im § 2 (neu) lautet der Abs 2:
„(2) Dieser Abschnitt gilt nicht, insoweit eine Auskunft aufgrund anderer Rechtsvorschriften oder nach Abschnitt 2 verlangt werden kann.“
6. Die §§ 7 bis 10 erhalten die Bezeichnung §§ 31 bis 34.
7. Nach § 6 (neu) werden folgende Abschnitte 2 und 3 eingefügt:

„Abschnitt 2
Umweltinformation

§ 7
Ziel, Anwendungsbereich

(1) Ziel dieses Abschnittes ist die Information der Öffentlichkeit über die Umwelt, insbesondere durch
1. Gewährleistung des Rechts auf Zugang zu Umweltinformationen, die bei den informationspflichtigen Stellen vorhanden sind oder für sie bereitgehalten werden;
2. Förderung der systematischen und umfassenden Verfügbarkeit und Verbreitung von Umweltinformationen.

(2) Dieser Abschnitt gilt für Umweltinformationen in Angelegenheiten, die in Gesetzgebung Landessache sind.

§ 8
Umweltinformationen

Umweltinformationen sind sämtliche Informationen in schriftlicher, visueller, akustischer, elektronischer oder sonstiger materieller Form über

1. den Zustand von Umweltbestandteilen wie Luft und Atmosphäre, Wasser, Boden, Landschaft und natürliche Lebensräume einschließlich Berg- und Feuchtgebiete, die Artenvielfalt und ihre Bestandteile, einschließlich genetisch veränderter Organismen, sowie die Wechselwirkungen zwischen diesen Bestandteilen;
2. Faktoren wie Stoffe, Energie, Lärm und Strahlung oder Abfall einschließlich radioaktiven Abfalls, Emissionen, Ableitungen oder sonstiges Freisetzen von Stoffen oder Organismen in die Umwelt, die sich auf die in Z. 1 genannten Umweltbestandteile auswirken oder wahrscheinlich auswirken;
3. Maßnahmen, wie Gesetze, Pläne und Programme, Verwaltungsakte, Vereinbarungen und Tätigkeiten, die sich auf die in den Z. 1 und 2 genannten Umweltbestandteile und -faktoren auswirken oder wahrscheinlich auswirken, sowie Maßnahmen oder Tätigkeiten zu deren Schutz;
4. Berichte über die Umsetzung des Umweltrechts;
5. Kosten/Nutzen-Analysen und sonstige wirtschaftliche Analysen und Annahmen, die im Rahmen der in Z. 3 genannten Maßnahmen und Tätigkeiten verwendet werden;
6. den Zustand der menschlichen Gesundheit und Sicherheit und, soweit für die menschliche Gesundheit und Sicherheit von Bedeutung, über die Kontamination der Lebensmittelkette, über die Bedingungen für menschliches Leben sowie Kulturstätten und Bauwerke, wenn sie von Umwelt-

bestandteilen nach Z. 1 oder – durch diese Bestandteile – von Faktoren, Maßnahmen oder Tätigkeiten nach Z. 2 und 3 betroffen sind oder sein könnten.

§ 9
Informationspflichtige Stellen

(1) Informationspflichtige Stellen im Sinne dieses Gesetzes sind

1. Verwaltungsbehörden und unter deren sachlicher Aufsicht stehende sonstige Organe, die landesgesetzlich geregelte Aufgaben der öffentlichen Verwaltung wahrnehmen, einschließlich diesen zur Verfügung stehende gesetzlich eingerichtete Beratungsorgane;
2. Organe des Landes, der Gemeinden und der Gemeindeverbände, soweit sie Privatwirtschaftsverwaltung besorgen;
3. natürliche oder juristische Personen privaten Rechts, die unter der Kontrolle einer in Z. 1 oder 2 genannten Stelle im Zusammenhang mit der Umwelt öffentliche Aufgaben ausüben oder öffentliche Dienstleistungen erbringen.

(2) Kontrolle im Sinne des Abs. 1 Z. 3 liegt vor, wenn

1. die natürliche oder juristische Person privaten Rechts bei Ausübung öffentlicher Aufgaben oder bei Erbringung öffentlicher Dienstleistungen der Aufsicht einer in Abs. 1 Z. 1 oder 2 genannten Stelle unterliegt oder
2. eine in Abs. 1 Z. 1 oder 2 genannte Stelle aufgrund von Eigentum, finanzieller Beteiligung oder der für die juristische Person einschlägigen Vorschriften unmittelbar oder mittelbar einen beherrschenden Einfluss ausüben kann.

(3) Die Ausübung eines beherrschenden Einflusses wird vermutet, wenn eine in Abs. 1 Z. 1 oder 2 genannte Stelle unmittelbar oder mittelbar

1. die Mehrheit des gezeichneten Kapitals besitzt oder
2. über die Mehrheit der mit den Anteilen verbundenen Stimmrechte verfügt oder

3. mehr als die Hälfte der Mitglieder des Verwaltungs-, Leitungs- oder Aufsichtsorgans bestellen kann.

§ 10
Freier Zugang zu Umweltinformationen

(1) Jeder hat das Recht auf freien Zugang zu Umweltinformationen, die bei den informationspflichtigen Stellen vorhanden sind oder für sie bereitgehalten werden, ohne Nachweis eines Rechtsanspruches oder eines rechtlichen Interesses. Die Mitteilung von Umweltinformationen darf nur dann unterbleiben, wenn es in diesem Abschnitt vorgesehen ist.

(2) Umweltinformationen sind vorhanden, wenn sie sich im Besitz der informationspflichtigen Stelle befinden und von ihr erstellt wurden oder bei ihr eingegangen sind.

(3) Umweltinformationen werden bereitgehalten, wenn eine natürliche oder juristische Person, die selbst nicht informationspflichtige Stelle ist, Umweltinformationen für eine informationspflichtige Stelle aufbewahrt und diese Stelle darauf einen Übermittlungsanspruch hat.

(4) Dem freien Zugang unterliegen jedenfalls Informationen über

1. den Zustand von Umweltbestandteilen wie Wasser, Luft und Atmosphäre, Boden, die Artenvielfalt und ihre Bestandteile, einschließlich genetisch veränderter Organismen und natürliche Lebensräume, sowie die Wechselwirkungen zwischen diesen Bestandteilen;
2. die Lärmbelastung oder Belastung durch Strahlen einschließlich der Strahlen, die durch radioaktiven Abfall verursacht sind;
3. Emissionen gemäß § 8 Z. 2 in die Umwelt in zeitlich aggregierter oder statistisch dargestellter Form;
4. eine Überschreitung von Emissionsgrenzwerten;
5. den Verbrauch der natürlichen Ressourcen Wasser, Luft oder Boden in zeitlich aggregierter oder statistisch dargestellter Form.

§ 11
Mitteilungspflicht

(1) Das Begehren auf Mitteilung von Umweltinformationen kann schriftlich oder, soweit es der Natur der Sache nach tunlich erscheint, mündlich gestellt werden. Dies kann in jeder technischen Form geschehen, die die informationspflichtige Stelle zu empfangen in der Lage ist. Wenn aus einem Begehren der Inhalt oder der Umfang der gewünschten Mitteilung nicht ausreichend klar hervorgeht, dann ist der informationssuchenden Person binnen eines Monats eine schriftliche Präzisierung des Begehrens innerhalb einer angemessenen Frist aufzutragen. Die informationssuchende Person ist dabei zu unterstützen.

(2) Wenn die begehrten Umweltinformationen bei einer informationspflichtigen Stelle nicht vorhanden sind oder nicht für sie bereitgehalten werden, ist das Begehren möglichst rasch an jene bekannte informationspflichtige Stelle weiterzuleiten, bei der die Umweltinformationen vorhanden sind oder für die sie bereitgehalten werden. Die informationssuchende Person ist davon zu verständigen. Sie kann auch an diese informationspflichtige Stelle verwiesen werden, wenn das sachlich geboten ist oder im Interesse der informationssuchenden Person liegt.

(3) Die informationspflichtige Stelle hat Umweltinformationen in möglichst aktueller, exakter, vergleichbarer und allgemein verständlicher Form mitzuteilen. Auf Antrag teilt die informationspflichtige Stelle bei Umweltinformationen gemäß § 8 Z. 2 auch mit, wo – sofern verfügbar – Informationen über die zur Erhebung der Informationen angewandten Messverfahren, einschließlich der Verfahren zur Analyse, Probenahme und Vorbehandlung der Proben, gefunden werden können, oder sie weist auf ein angewandtes standardisiertes Verfahren hin.

(4) Die Mitteilung ist in der begehrten Form oder im begehrten Format zu erteilen. Die Mitteilung kann in einer anderen Form oder in einem anderen Format erfolgen, wenn das zweckmäßig ist. Dabei hat die informationspflichtige Stelle entsprechend ihren

technischen Möglichkeiten eine elektronische Datenübermittlung zu bevorzugen. Insbesondere kann die informationssuchende Person auf öffentlich verfügbare Informationen verwiesen werden (§ 14), die in einer anderen leicht zugänglichen Form oder in einem anderen leicht zugänglichen Format vorliegen. Die Gründe für die Wahl eines anderen Formates oder einer anderen Form sind der informationssuchenden Person so bald wie möglich, spätestens jedoch innerhalb eines Monats nach Eingang des Antrags bei der informationspflichtigen Stelle mitzuteilen.

(5) Der Zugang zu öffentlichen Verzeichnissen oder Listen und die Einsichtnahme in die beantragten Umweltinformationen an Ort und Stelle sind unentgeltlich. Für die Bereitstellung von Umweltinformationen kann die informationspflichtige Stelle einen angemessenen Kostenersatz festlegen. Der Kostenersatz hat sich an den durchschnittlichen Kosten zu orientieren, die durch die Bereitstellung im Einzelfall entstehen. Eine Vorauszahlung kann verlangt werden. Die Kostenersatzregelung ist von der informationspflichtigen Stelle ortsüblich bekannt zu machen.

(6) Die begehrte Umweltinformation ist der informationssuchenden Person ohne unnötigen Aufschub, spätestens aber innerhalb eines Monats ab Einlangen des Begehrens mitzuteilen. Dabei sind Termine zu berücksichtigen, die von der informationssuchenden Person angegeben worden sind. Wenn diese Frist aufgrund des Umfanges oder der Komplexität der begehrten Information nicht eingehalten werden kann, kann sie auf bis zu zwei Monaten verlängert werden. In diesem Fall ist die informationssuchende Person von der Verlängerung der Frist unter Angabe von Gründen so bald wie möglich, spätestens jedoch vor Ablauf der einmonatigen Frist zu verständigen.

(7) Wenn einem Begehren nicht entsprochen wird, dann ist die informationssuchende Person innerhalb der Fristen gemäß Abs. 6 davon zu verständigen. Die Verständigung ist zu begründen. Sie hat einen Hinweis zu enthalten, dass die Erlassung eines Bescheides beantragt werden kann. Die Verständigung hat schriftlich zu erfolgen, wenn das Begehren schriftlich gestellt worden ist.

§ 12
Mitteilungsschranken und Verweigerungsgründe

(1) Die Mitteilung von Umweltinformationen darf verweigert werden, wenn das Informationsbegehren
1. sich auf die Übermittlung interner Mitteilungen bezieht;
2. offenbar mutwillig gestellt wurde;
3. zu allgemein geblieben ist;
4. Material, das gerade vervollständigt wird, noch nicht abgeschlossene Schriftstücke oder noch nicht aufbereitete Daten betrifft; in diesem Fall benennt die informationspflichtige Stelle jene Stelle, die das Material vorbereitet, sowie den voraussichtlichen Zeitpunkt der Fertigstellung.

Die Bereitstellung von Umweltinformationen darf weiters verweigert werden, wenn ein allfälliger Kostenersatz nach § 11 Abs. 5 nicht geleistet wird.

(2) Die Mitteilung von Umweltinformationen muss verweigert werden, wenn es sich um andere als im § 10 Abs. 4 genannte Umweltinformationen handelt und ihre Bekanntgabe negative Auswirkungen hätte auf:
1. die Aufrechterhaltung der öffentlichen Sicherheit oder die umfassende Landesverteidigung;
2. den Schutz von Umweltbereichen, auf die sich die Informationen beziehen;
3. die Vertraulichkeit personenbezogener Daten, sofern ein schutzwürdiges Interesse an der Geheimhaltung im Sinne des Datenschutzgesetzes 2000, BGBl. I Nr. 165/1999 i.d.F BGBl. I Nr. 13/2005, oder des NÖ Datenschutzgesetzes, LGBl. 0901, besteht;
4. Geschäfts- oder Betriebsgeheimnisse, an deren Geheimhaltung ein schutzwürdiges Interesse besteht;
5. Rechte an geistigem Eigentum;
6. die Vertraulichkeit der Beratungen von informationspflichtigen Stellen, sofern eine derartige Vertraulichkeit gesetzlich vorgesehen ist;

7. laufende Gerichtsverfahren, die Möglichkeit einer Person, ein faires Verfahren zu erhalten, oder die Möglichkeiten einer Behörde, Untersuchungen strafrechtlicher oder disziplinarrechtlicher Art durchzuführen.

(3) Das Interesse einer Partei an der Geheimhaltung von Geschäfts- oder Betriebsgeheimnissen ist nur schutzwürdig, wenn durch die Veröffentlichung von Umweltinformationen ein Geschäfts- und Betriebsgeheimnis unmittelbar oder mittelbar durch die Möglichkeit von Rückschlüssen offengelegt werden kann und dadurch ein nicht nur geringfügiger wirtschaftlicher Nachteil des Inhabers des Geschäfts- und Betriebsgeheimnisses eintreten kann. Besteht dieser wirtschaftliche Nachteil bloß aufgrund einer Minderung des Ansehens der Partei in der Öffentlichkeit infolge des Bekanntwerdens umweltbelastender Tätigkeiten, so besteht kein schutzwürdiges Interesse an der Geheimhaltung.

(4) Die in den Abs. 1 und 2 genannten Mitteilungsschranken und Ablehnungsgründe sind eng auszulegen, wobei im Einzelfall das öffentliche Interesse an der Mitteilung der Umweltinformationen zu berücksichtigen ist. In jedem Einzelfall ist das öffentliche Interesse an der Mitteilung gegen das Interesse an der Verweigerung der Mitteilung abzuwägen. Ein öffentliches Interesse an der Mitteilung kann insbesondere im Schutz folgender Rechtsgüter liegen:

1. Schutz der Gesundheit;
2. Schutz vor nachhaltigen oder schwerwiegenden Umweltbelastungen;
3. Schutz der Rechte und Freiheiten anderer.

§ 13
Rechtsschutz

(1) Wenn die begehrten Umweltinformationen nicht oder nicht im begehrten Umfang mitgeteilt werden, so ist auf Antrag der informationssuchenden Person ein Bescheid zu erlassen.

Zuständig zur Erlassung des Bescheides ist die informationspflichtige Stelle, wenn sie auch sonst zur Erlassung von Bescheiden befugt ist.

(2) Als Verfahrensordnung, nach der der Bescheid zu erlassen ist, gilt das Allgemeine Verwaltungsverfahrensgesetz 1991 (AVG), sofern nicht für die Sache, in der die Auskunft erteilt wird, ein anderes Verfahrensgesetz anzuwenden ist.

(3) Eine informationspflichtige Stelle, die zur Erlassung von Bescheiden nicht befugt ist, hat Anträge im Sinne des Abs. 1 ohne unnötigen Aufschub an die für die Führung der Aufsicht oder der sonstigen Kontrolle oder für deren Einrichtung zuständige bescheiderlassende Stelle, in sonstigen Fällen an die Bezirksverwaltungsbehörde, in deren Sprengel die informationspflichtige Stelle ihren Sitz hat, weiterzuleiten oder die informationssuchende Person an diese zu verweisen.

(4) Über Berufungen entscheidet der Unabhängige Verwaltungssenat im Land Niederösterreich. Dies gilt nicht für Bescheide, die im eigenen Wirkungsbereich der Gemeinde erlassen werden.

§ 14
Veröffentlichung von Umweltinformationen

(1) Die informationspflichtigen Stellen haben die für ihre Aufgaben maßgeblichen und bei ihnen vorhandenen oder für sie bereitgehaltenen Umweltinformationen zur aktiven und systematischen Verbreitung in der Öffentlichkeit aufzubereiten. Die Bestimmungen über Mitteilungsschranken und Verweigerungsgründe (§ 12) sowie § 11 Abs. 3 sind sinngemäß anzuwenden.

(2) Insbesondere sind folgende Informationen zugänglich zu machen und zu verbreiten:

1. der Wortlaut völkerrechtlicher Verträge, Übereinkünfte und Vereinbarungen sowie gemeinschaftliche und sonstige Rechtsvorschriften über die Umwelt oder mit Bezug zur Umwelt;

2. Pläne und Programme mit Bezug zur Umwelt;
3. Berichte über die Fortschritte bei der Umsetzung der in Z. 1 und 2 genannten Punkte, sofern solche Berichte von den informationspflichtigen Stellen in elektronischer Form ausgearbeitet worden sind oder bereitgehalten werden;
4. Umweltzustandsberichte;
5. Daten oder Zusammenfassungen von Daten aus der Überwachung von Tätigkeiten, die sich auf die Umwelt auswirken oder wahrscheinlich auswirken;
6. Genehmigungen, die erhebliche Auswirkungen auf die Umwelt haben, und Umweltvereinbarungen oder einen Hinweis darauf, wo diese Informationen erhalten oder gefunden werden können;
7. Umweltverträglichkeitsprüfungen und Risikobewertungen betreffend die in § 8 Z. 1 genannten Umweltbestandteile oder einen Hinweis darauf, wo diese Informationen erhalten oder gefunden werden können.

(3) Die Verbreitung von Umweltinformationen, die in angemessenen Abständen zu aktualisieren sind, soll nach Möglichkeit über elektronische Medien erfolgen. Die unter Verwendung elektronischer Technologien zugänglich gemachten Informationen müssen nicht solche Informationen umfassen, die vor Inkrafttreten dieses Abschnittes erhoben wurden, es sei denn, sie liegen bereits in elektronischer Form vor.

(4) Die Anforderungen für die aktive und systematische Verbreitung von Umweltinformationen sowie für die praktischen Vorkehrungen zur Erleichterung des Informationszuganges (Abs. 6) können durch die Einrichtung von Verknüpfungen zu Internet-Seiten sowie von Umweltinformationsportalen im Internet erfüllt werden, auf denen die zu verbreitenden Informationen zu finden sind.

(5) Wenn die menschliche Gesundheit oder die Umwelt unmittelbar bedroht sind, haben die informationspflichtigen Stellen die bei ihnen vorliegenden oder für sie bereitgehaltenen Umweltinformationen unverzüglich zu verbreiten, wenn es der

betroffenen Öffentlichkeit dadurch ermöglicht wird, den drohenden Schaden abzuwenden oder zu begrenzen. Die Mitteilungsschranken und Verweigerungsgründe gemäß § 12 sind dabei zu beachten. Es spielt keine Rolle, ob die Bedrohung die Folge einer menschlichen Tätigkeit ist oder eine natürliche Ursache hat.

(6) Die informationspflichtigen Stellen haben zur Erfüllung ihrer Mitteilungspflicht (§ 11) praktische Vorkehrungen zur Erleichterung des Informationszuganges zu treffen, indem sie insbesondere

1. Organisations- und Geschäftseinteilungspläne – soweit vorhanden – veröffentlichen;
2. Auskunftspersonen oder Informationsstellen benennen;
3. Listen und Verzeichnisse betreffend in ihrem Besitz befindliche Umweltinformationen führen.

§ 15
Übermittlungspflicht

Auf Verlangen haben die informationspflichtigen Stellen Umweltinformationen, die durch Wahrnehmung landesgesetzlich übertragener Aufgaben im Bereich des Umweltschutzes bei ihnen vorhanden sind oder für sie bereitgehalten werden, den Organen des Bundes, der Länder oder der Gemeinden zur Wahrnehmung von gesetzlich übertragenen Aufgaben im Bereich des Umweltschutzes kostenlos zu übermitteln.

§ 16
Abgabenbefreiung

Begehren auf Mitteilung von Umweltinformationen und die Mitteilung von Umweltinformationen nach diesem Abschnitt unterliegen nicht der Pflicht zur Entrichtung von Landes- und Gemeindeverwaltungsabgaben.

Abschnitt 3
Weiterverwendung von Dokumenten öffentlicher Stellen

§ 17
Ziel

Ziel dieses Abschnittes ist die Erleichterung der Weiterverwendung von Dokumenten öffentlicher Stellen, um dadurch insbesondere die Erstellung neuer Informationsprodukte und Informationsdienste zu fördern.

§ 18
Gegenstand und Anwendungsbereich

(1) Dieser Abschnitt regelt den rechtlichen Rahmen für die kommerzielle und nicht kommerzielle Weiterverwendung von im Besitz öffentlicher Stellen befindlichen Dokumenten, sofern sie diese zur Weiterverwendung bereitstellen.

(2) Durch diesen Abschnitt werden Rechtsvorschriften, die den Zugang zu Dokumenten regeln (Zugangsregeln), datenschutzrechtliche Bestimmungen und gesetzliche Verschwiegenheitspflichten nicht berührt.

(3) Dieser Abschnitt gilt nicht für Dokumente,

1. die im Besitz von Bildungs- und Forschungseinrichtungen sind und
2. die im Besitz kultureller Einrichtungen sind.

§ 19
Begriffsbestimmungen

Im Sinne dieses Abschnittes bedeutet:

1. Öffentliche Stelle:

a) das Land,
b) die Gemeinden und die Gemeindeverbände,
c) durch Landesgesetz zu regelnde Einrichtungen der Selbstverwaltung,
d) Einrichtungen auf landesgesetzlicher Grundlage wie Stiftungen, Fonds und Anstalten sowie sonstige juristische Personen des öffentlichen Rechts, soweit sie
   - zu dem besonderen Zweck gegründet wurden, im Allgemeininteresse liegende Aufgaben zu erfüllen, die nicht gewerblicher Art sind,
   - zumindest teilrechtsfähig sind und
   - überwiegend vom Land, von einer Gemeinde, von anderen Einrichtungen auf landesgesetzlicher Grundlage oder von sonstigen öffentlichen Stellen im Sinn des Art. 2 Z. 1 der Richtlinie 2003/98/EG finanziert werden oder hinsichtlich ihrer Leitung der Aufsicht durch diese unterliegen oder deren Verwaltungs-, Leitungs- oder Aufsichtsorgan mehrheitlich aus Mitgliedern besteht, die vom Land, von einer Gemeinde, von anderen Einrichtungen auf landesgesetzlicher Grundlage oder von sonstigen öffentlichen Stellen ernannt worden sind,
e) Verbände, die sich überwiegend aus zwei oder mehreren öffentlichen Stellen gemäß lit. a bis d zusammensetzen.

2. Dokument:
   a) jeder Inhalt unabhängig von der Form des Datenträgers (auf Papier oder in elektronischer Form, Ton-, Bild- oder audiovisuelles Material),
   b) ein beliebiger Teil eines solchen Inhaltes.
3. Dokument, das sich im Besitz einer öffentlichen Stelle befindet:
   Dokument, das zur Weiterverwendung bereitzustellen die öffentliche Stelle berechtigt ist.
4. Weiterverwendung:
   die Nutzung von Dokumenten, die im Besitz öffentlicher

Stellen sind, durch Rechtsträger für kommerzielle und nichtkommerzielle Zwecke, die sich von dem ursprünglichen Zweck des öffentlichen Auftrags, in dessen Rahmen die Dokumente erstellt wurden, unterscheiden. Der Austausch von Dokumenten zwischen öffentlichen Stellen im Sinne des Art. 2 Z. 1 der Richtlinie 2003/98/EG ausschließlich im Rahmen der Erfüllung ihres öffentlichen Auftrags stellt keine Weiterverwendung dar.

§ 20
Allgemeiner Grundsatz

(1) Werden Dokumente öffentlicher Stellen für die Weiterverwendung rechtmäßig zugänglich gemacht, hat gegenüber der öffentlichen Stelle jeder das Recht auf Weiterverwendung der Dokumente in nicht diskriminierender Weise nach Maßgabe der Bestimmungen dieses Abschnittes.

(2) Abs. 1 begründet keine eigenständige Zugangsregelung zu Dokumenten öffentlicher Stellen. Diese werden durch Abs. 1 nicht verpflichtet, die Weiterverwendung öffentlicher Dokumente grundsätzlich zu gestatten.

(3) Kein Recht auf Weiterverwendung nach Abs. 1 besteht bei Dokumenten,

1. deren Erstellung nicht unter den öffentlichen Auftrag der betreffenden öffentlichen Stelle fällt,
2. die, insbesondere aus Gründen der nationalen Sicherheit, der umfassenden Landesverteidigung, der öffentlichen Sicherheit oder weil sie Geschäfts- oder Betriebsgeheimnisse enthalten oder sonst der Vertraulichkeit unterliegen, nicht zugänglich sind,
3. die nur bei Nachweis eines besonderen Interesses zugänglich sind,
4. die geistiges Eigentum Dritter sind und
5. die von gewerblichen Schutzrechten erfasst werden.

§ 21
Begehren auf Weiterverwendung

(1) Begehren auf Weiterverwendung von Dokumenten sind schriftlich bei der öffentlichen Stelle, in deren Besitz sich das Dokument befindet, zu stellen. Dies kann in jeder technischen Form geschehen, die die öffentliche Stelle zu empfangen in der Lage ist.

(2) Geht aus dem Begehren auf Weiterverwendung der Inhalt, der Umfang oder die Art und Weise der Weiterverwendung der begehrten Dokumente nicht ausreichend klar hervor, so hat die öffentliche Stelle die einschreitende Person unverzüglich aufzufordern, das Begehren innerhalb einer zwei Wochen nicht übersteigenden Frist schriftlich zu präzisieren. Wird der Aufforderung zur Präzisierung fristgerecht nachgekommen, beginnt die Frist gemäß Abs. 3 nach Einlangen erneut zu laufen. Andernfalls gilt das Begehren als nicht gestellt.

(3) Die öffentliche Stelle hat das Begehren in der Frist, die für die Bearbeitung von Begehren auf Zugang zu Dokumenten nach den geltenden Zugangsregelungen einzuhalten ist, oder wenn keine solche Frist festgelegt ist, binnen vier Wochen nach Einlangen des Begehrens zu bearbeiten und unter Hinweis auf die Rechtsschutzmöglichkeiten

1. die begehrten Dokumente zur Gänze zur Weiterverwendung bereitzustellen oder
2. die begehrten Dokumente teilweise zur Weiterverwendung bereitzustellen und der einschreitenden Person schriftlich unter Angabe der Gründe mitzuteilen, dass dem Begehren teilweise nicht entsprochen wird oder
3. ein endgültiges Vertragsangebot zu unterbreiten, falls für die Weiterverwendung der begehrten Dokumente die Vereinbarung von Bedingungen gemäß § 24 erforderlich ist oder
4. der einschreitenden Person schriftlich unter Angabe der Gründe mitzuteilen, dass dem Begehren nicht entsprochen wird.

(4) Stützt sich die ablehnende Mitteilung (Abs. 3 Z. 2 und Z. 4) darauf, dass das begehrte Dokument geistiges Eigentum Dritter ist, so hat die öffentliche Stelle auch auf den ihr bekannten Inhaber der Rechte oder ersatzweise auf denjenigen zu verweisen, von dem sie das betreffende Material erhalten hat.

(5) Bei umfangreichen und komplexen Begehren kann die in Abs. 3 genannte Frist um vier Wochen verlängert werden. In diesem Fall ist die einschreitende Person von der Verlängerung der Frist sobald wie möglich, spätestens aber binnen drei Wochen ab Einlangen des Begehrens, zu verständigen.

(6) Für die Bearbeitung von Begehren auf Weiterverwendung, die Bereitstellung der Dokumente und gegebenenfalls für die Unterbreitung eines endgültigen Lizenzangebotes haben sich die öffentlichen Stellen soweit möglich und sinnvoll elektronischer Mittel zu bedienen.

§ 22
Verfügbare Formate

(1) Soweit öffentliche Stellen die Weiterverwendung der in ihrem Besitz befindlichen Dokumente genehmigen, haben sie diese in allen vorhandenen Formaten oder Sprachen soweit möglich und sinnvoll in elektronischer Form bereitzustellen. Öffentliche Stellen sind auf Grundlage dieses Abschnittes nicht verpflichtet, Dokumente im Hinblick auf deren Weiterverwendung neu zu erstellen, anzupassen oder weiterzuentwickeln.

(2) Werden Auszüge aus Dokumenten begehrt, so müssen diese dann nicht bereitgestellt werden, wenn dies mit einem unverhältnismäßigen Aufwand verbunden ist, der über eine einfache Handhabung hinausgeht.

(3) Öffentliche Stellen sind nicht verpflichtet, die Erstellung von Dokumenten bestimmter Art im Hinblick auf die Weiterverwendung solcher Dokumente fortzusetzen.

§ 23
Entgelte

(1) Sofern öffentliche Stellen für die Weiterverwendung der in ihrem Besitz befindlichen Dokumente Entgelte einheben, dürfen die Gesamteinnahmen aus der Bereitstellung von Dokumenten oder der Genehmigung ihrer Weiterverwendung die Kosten ihrer Erfassung, Erstellung, Reproduktion und Verbreitung zuzüglich einer angemessenen Gewinnspanne nicht übersteigen.

(2) Die Entgelte haben sich an den Kosten des entsprechenden Abrechnungszeitraumes zu orientieren und sind unter Bedachtnahme auf die für die betreffenden öffentlichen Stellen geltenden Buchführungsgrundsätze zu berechnen.

§ 24
Lizenzen

(1) Öffentliche Stellen können Bedingungen für die Weiterverwendung der in ihrem Besitz befindlichen Dokumente in einem Vertrag festlegen, in welchem die wesentlichen Fragen der Weiterverwendung geregelt werden.

(2) Die Bedingungen gemäß Abs. 1 dürfen die Möglichkeiten der Weiterverwendung der begehrten Dokumente nicht unnötig einschränken und keine Behinderung des Wettbewerbs bewirken.

§ 25
Transparenz

(1) Die für die Weiterverwendung von Dokumenten geltenden Bedingungen und Entgelte sind von den öffentlichen Stellen im Voraus festzulegen und in geeigneter Weise – soweit möglich und sinnvoll im Internet – zu veröffentlichen.

(2) Auf Anfrage haben die öffentlichen Stellen die Berechnungsgrundlage für die veröffentlichten Entgelte sowie die Fak-

toren anzugeben, die bei der Berechnung der Entgelte in atypischen Fällen berücksichtigt werden.

(3) Öffentliche Stellen haben praktische Vorkehrungen zur Erleichterung des Zuganges hinsichtlich jener Dokumente, die zur Weiterverwendung genehmigt sind, zu treffen, indem sie etwa Listen und Verzeichnisse über die wichtigsten in ihrem Besitz befindlichen, einer Weiterverwendung zugänglichen Dokumente führen und diese in geeigneter Weise – nach Möglichkeit im Internet – veröffentlichen.

§ 26
Nichtdiskriminierung

(1) Die Entgelte und sonstigen Bedingungen für die Weiterverwendung von Dokumenten, die sich im Besitz von öffentlichen Stellen befinden, haben für vergleichbare Kategorien der Weiterverwendung nicht diskriminierend zu sein.

(2) Werden Dokumente, die sich im Besitz öffentlicher Stellen befinden, von diesen als Ausgangsmaterial für eigene Geschäftstätigkeiten, die nicht unter ihren öffentlichen Auftrag fallen, weiterverwendet, so gelten für die Bereitstellung der Dokumente für diese Tätigkeiten dieselben Entgelte und sonstigen Bedingungen wie für andere Nutzer.

(3) Sind im Besitz von öffentlichen Stellen befindliche Dokumente zur Weiterverwendung verfügbar, hat diese allen potenziellen Marktteilnehmern offen zu stehen, selbst wenn diese Dokumente bereits von einem oder mehreren Marktteilnehmern als Grundlage für Mehrwertprodukte genutzt werden.

§ 27
Verbot von Ausschließlichkeitsvereinbarungen

(1) Verträge oder sonstige Vereinbarungen zwischen öffentlichen Stellen und Dritten, welche ausschließliche Rechte hinsichtlich der Weiterverwendung der in den Geltungsbereich

dieses Gesetzes fallenden Dokumente festlegen (Ausschließlichkeitsvereinbarungen), sind unzulässig.

(2) Abs. 1 gilt nicht, wenn für die Bereitstellung eines Dienstes im öffentlichen Interesse die Einräumung eines ausschließlichen Rechtes erforderlich ist. Der Grund für eine solche Ausschließlichkeitsvereinbarung ist regelmäßig, mindestens jedoch alle drei Jahre, zu überprüfen. In die Ausschließlichkeitsvereinbarung ist jedenfalls eine Bestimmung aufzunehmen, die der öffentlichen Stelle dann ein besonderes Kündigungsrecht sichert, wenn die regelmäßige Überprüfung ergibt, dass der die Ausschließlichkeitsvereinbarung rechtfertigende Grund nicht mehr vorliegt. Die nach dem 31. Dezember 2003 getroffenen Ausschließlichkeitsvereinbarungen müssen transparent sein und sind in geeigneter Weise – nach Möglichkeit im Internet – öffentlich bekannt zu machen.

(3) Bestehende Ausschließlichkeitsvereinbarungen, die nicht unter die Ausnahmen des Abs. 2 fallen, enden mit Vertragsablauf bzw. gelten mit Ablauf des 31. Dezember 2008 als aufgelöst.

§ 28
Verweigerung der Weiterverwendung durch Bescheid

(1) Wenn einem Begehren auf Weiterverwendung von Dokumenten nicht oder nicht vollständig entsprochen wird, kann die einschreitende Person verlangen, dass darüber ein Bescheid erlassen wird.

(2) Ein Antrag auf Bescheiderlassung muss spätestens zwei Wochen nach Kenntnis der nach Ansicht der einschreitenden Personen nicht entsprechenden Weitergabe schriftlich gestellt werden. Dem Antrag ist eine Kopie des schriftlichen Begehrens auf Weiterverwendung von Dokumenten anzuschließen.

(3) Innerhalb einer Frist von zwei Wochen nach Einlangen des Antrages auf Bescheiderlassung kann die Weitergabe des Dokuments nachgeholt werden. In diesem Fall ist der Antrag auf Bescheiderlassung abzuweisen.

(4) Die öffentliche Stelle hat über den Antrag nach Abs. 1 ohne unnötigen Aufschub, spätestens aber vier Wochen nach Einlangen des Antrages den Bescheid zu erlassen.

(5) Zur Erlassung des Bescheides, mit dem die Weitergabe von Dokumenten verweigert wird, ist bei Dokumenten im Besitz der öffentlichen Stelle zuständig:

1. Amt der Landesregierung
   Amt der NÖ Landesregierung als Behörde
2. Bezirkshauptmannschaft
   die Bezirkshauptmannschaft
3. Magistrat einer Stadt mit eigenem Statut
   der Magistrat
4. Gemeinde oder Gemeindeverband
   das für die jeweilige Sache zuständige Organ
5. Selbstverwaltungskörper
   das nach der Organisationsvorschrift für die Geschäftsführung allgemein zuständige Organ als Behörde
6. in allen übrigen Fällen
   die Organisationseinheit als Behörde.

(6) Als Verfahrensordnung, nach der der Bescheid zu erlassen ist, gilt das Allgemeine Verwaltungsverfahrensgesetz 1991 (AVG), sofern nicht für die Sache, in der die Auskunft erteilt wird, ein anderes Verfahrensgesetz anzuwenden ist.

§ 29
Feststellung mit Bescheid (Lizenzen)

(1) Entspricht ein verbindliches Vertragsangebot (Lizenz) nach Ansicht der einschreitenden Person nicht diesem Gesetz, so hat sie dies der öffentlichen Stelle innerhalb der für die Annahme des Vertragsangebotes bestimmten Frist mitzuteilen.

(2) Ändert die öffentliche Stelle das Vertragsangebot in der in § 21 Abs. 3 angegebenen Frist nicht im Sinne der Mitteilung nach Abs. 1, kann die einschreitende Person die Feststellung

durch Bescheid beantragen, ob das Vertragsangebot oder Teile davon diesem Abschnitt entsprechen.

(3) § 28 Abs. 4 bis Abs. 6 gelten sinngemäß.

§ 30
Rechtsschutz

(1) Gegen Bescheide kann Berufung an den Unabhängigen Verwaltungssenat im Land Niederösterreich erhoben werden. Dies gilt nicht für Bescheide, die im eigenen Wirkungsbereich der Gemeinde erlassen werden.

(2) In Verwaltungsverfahren nach diesem Abschnitt ist die öffentliche Stelle Partei und berechtigt, Rechtsmittel zu ergreifen sowie Beschwerde an den Verwaltungsgerichtshof zu erheben."

8. Dem § 31 (neu) wird folgende Abschnittsbezeichnung vorangestellt:

„Abschnitt 4
Gemeinsame Bestimmungen"

9. Der Text des § 33 (neu) lautet:

„Dieses Gesetz setzt folgende Richtlinien der Europäischen Gemeinschaft um:

1. Richtlinie 2003/4/EG des Europäischen Parlamentes und des Rates vom 28. Jänner 2003 über den Zugang der Öffentlichkeit zu Umweltinformationen und zur Aufhebung der Richtlinie 90/313/EWG des Rates, ABl. Nr. L 41 vom 14. Februar 2003, S. 26.
2. Richtlinie 2003/98/EG des Europäischen Parlaments und des Rates vom 17. November 2003 über die Weiterverwendung von Informationen des öffentlichen Sektors, ABl. Nr. L 345 vom 31. Dezember 2003, S. 90."

Artikel II

Die im Zeitpunkt des Inkrafttretens von Artikel I anhängigen Verwaltungsverfahren über die Verweigerung des freien Zuganges zu Umweltinformationen sind nach den bisher geltenden Rechtsvorschriften weiterzuführen.

4.4. Oberösterreich

LANDESGESETZ ÜBER DIE AUSKUNFTSPFLICHT, DEN DATENSCHUTZ UND DIE WEITERVERWENDUNG VON INFORMATIONEN ÖFFENTLICHER STELLEN

Oö. Auskunftspflicht-, Datenschutz- und Informationsweiterverwendungsgesetz

StF: LGBl.Nr. 46/1988 (GP XXIII RV 175 AB 184)

idF: LGBl.Nr. 41/2000 (GP XXV RV 741/2000 AB 764/2000 LT 25; RL 95/46/EG vom 24. Oktober 1995, ABl.Nr. L 281 vom 23.11.1995, S. 31)
LGBl.Nr. 86/2006 (GP XXVI RV 827/2006 AB 904/2006 LT 30; RL 2003/98/EG vom 17. November 2003, ABl.Nr. L 345 vom 31.12.2003, S. 90)

INHALTSVERZEICHNIS

1. ABSCHNITT AUSKUNFTSPFLICHT

2. ABSCHNITT DATENSCHUTZ

3. ABSCHNITT INFORMATIONS-WEITERVERWENDUNG

4. ABSCHNITT GEMEINSAME BESTIMMUNGEN

1. ABSCHNITT
AUSKUNFTSPFLICHT

§ 1
Auskunftspflicht

(1) Die Organe des Landes, der Gemeinden, der Gemeindeverbände und der durch Landesgesetz geregelten Selbstverwaltungskörper haben über Angelegenheiten ihres Wirkungsbereiches jedermann Auskunft zu erteilen.

(2) Unter einer Auskunft ist die Mitteilung von Tatsachen über Angelegenheiten zu verstehen, die dem Organ, das zur Auskunft verpflichtet ist, zum Zeitpunkt der Erteilung der Auskunft bekannt sind oder bekannt sein müssen.

§ 2
Recht auf Auskunft

(1) Jedermann hat ein Recht auf Auskunft. Auskunftsbegehren können mündlich, telefonisch oder schriftlich eingebracht werden. (Anm: LGBl.Nr. 41/2000)

(2) Dem Auskunftswerber kann die schriftliche Ausführung eines mündlichen oder telefonischen Auskunftsbegehrens sowie die Verbesserung eines unklaren schriftlichen Auskunftsbegehrens innerhalb einer angemessenen, mindestens zweiwöchigen Frist aufgetragen werden. Wird einem Auftrag zur schriftlichen Ausführung oder zur Verbesserung eines Auskunftsbegehrens nicht entsprochen, so gilt das Auskunftsbegehren als nicht eingebracht. (Anm: LGBl.Nr. 41/2000)

(3) Langt bei einem Organ ein Auskunftsbegehren über eine Angelegenheit ein, die nicht in seinen Wirkungsbereich fällt, so hat es das Auskunftsbegehren ohne unnötigen Aufschub unter gleichzeitiger Benachrichtigung des Auskunftswerbers an das

zuständige Organ weiterzuleiten oder den Auskunftswerber an dieses zu verweisen.

§ 3
Nichterteilung einer Auskunft

(1) Auskunft ist nicht zu erteilen, wenn der Erteilung einer Auskunft eine gesetzliche Verschwiegenheitspflicht entgegensteht.

(2) Auskunft kann verweigert werden, wenn

a) die Auskunft offenbar mutwillig verlangt wird,

b) die Erteilung der Auskunft umfangreiche Erhebungen und Ausarbeitungen erfordert, die die ordnungsgemäße Besorgung der übrigen gesetzlichen Aufgaben des Organs wesentlich beeinträchtigt, oder

c) dem Auskunftswerber die gewünschten Informationen anders unmittelbar zugänglich sind.

(3) Berufliche Vertretungen sind zur Auskunftserteilung nur gegenüber den ihnen jeweils Zugehörigen verpflichtet; dies jedoch nur insoweit, als dadurch die ordnungsgemäße Erfüllung ihrer gesetzlichen Aufgaben nicht verhindert wird.

§ 4
Auskunftserteilung

(1) Auskunft ist soweit wie möglich mündlich oder telefonisch zu erteilen.

(2) Auskunft ist ohne unnötigen Aufschub, tunlichst aber innerhalb von acht Wochen nach Einlangen des Auskunftsbegehrens zu erteilen. Wurde die schriftliche Ausführung oder die Verbesserung des Auskunftsbegehrens gemäß § 2 aufgetragen, so beginnt diese Frist mit dem Einlangen des schriftlichen oder verbesserten Auskunftsbegehrens. Kann diese Frist aus beson-

deren Gründen nicht eingehalten werden, so ist der Auskunftswerber unter Angabe der Gründe zu benachrichtigen.

§ 5
Bescheiderlassung

(1) Wird eine Auskunft verweigert (§ 3), so hat die Behörde (§ 6) auf Grund eines schriftlichen Antrages des Auskunftswerbers, in welchem das Auskunftsbegehren nochmals darzulegen ist, die Verweigerung mit schriftlichem Bescheid auszusprechen und die dafür maßgebenden Gründe anzugeben.

(Anm: LGBl.Nr. 41/2000)

(2) Für die Erlassung eines Bescheides nach Abs. 1 ist das Allgemeine Verwaltungsverfahrensgesetz 1991 anzuwenden.

(Anm: LGBl.Nr. 41/2000)

§ 6
Rechtsschutz

(1) Zur Erlassung eines Bescheids gemäß § 5 ist zuständig:

1. wenn die zur Auskunftserteilung zuständige Stelle ein Gemeindeorgan ist, die Bürgermeisterin oder der Bürgermeister,
2. wenn die zur Auskunftserteilung zuständige Stelle ein Organ eines Gemeindeverbands ist, das zur Vertretung nach außen berufene Organ,
3. wenn die zur Auskunftserteilung zuständige Stelle ein Organ eines sonstigen landesgesetzlich eingerichteten Selbstverwaltungskörpers ist, das zur Vertretung nach außen berufene Organ,
4. wenn die zur Auskunftserteilung zuständige Stelle die Bezirksverwaltungsbehörde oder die Agrarbezirksbehörde ist, diese Behörde,

5. wenn die zur Auskunftserteilung zuständige Stelle ein sonstiges dem Land organisatorisch zugeordnetes Organ ist, die Landesregierung, sofern im Abs. 2 nicht anderes bestimmt ist.

(2) Wenn die zur Auskunftserteilung zuständige Stelle der unabhängige Verwaltungssenat ist, ist dieser zur Erlassung eines Bescheids gemäß § 5 in erster und letzter Instanz zuständig.

(3) Gegen Bescheide, die gemäß Abs. 1 Z. 1 und 2 erlassen wurden, kann unmittelbar Vorstellung an die Aufsichtsbehörde im Sinn der jeweils maßgeblichen organisationsrechtlichen Bestimmungen erhoben werden.

(4) Über Berufungen gegen Bescheide, die gemäß Abs. 1 Z. 3 bis 5 erlassen wurden, entscheidet der unabhängige Verwaltungssenat.

(Anm: LGBl.Nr. 86/2006)

§ 7
Besondere Auskunftspflichten

In anderen Gesetzen geregelte besondere Auskunftspflichten gelten unabhängig von diesem Landesgesetz.

(Anm: LGBl.Nr. 41/2000, 86/2006)

2. ABSCHNITT
DATENSCHUTZ

§ 8
Schutz manuell geführter Daten

(1) Dieser Abschnitt regelt den Schutz personenbezogener Daten, soweit diese in manuell, das heißt ohne Automations-

unterstützung geführten Dateien für Zwecke solcher Angelegenheiten verwendet werden, in denen die Zuständigkeit zur Gesetzgebung Landessache ist.

(2) Dieser Abschnitt ist auf die Verwendungen von Daten im Land anzuwenden; darüber hinaus auch auf Datenverwendungen im Ausland, soweit solche Verwendung in anderen Mitgliedstaaten der Europäischen Union für Zwecke einer im Land gelegenen Haupt- oder Zweigniederlassung eines Auftraggebers geschieht.

(3) Abweichend vom Abs. 2 ist das Recht des Sitzstaates des Auftraggebers auf eine Datenverarbeitung im Land anzuwenden, wenn ein Auftraggeber des privaten Bereichs mit Sitz in einem anderen Mitgliedstaat der Europäischen Union personenbezogene Daten im Land zu einem Zweck verwendet, der keiner im Land gelegenen Niederlassung dieses Auftraggebers zuzurechnen ist.

(4) Dieser Abschnitt ist nicht anzuwenden, soweit personenbezogene Daten durch das Land nur durchgeführt werden.

(5) Die in diesem Abschnitt verwendeten Begriffe haben die im § 4 des Datenschutzgesetzes 2000, BGBl. I Nr. 165/1999, festgelegte Bedeutung. Unter „Datenverwendung" oder „Verwendung von Daten" sind ausschließlich die im Abs. 1 umschriebenen Datenverwendungen zu verstehen.

(Anm: LGBl.Nr. 41/2000)

§ 9
Anwendung des Datenschutzgesetzes 2000

(1) Manuell, das heißt ohne Automationsunterstützung geführte Dateien gelten als Datenanwendungen im Sinn des § 4 Z. 7 des Datenschutzgesetzes 2000.

(2) (Verfassungsbestimmung) Artikel 2 1. bis 10. Abschnitt des Datenschutzgesetzes 2000 sind auf diese Dateien sinngemäß anzuwenden. Im § 6 Abs. 4 tritt an die Stelle des Bundes-

kanzlers die Landesregierung. § 17 des Datenschutzgesetzes 2000 ist mit der Maßgabe sinngemäß anzuwenden, dass die Meldepflicht nur für solche Dateien besteht, deren Inhalt gemäß § 18 Abs. 2 des Datenschutzgesetzes 2000 der Vorabkontrolle unterliegt.

(Anm: LGBl.Nr. 41/2000)

3. ABSCHNITT INFORMATIONSWEITERVERWENDUNG

§ 10 Ziel; Geltungsbereich

(1) Ziel dieses Abschnitts ist die Erleichterung der Weiterverwendung von Dokumenten öffentlicher Stellen, insbesondere um dadurch die Erstellung neuer Informationsprodukte und -dienste zu fördern.

(2) Dieser Abschnitt regelt den rechtlichen Rahmen für die kommerzielle und nicht kommerzielle Weiterverwendung von im Besitz öffentlicher Stellen befindlichen und in ihrem öffentlichen Auftrag erstellten Dokumenten, sofern sie diese zur Weiterverwendung bereitstellen. Ein Dokument ist dann im Besitz einer öffentlichen Stelle, wenn diese berechtigt ist, dieses Dokument zur Weiterverwendung bereitzustellen.

(3) Rechtsvorschriften, die den Zugang zu Dokumenten öffentlicher Stellen regeln (Zugangsregelungen), datenschutzrechtliche Bestimmungen und gesetzliche Verschwiegenheitspflichten werden durch diesen Abschnitt nicht berührt.

(4) Dieser Abschnitt – ausgenommen die §§ 11, 12 und 19 – gilt nicht für Dokumente,

1. deren Erstellung nicht unter den öffentlichen Auftrag der betreffenden öffentlichen Stelle fällt, oder

2. die, insbesondere aus Gründen der nationalen Sicherheit, der umfassenden Landesverteidigung, der öffentlichen Sicherheit oder weil sie Geschäfts- oder Betriebsgeheimnisse enthalten oder sonst der Vertraulichkeit unterliegen, nicht zugänglich sind, oder
3. die nur bei Nachweis eines besonderen Interesses zugänglich sind, oder
4. die geistiges Eigentum Dritter sind, oder
5. die von gewerblichen Schutzrechten erfasst werden, oder
6. die im Besitz von Bildungs- und Forschungseinrichtungen sind, oder
7. die im Besitz kultureller Einrichtungen sind.
(Anm: LGBl.Nr. 86/2006)

§ 11
Begriffsbestimmungen

Im Sinn dieses Abschnitts bedeutet:

1. Öffentliche Stelle:
   a) das Land;
   b) die Gemeinde;
   c) landesgesetzlich eingerichtete Selbstverwaltungskörper;
   d) Einrichtungen auf landesgesetzlicher Grundlage wie Stiftungen, Fonds und Anstalten sowie Körperschaften des öffentlichen Rechts, die
      – zu dem besonderen Zweck gegründet wurden, im Allgemeininteresse liegende Aufgaben zu erfüllen, die nicht gewerblicher Art sind,
      – zumindest teilrechtsfähig sind,
      – überwiegend vom Land, von einer Gemeinde, von anderen Einrichtungen auf landesgesetzlicher Grundlage oder von sonstigen öffentlichen Stellen (Art. 2 Z. 1 der Richtlinie 2003/98/EG) finanziert werden oder hinsichtlich ihrer Leitung der Aufsicht durch die-

se unterliegen oder deren Verwaltungs-, Leitungs- oder Aufsichtsorgan mehrheitlich aus Mitgliedern besteht, die vom Land, von einer Gemeinde, von anderen Einrichtungen auf landesgesetzlicher Grundlage oder von sonstigen öffentlichen Stellen (Art. 2 Z. 1 der Richtlinie 2003/98/EG) ernannt worden sind, und
- keine Unternehmungen im Sinn des Art. 127 Abs. 3 B-VG oder des Art. 127a Abs. 3 B-VG sind;

e) Verbände, die sich überwiegend aus zwei oder mehreren öffentlichen Stellen gemäß lit. a bis d zusammensetzen.

2. Dokument:
   a) jeder Inhalt unabhängig von der Form des Datenträgers (auf Papier oder in elektronischer Form, Ton-, Bild- oder audiovisuelles Material);
   b) ein beliebiger Teil eines solchen Inhalts.
3. Weiterverwendung: die Nutzung von Dokumenten, die im Besitz öffentlicher Stellen sind, durch Rechtsträger für kommerzielle und nichtkommerzielle Zwecke, die sich von dem ursprünglichen Zweck des öffentlichen Auftrags, in dessen Rahmen die Dokumente erstellt wurden, unterscheiden. Der Austausch von Dokumenten zwischen öffentlichen Stellen im Sinn des Art. 2 Z. 1 der Richtlinie 2003/98/EG ausschließlich im Rahmen der Erfüllung ihres öffentlichen Auftrags stellt keine Weiterverwendung dar.
   (Anm: LGBl.Nr. 86/2006)

§ 12
Weiterverwendungsbegehren; Anforderungen und Bearbeitung

(1) Begehren auf Weiterverwendung von Dokumenten sind schriftlich bei der öffentlichen Stelle, in deren Besitz sich das begehrte Dokument befindet, zu stellen. Dies kann in jeder tech-

nischen Form geschehen, die die öffentliche Stelle kundgemacht hat oder zu deren Empfang sie andernfalls in der Lage ist.

(2) Geht aus dem Begehren im Sinn des Abs. 1 der Inhalt, der Umfang oder die Art und Weise der Weiterverwendung der begehrten Dokumente nicht ausreichend klar hervor, hat die öffentliche Stelle die Einschreiterin oder den Einschreiter unverzüglich aufzufordern, das Begehren innerhalb einer zwei Wochen nicht übersteigenden Frist schriftlich zu präzisieren. Kommt die Einschreiterin oder der Einschreiter der Aufforderung zur Präzisierung fristgerecht nach, beginnt die Frist gemäß Abs. 3 nach Einlangen erneut zu laufen. Andernfalls gilt das Begehren als nicht eingebracht.

(3) Die öffentliche Stelle hat das Begehren in der Frist, die für die Bearbeitung von Anträgen und Begehren auf Zugang zu Dokumenten nach den geltenden Zugangsregelungen einzuhalten ist, oder wenn keine solche Frist festgelegt ist, binnen vier Wochen nach Einlangen des Begehrens zu bearbeiten und

1. die begehrten Dokumente zur Gänze zur Weiterverwendung bereitzustellen oder
2. die begehrten Dokumente teilweise zur Weiterverwendung bereitzustellen und der Einschreiterin oder dem Einschreiter schriftlich unter Angabe der Gründe mitzuteilen, dass dem Begehren teilweise nicht entsprochen wird oder
3. ein endgültiges Vertragsangebot zu unterbreiten, falls für die Weiterverwendung der begehrten Dokumente die Vereinbarung von Bedingungen gemäß § 15 Abs. 1 erforderlich ist oder
4. der Einschreiterin oder dem Einschreiter schriftlich unter Angabe der Gründe mitzuteilen, dass dem Begehren nicht entsprochen wird.

(4) Wird einem Begehren im Sinn des Abs. 1 zur Gänze oder teilweise nicht entsprochen (Abs. 3 Z. 2 und 4), insbesondere, weil die begehrten Dokumente gemäß § 10 Abs. 4 nicht diesem Abschnitt unterliegen oder weil sie nicht zur Weiterverwendung bereitgestellt werden, hat die öffentliche Stelle in ihrer ableh-

nenden Mitteilung die Einschreiterin oder den Einschreiter auf die Rechtsschutzmöglichkeit gemäß § 19 hinzuweisen.

(5) Stützt sich die ablehnende Mitteilung darauf, dass das begehrte Dokument geistiges Eigentum Dritter ist, hat die öffentliche Stelle auch auf die ihr bekannte Inhaberin oder den ihr bekannten Inhaber der Rechte oder ersatzweise auf diejenige oder denjenigen zu verweisen, von der oder dem sie das betreffende Material erhalten hat.

(6) Bei umfangreichen und komplexen Begehren verlängert sich die im Abs. 3 genannte Frist um weitere vier Wochen, wenn die öffentliche Stelle die Einschreiterin oder den Einschreiter innerhalb von drei Wochen nach Einlangen des Begehrens in Kenntnis setzt, dass für dessen Bearbeitung mehr Zeit benötigt wird.

(7) Für die Bearbeitung von Begehren auf Weiterverwendung und die Bereitstellung der Dokumente zur Weiterverwendung haben sich die öffentlichen Stellen soweit möglich und sinnvoll elektronischer Mittel zu bedienen.

(Anm: LGBl.Nr. 86/2006)

§ 13
Verfügbare Formate

(1) Soweit öffentliche Stellen die Weiterverwendung der in ihrem Besitz befindlichen Dokumente genehmigen, haben sie diese in allen vorhandenen Formaten oder Sprachen soweit möglich und sinnvoll in elektronischer Form bereitzustellen. Öffentliche Stellen sind auf Grundlage dieses Landesgesetzes nicht verpflichtet, Dokumente im Hinblick auf deren Weiterverwendung neu zu erstellen, anzupassen oder weiterzuentwickeln.

(2) Werden Auszüge aus Dokumenten begehrt, so müssen diese dann nicht bereitgestellt werden, wenn dies mit einem unverhältnismäßigen Aufwand verbunden ist, der über eine einfache Handhabung hinausgeht.

(3) Öffentliche Stellen sind auf Grundlage dieses Landesgesetzes nicht verpflichtet, die Erstellung von Dokumenten bestimmter Art im Hinblick auf die Weiterverwendung solcher Dokumente fortzusetzen.
(Anm: LGBl.Nr. 86/2006)

§ 14
Entgelte

(1) Sofern öffentliche Stellen für die Weiterverwendung der in ihrem Besitz befindlichen Dokumente Entgelte einheben, dürfen die Gesamteinnahmen aus der Bereitstellung von Dokumenten oder der Genehmigung ihrer Weiterverwendung die Kosten ihrer Erfassung, Erstellung, Wartung, Reproduktion, Bereitstellung und Verbreitung zuzüglich einer angemessenen Gewinnspanne nicht übersteigen.
(2) Entgelte haben sich an den Kosten des entsprechenden Abrechnungszeitraums zu orientieren und sind unter Bedachtnahme auf die für die betreffenden öffentlichen Stellen geltenden Buchführungsgrundsätze zu berechnen.
(3) Bei der Berechnung von Entgelten ist insbesondere der wirtschaftliche Wert der Dokumente zu berücksichtigen und darauf Bedacht zu nehmen, ob die Dokumente für eine kommerzielle oder nicht kommerzielle Weiterverwendung vorgesehen sind.
(Anm: LGBl.Nr. 86/2006)

§ 15
Bedingungen

(1) Öffentliche Stellen können Bedingungen für die Weiterverwendung der in ihrem Besitz befindlichen Dokumente in einem Vertrag festlegen, in welchem die wesentlichen Fragen der Weiterverwendung geregelt werden.

(2) Die Bedingungen gemäß Abs. 1 dürfen die Möglichkeiten der Weiterverwendung der begehrten Dokumente nicht unnötig einschränken und keine Behinderung des Wettbewerbs bewirken.
(Anm: LGBl.Nr. 86/2006)

§ 16
Transparenz und praktische Vorkehrungen

(1) Die für die Weiterverwendung von Dokumenten geltenden Standardbedingungen und Standardentgelte sind von den öffentlichen Stellen im Voraus festzulegen und in geeigneter Weise – nach Möglichkeit im Internet – zu veröffentlichen.
(2) Auf Anfrage haben die öffentlichen Stellen die Berechnungsgrundlage für die veröffentlichten Entgelte sowie die Faktoren anzugeben, die bei der Berechnung der Entgelte in atypischen Fällen berücksichtigt werden.
(3) Öffentliche Stellen haben praktische Vorkehrungen zur Erleichterung des Zugangs hinsichtlich jener Dokumente, die zur Weiterverwendung verfügbar sind, zu treffen, indem sie insbesondere
1. Listen und Verzeichnisse über die wichtigsten in ihrem Besitz befindlichen, einer Weiterverwendung zugänglichen Dokumente führen und diese in geeigneter Weise – nach Möglichkeit im Internet – veröffentlichen und
2. Auskunftspersonen bzw. Informationsstellen benennen.
(Anm: LGBl.Nr. 86/2006)

§ 17
Nichtdiskriminierung

(1) Die Entgelte und sonstigen Bedingungen für die Weiterverwendung von Dokumenten, die sich im Besitz von öffent-

lichen Stellen befinden, haben für vergleichbare Kategorien der Weiterverwendung nicht diskriminierend zu sein.

(2) Werden Dokumente, die sich im Besitz öffentlicher Stellen befinden, von diesen als Ausgangsmaterial für eigene Geschäftstätigkeiten, die nicht unter ihren öffentlichen Auftrag fallen, weiterverwendet, so gelten für die Bereitstellung der Dokumente für diese Tätigkeiten dieselben Entgelte und sonstigen Bedingungen wie für andere Nutzerinnen und Nutzer.

(3) Sind im Besitz von öffentlichen Stellen befindliche Dokumente zur Weiterverwendung verfügbar, hat diese allen potenziellen Marktteilnehmerinnen und Marktteilnehmern offen zu stehen, selbst wenn diese Dokumente bereits von einem oder mehreren Marktteilnehmerinnen oder Marktteilnehmern als Grundlage für Mehrwertprodukte genutzt werden.

(Anm: LGBl.Nr. 86/2006)

§ 18
Verbot von Ausschließlichkeitsvereinbarungen

(1) Verträge oder sonstige Vereinbarungen zwischen öffentlichen Stellen und Dritten, welche ausschließliche Rechte hinsichtlich der Weiterverwendung der in den Geltungsbereich dieses Landesgesetzes fallenden Dokumente festlegen (Ausschließlichkeitsvereinbarungen), sind unzulässig.

(2) Abs. 1 gilt nicht, wenn für die Bereitstellung eines Dienstes im öffentlichen Interesse die Einräumung eines ausschließlichen Rechts erforderlich ist. Der Grund für eine solche Ausschließlichkeitsvereinbarung ist regelmäßig, mindestens jedoch alle drei Jahre, zu überprüfen. In die Ausschließlichkeitsvereinbarung ist jedenfalls eine Bestimmung aufzunehmen, die der öffentlichen Stelle dann ein besonderes Kündigungsrecht sichert, wenn die regelmäßige Überprüfung ergibt, dass der die Ausschließlichkeitsvereinbarung rechtfertigende Grund nicht mehr vorliegt. Die nach dem 31. Dezember 2003 getroffenen

Ausschließlichkeitsvereinbarungen müssen transparent sein und sind in geeigneter Weise – nach Möglichkeit im Internet – öffentlich bekannt zu machen.

(3) Bestehende Ausschließlichkeitsvereinbarungen, die nicht unter die Ausnahmen des Abs. 2 erster Satz fallen, enden mit Vertragsablauf bzw. gelten spätestens mit Ablauf des 31. Dezember 2008 als aufgelöst.

(Anm: LGBl.Nr. 86/2006)

§ 19
Rechtsschutz

(1) Auf Grund eines schriftlichen Antrags der Einschreiterin oder des Einschreiters, in welchem das Begehren auf Weiterverwendung von Dokumenten nochmals darzulegen ist, ist hierüber ein Bescheid zu erlassen, wenn

1. dem Begehren zur Gänze oder teilweise nicht entsprochen wird (§ 12 Abs. 3 Z. 2 und 4) oder
2. die Einschreiterin oder der Einschreiter behauptet, dass einzelne genau zu bezeichnende Bestimmungen eines endgültigen Vertragsangebots (§ 12 Abs. 3 Z. 3) nicht den Vorschriften dieses Landesgesetzes entsprechen oder
3. die öffentliche Stelle mit der Erledigung des Begehrens säumig ist.

(2) Der Antrag gemäß Abs. 1 ist – außer im Fall der Säumnis – binnen zwei Wochen nach Zugang der ablehnenden Mitteilung oder des endgültigen Vertragsangebots einzubringen. Auf das Verfahren ist das Allgemeine Verwaltungsverfahrensgesetz 1991 mit der Abweichung anzuwenden, dass der Bescheid spätestens acht Wochen nach Einlangen des Antrags zu erlassen ist.

(3) Zur Erlassung eines Bescheids gemäß Abs. 1 ist zuständig

1. wenn die öffentliche Stelle die Gemeinde oder eine öffentliche Stelle im Sinn des § 11 Z. 1 lit. d ist, die der Gemeinde

zuzurechnen ist und die nicht unter Z. 4 fällt, die Bürgermeisterin oder der Bürgermeister,
2. wenn die öffentliche Stelle ein Gemeindeverband oder eine öffentliche Stelle im Sinn des § 11 Z. 1 lit. d ist, die dem Gemeindeverband zuzurechnen ist und die nicht unter Z. 4 fällt, das zur Vertretung nach außen berufene Organ,
3. wenn die öffentliche Stelle ein sonstiger landesgesetzlich eingerichteter Selbstverwaltungskörper oder eine öffentliche Stelle im Sinn des § 11 Z. 1 lit. d ist, die dem Selbstverwaltungskörper zuzurechnen ist und die nicht unter Z. 4 fällt, das zur Vertretung nach außen berufene Organ,
4. wenn die öffentliche Stelle eine Stiftung, ein Fonds, eine Anstalt oder eine Körperschaft öffentlichen Rechts im Sinn des § 11 Z. 1 lit. d ist, das jeweils zur Vertretung nach außen berufene Organ,
5. wenn die öffentliche Stelle die Bezirksverwaltungsbehörde oder die Agrarbezirksbehörde ist, diese Behörde,
6. in sonstigen Fällen die Landesregierung, sofern im Abs. 4 nicht anderes bestimmt ist.

(4) Wenn die öffentliche Stelle der unabhängige Verwaltungssenat ist, ist dieser zur Erlassung eines Bescheids gemäß Abs. 1 in erster und letzter Instanz zuständig.

(5) Gegen Bescheide, die gemäß Abs. 3 Z. 1 und 2 erlassen wurden, kann unmittelbar Vorstellung an die Aufsichtsbehörde im Sinn der jeweils maßgeblichen organisationsrechtlichen Bestimmungen erhoben werden.

(6) Über Berufungen gegen Bescheide, die gemäß Abs. 3 Z. 3 bis 6 erlassen wurden, entscheidet der unabhängige Verwaltungssenat.

(7) In Verwaltungsverfahren nach diesem Abschnitt ist die öffentliche Stelle Partei und berechtigt, Rechtsmittel zu ergreifen sowie Beschwerde an den Verwaltungsgerichtshof zu erheben.

(Anm: LGBl.Nr. 86/2006)

4. ABSCHNITT
GEMEINSAME BESTIMMUNGEN

§ 20
Eigener Wirkungsbereich

Die der Gemeinde und den Gemeindeverbänden und ihren Organen nach diesem Landesgesetz zukommenden Aufgaben sind solche des eigenen Wirkungsbereichs.
(Anm: LGBl.Nr. 86/2006)

§ 21
Abgabenbefreiung

Die durch dieses Landesgesetz unmittelbar veranlassten Eingaben der Betroffenen zur Wahrung ihrer Interessen sind von den Landes-Verwaltungsabgaben befreit.
(Anm: LGBl.Nr. 86/2006)

Artikel II

(1) ... (Anm: Übergangsrecht zur Nov. LGBl.Nr. 41/2000)

(2) Soweit manuell geführte Dateien am 1. Jänner 2000 schon bestanden haben, sind sie – sofern sie gemäß Artikel I Z. 7 der Meldepflicht unterliegen – dem Datenverarbeitungsregister bis spätestens 1. Jänner 2003 zu melden.

Die Erste Präsidentin des Oö. Landtags:

Angela Orthner

Der Landeshauptmann:

Dr. Pühringer

4.5 Steiermark (Entwurf)

Gesetz vom ... über die Weiterverwendung von Dokumenten öffentlicher Stellen (Steiermärkisches Dokumenten-Weiterverwendungsgesetz – StDWG)

Stand Entwurf: 8. Jänner 2007

Der Steiermärkische Landtag hat beschlossen:

1. Abschnitt
Allgemeine Bestimmungen

§ 1
Geltungsbereich

(1) Dieses Gesetz regelt den rechtlichen Rahmen für die Weiterverwendung von Dokumenten, die sich im Besitz einer öffentlichen Stelle befinden und die von einer öffentlichen Stelle im Rahmen ihres öffentlichen Auftrags erstellt worden sind.

(2) Dieses Gesetz ist nicht anzuwenden, wenn Dokumente ausschließlich zur Erfüllung eines öffentlichen Auftrags verwendet werden.

(3) Dieses Gesetz lässt alle Rechtsvorschriften unberührt, die den Zugang zu Dokumenten öffentlicher Stellen regeln.

§ 2
Ausnahmen vom Geltungsbereich

Dieses Gesetz gilt nicht für Dokumente,

1. die nicht oder nur bei Nachweis eines besonderen Interesses zugänglich sind;
2. die geistiges Eigentum Dritter sind;
3. die von gewerblichen Schutzrechten erfasst sind;
4. die im Besitz einer Bildungs- und Forschungseinrichtung oder einer kulturellen Einrichtung sind.

§ 3
Begriffsbestimmungen

Im Sinne dieses Gesetzes bedeutet

1. **„Dokument“:** jede Darstellung eines Inhaltes unabhängig von der Form des Datenträgers (auf Papier oder in elektronischer Form, Ton-, Bild- oder audiovisuelles Material), oder ein Teil davon;
2. **„Dokument, das sich im Besitz einer öffentlichen Stelle befindet“:** Dokument, über dessen Weiterverwendung die öffentliche Stelle verfügen kann;
3. **„öffentliche Stelle“:**
   a) das Land;
   b) die Gemeinde;
   c) landesgesetzlich eingerichtete Selbstverwaltungskörper;
   d) Einrichtungen auf landesgesetzlicher Grundlage wie Stiftungen, Fonds und Anstalten sowie Körperschaften des öffentlichen Rechts, die
      – zu dem besonderen Zweck gegründet wurden, im Allgemeininteresse liegende Aufgaben zu erfüllen, die nicht gewerblicher Art sind,
      – zumindest teilrechtsfähig sind,
      – überwiegend vom Land, von einer Gemeinde, von anderen Einrichtungen auf landesgesetzlicher Grundlage oder von sonstigen öffentlichen Stellen (Art. 2 Z. 1 der Richtlinie 2003/98/EG) finanziert werden oder hinsichtlich ihrer Leitung der Aufsicht durch diese unterliegen oder deren Verwaltungs-, Leitungs- oder Aufsichtsorgan mehrheitlich aus Mitgliedern besteht, die vom Land, von einer Gemeinde, von anderen Einrichtungen auf landesgesetzlicher Grundlage oder von sonstigen öffentlichen Stellen (Art. 2 Z. 1 der Richtlinie 2003/98/EG) ernannt worden sind, und
      – keine Unternehmungen im Sinn des Art. 127 Abs. 3 B-VG oder des Art. 127a Abs. 3 B-VG sind;

e) Verbände, die sich überwiegend aus zwei oder mehreren öffentlichen Stellen gemäß lit. a bis d zusammensetzen.

4. **„Weiterverwendung“:** jede Verwendung für andere Zwecke als jene, für die ein Dokument im Rahmen eines öffentlichen Auftrags erstellt worden ist; der Austausch von Dokumenten zwischen öffentlichen Stellen nach diesem Gesetz oder entsprechenden Gesetzen des Bundes oder anderer Länder ausschließlich im Rahmen der Erfüllung eines öffentlichen Auftrags ist keine Weiterverwendung.

2. Abschnitt Bereitstellung von Dokumenten zur Weiterverwendung

§ 4 Bereitstellung von Dokumenten

(1) Die öffentlichen Stellen dürfen Dokumente zur Weiterverwendung bereitstellen, wenn andere gesetzliche Vorschriften, insbesondere solche des Datenschutzes und der Verschwiegenheitspflicht, nicht entgegenstehen.

(2) Dieses Gesetz begründet keine Verpflichtung zur Bereitstellung von Dokumenten. Wenn eine öffentliche Stelle ein Dokument zur Weiterverwendung bereitstellt, dann darf sie sonstige antragstellende Personen nicht diskriminieren (§§ 6, 7) oder von der Weiterverwendung ausschließen (ausgenommen im Fall des § 8 Abs. 2).

§ 5 Form der Bereitstellung und praktische Vorkehrungen

(1) Wenn eine öffentliche Stelle Dokumente zur Weiterverwendung bereitstellt, dann muss sie die Dokumente in jedem

vorhandenen Format oder in jeder vorhandenen Sprache bereitstellen. Wenn es möglich und sinnvoll ist, müssen die Dokumente in elektronischer Form bereitgestellt werden.

(2) Die öffentlichen Stellen sind nicht verpflichtet,

1. Dokumente neu zu erstellen oder anzupassen, um einem Antrag auf Weiterverwendung nachzukommen,
2. Auszüge aus Dokumenten zu erstellen, wenn dies über eine einfache Handhabung hinausginge,
3. die Erstellung von Dokumenten fortzusetzen.

(3) Die öffentlichen Stellen haben praktische Vorkehrungen zu treffen, damit der Zugang zu jenen Dokumenten erleichtert wird, die zur Weiterverwendung bereitgestellt werden. Zu diesem Zweck können sie insbesondere Listen und Verzeichnisse der wichtigsten Dokumente veröffentlichen oder Auskunftspersonen oder Informationsstellen benennen.

§ 6
Entgelt

(1) Die öffentlichen Stellen dürfen für die Bereitstellung von Dokumenten zur Weiterverwendung ein Entgelt verlangen. Die Gesamteinnahmen aus der Bereitstellung von Dokumenten und der Erlaubnis ihrer Weiterverwendung dürfen die Kosten für ihre Erfassung, Erstellung, Reproduktion und Verbreitung zuzüglich einer angemessenen Gewinnspanne nicht übersteigen.

(2) Das Entgelt, das im Normalfall für die Weiterverwendung von Dokumenten verlangt wird (Standardentgelt), ist im Voraus festzulegen und zu veröffentlichen, und zwar wenn möglich und sinnvoll im Internet auf der Homepage der öffentlichen Stelle.

(3) Die öffentlichen Stellen müssen auf Anfrage die Berechnungsgrundlagen für das Standardentgelt und die Faktoren angeben, die bei der Berechnung des Entgelts in atypischen Fällen berücksichtigt werden.

(4) Das Entgelt darf für vergleichbare Kategorien der Weiterverwendung nicht diskriminierend sein. Für die öffentliche

Stelle, die das Dokument erstellt hat und es weiterverwendet, gilt dasselbe Entgelt wie für andere Nutzer.

§ 7
Sonstige Bedingungen für die Weiterverwendung

(1) Die öffentlichen Stellen können die Weiterverwendung von Dokumenten an Bedingungen knüpfen. Die Bedingungen sind in einer Vereinbarung festzulegen, in der wesentliche Fragen der Weiterverwendung geregelt werden. Die Bedingungen dürfen die Möglichkeiten der Weiterverwendung nicht unnötig einschränken und nicht der Behinderung des Wettbewerbes dienen.

(2) Die Bedingungen, die für die Weiterverwendung von Dokumenten im Normalfall gelten (Standardbedingungen), sind im Voraus festzulegen und zu veröffentlichen, und zwar wenn möglich und sinnvoll im Internet auf der Hompage der öffentlichen Stelle. Die Standardbedingungen müssen in digitaler Form zur Verfügung stehen. Sie müssen elektronisch bearbeitet werden können.

(3) Die Bedingungen dürfen für vergleichbare Kategorien der Weiterverwendung nicht diskriminierend sein. Für die öffentliche Stelle, die das Dokument erstellt hat und es weiterverwendet, gelten dieselben Bedingungen wie für andere Nutzer.

§ 8
Ausschließlichkeitsvereinbarungen

(1) Die öffentliche Stelle darf niemandem ein ausschließliches Recht zur Weiterverwendung eines Dokuments erteilen. Das gilt auch dann, wenn bereits Mehrwertprodukte genutzt werden, die auf diesem Dokument beruhen.

(2) Die öffentliche Stelle darf ausnahmsweise ein ausschließliches Recht erteilen, wenn es erforderlich ist, um einen Dienst bereitzustellen, der im öffentlichen Interesse liegt. Diese Voraussetzungen sind mindestens alle drei Jahre zu prüfen.

(3) Ausschließlichkeitsvereinbarungen müssen transparent sein und öffentlich bekannt gemacht werden, und zwar wenn möglich und sinnvoll im Internet auf der Homepage der öffentlichen Stelle.

3. Abschnitt
Antrag, Rechtsschutz

§ 9
Antrag auf Weiterverwendung

(1) Jede natürliche oder juristische Person kann die Weiterverwendung von Dokumenten beantragen. Der Antrag ist bei der öffentlichen Stelle einzubringen, in dessen Besitz sich das Dokument befindet. Der Antrag ist schriftlich zu stellen; das kann in jeder technischen Form geschehen, die von der öffentlichen Stelle empfangen werden kann.

(2) Im Antrag muss das Dokument bezeichnet werden, das weiterverwendet werden soll. Weiters muss angegeben werden, wie und wofür das Dokument weiterverwendet werden soll.

(3) Die öffentliche Stelle muss die schriftliche Verbesserung eines mangelhaften Antrages verlangen. Dem Antragsteller ist dazu eine Frist zu setzen, die zwei Wochen nicht übersteigen darf. Wenn der Antrag nicht fristgerecht verbessert wird, dann gilt er als nicht eingebracht.

§ 10
Bearbeitungsfrist

(1) Die öffentliche Stelle muss über den Antrag innerhalb von vier Wochen entscheiden. Die Frist beginnt an dem Tag, an dem der Antrag oder im Falle eines Verbesserungsauftrags (§ 9 Abs. 3) seine fristgerechte Verbesserung bei der öffentlichen Stelle einlangt.

(2) Die öffentliche Stelle kann die Frist um weitere vier Wochen verlängern, wenn es sich um einen umfangreichen oder komplexen Antrag handelt. Sie muss den Antragsteller davon innerhalb von drei Wochen nach Einlangen des ursprünglichen Antrags oder seiner fristgerechten Verbesserung unterrichten.

§ 11
Entscheidung über den Antrag

(1) Die öffentliche Stelle muss fristgerecht

1. die beantragten Dokumente zur Gänze zur Weiterverwendung bereitstellen oder
2. die begehrten Dokumente teilweise zur Weiterverwendung bereitstellen und der Einschreiterin oder dem Einschreiter schriftlich unter Angabe der Gründe mitteilen, dass dem Antrag teilweise nicht entsprochen wird, oder
3. schriftlich ein Angebot unterbreiten, das die Bedingungen (einschließlich eines allfälligen Entgelts) für die gänzliche oder teilweise Bereitstellung der beantragten Dokumente enthält, oder
4. schriftlich unter Angabe der Gründe mitteilen, dass dem Antrag nicht entsprochen wird.

(2) Wird einem Antrag zur Gänze oder teilweise nicht entsprochen (Abs. 1 Z. 2 und 4), insbesondere weil die begehrten Dokumente nicht diesem Gesetz unterliegen oder weil sie nicht zur Weiterverwendung bereitgestellt werden, hat die öffentliche Stelle in ihrer ablehnenden Mitteilung die Antragstellerin oder den Antragsteller auf die Rechtsschutzmöglichkeit gemäß § 12 hinzuweisen.

(3) Stützt sich die ablehnende Mitteilung darauf, dass das begehrte Dokument geistiges Eigentum Dritter ist, hat die öffentliche Stelle auch auf die ihr bekannte Inhaberin oder den ihr bekannten Inhaber der Rechte oder ersatzweise auf diejenige oder denjenigen zu verweisen, von der oder dem sie das betreffende Material erhalten hat.

(4) Dem Antrag auf Weiterverwendung muss nur stattgegeben werden, wenn die antragstellende Person ansonsten unzulässig ausgeschlossen oder diskriminiert würde.

§ 12
Rechtsschutz

(1) Auf Grund eines schriftlichen Antrags der Einschreiterin oder des Einschreiters, in welchem der Antrag auf Weiterverwendung von Dokumenten nochmals darzulegen ist, ist hierüber ein Bescheid zu erlassen, wenn

1. dem Antrag zur Gänze oder teilweise nicht entsprochen wird (§ 11 Abs. 1 Z. 2 und 4) oder
2. die Einschreiterin oder der Einschreiter behauptet, dass einzelne genau zu bezeichnende Bestimmungen eines schriftlichen Vertragsangebots (§ 11 Abs. 1 Z. 3) nicht den Vorschriften dieses Landesgesetzes entsprechen oder
3. die öffentliche Stelle mit der Erledigung des Antrags säumig ist.

(2) Der Antrag gemäß Abs. 1 ist – außer im Fall der Säumnis – binnen zwei Wochen nach Zugang der ablehnenden Mitteilung oder des endgültigen Vertragsangebots einzubringen. Auf das Verfahren ist das Allgemeine Verwaltungsverfahrensgesetz 1991 mit der Abweichung anzuwenden, dass der Bescheid spätestens acht Wochen nach Einlangen des Antrags zu erlassen ist.

(3) Zur Erlassung eines Bescheids gemäß Abs. 1 ist zuständig

1. wenn die öffentliche Stelle die Gemeinde oder eine öffentliche Stelle im Sinn des § 3 Z. 1 lit. d ist, die der Gemeinde zuzurechnen ist und die nicht unter Z. 4 fällt, die Bürgermeisterin oder der Bürgermeister,
2. wenn die öffentliche Stelle ein Gemeindeverband oder eine öffentliche Stelle im Sinn des § 3 Z. 1 lit. d ist, die dem Gemeindeverband zuzurechnen ist und die nicht unter Z. 4 fällt, das zur Vertretung nach außen berufene Organ,

3. wenn die öffentliche Stelle ein sonstiger landesgesetzlich eingerichteter Selbstverwaltungskörper oder eine öffentliche Stelle im Sinn des § 3 Z. 1 lit. d ist, die dem Selbstverwaltungskörper zuzurechnen ist und die nicht unter Z. 4 fällt, das zur Vertretung nach außen berufene Organ,
4. wenn die öffentliche Stelle eine Stiftung, ein Fonds, eine Anstalt oder eine Körperschaft öffentlichen Rechts im Sinn des § 3 Z. 1 lit. d ist, das jeweils zur Vertretung nach außen berufene Organ,
5. wenn die öffentliche Stelle die Bezirksverwaltungsbehörde oder die Agrarbezirksbehörde ist, diese Behörde,
6. in sonstigen Fällen die Landesregierung, sofern im Abs. 4 nicht anderes bestimmt ist.

(4) Wenn die öffentliche Stelle der unabhängige Verwaltungssenat ist, ist dieser zur Erlassung eines Bescheids gemäß Abs. 1 in erster und letzter Instanz zuständig.

(5) Gegen Bescheide, die gemäß Abs. 3 Z. 1 und 2 erlassen wurden, kann unmittelbar Vorstellung an die Aufsichtsbehörde im Sinn der jeweils maßgeblichen organisationsrechtlichen Bestimmungen erhoben werden.

(6) Über Berufungen gegen Bescheide, die gemäß Abs. 3 Z. 3 bis 6 erlassen wurden, entscheidet der unabhängige Verwaltungssenat.

(7) In Verwaltungsverfahren nach diesem Abschnitt ist die öffentliche Stelle Partei und berechtigt, Rechtsmittel zu ergreifen sowie Beschwerde an den Verwaltungsgerichtshof zu erheben.

4. Abschnitt
Schlussbestimmungen

§ 13
Eigener Wirkungsbereich

Die in diesem Gesetz geregelten Aufgaben der Gemeinde sind solche des eigenen Wirkungsbereiches.

§ 14
Gemeinschaftsrecht

Durch dieses Gesetz wird die Richtlinie 2003/98/EG über die Weiterverwendung von Informationen des öffentlichen Sektors, ABl. Nr. L 345 vom 31.12.2003, S. 90, umgesetzt.

§ 15
Übergangsbestimmungen

Für Ausschließlichkeitsvereinbarungen, die nach dem 31. Dezember 2003 geschlossen worden sind, gilt der § 8 Abs. 3 sinngemäß. Bei Inkrafttreten dieses Gesetzes bereits bestehende Ausschließlichkeitsvereinbarungen, die nicht unter die Ausnahme des § 8 Abs. 2 fallen, enden spätestens am 31. Dezember 2008.

§ 16
Inkrafttreten

Dieses Gesetz tritt mit dem der Kundmachung folgenden Tag, das ist der …, in Kraft.

4.6. Tirol

Gesetzesbeschluss vom 22. November 2006 über die Weiterverwendung von Informationen öffentlicher Stellen (Tiroler Informationsweiterverwendungsgesetz – TIWG)

Der Landtag hat beschlossen:

1. Abschnitt Allgemeine Bestimmungen

§ 1 Ziel

Dieses Gesetz hat zum Ziel, die Weiterverwendung von Dokumenten öffentlicher Stellen zu erleichtern, um dadurch insbesondere die Erstellung neuer Informationsprodukte und Informationsdienste zu fördern.

§ 2 Anwendungsbereich

(1) Dieses Gesetz regelt den rechtlichen Rahmen für die kommerzielle und nicht kommerzielle Weiterverwendung von Dokumenten, die sich im Besitz öffentlicher Stellen (§ 4 Abs. 1) befinden und in ihrem öffentlichen Auftrag erstellt worden sind, sofern sie die Dokumente überhaupt zur Weiterverwendung zur Verfügung stellen.

(2) Rechtsvorschriften, die den Zugang zu Dokumenten öffentlicher Stellen regeln, insbesondere das Tiroler Umweltinformationsgesetz 2005, LGBl.Nr. 89, werden durch dieses Gesetz nicht berührt.

(3) Durch dieses Gesetz werden weiters das Datenschutzgesetz 2000, BGBl. I Nr. 165/1999, zuletzt geändert durch das Gesetz BGBl. I Nr. 13/2005, und das Tiroler Datenschutzge-

setz, LGBl.Nr. 60/2003, sowie gesetzliche Verschwiegenheitspflichten nicht berührt.

§ 3
Ausnahmen

(1) Dieses Gesetz ist, soweit im Abs. 2 nichts anderes bestimmt ist, nicht anzuwenden auf Dokumente, die

a) nicht im öffentlichen Auftrag der betreffenden öffentlichen Stelle erstellt worden sind,
b) insbesondere aus Gründen der nationalen Sicherheit, der umfassenden Landesverteidigung oder der öffentlichen Sicherheit oder weil sie Geschäfts- oder Betriebsgeheimnisse enthalten oder sonst der Vertraulichkeit unterliegen, nicht zugänglich sind,
c) nur bei Nachweis eines besonderen Interesses zugänglich sind,
d) geistiges Eigentum Dritter sind,
e) von gewerblichen Schutzrechten erfasst sind oder
f) im Besitz von Bildungs-, Forschungs- oder kulturellen Einrichtungen sind.

(2) Auf Anträge auf Bereitstellung der im Abs. 1 lit. a bis e genannten Dokumente zur Weiterverwendung sind die §§ 5 Abs. 3 lit. b und d, 4 und 5 sowie 13 bis 15 sinngemäß anzuwenden.

§ 4
Begriffsbestimmungen

(1) Öffentliche Stellen sind:

a) das Land Tirol,
b) die Gemeinden und die Gemeindeverbände,
c) durch Landesgesetz oder aufgrund eines Landesgesetzes eingerichtete Körperschaften öffentlichen Rechts, öffentliche Stiftungen, Anstalten und Fonds sowie durch Landesgesetz oder aufgrund eines Landesgesetzes Beliehene im Umfang der Beleihung.

(2) Dokumente sind Inhalte jeder Art unabhängig von der Form des Datenträgers (auf Papier, in elektronischer Form oder Ton, Bild- oder audiovisuelles Material), ausgenommen Computerprogramme, oder Teile solcher Inhalte (Auszüge).

(3) Weiterverwendung ist die Nutzung von Dokumenten, die sich im Besitz öffentlicher Stellen befinden, durch Rechtsträger für kommerzielle und nicht kommerzielle Zwecke, die sich vom ursprünglichen Zweck des öffentlichen Auftrages, in dessen Rahmen die Dokumente erstellt wurden, unterscheiden. Die Bereitstellung von Dokumenten an öffentliche Stellen nach diesem Gesetz oder an öffentliche Stellen nach § 4 Z. 1 des Informationsweiterverwendungsgesetzes, BGBl. I Nr. 135/2005, oder an öffentliche Stellen anderer Länder oder Staaten im Sinn des Art. 2 Z. 1 der Richtlinie 2003/98/EG über die Weiterverwendung von Informationen des öffentlichen Sektors, ABl. Nr. L 345 vom 31. Dezember 2003, S. 90 ff, ausschließlich im Rahmen der Erfüllung ihres öffentlichen Auftrages stellt keine Weiterverwendung dar.

2. Abschnitt
Weiterverwendung von Dokumenten, Rechtsschutz

§ 5
Antrag, Erledigung

(1) Anträge auf Bereitstellung von Dokumenten zur Weiterverwendung sind schriftlich bei der öffentlichen Stelle, in deren Besitz sich das Dokument befindet, zu stellen. Dies kann in jeder technischen Form geschehen, die die öffentliche Stelle zu empfangen bereit ist.

(2) Gehen aus dem Antrag der Inhalt oder Umfang der Dokumente oder die Art und Weise ihrer Weiterverwendung nicht ausreichend klar hervor, so hat die öffentliche Stelle dem Antragsteller ohne unnötigen Aufschub unter Setzung einer längstens zweiwöchigen Frist aufzutragen, den Antrag schriftlich zu präzisieren. Kommt der Antragsteller diesem Auftrag recht-

zeitig und vollständig nach, so beginnt die Erledigungsfrist nach Abs. 5 mit dem Einlangen des verbesserten Antrages von Neuem zu laufen. Andernfalls gilt der Antrag als nicht eingebracht.

(3) Die öffentliche Stelle hat innerhalb der Frist nach Abs. 5 dem Antragsteller

a) die Dokumente zur Gänze zur Weiterverwendung bereitzustellen oder
b) die Dokumente teilweise zur Weiterverwendung bereitzustellen und ihm schriftlich unter Angabe der Gründe mitzuteilen, dass seinem Antrag teilweise nicht entsprochen wird, oder
c) ein endgültiges Vertragsangebot zu unterbreiten, sofern die Dokumente nur gegen Entgelt (§ 7) oder unter bestimmten Bedingungen (§ 8) zur Weiterverwendung bereitgestellt werden, oder
d) schriftlich unter Angabe der Gründe mitzuteilen, dass seinem Antrag nicht entsprochen wird.

(4) Stützt die öffentliche Stelle die Ablehnung darauf, dass ein Dokument geistiges Eigentum Dritter oder von gewerblichen Schutzrechten erfasst ist, so hat sie weiters auf den Inhaber der Rechte zu verweisen, sofern ihr dieser bekannt ist. Andernfalls hat sie bekannt zu geben, von wem sie das Dokument erhalten hat.

(5) Anträge sind ohne unnötigen Aufschub, spätestens aber innerhalb von vier Wochen nach ihrem Einlangen, zu erledigen. Kann diese Frist aufgrund des Umfangs oder der Komplexität des Antrages nicht eingehalten werden, so ist der Antrag spätestens innerhalb von acht Wochen zu erledigen. In diesem Fall ist der Antragsteller von der Verlängerung der Erledigungsfrist unter Angabe der Gründe so bald wie möglich, spätestens aber innerhalb von drei Wochen nach dem Einlangen des Antrages, zu verständigen.

§ 6
Formate, Sprachen

(1) Dokumente sind in allen vorhandenen Formaten und Sprachen bereitzustellen. Soweit dies möglich und zweckmäßig ist, hat die Bereitstellung in elektronischer Form zu erfolgen.

(2) Auszüge müssen nur bereitgestellt werden, wenn dies ohne unverhältnismäßigen Aufwand möglich ist. Als unverhältnismäßig gilt jeder Aufwand, der über eine einfache Handhabung hinausgeht.

(3) Öffentliche Stellen sind nicht verpflichtet, Dokumente zu deren Weiterverwendung neu zu erstellen, weiterzuführen, anzupassen oder weiterzuentwickeln oder solche Maßnahmen durchführen zu lassen.

§ 7
Entgelte

(1) Sofern öffentliche Stellen für die Bereitstellung von Dokumenten zur Weiterverwendung Entgelte einheben, haben sie durch Richtlinien Standardentgelte festzulegen. Die Standardentgelte sind den Verträgen nach § 11 Abs. 1 zugrunde zu legen. In den Verträgen dürfen die Standardentgelte angepasst werden, soweit dies im Hinblick auf den Inhalt oder Umfang der jeweiligen Dokumente oder die beabsichtigte Art und Weise ihrer Weiterverwendung erforderlich ist.

(2) Die Gesamteinnahmen aus den Entgelten dürfen die Kosten der Erfassung, Erstellung, Reproduktion und Verbreitung der Dokumente zuzüglich einer angemessenen Gewinnspanne nicht übersteigen. Die Entgelte sind unter Bedachtnahme auf die im Abrechnungszeitraum anfallenden Kosten entsprechend den für die betreffende öffentliche Stelle geltenden Buchführungsgrundsätzen zu berechnen.

§ 8
Bedingungen

(1) Sofern öffentliche Stellen Dokumente nur unter bestimmten Bedingungen zur Weiterverwendung bereitstellen, haben sie durch Richtlinien Standardbedingungen festzulegen. Die Standardbedingungen sind den Verträgen nach § 11 Abs. 1 zugrunde

zu legen. In den Verträgen dürfen die Standardbedingungen angepasst werden, soweit dies im Hinblick auf den Inhalt oder Umfang der jeweiligen Dokumente oder die beabsichtigte Art und Weise ihrer Weiterverwendung erforderlich ist.

(2) Die Bedingungen nach Abs. 1 dürfen die Möglichkeiten der Weiterverwendung der Dokumente nicht unnötig einschränken und den Wettbewerb nicht behindern.

§ 9
Transparenz, praktische Vorkehrungen

(1) Die öffentlichen Stellen haben die Standardentgelte und die Standardbedingungen sowie die Rechtsschutzmöglichkeiten (§ 13) in geeigneter Weise zu veröffentlichen. Soweit dies möglich und zweckmäßig ist, hat die Veröffentlichung im Internet auf der Homepage der betreffenden öffentlichen Stelle in elektronisch bearbeitbarer Form zu erfolgen.

(2) Die öffentlichen Stellen haben auf Anfrage die Berechnungsgrundlagen für die Standardentgelte sowie jene Faktoren bekannt zu geben, die bei der Berechnung von Entgelten in besonderen Fällen herangezogen werden.

(3) Die öffentlichen Stellen haben praktische Vorkehrungen zur Erleichterung des Zuganges zu Dokumenten, die sie zur Weiterverwendung zur Verfügung stellen, zu treffen. Zu diesem Zweck haben sie insbesondere

a) Listen und Verzeichnisse über die wichtigsten in ihrem Besitz befindlichen Dokumente, die einer Weiterverwendung zugänglich sind, zu führen und
b) Auskunftspersonen oder Informationsstellen zu benennen.

Diese Informationen sind möglichst im Internet auf der Homepage der betreffenden öffentlichen Stelle oder sonst in geeigneter Weise, insbesondere durch die Einbringung in bestehende Internet-Portale, zu veröffentlichen.

§ 10
Nichtdiskriminierung

(1) Die Entgelte und die Bedingungen für die Bereitstellung von Dokumenten zur Weiterverwendung dürfen für vergleichbare Kategorien der Weiterverwendung nicht diskriminierend sein.

(2) Werden Dokumente, die sich im Besitz öffentlicher Stellen befinden, von diesen als Grundlage für eigene Geschäftstätigkeiten, die nicht unter ihren öffentlichen Auftrag fallen, weiterverwendet, so gelten für die Bereitstellung der Dokumente für diese Tätigkeiten dieselben Entgelte und Bedingungen wie für andere Nutzer.

(3) Werden Dokumente zur Weiterverwendung bereitgestellt, so muss diese allen potenziellen Interessenten offen stehen. Dies gilt auch, wenn die betreffenden Dokumente bereits als Grundlage für am Markt befindliche Informationsprodukte oder Informationsdienste genutzt werden.

§ 11
Verträge

(1) Werden Dokumente nur gegen Entgelt oder unter Bedingungen zur Weiterverwendung bereitgestellt, so ist darüber ein schriftlicher Vertrag abzuschließen. In einem solchen Vertrag sind die für die Weiterverwendung der Dokumente wesentlichen Belange zu regeln. Insbesondere können die Vertragsdauer, die Vertragsauflösung, die Verwendung der Dokumente nur zu bestimmten Zwecken, in einem bestimmten Umfang, in unveränderter Form, mit Quellenangabe und dergleichen, das Entgelt, die Haftung sowie die Liefer-, Zahlungs- und Kündigungsfristen näher geregelt werden.

(2) Der Abschluss eines schriftlichen Vertrages über das Entgelt für die Bereitstellung von Dokumenten zur Weiterverwendung ist nicht erforderlich, wenn das Entgelt ohne weiteres entrichtet wird.

§ 12
Verbot von Ausschließlichkeitsvereinbarungen

(1) Verträge nach § 11 Abs. 1 dürfen keine ausschließlichen Rechte über die Weiterverwendung von Dokumenten vorsehen.

(2) Abs. 1 gilt jedoch nicht, wenn für die Bereitstellung eines Dienstes im öffentlichen Interesse die Einräumung eines ausschließlichen Rechtes erforderlich ist, insbesondere weil andernfalls zu erwarten wäre, dass ein kommerzieller Dienstleister diesen Dienst mangels Wirtschaftlichkeit nicht anbieten würde. Solche Ausschließlichkeitsvereinbarungen haben jedenfalls ein besonderes Kündigungsrecht der öffentlichen Stelle für den Fall vorzusehen, dass der für den Abschluss der Vereinbarung maßgebend gewesene Grund im Nachhinein wegfällt.

(3) Ausschließlichkeitsvereinbarungen sind regelmäßig, mindestens jedoch alle drei Jahre, daraufhin zu überprüfen, ob der für den Abschluss der Vereinbarung maßgebend gewesene Grund weiterhin vorliegt.

(4) Ausschließlichkeitsvereinbarungen müssen transparent sein. Sie sind von der öffentlichen Stelle in geeigneter Weise, möglichst im Internet auf ihrer Homepage, zu veröffentlichen.

(5) Im Zeitpunkt des In-Kraft-Tretens dieses Gesetzes bestehende Ausschließlichkeitsvereinbarungen, auf die die Voraussetzung nach Abs. 2 erster Satz nicht zutrifft, gelten mit dem Ablauf des 31. Dezember 2008 als aufgelöst. Endet eine solche Vereinbarung vor diesem Zeitpunkt, so darf ein ausschließliches Recht nicht neuerlich begründet werden.

§ 13
Rechtsschutz

(1) Wurde einem Antrag auf Bereitstellung von Dokumenten zur Weiterverwendung nur teilweise oder überhaupt nicht entsprochen, so ist auf Verlangen des Antragstellers ein Bescheid zu erlassen. Die Behörde hat den Antrag im Sinn des § 5 Abs. 3 lit. b bzw. d im entsprechenden Umfang oder zur Gänze abzuweisen.

(2) Wurde dem Antragsteller ein endgültiges Vertragsangebot unterbreitet (§ 5 Abs. 3 lit. c), so ist auf sein Verlangen mit Bescheid festzustellen, ob einzelne Bestimmungen des Vertragsangebotes diesem Gesetz entsprechen. Wird festgestellt, dass Bestimmungen des Vertragsangebotes diesem Gesetz nicht entsprechen, so hat die öffentliche Stelle dem Antragsteller neuerlich ein endgültiges Vertragsangebot zu unterbreiten, das diese Entscheidung berücksichtigt. § 5 Abs. 5 ist mit der Maßgabe anzuwenden, dass der Fristenlauf mit dem Eintritt der Rechtskraft der Entscheidung beginnt.

(3) Wurde ein Antrag auf Bereitstellung von Dokumenten zur Weiterverwendung nicht innerhalb der Frist von vier bzw. acht Wochen (§ 5 Abs. 5) erledigt, so ist dem Antrag auf Verlangen des Antragstellers unverzüglich zu entsprechen oder es ist ein Bescheid zu erlassen, mit dem der Antrag abgewiesen wird. Wird dem Antrag nur teilweise entsprochen, so ist ein Bescheid zu erlassen, mit dem der Antrag im entsprechenden Umfang abgewiesen wird.

(4) Ein Verlangen nach Abs. 1, 2 oder 3 ist bei der öffentlichen Stelle schriftlich einzubringen. Ein Verlangen nach Abs. 1 oder 2 ist zu begründen. In einem Verlangen nach Abs. 2 sind weiters die als rechtswidrig erachteten Bestimmungen des Vertragsangebotes zu bezeichnen. Ein Verlangen nach Abs. 1 oder 2 ist innerhalb von zwei Wochen nach der Zustellung der Mitteilung über die Ablehnung bzw. des endgültigen Vertragsangebotes einzubringen.

(5) Die öffentliche Stelle hat ein Verlangen nach Abs. 1, 2 oder 3 ohne unnötigen Aufschub der nach Abs. 6 zuständigen Behörde vorzulegen.

(6) Zur Erlassung von Bescheiden nach den Abs. 1, 2 und 3 sind zuständig:

a) die Landesregierung, wenn öffentliche Stelle das Land Tirol oder eine öffentliche Stiftung, eine öffentliche Anstalt oder ein öffentlicher Fonds oder ein Beliehener im Sinn des § 4 Abs. 1 lit. c ist;

b) das zur Vertretung nach außen befugte Organ, wenn öffentliche Stelle eine Körperschaft öffentlichen Rechts im Sinn des § 4 Abs. 1 lit. c ist;
c) der Bürgermeister, wenn öffentliche Stelle eine Gemeinde ist, in der Stadt Innsbruck der Stadtmagistrat;
d) der Verbandsobmann, wenn öffentliche Stelle ein Gemeindeverband ist.

Auf das Verfahren ist das Allgemeine Verwaltungsverfahrensgesetz 1991 mit der Maßgabe anzuwenden, dass der Bescheid spätestens innerhalb von acht Wochen nach dem Einlangen des Verlangens nach Abs. 1, 2 oder 3 zu erlassen ist.

(7) Gegen Bescheide der Landesregierung ist Berufung an den unabhängigen Verwaltungssenat zulässig. Gegen Bescheide der Behörden nach Abs. 6 lit. b, c und d ist ein ordentliches Rechtsmittel nicht zulässig. In diesen Fällen kann innerhalb von drei Monaten nach der Erlassung des Bescheides Klage bei Gericht erhoben werden. Mit der Einbringung der Klage tritt der Bescheid außer Kraft.

(8) In Angelegenheiten nach diesem Gesetz entscheidet der unabhängige Verwaltungssenat durch eines seiner Mitglieder.

3. Abschnitt
Schlussbestimmungen

§ 14
Eigener Wirkungsbereich

Die Aufgaben der Gemeinden, der Gemeindeverbände und der sonstigen Körperschaften öffentlichen Rechts nach diesem Gesetz sind solche des eigenen Wirkungsbereiches.

§ 15
Verwendung personenbezogener Daten

Öffentliche Stellen dürfen zum Zweck der Durchführung des Verfahrens über Anträge auf Bereitstellung von Dokumenten zur Weiterverwendung sowie zur Dokumentation der Weiterverwendung von Dokumenten folgende personenbezogene Daten automationsunterstützt verarbeiten:

a) Identifikations-, Adress- und Erreichbarkeitsdaten des Antragstellers und seiner Ansprechpersonen;
b) antrags- und erledigungsbezogene Daten.

§ 16
Verweisungen

Soweit in diesem Gesetz auf landesrechtliche Vorschriften verwiesen wird, sind sie in der jeweils geltenden Fassung anzuwenden.

§ 17
In-Kraft-Treten, Umsetzung von Gemeinschaftsrecht

(1) Dieses Gesetz tritt mit dem Ablauf des Tages der Kundmachung in Kraft.

(2) Mit diesem Gesetz wird die Richtlinie 2003/98/EG über die Weiterverwendung von Informationen des öffentlichen Sektors, ABl. Nr. L 345 vom 31. Dezember 2003, S. 90 ff., umgesetzt.

4.7. Vorarlberg

Gesetz über die Weiterverwendung von Dokumenten öffentlicher Stellen

(Dokumenten-Weiterverwendungsgesetz – DokWG)

LGBl. Nr. 42/2006 vom 12. September 2006

Der Landtag hat beschlossen:

1. Abschnitt
Allgemeine Bestimmungen

§ 1
Geltungsbereich

(1) Dieses Gesetz regelt den rechtlichen Rahmen für die Weiterverwendung von Dokumenten, die sich im Besitz einer öffentlichen Stelle befinden und die von einer öffentlichen Stelle im Rahmen ihres öffentlichen Auftrags erstellt worden sind.

(2) Dieses Gesetz ist nicht anzuwenden, wenn Dokumente ausschließlich zur Erfüllung eines öffentlichen Auftrags verwendet werden.

(3) Dieses Gesetz lässt alle Rechtsvorschriften unberührt, die den Zugang zu Dokumenten öffentlicher Stellen regeln.

§ 2
Ausnahmen vom Geltungsbereich

Dieses Gesetz gilt nicht für Dokumente,

a) die nicht oder nur bei Nachweis eines besonderen Interesses zugänglich sind;

b) die geistiges Eigentum Dritter sind;
c) die von gewerblichen Schutzrechten erfasst sind;
d) die im Besitz einer Bildungs- und Forschungseinrichtung oder einer kulturellen Einrichtung sind.

§ 3
Begriffsbestimmungen

Im Sinne dieses Gesetzes bedeutet

a) Dokument: jede Darstellung eines Inhaltes unabhängig von der Form des Datenträgers (auf Papier oder in elektronischer Form, Ton-, Bild- oder audiovisuelles Material), oder ein Teil davon;
b) Dokument, das sich im Besitz einer öffentlichen Stelle befindet: Dokument, über dessen Weiterverwendung die öffentliche Stelle verfügen kann;
c) öffentliche Stelle: ein Organ des Landes, einer Gemeinde, eines Gemeindeverbandes oder einer landesgesetzlich geregelten Einrichtung;
d) Weiterverwendung: jede Verwendung für andere Zwecke als jene, für die ein Dokument im Rahmen eines öffentlichen Auftrags erstellt worden ist; der Austausch von Dokumenten zwischen öffentlichen Stellen nach diesem Gesetz oder entsprechenden Gesetzen des Bundes oder anderer Länder ausschließlich im Rahmen der Erfüllung eines öffentlichen Auftrags ist keine Weiterverwendung.

2. Abschnitt
Bereitstellung von Dokumenten zur Weiterverwendung

§ 4
Bereitstellung von Dokumenten

(1) Die öffentlichen Stellen dürfen Dokumente zur Weiterverwendung bereitstellen, wenn andere gesetzliche Vorschriften, insbesondere solche des Datenschutzes und der Verschwiegenheitspflicht, nicht entgegen stehen.

(2) Dieses Gesetz begründet keine Verpflichtung zur Bereitstellung von Dokumenten. Wenn eine öffentliche Stelle ein Dokument zur Weiterverwendung bereitstellt, dann darf sie sonstige antragstellende Personen nicht diskriminieren (§§ 6, 7) oder von der Weiterverwendung ausschließen (ausgenommen im Fall des § 8 Abs. 2).

§ 5
Form der Bereitstellung und praktische Vorkehrungen

(1) Wenn eine öffentliche Stelle Dokumente zur Weiterverwendung bereitstellt, dann muss sie die Dokumente in jedem vorhandenen Format oder in jeder vorhandenen Sprache bereitstellen. Wenn es möglich und sinnvoll ist, müssen die Dokumente in elektronischer Form bereitgestellt werden.

(2) Die öffentlichen Stellen sind nicht verpflichtet, Dokumente neu zu erstellen oder anzupassen, um einem Antrag auf Weiterverwendung nachzukommen. Sie sind auch nicht verpflichtet, Auszüge aus Dokumenten zu erstellen, wenn dies über eine einfache Handhabung hinausginge. Weiters sind die öffentlichen Stellen nicht verpflichtet, die Erstellung von Dokumenten fortzusetzen.

(3) Die öffentlichen Stellen haben praktische Vorkehrungen zu treffen, damit der Zugang zu jenen Dokumenten erleichtert wird, die zur Weiterverwendung bereitgestellt werden. Zu diesem Zweck können sie insbesondere Listen und Verzeichnisse der wichtigsten Dokumente veröffentlichen oder Auskunftspersonen oder Informationsstellen benennen.

§ 6
Entgelt

(1) Die öffentlichen Stellen dürfen für die Bereitstellung von Dokumenten zur Weiterverwendung ein Entgelt verlangen. Die

Gesamteinnahmen aus der Bereitstellung von Dokumenten und der Erlaubnis ihrer Weiterverwendung dürfen die Kosten für ihre Erfassung, Erstellung, Reproduktion und Verbreitung zuzüglich einer angemessenen Gewinnspanne nicht übersteigen.

(2) Das Entgelt, das im Normalfall für die Weiterverwendung von Dokumenten verlangt wird (Standardentgelt), ist im Voraus festzulegen und zu veröffentlichen, und zwar wenn möglich und sinnvoll im Internet auf der Homepage der öffentlichen Stelle.

(3) Die öffentlichen Stellen müssen auf Anfrage die Berechnungsgrundlagen für das Standardentgelt und die Faktoren angeben, die bei der Berechnung des Entgelts in atypischen Fällen berücksichtigt werden.

(4) Das Entgelt darf für vergleichbare Kategorien der Weiterverwendung nicht diskriminierend sein. Für die öffentliche Stelle, die das Dokument erstellt hat und es weiterverwendet, gilt dasselbe Entgelt wie für andere Nutzer.

§ 7
Sonstige Bedingungen für die Weiterverwendung

(1) Die öffentlichen Stellen können die Weiterverwendung von Dokumenten an Bedingungen knüpfen. Die Bedingungen sind in einer Vereinbarung festzulegen, in der wesentliche Fragen der Weiterverwendung geregelt werden. Die Bedingungen dürfen die Möglichkeiten der Weiterverwendung nicht unnötig einschränken und nicht der Behinderung des Wettbewerbes dienen.

(2) Die Bedingungen, die für die Weiterverwendung von Dokumenten im Normalfall gelten (Standardbedingungen), sind im Voraus festzulegen und zu veröffentlichen, und zwar wenn möglich und sinnvoll im Internet auf der Hompage der öffentlichen Stelle. Die Standardbedingungen müssen in digitaler Form zur Verfügung stehen. Sie müssen elektronisch bearbeitet werden können.

(3) Die Bedingungen dürfen für vergleichbare Kategorien der Weiterverwendung nicht diskriminierend sein. Für die öffentliche Stelle, die das Dokument erstellt hat und es weiterverwendet, gelten dieselben Bedingungen wie für andere Nutzer.

§ 8
Ausschließlichkeitsvereinbarungen

(1) Die öffentliche Stelle darf niemandem ein ausschließliches Recht zur Weiterverwendung eines Dokuments erteilen. Das gilt auch dann, wenn bereits Mehrwertprodukte genutzt werden, die auf diesem Dokument beruhen.

(2) Die öffentliche Stelle darf ausnahmsweise ein ausschließliches Recht erteilen, wenn es erforderlich ist, um einen Dienst bereitzustellen, der im öffentlichen Interesse liegt. Diese Voraussetzungen sind mindestens alle drei Jahre zu prüfen.

(3) Ausschließlichkeitsvereinbarungen müssen transparent sein und öffentlich bekannt gemacht werden, und zwar wenn möglich und sinnvoll im Internet auf der Homepage der öffentlichen Stelle.

3. Abschnitt
Antrag, Rechtsschutz

§ 9
Antrag auf Weiterverwendung

(1) Jede natürliche oder juristische Person kann die Weiterverwendung von Dokumenten beantragen. Der Antrag ist bei der öffentlichen Stelle einzubringen, in deren Besitz sich das Dokument befindet. Der Antrag ist schriftlich zu stellen; das kann in jeder technischen Form geschehen, die von der öffentlichen Stelle empfangen werden kann.

(2) Im Antrag muss das Dokument bezeichnet werden, das weiterverwendet werden soll. Weiters muss angegeben werden, wie und wofür das Dokument weiterverwendet werden soll.

(3) Die öffentliche Stelle muss unverzüglich die schriftliche Verbesserung eines mangelhaften Antrages verlangen. Dem Antragsteller ist dazu eine Frist zu setzen, die zwei Wochen nicht übersteigen darf. Wenn der Antrag nicht fristgerecht verbessert wird, dann gilt er als nicht eingebracht.

§ 10
Bearbeitungsfrist

(1) Die öffentliche Stelle muss über den Antrag innerhalb von vier Wochen entscheiden. Die Frist beginnt an dem Tag, an dem der Antrag oder im Falle eines Verbesserungsauftrags (§ 9 Abs. 3) seine fristgerechte Verbesserung bei der öffentlichen Stelle einlangt.

(2) Die öffentliche Stelle kann die Frist um weitere vier Wochen verlängern, wenn es sich um einen umfangreichen oder komplexen Antrag handelt. Sie muss den Antragsteller davon innerhalb von drei Wochen nach Einlangen des ursprünglichen Antrags oder seiner fristgerechten Verbesserung unterrichten.

§ 11
Entscheidung über den Antrag

(1) Die öffentliche Stelle muss fristgerecht

a) die beantragten Dokumente ganz oder teilweise bereitstellen,
b) schriftlich ein Angebot unterbreiten, das die Bedingungen (einschließlich eines allfälligen Entgelts) für die gänzliche oder teilweise Bereitstellung der beantragten Dokumente enthält, oder
c) schriftlich mitteilen, dass der Antrag ganz oder teilweise abgelehnt wird.

(2) Mitteilungen gemäß Abs. 1 lit. b oder lit. c müssen eine kurze Begründung und einen Hinweis enthalten, dass die Erlassung eines Bescheides beantragt werden kann.

(3) Wenn der Antragsteller mit der Mitteilung gemäß Abs. 1 lit. b oder lit. c nicht einverstanden ist, dann kann er schriftlich verlangen, dass die öffentliche Stelle über seinen Antrag mit Bescheid entscheidet. Als Verfahrensordnung, nach der der Bescheid zu erlassen ist, gilt das Allgemeine Verwaltungsverfahrensgesetz 1991. Wenn der Antrag abgelehnt wird, weil das beantragte Dokument geistiges Eigentum eines Dritten ist, dann muss auf diesen Dritten verwiesen werden. Wenn der Dritte nicht bekannt ist, dann muss die öffentliche Stelle auf den Lizenzgeber verweisen, von dem sie das betreffende Material erhalten hat.

(4) Dem Antrag auf Weiterverwendung muss nur stattgegeben werden, wenn die antragstellende Person ansonsten unzulässig ausgeschlossen oder diskriminiert würde.

§ 12
Rechtsschutz

Über Berufungen gegen Bescheide gemäß § 11 Abs. 3 entscheidet der Unabhängige Verwaltungssenat. Das gilt nicht, wenn der Bescheid im eigenen Wirkungsbereich der Gemeinde erlassen worden ist.

4. Abschnitt
Schlussbestimmungen

§ 13
Eigener Wirkungsbereich der Gemeinde

Die in diesem Gesetz geregelten Aufgaben der Gemeinde sind solche des eigenen Wirkungsbereiches.

§ 14
Übergangsbestimmung

Für Ausschließlichkeitsvereinbarungen, die nach dem 31. Dezember 2003 geschlossen worden sind, gilt der § 8 Abs. 3 sinngemäß. Bei Inkrafttreten dieses Gesetzes bereits bestehende Ausschließlichkeitsvereinbarungen, die nicht unter die Ausnahme des § 8 Abs. 2 fallen, enden spätestens am 31. Dezember 2008.

4.8. Wien

Wiener Landesgesetz über die Weiterverwendung
von Informationen öffentlicher Stellen

Wiener Informationsweiterverwendungsgesetz (WIWG)
LGBl. 52/2005 vom 20. September 2005

Der Wiener Landtag hat beschlossen:

Grundsätzliches

§ 1. (1) Ziel dieses Landesgesetzes ist die Erleichterung der Erstellung von Informationsprodukten und Informationsdiensten auf Grundlage von Dokumenten öffentlicher Stellen.

(2) Rechtsvorschriften, die den Zugang zu Dokumenten öffentlicher Stellen (Art. 2 Z 1 der Richtlinie 2003/98/EG) regeln (Zugangsregelungen), werden durch dieses Landesgesetz nicht berührt.

(3) Sofern öffentliche Stellen die Weiterverwendung bestimmter oder aller in ihrem Besitz befindlicher Dokumente generell genehmigen, haben sie sicherzustellen, dass diese Dokumente gemäß den Bestimmungen der §§ 5 bis 10 für kommerzielle und nichtkommerzielle Zwecke genutzt und nach Möglichkeit in elektronischer Form zur Verfügung gestellt werden können.

Sachlicher Geltungsbereich, Datenschutz

§ 2. (1) Dieses Landesgesetz regelt den rechtlichen Rahmen für die Weiterverwendung von vorhandenen Dokumenten, die sich im Besitz öffentlicher Stellen (§ 3) befinden.

(2) § 1 Abs. 3 sowie §§ 5 bis 10 gelten nicht für

1. Dokumente, deren Erstellung nicht unter den öffentlichen Auftrag der betreffenden öffentlichen Stelle fällt,

2. Dokumente, die geistiges Eigentum Dritter sind,
3. Dokumente, die von gewerblichen Schutzrechten erfasst werden,
4. Dokumente, die nach den betreffenden Zugangsregelungen, insbesondere aus Gründen der nationalen Sicherheit, der umfassenden Landesverteidigung, der öffentlichen Sicherheit, oder weil sie Geschäfts- oder Betriebsgeheimnisse enthalten nicht oder nicht ohne Nachweis eines besonderen Interesses zugänglich sind,
5. Dokumente, die im Besitz öffentlich-rechtlicher Rundfunkanstalten und ihrer Zweigstellen oder anderer Stellen und deren Zweigstellen sind und der Wahrnehmung eines öffentlich-rechtlichen Sendeauftrags dienen,
6. Dokumente, die im Besitz von Bildungs- und Forschungseinrichtungen, wie insbesondere Schulen, Hochschulen, Privatuniversitäten, Fachhochschulen, Verwaltungs- und sonstigen Akademien, Archiven, Bibliotheken und Forschungsinstituten, der öffentlichen Stellen gemäß § 3 sind,
7. Dokumente, die im Besitz kultureller Einrichtungen, wie insbesondere Museen, Bibliotheken, Archiven, Orchestern, Opern und Theatern, der öffentlichen Stellen gemäß § 3 sind.

(3) Die Bestimmungen des Bundesgesetzes über den Schutz personenbezogener Daten (Datenschutzgesetz 2000), BGBl. I Nr. 165/1999 in der Fassung des Bundesgesetzes BGBl. I Nr. 13/2005, und des Wiener Landesgesetzes über den Schutz personenbezogener Daten (Wiener Datenschutzgesetz), LGBl. Nr. 125/2001, sowie gesetzliche Verschwiegenheitspflichten bleiben unberührt.

Persönlicher Geltungsbereich

§ 3. Dieses Landesgesetz gilt für folgende öffentliche Stellen:

1. die Stadt Wien als Land oder Gemeinde,

2. landesgesetzlich eingerichtete Selbstverwaltungskörperschaften,
3. Einrichtungen auf landesrechtlicher Grundlage, die
   a) zu dem besonderen Zweck gegründet wurden, im Allgemeininteresse liegende Aufgaben zu erfüllen, die nicht gewerblicher Art sind, und
   b) zumindest teilrechtsfähig sind und
   c) überwiegend von der Stadt Wien und/oder von Einrichtungen im Sinne der Z 2 oder 3 und/oder von sonstigen öffentlichen Stellen (Art. 2 Z 1 der Richtlinie 2003/98/EG) finanziert werden oder hinsichtlich ihrer Leitung der Aufsicht durch letztere unterliegen oder deren Verwaltungs-, Leitungs- oder Aufsichtsorgan mehrheitlich aus Mitgliedern besteht, die von der Stadt Wien und/oder von Einrichtungen im Sinne der Z 2 oder 3 und/oder von sonstigen öffentlichen Stellen (Art. 2 Z 1 der Richtlinie 2003/98/EG) ernannt worden sind.

Begriffsbestimmungen

§ 4. (1) Im Geltungsbereich dieses Landesgesetzes bezeichnet der Ausdruck

1. „Dokument“: jeden Inhalt unabhängig von der Form des Datenträgers (Papier oder in elektronischer Form, Ton-, Bild- oder audiovisuelles Material) sowie einen beliebigen Teil eines solchen Inhalts, ausgenommen Computerprogramme,
2. „Weiterverwendung“: die Nutzung von Dokumenten, die im Besitz öffentlicher Stellen sind, durch Rechtsträger für kommerzielle oder nichtkommerzielle Zwecke, welche sich von dem ursprünglichen Zweck des öffentlichen Auftrages, in dessen Rahmen die Dokumente erstellt wurden, unterscheiden. Der Austausch von Dokumenten zwischen öffentlichen Stellen (Art. 2 Z 1 der Richtlinie 2003/98/EG) ausschließlich im Rahmen der Erfüllung ihres öffentlichen Auftrages stellt keine Weiterverwendung dar.

(2) Ein Dokument ist dann im Besitz einer öffentlichen Stelle, wenn diese berechtigt ist, dessen Weiterverwendung zu genehmigen.

Verfügbare Formate

§ 5. (1) Öffentliche Stellen haben jene Dokumente, deren Weiterverwendung genehmigt wird, in allen vorhandenen Formaten oder Sprachen – soweit möglich und sinnvoll in elektronischer Form – zur Verfügung zu stellen. Dies begründet jedoch keine Verpflichtung, Dokumente neu zu erstellen oder anzupassen, um einem Begehren auf Weiterverwendung nachzukommen.

(2) Begehrte Auszüge aus Dokumenten müssen dann nicht zur Verfügung gestellt werden, wenn dies mit einem unverhältnismäßigen Aufwand verbunden ist, der über eine einfache Handhabung hinausgeht.

(3) Öffentliche Stellen sind auf Grundlage dieses Landesgesetzes nicht verpflichtet, die Erstellung von Dokumenten bestimmter Art im Hinblick auf die Weiterverwendung solcher Dokumente fortzusetzen.

Entgelte

§ 6. Falls Entgelte verlangt werden, dürfen die voraussichtlichen Gesamteinnahmen aus der Bereitstellung von Dokumenten und der Gestattung ihrer Weiterverwendung die Kosten ihrer Erfassung, Erstellung, Reproduktion und Verbreitung zuzüglich einer angemessenen Gewinnspanne nicht übersteigen. In diesem Sinne haben sich allfällige Entgelte an den Kosten des jeweiligen Abrechnungszeitraumes zu orientieren und müssen unter Beachtung der für die betreffende öffentliche Stelle geltenden Buchführungsgrundsätze berechnet werden.

Transparenz und praktische Vorkehrungen

§ 7. (1) Öffentliche Stellen haben die für die Weiterverwendung von Dokumenten geltenden Nutzungsbedingungen und zu leistenden üblichen Entgelte im Voraus festzulegen und in geeigneter Weise – soweit möglich und sinnvoll im Internet – zu veröffentlichen.

(2) Auf Anfrage sind von der betreffenden öffentlichen Stelle die Berechnungsgrundlage für die veröffentlichten Entgelte sowie jene Faktoren, die bei der Berechnung der Entgelte in atypischen Fällen berücksichtigt werden, bekannt zu geben.

(3) Entscheiden öffentliche Stellen, bestimmte oder alle Dokumente generell nicht mehr zur Weiterverwendung zur Verfügung zu stellen, haben sie diese Entscheidung unverzüglich in geeigneter Weise – soweit möglich und sinnvoll im Internet – bekannt zu geben.

(4) Öffentliche Stellen haben praktische Vorkehrungen zur Erleichterung des Informationszuganges hinsichtlich jener Dokumente, die einer Weiterverwendung zugänglich sind, zu treffen, insbesondere indem sie diesbezügliche Auskunftspersonen oder Informationsstellen benennen oder Listen und Verzeichnisse über die in ihrem Besitz befindlichen, einer Weiterverwendung zugänglichen Dokumente führen.

Nutzungsverträge

§ 8. (1) Wird die Weiterverwendung von Dokumenten an Nutzungsbedingungen geknüpft, sind diese in Verträgen festzulegen, die die wesentlichen Rechte und Pflichten der Vertragspartner zu regeln haben. Die Nutzungsbedingungen dürfen die Möglichkeiten der Weiterverwendung der begehrten Dokumente nicht unnötig einschränken und keine Behinderung des Wettbewerbs bewirken.

(2) Öffentliche Stellen, die die Weiterverwendung von Dokumenten an Nutzungsbedingungen knüpfen, haben im Internet standardisierte Vertragsformulare zur Verfügung zu stellen, die elektronisch bearbeitet und im Einzelfall unter Beachtung der in diesem Landesgesetz festgelegten Grundsätze angepasst werden können.

Nichtdiskriminierung

§ 9. (1) Die Entgelte und Nutzungsbedingungen für die Weiterverwendung von Dokumenten haben für vergleichbare Kategorien der Weiterverwendung nichtdiskriminierend zu sein.

(2) Werden im Besitz einer öffentlichen Stelle befindliche Dokumente von dieser als Ausgangsmaterial für eigene kommerzielle Tätigkeiten, die nicht unter ihren öffentlichen Auftrag fallen, weiterverwendet, so gelten für die Bereitstellung der Dokumente für diese Tätigkeiten dieselben Entgelte und Nutzungsbedingungen wie für andere Nutzer.

Verbot von Ausschließlichkeitsvereinbarungen

§ 10. (1) Sofern nicht die Ausnahme des Abs. 2 Anwendung findet, steht die Weiterverwendung von hiefür zugänglichen Dokumenten allen potenziellen Marktteilnehmern offen, selbst wenn auf diesen Dokumenten beruhende Mehrwertprodukte bereits von einem oder mehreren Marktteilnehmern genutzt werden.

(2) Verträge oder sonstige Vereinbarungen zwischen öffentlichen Stellen und Dritten, welche die ausschließliche Nutzung von in den Geltungsbereich dieses Landesgesetzes fallenden Dokumenten zum Inhalt haben (Ausschließlichkeitsvereinbarungen), sind unzulässig, es sei denn, dass für die Bereitstellung eines Dienstes im öffentlichen Interesse die Einräumung eines ausschließlichen Nutzungsrechtes erforderlich ist.

(3) Wurde eine Ausschließlichkeitsvereinbarung getroffen, hat die betreffende öffentliche Stelle dies in geeigneter Weise – soweit möglich und sinnvoll im Internet – öffentlich bekannt zu machen und in regelmäßigen Abständen, mindestens jedoch alle drei Jahre, zu überprüfen, ob der in Abs. 2 angeführte, die Ausschließlichkeitsvereinbarung rechtfertigende Grund nach wie vor gegeben ist. In die Ausschließlichkeitsvereinbarung ist jedenfalls eine Bestimmung aufzunehmen, die der öffentlichen Stelle ein besonderes Kündigungsrecht für den Fall sichert, dass die regelmäßige Überprüfung ergibt, dass der in Abs. 2 angeführte, die Ausschließlichkeitsvereinbarung rechtfertigende Grund

nicht mehr vorliegt. Die nach dem 31. Dezember 2003 getroffenen Ausschließlichkeitsvereinbarungen müssen transparent sein und in geeigneter Weise – soweit möglich und sinnvoll im Internet – öffentlich bekannt gemacht werden.

(4) Im Zeitpunkt des In-Kraft-Tretens dieses Landesgesetzes bestehende Ausschließlichkeitsvereinbarungen, die nicht unter die Ausnahme des Abs. 2 fallen, sind durch Kündigung spätestens mit 31. Dezember 2008 zu beenden.

Anforderungen an Weiterverwendungsbegehren und deren weitere Behandlung

§ 11. (1) Begehren auf Bereitstellung von Dokumenten zur Weiterverwendung sind schriftlich einzubringen. Dies kann in jeder technischen Form geschehen, die die betreffende öffentliche Stelle zu empfangen in der Lage ist.

(2) Geht aus einem Begehren im Sinne des Abs. 1 der Inhalt oder der Umfang der verlangten Bereitstellung von Dokumenten nicht ausreichend klar hervor, hat die betreffende öffentliche Stelle unverzüglich dessen Klarstellung zu veranlassen und kann dem Einschreiter oder der Einschreiterin die schriftliche Präzisierung seines oder ihres Begehrens mit dem Hinweis und der Wirkung auftragen, dass das Begehren nach fruchtlosem Ablauf einer gleichzeitig zu bestimmenden, zwei Wochen nicht übersteigenden Frist als nicht eingebracht gilt.

(3) Ohne unnötigen Aufschub, spätestens aber innerhalb von acht Wochen nach Einlangen des – gegebenenfalls (Abs. 2) präzisierten – Begehrens hat die öffentliche Stelle

1. die begehrten Dokumente zur Gänze oder gegebenenfalls teilweise zur Verfügung zu stellen und/oder
2. ein verbindliches Vertragsangebot zu unterbreiten und/oder
3. dem Einschreiter oder der Einschreiterin schriftlich unter Anführung der maßgeblichen Gründe und Hinweis auf die Rechtsschutzmöglichkeiten (§ 12 Abs. 1) mitzuteilen, dass seinem oder ihrem Begehren zur Gänze oder gegebenenfalls teilweise nicht entsprochen werden kann. Die öffentliche

Stelle hat sich dabei – soweit möglich und sinnvoll – elektronischer Mittel zu bedienen.

(4) Gründet die öffentliche Stelle die ablehnende Mitteilung (Abs. 3 Z 3) auf § 2 Abs. 2 Z 2, so hat sie auf den ihr bekannten Rechtsträger, der Inhaber der Rechte ist, oder ersatzweise auf den Lizenzgeber, von dem sie das betreffende Material erhalten hat, zu verweisen.

(5) Bei umfangreichen oder komplexen Begehren verlängert sich die in Abs. 3 genannte Frist um weitere vier Wochen, wenn die öffentliche Stelle den Einschreiter oder die Einschreiterin innerhalb von drei Wochen nach Einlangen des Begehrens darüber in Kenntnis setzt, dass für dessen Bearbeitung mehr Zeit benötigt wird.

(6) Ist die öffentliche Stelle mit der Erledigung des Begehrens säumig, hat sie auf schriftlichen Antrag des Einschreiters oder der Einschreiterin über sein oder ihr Begehren innerhalb von acht Wochen ab Einlangen des Antrages mit Bescheid zu entscheiden oder, falls sie zur Erlassung von Bescheiden nicht befugt ist, den Antrag samt Bezug habendem Begehren ohne unnötigen Aufschub an die für die Führung der Aufsicht zuständige Verwaltungsbehörde weiterzuleiten. Die Aufsichtsbehörde hat darüber innerhalb von acht Wochen ab Einlangen des Antrages bei ihr mit Bescheid zu entscheiden. Werden die begehrten Dokumente nachträglich zur Verfügung gestellt und/oder ein verbindliches Lizenzangebot unterbreitet, endet die Pflicht zur Bescheiderlassung bzw. zur Weiterleitung an die Aufsichtsbehörde. Im Verfahren vor der Aufsichtsbehörde erster und gegebenenfalls zweiter Instanz finden die Bestimmungen des § 12 Abs. 2 zweiter bis vierter Satz Anwendung.

Rechtsschutz bei ablehnenden Mitteilungen (§ 11 Abs. 3 Z 3)

§ 12. (1) Wurde dem Einschreiter oder der Einschreiterin gemäß § 11 Abs. 3 Z 3 mitgeteilt, dass seinem oder ihrem Begehren zur Gänze oder teilweise nicht entsprochen werden kann, hat die öffentliche Stelle, sofern sie zur Erlassung von Bescheiden befugt ist, hierüber auf Antrag einen Bescheid zu erlassen. Der Antrag ist vom Einschreiter oder von der Einschreiterin binnen zwei Wochen nach Zugang der ablehnenden Mitteilung bei der öffentlichen Stelle schriftlich einzubringen.

(2) Eine öffentliche Stelle, die zur Erlassung von Bescheiden nicht befugt ist, hat Anträge im Sinne des Abs. 1 samt dem Bezug habenden ursprünglichen Begehren sowie der ablehnenden Mitteilung ohne unnötigen Aufschub an die für die Führung der Aufsicht zuständige Verwaltungsbehörde weiterzuleiten. Im diesbezüglichen Verfahren vor der Aufsichtsbehörde erster und gegebenenfalls zweiter Instanz ist die öffentliche Stelle Partei. Der allfällige Instanzenzug richtet sich nach den für das Aufsichtsverfahren einschlägigen landesgesetzlichen Vorschriften. Die öffentliche Stelle ist berechtigt, gegen Bescheide der Aufsichtsbehörde in Verfahren nach diesem Landesgesetz nach Erschöpfung des administrativen Instanzenzuges Beschwerde wegen Rechtswidrigkeit an den Verwaltungsgerichtshof und an den Verfassungsgerichtshof zu erheben.

Rechtsschutz bei Nutzungsverträgen (§ 11 Abs. 3 Z 2)

§ 13. (1) Meint der Einschreiter oder die Einschreiterin, dass einzelne Bestimmungen des unterbreiteten verbindlichen Vertragsangebotes (§ 11 Abs. 3 Z 2) nicht den Vorschriften dieses Landesgesetzes – insbesondere jenen des § 8 Abs. 1 zweiter Satz – entsprechen, hat er oder sie dies der öffentlichen Stelle innerhalb der für die Annahme des Vertragsangebotes bestimmten angemessenen Frist schriftlich mitzuteilen. Falls dem Einschreiter oder der Einschreiterin daraufhin nicht binnen acht Wochen ein in seinem oder ihrem Sinne abgeänderter Nutzungsvertrag angeboten wird, kann er oder sie die Feststellung durch die Berufungs- bzw. Aufsichtsbehörde beantragen, dass einzelne, genau zu bezeichnende Bestimmungen des verbindlichen Vertragsangebotes gegen Vorschriften dieses Landesgesetzes –

insbesondere jene des § 8 Abs. 1 zweiter Satz – verstoßen haben. Ein solcher Antrag ist bei der öffentlichen Stelle, die das betreffende Vertragsangebot gelegt hat, binnen weiterer zwei Wochen einzubringen und von dieser ohne unnötigen Aufschub der zuständigen Berufungs- bzw. Aufsichtsbehörde vorzulegen. Im Verfahren vor der Aufsichtsbehörde erster und gegebenenfalls zweiter Instanz finden die Bestimmungen des § 12 Abs. 2 zweiter bis vierter Satz Anwendung.

(2) Ein Antrag gemäß Abs. 1 hat jedenfalls zu enthalten:

1. die genaue Bezeichnung der öffentlichen Stelle,
2. die genaue Bezeichnung der als rechtswidrig erachteten Bestimmungen des betreffenden Vertragsangebotes,
3. die bestimmte Bezeichnung des Rechts, in dem sich der Antragsteller oder die Antragstellerin als verletzt erachtet,
4. die Gründe, auf die sich die Behauptung der Rechtswidrigkeit stützt,
5. ein bestimmtes Begehren und
6. die Angaben, die zur Beurteilung der Rechtzeitigkeit des Antrages erforderlich sind.

(3) Ein Antrag auf Feststellung gemäß Abs. 1 darf sich nur auf jene Bestimmungen beziehen, die vom Antragsteller oder der Antragstellerin im Rahmen seiner oder ihrer vorangegangenen schriftlichen Mitteilung (Abs. 1 erster Satz) bemängelt wurden.

(4) Die öffentliche Stelle hat die auf Grund eines Antrages gemäß Abs. 1 ergangene Entscheidung der Berufungs- bzw. Aufsichtsbehörde bei ihren zukünftigen Vertragsangeboten (§ 11 Abs. 3 Z 2) zu berücksichtigen.

(5) Ist gemäß § 16 Abs. 2 der Unabhängige Verwaltungssenat Wien, der Vergabekontrollsenat, der Dienstrechtssenat oder der Wiener Landesagrarsenat zur Entscheidung in Angelegenheiten dieses Landesgesetzes berufen und wird das verbindliche Vertragsangebot (§ 11 Abs. 3 Z 2) daher für die Stadt Wien von einem dieser Verwaltungsorgane unterbreitet, gilt statt Abs. 1 bis 4 Folgendes: Meint der Einschreiter oder die Einschreiterin,

dass einzelne Bestimmungen des unterbreiteten verbindlichen Vertragsangebotes nicht den Vorschriften dieses Landesgesetzes – insbesondere jenen des § 8 Abs. 1 zweiter Satz – entsprechen, hat er oder sie dies dem betreffenden Verwaltungsorgan (erster Satz) innerhalb der für die Annahme des Vertragsangebotes bestimmten angemessenen Frist schriftlich mitzuteilen. Falls dem Einschreiter oder der Einschreiterin daraufhin nicht binnen acht Wochen ein in seinem oder ihrem Sinne abgeänderter Nutzungsvertrag angeboten wird, kann er oder sie beantragen, dass der Nutzungsvertrag zu den von ihm oder ihr zu formulierenden Bestimmungen abgeschlossen wird. Der Antrag darf sich nur auf jene Bestimmungen beziehen, die vom Antragsteller oder der Antragstellerin im Rahmen seiner oder ihrer vorangegangenen schriftlichen Mitteilung bemängelt wurden und ist innerhalb weiterer zwei Wochen bei dem betreffenden Verwaltungsorgan (erster Satz) einzubringen. Über einen solchen Antrag hat das betreffende Verwaltungsorgan (erster Satz) selbst in erster und letzter Instanz mit Bescheid zu entscheiden. Die Anrufung des Verwaltungsgerichtshofes ist zulässig (§ 16 Abs. 2).

Geltung des Allgemeinen Verwaltungsverfahrensgesetzes

§ 14. (1) Für die in § 11 Abs. 6, § 12 Abs. 1 und 2 sowie § 13 Abs. 1 bis 3 und 5 ab Antragstellung vorgesehenen Verfahren gilt das Allgemeine Verwaltungsverfahrensgesetz 1991, BGBl. Nr. 51 in der Fassung des Bundesgesetzes BGBl. I Nr. 10/2004.

(2) Für die Berechnung der in diesem Landesgesetz festgelegten Fristen gelten die §§ 32 und 33 des Allgemeinen Verwaltungsverfahrensgesetzes 1991, BGBl. Nr. 51 in der Fassung des Bundesgesetzes BGBl. I Nr. 10/2004.

Eigener Wirkungsbereich

§ 15. (1) Die Gemeindeorgane besorgen die in diesem Landesgesetz geregelten Aufgaben im eigenen Wirkungsbereich der Gemeinde.

(2) Selbstverwaltungskörperschaften (§ 3 Z 2) besorgen die in diesem Landesgesetz geregelten Aufgaben im eigenen Wirkungsbereich.

Zuständigkeit innerhalb der öffentlichen Stelle „Stadt Wien“ (§ 3 Z 1)

§ 16. (1) Die Erledigung der an die Stadt Wien gerichteten Begehren nach § 11 Abs. 1 und die Entscheidung über solchen Begehren nachfolgende Anträge gemäß §§ 11 Abs. 6 und 12 Abs. 1 obliegt in erster Instanz dem Magistrat der Stadt Wien und in zweiter Instanz dem Berufungssenat.

(2) Betreffen Begehren (§ 11 Abs. 1) und solchen Begehren nachfolgende Anträge gemäß §§ 11 Abs. 6 und 12 Abs. 1 Dokumente, über die alleinig der Unabhängige Verwaltungssenat Wien, der Vergabekontrollsenat, der Dienstrechtssenat oder der Wiener Landesagrarsenat verfügen kann, haben – abweichend von Abs. 1 – diese Verwaltungsorgane selbst in erster und letzter Instanz zu entscheiden. Gegen Bescheide des Unabhängigen Verwaltungssenates Wien, des Vergabekontrollsenates, des Dienstrechtssenates oder des Wiener Landesagrarsenates in Verfahren nach diesem Landesgesetz ist die Anrufung des Verwaltungsgerichtshofes zulässig.

Bezugnahme auf Rechtsakte der Europäischen Union

§ 17. Durch dieses Landesgesetz wird die Richtlinie 2003/98/EG über die Weiterverwendung von Informationen des öffentlichen Sektors, ABl. Nr. L 345 vom 31.12.2003, S. 90, umgesetzt.

In-Kraft-Treten

§ 18. Dieses Landesgesetz tritt mit dem der Kundmachung folgenden Tag in Kraft.

Der Landeshauptmann: Häupl

Der Landesamtsdirektor: Theimer

5. Sonstige Bundesnormen

5.1. Umweltinformationsgesetz

Bundesgesetz über den Zugang zu Informationen
über die Umwelt (Umweltinformationsgesetz – UIG)

(NR: GP XVIII RV 645 AB 905 S. 101.
BR: 4475 AB 4462 S. 564.)
(EWR/Anh. XX: 390 L 0313, 382 L 0501, 388 L 0610)
StF: BGBl. Nr. 495/1993

Änderung

idF: BGBl. I Nr. 137/1999 (NR: GP XX RV 1652 AB 1975 S. 176.
BR: AB 6005 S. 656.)
(CELEX-Nr.: 390L0313)
BGBl. I Nr. 108/2001 (NR: GP XXI RV 592 AB 701 S. 75.
BR: AB 6411 S. 679.)
BGBl. I Nr. 76/2003 (NR: GP XXII RV 74 AB 167 S. 27.
BR: AB 6843 S. 700.)
[CELEX-Nr.: 31996L0082]
BGBl. I Nr. 6/2005 (NR: XXII GP RV 641 AB 660 S. 82.
BR: AB 7149 S. 715.)
[CELEX-Nr.: 32003L0004]

Ziel des Gesetzes

§ 1. Ziel dieses Bundesgesetzes ist die Information der Öffentlichkeit über die Umwelt, insbesondere durch

1. Gewährleistung des Rechts auf Zugang zu den bei den informationspflichtigen Stellen vorhandenen oder für diese bereitgehaltenen Umweltinformationen;
2. Förderung der systematischen und umfassenden Verfügbarkeit und Verbreitung von Umweltinformationen. Zu die-

sem Zweck werden, nach Maßgabe vorhandener Mittel, bevorzugt elektronische Kommunikationsmittel eingesetzt.

Umweltinformationen

§ 2. Umweltinformationen sind sämtliche Informationen in schriftlicher, visueller, akustischer, elektronischer oder sonstiger materieller Form über

1. den Zustand von Umweltbestandteilen wie Luft und Atmosphäre, Wasser, Boden, Land, Landschaft und natürliche Lebensräume einschließlich Berggebiete, Feuchtgebiete, Küsten und Meeresgebiete, die Artenvielfalt und ihre Bestandteile, einschließlich genetisch veränderter Organismen, sowie die Wechselwirkungen zwischen diesen Bestandteilen;
2. Faktoren wie Stoffe, Energie, Lärm und Strahlung oder Abfall einschließlich radioaktiven Abfalls, Emissionen, Ableitungen oder sonstiges Freisetzen von Stoffen oder Organismen in die Umwelt, die sich auf die in Z 1 genannten Umweltbestandteile auswirken oder wahrscheinlich auswirken;
3. Maßnahmen (einschließlich Verwaltungsmaßnahmen), wie zB Politiken, Gesetze, Pläne und Programme, Verwaltungsakte, Umweltvereinbarungen und Tätigkeiten, die sich auf die in den Z 1 und 2 genannten Umweltbestandteile und -faktoren auswirken oder wahrscheinlich auswirken, sowie Maßnahmen oder Tätigkeiten zu deren Schutz;
4. Berichte über die Umsetzung des Umweltrechts;
5. Kosten/Nutzen-Analysen und sonstige wirtschaftliche Analysen und Annahmen, die im Rahmen der in Z 3 genannten Maßnahmen und Tätigkeiten verwendet werden;
6. den Zustand der menschlichen Gesundheit und Sicherheit einschließlich – soweit diesbezüglich von Bedeutung – Kontamination der Lebensmittelkette, Bedingungen für menschliches Leben sowie Kulturstätten und Bauwerke in dem Maße, in dem sie vom Zustand der in Z 1 genannten Um-

weltbestandteile oder – durch diese Bestandteile – von den in den Z 2 und 3 aufgeführten Faktoren, Maßnahmen oder Tätigkeiten betroffen sind oder sein können.

Informationspflichtige Stellen

§ 3. (1) Informationspflichtige Stellen im Sinne dieses Bundesgesetzes sind – soweit sich die Umweltinformationen auf Angelegenheiten beziehen, die in Gesetzgebung Bundessache sind –

1. Verwaltungsbehörden und unter deren sachlicher Aufsicht stehende sonstige Organe der Verwaltung, die durch Gesetz oder innerstaatlich unmittelbar wirksamen internationalen Rechtsakt übertragene Aufgaben der öffentlichen Verwaltung wahrnehmen, sowie diesen zur Verfügung stehende gesetzlich eingerichtete Beratungsorgane;
2. Organe von Gebietskörperschaften, soweit sie Aufgaben der Privatwirtschaftsverwaltung des Bundes besorgen;
3. juristische Personen öffentlichen Rechts, sofern sie durch Gesetz übertragene Aufgaben der öffentlichen Verwaltung einschließlich bestimmter Pflichten, Tätigkeiten oder Dienstleistungen im Zusammenhang mit der Umwelt ausüben;
4. natürliche oder juristische Personen privaten Rechts, die unter der Kontrolle einer der in Z 1, Z 2 oder Z 3 genannten Stellen im Zusammenhang mit der Umwelt öffentliche Aufgaben ausüben oder öffentliche Dienstleistungen erbringen.

(2) Kontrolle im Sinne des Abs. 1 Z 4 liegt vor, wenn

1. die natürliche oder juristische Person bei Ausübung öffentlicher Aufgaben oder bei Erbringung öffentlicher Dienstleistungen der Aufsicht der in Abs. 1 Z 1, Z 2 oder Z 3 genannten Stellen unterliegt oder
2. eine oder mehrere der in Abs. 1 Z 1, Z 2 oder Z 3 genannten Stellen aufgrund von Eigentum, finanzieller Beteiligung oder der für die juristische Person einschlägigen Vorschriften

unmittelbar oder mittelbar einen beherrschenden Einfluss ausüben kann.

(3) Die Ausübung eines beherrschenden Einflusses wird vermutet, wenn eine der in Abs. 1 Z 1 bis 3 genannten Stellen unmittelbar oder mittelbar

1. die Mehrheit des gezeichneten Kapitals besitzt oder
2. über die Mehrheit der mit den Anteilen verbundenen Stimmrechte verfügt oder
3. mehr als die Hälfte der Mitglieder des Verwaltungs-, Leitungs- oder Aufsichtsorgans bestellen kann.

Freier Zugang zu Umweltinformationen

§ 4. (1) Das Recht auf freien Zugang zu Umweltinformationen, die bei den informationspflichtigen Stellen vorhanden sind oder für sie bereitgehalten werden, wird jeder natürlichen oder juristischen Person ohne Nachweis eines Rechtsanspruches oder eines rechtlichen Interesses nach Maßgabe der folgenden Bestimmungen gewährleistet. Umweltinformationen sind vorhanden, wenn sie sich im Besitz der informationspflichtigen Stelle befinden und von ihr erstellt wurden oder bei ihr eingegangen sind. Umweltinformationen werden bereitgehalten, wenn eine natürliche oder juristische Person, die selbst nicht informationspflichtige Stelle ist, Umweltinformationen für eine informationspflichtige Stelle aufbewahrt und diese Stelle darauf einen Übermittlungsanspruch hat.

(2) Dem freien Zugang unterliegen jedenfalls Informationen über

1. den Zustand von Umweltbestandteilen wie Wasser, Luft und Atmosphäre, Boden, die Artenvielfalt und ihre Bestandteile einschließlich genetisch veränderter Organismen und natürliche Lebensräume, sowie die Wechselwirkungen zwischen diesen Bestandteilen;
2. die Lärmbelastung oder Belastung durch Strahlen einschließlich der durch radioaktiven Abfall verursachten;

3. Emissionen gemäß § 2 Z 2 in die Umwelt in zeitlich aggregierter oder statistisch dargestellter Form;
4. eine Überschreitung von Emissionsgrenzwerten;
5. den Verbrauch der natürlichen Ressourcen Wasser, Luft oder Boden in aggregierter oder statistisch dargestellter Form.

Mitteilungspflicht

§ 5. (1) Das Begehren auf Mitteilung von Umweltinformationen kann schriftlich oder soweit es der Natur der Sache nach tunlich erscheint, mündlich gestellt werden. Dies kann in jeder technischen Form geschehen, die die informationspflichtige Stelle zu empfangen in der Lage ist. Geht aus einem angebrachten Begehren der Inhalt oder der Umfang der gewünschten Mitteilung nicht ausreichend klar hervor, so ist dem/der Informationssuchenden innerhalb einer zwei Wochen nicht übersteigenden Frist eine schriftliche Präzisierung des Ansuchens aufzutragen. Der/Die Informationssuchende ist dabei zu unterstützen.

(2) Wird das Begehren an eine informationspflichtige Stelle gerichtet, die nicht über die Umweltinformationen verfügt, so hat sie es – falls ihr bekannt ist, dass eine andere informationspflichtige Stelle über die Informationen verfügt – möglichst rasch an diese weiterzuleiten oder den/die Informationssuchende/n auf andere ihr bekannte informationspflichtige Stellen hinzuweisen, die über diese Informationen verfügen könnten, sofern dies sachlich geboten ist oder im Interesse des/der Informationssuchenden liegt. Der/Die Informationssuchende ist von der Weiterleitung seines/ihres Begehrens jedenfalls zu verständigen.

(3) Die informationspflichtigen Stellen haben Umweltinformationen unter Bedachtnahme auf die Mitteilungsschranken und Ablehnungsgründe (§ 6) sowie in möglichst aktueller, exakter, vergleichbarer und allgemein verständlicher Form mitzuteilen. Auf Antrag teilen die informationspflichtigen Stellen dem/der Informationssuchenden mit, wo – sofern verfügbar – Infor-

mationen über die zur Erhebung der Informationen bezüglich Anfragen gemäß § 2 Z 2 angewandten Messverfahren, einschließlich der Verfahren zur Analyse, Probenahme und Vorbehandlung der Proben, gefunden werden können oder weisen auf ein angewandtes standardisiertes Verfahren hin.

(4) Die begehrte Mitteilung ist in jener Form zu erteilen, die im Einzelfall vom/von der Informationssuchenden verlangt wird oder in einer anderen Form, wenn dies zweckmäßig ist, wobei der elektronischen Datenübermittlung, nach Maßgabe vorhandener Mittel, der Vorzug zu geben ist. Insbesondere kann der/die Informationssuchende auf andere, öffentlich verfügbare Informationen (§ 9), die in einer anderen Form oder einem anderen Format vorliegen, verwiesen werden, sofern diese dem Informationssuchenden leicht zugänglich sind und dadurch der freie Zugang zu den bei den informationspflichtigen Stellen vorhandenen oder für diese bereitgehaltenen Umweltinformationen gewährleistet ist. Die Gründe für die Wahl eines anderen Formates oder einer anderen Form sind anzugeben und dem/der Informationssuchenden so bald wie möglich, spätestens jedoch innerhalb eines Monats nach Eingang des Antrags bei der informationspflichtigen Stelle mitzuteilen.

(5) Der Zugang zu öffentlichen Verzeichnissen oder Listen und die Einsichtnahme in die beantragten Umweltinformationen an Ort und Stelle sind unentgeltlich. Kaufpreise oder Schutzgebühren für Publikationen bleiben davon unberührt. Für die Bereitstellung von Umweltinformationen kann die Bundesregierung mit Verordnung Kostenersätze festlegen. Kaufpreise, Schutzgebühren und Kostenersätze für die Bereitstellung von Umweltinformationen dürfen jedoch eine angemessene Höhe nicht überschreiten.

(6) Dem Begehren ist ohne unnötigen Aufschub unter Berücksichtigung etwaiger vom/von der Informationssuchenden angegebener Termine, spätestens aber innerhalb eines Monats zu entsprechen. Kann diese Frist auf Grund des Umfanges oder der Komplexität der begehrten Information nicht eingehalten

werden, besteht die Möglichkeit, diese Frist auf bis zu zwei Monate zu erstrecken. In diesem Fall ist der/die Informationssuchende von der Verlängerung der Frist unter Angabe von Gründen so bald wie möglich, spätestens jedoch vor Ablauf der einmonatigen Frist zu verständigen.

(7) Wird dem Begehren nicht entsprochen, so ist dies in der Verständigung zu begründen und der/die Informationssuchende über das Rechtsschutzverfahren (§ 8) zu unterrichten.

Mitteilungsschranken und Ablehnungsgründe

§ 6. (1) Die Mitteilung von Umweltinformationen darf unterbleiben, wenn

1. sich das Informationsbegehren auf die Übermittlung interner Mitteilungen bezieht;
2. das Informationsbegehren offenbar missbräuchlich gestellt wurde;
3. das Informationsbegehren zu allgemein geblieben ist;
4. das Informationsbegehren Material, das gerade vervollständigt wird, noch nicht abgeschlossene Schriftstücke oder noch nicht aufbereitete Daten betrifft.

(2) Andere als die in § 4 Abs. 2 genannten Umweltinformationen sind unbeschadet der Mitteilungsschranken des Abs. 1 mitzuteilen, sofern ihre Bekanntgabe keine negativen Auswirkungen hätte auf:

1. die Aufrechterhaltung der öffentlichen Sicherheit oder die umfassende Landesverteidigung;
2. den Schutz von Umweltbereichen, auf die sich die Informationen beziehen;
3. die Vertraulichkeit personenbezogener Daten, sofern ein schutzwürdiges Interesse an der Geheimhaltung im Sinne des Datenschutzgesetzes 2000 (DSG 2000), BGBl. I Nr. 165/1999, besteht;
4. Geschäfts- oder Betriebsgeheimnisse, sofern diese durch innerstaatliches oder gemeinschaftliches Recht geschützt sind,

um berechtigte wirtschaftliche Interessen, einschließlich des öffentlichen Interesses an der Wahrung der Geheimhaltung von statistischen Daten und des Steuergeheimnisses, zu schützen;
5. Rechte an geistigem Eigentum;
6. die Vertraulichkeit der Beratungen von informationspflichtigen Stellen, sofern eine derartige Vertraulichkeit gesetzlich vorgesehen ist;
7. laufende Gerichtsverfahren, die Möglichkeit einer Person, ein faires Verfahren zu erhalten, oder die Möglichkeiten einer Behörde, Untersuchungen strafrechtlicher oder disziplinarrechtlicher Art durchzuführen.

(3) Das Interesse einer Partei an der Geheimhaltung von Geschäfts- und Betriebsgeheimnissen ist nur schutzwürdig, wenn durch die Veröffentlichung von Umweltinformationen ein Geschäfts- und Betriebsgeheimnis unmittelbar oder mittelbar durch die Möglichkeit von Rückschlüssen offengelegt werden kann und dadurch ein nicht nur geringfügiger wirtschaftlicher Nachteil des Inhabers des Geschäfts- und Betriebsgeheimnisses eintreten kann. Besteht dieser wirtschaftliche Nachteil bloß auf Grund einer Minderung des Ansehens der Partei in der Öffentlichkeit infolge des Bekanntwerdens umweltbelastender Tätigkeiten, so besteht kein schutzwürdiges Interesse an der Geheimhaltung.

(4) Die in Abs. 1 und 2 genannten Mitteilungsschranken und Ablehnungsgründe sind eng auszulegen, wobei im Einzelfall das öffentliche Interesse an der Bekanntgabe der Umweltinformationen zu berücksichtigen ist. In jedem Einzelfall ist das öffentliche Interesse an der Bekanntgabe gegen das Interesse an der Verweigerung der Bekanntgabe abzuwägen. Öffentliches Interesse an der Bekanntgabe kann insbesondere im Schutz folgender Rechtsgüter liegen:
1. Schutz der Gesundheit;
2. Schutz vor nachhaltigen oder schwerwiegenden Umweltbelastungen; oder
3. Schutz der Rechte und Freiheiten anderer.

Behandlung von Geschäfts- und Betriebsgeheimnissen

§ 7. (1) Besteht Grund zu der Annahme, daß durch die Mitteilung der begehrten Information ein schutzwürdiges Geschäfts- und Betriebsgeheimnis im Sinne des § 6 Abs. 2 Z 4 berührt sein könnte, haben die informationspflichtigen Stellen den/die Inhaber/in des Geschäfts- und Betriebsgeheimnisses vom Informationsbegehren zu verständigen und aufzufordern, innerhalb von zwei Wochen bekanntzugeben, ob Tatsachen, die der begehrten Mitteilung unterliegen können, geheimgehalten werden sollen. In diesem Fall hat der/die Inhaber/in des möglichen Geschäfts- und Betriebsgeheimnisses das Interesse an der Geheimhaltung zu begründen.

(2) Hat sich der/die Betroffene gegen eine Mitteilung ausgesprochen und werden die begehrten Informationen nach Prüfung der Begründung des Geheimhaltungsinteresses und Vornahme der Interessensabwägung gemäß § 6 Abs. 2, 3 und 4 mitgeteilt, so ist der/die Betroffene von der Mitteilung an den/die Informationssuchende/n schriftlich zu verständigen.

Rechtsschutz

§ 8. (1) Werden die verlangten Umweltinformationen nicht oder nicht im begehrten Umfang mitgeteilt, so ist auf Antrag des/der Informationssuchenden hierüber ein Bescheid zu erlassen. Zuständig zur Erlassung des Bescheides ist die informationspflichtige Stelle soweit sie behördliche Aufgaben besorgt. Über gleichgerichtete Anträge kann unter einem entschieden werden.

(2) Als Verfahrensordnung, nach der der Bescheid zu erlassen ist, gilt das Allgemeine Verwaltungsverfahrensgesetz 1991 (AVG), sofern nicht für die Sache, in der die Auskunft erteilt wird, ein anderes Verfahrensgesetz anzuwenden ist.

(3) Eine informationspflichtige Stelle im Sinne des § 3 Abs. 1, die zur Erlassung von Bescheiden nicht befugt ist, hat Anträge im Sinne des Abs. 1 ohne unnötigen Aufschub an die für die Führung der sachlichen Aufsicht zuständige Stelle, in sonstigen Fällen an die Bezirksverwaltungsbehörde, in deren Sprengel die informationspflichtige Stelle ihren Sitz hat, weiterzuleiten oder den/die Informationssuchende/n an diese zu verweisen.

(4) Über Berufungen entscheidet der unabhängige Verwaltungssenat des Bundeslandes, in dem das bescheiderlassende Organ der Verwaltung seinen Sitz hat (Art. 129a Abs. 1 Z 3 B-VG).

(5) Der unabhängige Verwaltungssenat des Bundeslandes, in dem die zur Erlassung des Bescheides zuständige Stelle ihren Sitz hat, erkennt über Beschwerden von Betroffenen, die behaupten, durch die Mitteilung in ihren Rechten verletzt worden zu sein.

(6) Die unabhängigen Verwaltungssenate entscheiden über Berufungen gemäß Abs. 4 und Beschwerden gemäß Abs. 5 durch Einzelmitglied.

Veröffentlichung von Umweltinformationen

§ 9. (1) Die informationspflichtigen Stellen haben die für ihre Aufgaben maßgeblichen und bei ihnen vorhandenen oder für sie bereitgehaltenen Umweltinformationen zur aktiven und systematischen Verbreitung in der Öffentlichkeit aufzubereiten. Die Bestimmungen über Mitteilungsschranken und Ablehnungsgründe (§ 6) sowie über die Qualität von Umweltinformationen (§ 5 Abs. 3) sind sinngemäß anzuwenden.

(2) Insbesondere sind folgende Informationen zugänglich zu machen und zu verbreiten:

1. der Wortlaut völkerrechtlicher Verträge, Übereinkünfte und Vereinbarungen sowie gemeinschaftliche und sonstige Rechtsvorschriften über die Umwelt oder mit Bezug zur Umwelt;
2. Politiken, Pläne und Programme mit Bezug zur Umwelt;

3. Berichte über die Fortschritte bei der Umsetzung der in Z 1 und 2 genannten Punkte, sofern solche Berichte von den informationspflichtigen Stellen in elektronischer Form ausgearbeitet worden sind oder bereitgehalten werden;
4. Umweltzustandsberichte, insbesondere Umweltkontrollberichte gemäß § 3 des Umweltkontrollgesetzes, BGBl. I Nr. 152/1998;
5. Daten oder Zusammenfassungen von Daten aus der Überwachung von Tätigkeiten, die sich auf die Umwelt auswirken oder wahrscheinlich auswirken;
6. Genehmigungen, die erhebliche Auswirkungen auf die Umwelt haben, und Umweltvereinbarungen oder einen Hinweis darauf, wo diese Informationen erhalten oder gefunden werden können;
7. Umweltverträglichkeitsprüfungen und Risikobewertungen betreffend die in § 2 Z 1 genannten Umweltbestandteile oder einen Hinweis darauf, wo diese Informationen erhalten oder gefunden werden können.

(3) Die Verbreitung von Umweltinformationen, die in angemessenen Abständen zu aktualisieren sind, sollte nach Möglichkeit über elektronische Medien erfolgen. Die unter Verwendung elektronischer Technologien zugänglich gemachten Informationen müssen nicht solche Informationen umfassen, die vor Inkrafttreten dieses Gesetzes erhoben wurden, es sei denn, sie liegen bereits in elektronischer Form vor.

(4) Die Anforderungen für die aktive und systematische Verbreitung von Umweltinformationen sowie für die praktischen Vorkehrungen zur Erleichterung des Informationszuganges (Abs. 6) können durch die Einrichtung von Verknüpfungen zu Internet-Seiten sowie von Umweltinformationsportalen im Internet erfüllt werden, auf denen die zu verbreitenden Informationen zu finden sind.

(5) Im Fall einer unmittelbaren Bedrohung der menschlichen Gesundheit oder der Umwelt, unabhängig davon, ob diese Folge menschlicher Tätigkeit ist oder eine natürliche Ursache hat, haben informationspflichtige Stellen, soweit nicht Mitteilungs-

schranken oder Ablehnungsgründe gemäß § 6 entgegenstehen, sämtliche ihnen vorliegende oder für sie bereitgehaltene Informationen unmittelbar und unverzüglich zu verbreiten, die es der eventuell betroffenen Öffentlichkeit ermöglichen könnten, Maßnahmen zur Abwendung oder Begrenzung von Schäden infolge dieser Bedrohung zu ergreifen.

(6) Die informationspflichtigen Stellen haben zur Erfüllung ihrer Mitteilungspflicht (§ 5) praktische Vorkehrungen zur Erleichterung des Informationszuganges zu treffen, indem sie insbesondere

1. Organisations- und Geschäftseinteilungspläne – soweit vorhanden – veröffentlichen,
2. Auskunftspersonen oder Informationsstellen benennen,
3. Listen und Verzeichnisse betreffend in ihrem Besitz befindliche Umweltinformationen führen.

Koordinierungsstelle für Umweltinformationen

§ 10. (1) Das Umweltbundesamt hat eine Koordinierungsstelle für Umweltinformationen einzurichten und zu führen.

(2) Aufgabe der Koordinierungsstelle ist es, den Informationsaustausch zwischen den informationspflichtigen Stellen zu unterstützen und geeignete Maßnahmen vorzuschlagen, um den Zugang zu Umweltinformationen zu erleichtern und eine hohe Qualität der Umweltinformationen sicher zu stellen.

(3) Die Koordinierungsstelle ist berechtigt, die bei ihr vorhandenen Umweltinformationen der Öffentlichkeit in geeigneter Form zugänglich zu machen. Die Bestimmungen über Mitteilungsschranken und Ablehnungsgründe (§ 6) sind sinngemäß anzuwenden.

Übermittlungspflicht

§ 11. Auf Verlangen haben die informationspflichtigen Stellen Umweltinformationen, über die sie in Wahrnehmung bundesgesetzlich übertragener Aufgaben im Bereich des Umweltschutzes verfügen, den Organen des Bundes, der Länder oder der Gemeinden zur Wahrnehmung von gesetzlich übertragenen Aufgaben im Bereich des Umweltschutzes kostenlos zu übermitteln. Davon ausgenommen sind die Bundespolizeidirektionen hinsichtlich jener Umweltinformationen, die sie von anderen Organen der Verwaltung erhalten haben.

Meldepflicht

§ 12. Der Bundesminister für Land- und Forstwirtschaft, Umwelt und Wasserwirtschaft kann im Einvernehmen mit dem jeweils sachlich zuständigen Bundesminister mit Verordnung festlegen, dass die Inhaber/innen von bestimmten, nach bundesgesetzlichen Vorschriften zu genehmigenden Typen von Anlagen dem Bundesministerium für Land- und Forstwirtschaft, Umwelt und Wasserwirtschaft bestimmte Umweltinformationen zu melden haben, die zur Beurteilung der Auswirkungen der Anlage auf die Umwelt im Normalbetrieb oder im Störfall (§ 14 Abs. 1a) oder zur Erfüllung nationaler Berichtspflichten im Rahmen der Europäischen Integration erforderlich sind. Andere gesetzliche Meldepflichten bleiben unberührt.

Bekanntmachung von Emissionsdaten

§ 13. (1) Wer auf Grund bundesgesetzlicher Vorschriften oder darauf beruhenden behördlichen Anordnungen verpflichtet ist, Emissionen aus seiner Betriebsanlage zu messen und darüber Aufzeichnungen zu führen, hat über das jeweils letztvergangene Kalendermonat und das jeweils letztvergangene Kalenderjahr vorliegende Aufzeichnungen in allgemein verständlicher Form an einer allgemein leicht zugänglichen Stelle bekanntzumachen. Diese Aufzeichnungen können zur Wahrung von geheimhaltungswürdigen Tatsachen (§ 4 Abs. 3) in Form von Massenstromangaben an gemessenen Schadstoffkomponenten in kg/Monat und kg/Jahr oder aus Gründen der Übersichtlichkeit oder Zweckmäßigkeit in zusammengefaßter Form unter

Angabe des jeweils höchsten und niedrigsten Meßwertes im Bekanntmachungszeitraum dargestellt werden.

(2) Wer eine nach bundesrechtlichen Vorschriften genehmigte Betriebsanlage betreibt, hat unverzüglich die nach diesen Vorschriften erteilten und der Verhinderung oder Verringerung von Umweltbelastungen dienenden Auflagen und Bedingungen schriftlich dem Betriebsrat mitzuteilen.

Information über die Gefahr von Störfällen

§ 14. (1) Der/die Inhaber/in einer informationspflichtigen Anlage im Sinne des Abs. 2, die nach bundesgesetzlichen Vorschriften einer Genehmigungspflicht unterliegt, hat die von einem Störfall möglicherweise betroffene Öffentlichkeit sowie die sachlich zuständige(n) Behörde(n) – insbesondere auch die örtlich zuständigen Raumplanungs- und Baubehörden – unaufgefordert in regelmäßigen – fünf Jahre nicht übersteigenden – Zeitabständen über die Gefahren und Auswirkungen von Störfällen und über die dabei notwendigen Verhaltensmaßnahmen im Störfall in geeigneter Weise zu informieren und diese Information ständig zugänglich zu machen. Diese Informationen sind alle drei Jahre zu überprüfen, erforderlichenfalls zu aktualisieren und gegenüber der betroffenen Öffentlichkeit zu erneuern. Bei möglichen grenzüberschreitenden Auswirkungen von Störfällen muss der/die Inhaber/in einer informationspflichtigen Anlage eine Information mit besonderer Berücksichtigung dieses Umstandes der für Katastrophenschutz oder Katastrophenhilfe und für allgemeine Gefahrenabwehr zuständigen Stelle übermitteln. Die Informationspflicht gilt nicht für Anlagen nach § 84a Abs. 2 Z 2 GewO 1994, für die eine Informationspflicht nach § 84c Abs. 10 GewO 1994 besteht.

(1a) Ein Störfall im Sinne dieses Bundesgesetzes ist ein Ereignis, das sich aus unkontrollierten Vorgängen in einer Anlage ergibt (etwa eine Emission, ein Brand, eine Explosion größeren Ausmaßes, der Bruch einer Talsperre oder die Freisetzung gefährlicher Organismen) und das unmittelbar oder später zu einer ernsten Gefahr für die menschliche Gesundheit oder Umwelt führt.

(2) Informationspflichtige Anlagen im Sinne dieses Bundesgesetzes sind Anlagen, bei denen wegen der Verwendung von Maschinen oder Geräten, Lagerung, Verwendung oder Produktion von Chemikalien, Abfällen oder gefährlichen Organismen, wegen der Betriebsweise, Ausstattung oder sonst die Gefahr von Störfällen besteht.

(3) Die Information gemäß Abs. 1 hat folgende Angaben zu enthalten:

1. Bezeichnung (Name, Firma) der Anlage und Angabe des Standortes;
2. Bekanntgabe einer Auskunftsperson und außerbetrieblicher Stellen, bei denen nähere Informationen eingeholt werden können;
3. Beschreibung der Anlage, insbesondere der sicherheitstechnisch bedeutsamen Anlagenteile, und der Tätigkeit, die an dem Standort ausgeführt wird;
4. Angaben über die Gefahren, die die Anlage zu einer informationspflichtigen Anlage werden lassen, insbesondere die Faktoren, die einen Störfall herbeiführen können; im Falle des Vorhandenseins gefährlicher Stoffe im Sinne des § 84b Z 3 der Gewerbeordnung 1994 in einer in Anlage 5 zur Gewerbeordnung 1994 angeführten Menge die gebräuchliche Bezeichnung oder, bei gefährlichen Stoffen im Sinne des Teiles 2 der Anlage 5 zur Gewerbeordnung 1994, die Bezeichnung der Kategorien der im Betrieb vorhandenen gefährlichen Stoffe und ihrer Gefahreneigenschaften und die sich daraus ergebenden möglichen Auswirkungen sowie das Verzeichnis der gefährlichen Stoffe;
5. Informationen über die möglichen Gefahrenquellen sowie die Voraussetzungen, unter denen ein Störfall eintreten kann;
6. allgemeine Unterrichtung über die Art der Gefahren, die von Störfällen ausgehen können, und über die Auswirkungen auf Leben oder Gesundheit von Personen oder auf die Umwelt;

7. Auskunft über die bei Eintritt eines Störfalles zu treffenden Verhaltensmaßnahmen der betroffenen Bevölkerung; im Falle des Vorhandenseins gefährlicher Stoffe im Sinne des § 84b Z 3 der Gewerbeordnung 1994 in einer in Anlage 5 zur Gewerbeordnung 1994 angeführten Menge müssen sich diese Informationen auf die Eigenschaften der gefährlichen Stoffe und die zu erwartende Dauer der möglichen Gefährdung beziehen und
8. Information über die am Standort der Anlage seitens des Inhabers/der Inhaberin im Störfall zu veranlassenden Maßnahmen unter Einschluß der Abstimmungsmaßnahmen mit den für die allgemeine Katastrophenhilfe zuständigen Behörden und Einrichtungen.

(3a) Die Information der von einem Störfall möglicherweise betroffenen Personen kann aus Gründen der Zweckmäßigkeit auch mehrere unter die Informationspflicht fallende Anlagen eines/einer Inhabers/in oder mehrere in einem räumlichen und sachlichen Zusammenhang stehende der Informationspflicht unterliegende Anlagen mehrer Inhaber/innen umfassen. Eine Zusammenarbeit der berührten Inhaber/innen hat jedenfalls dann zu erfolgen, wenn zwischen benachbarten Anlagen auf Grund ihres Standortes und ihrer Nähe zueinander eine erhöhte Wahrscheinlichkeit von Störfällen besteht oder solche folgenschwerer sein könnten (Domino-Effekte).

(4) Die Einhaltung der Informationspflicht gemäß Abs. 1 ist durch die über die Gefahr von Störfällen zu informierenden Behörden (Abs. 1) in regelmäßigen Zeitabständen zu überprüfen.

(5) Der Bundesminister für Land- und Forstwirtschaft, Umwelt und Wasserwirtschaft hat im Einvernehmen mit dem jeweils sachlich zuständigen Bundesminister innerhalb von sechs Monaten nach Inkrafttreten dieses Bundesgesetzes durch Verordnung die informationspflichtigen Anlagen gemäß Abs. 2 sowie Art und Weise der Information über die Gefahr von Störfällen einschließlich der Mitwirkung der über die Gefahr von Störfällen zu informierenden Behörden (Abs. 1) näher zu bestimmen.

Strafbestimmung

§ 15. Sofern die Tat nicht den Tatbestand einer in die Zuständigkeit der Gerichte fallenden strafbaren Handlung bildet, begeht eine Verwaltungsübertretung und ist von der Bezirksverwaltungsbehörde zu bestrafen

a) mit Geldstrafe bis zu 3 630 Euro, im Wiederholungsfall bis zu 7 270 Euro, wer
   1. der Meldepflicht entgegen einer gemäß § 12 erlassenen Verordnung oder
   2. der Pflicht zur Bekanntmachung von Emissionsdaten gemäß § 13 nicht nachkommt, oder
b) mit Geldstrafe bis zu 7 270 Euro, im Wiederholungsfall bis zu 14 530 Euro, wer der Informationspflicht über die Gefahr von Störfällen gemäß § 14 nicht nachkommt.

Stempelgebühren- und Abgabenfreiheit

§ 16. Begehren auf Mitteilung und Mitteilungen von Umweltinformationen nach diesem Bundesgesetz unterliegen nicht der Pflicht zur Entrichtung von Stempelgebühren des Bundes und von Bundesverwaltungsabgaben.

Vollziehung

§ 17. (1) Mit der Vollziehung dieses Bundesgesetzes ist, sofern die Abs. 2 bis 5 nicht anderes bestimmen, der Bundesminister für Land- und Forstwirtschaft, Umwelt und Wasserwirtschaft betraut, hinsichtlich der gemäß § 12 und § 14 Abs. 5 zu erlassenden Verordnungen im Einvernehmen mit dem jeweils sachlich zuständigen Bundesminister.

(2) Hinsichtlich der gemäß § 5 Abs. 5 zu erlassenden Verordnung ist die Bundesregierung zuständig.

(3) Mit der Vollziehung des § 16 ist hinsichtlich der Stempelgebühren der Bundesminister für Finanzen betraut.

(4) Die Vollziehung dieses Bundesgesetzes obliegt insoweit den Landesregierungen, als es sich auf die Mitteilung von Umweltinformationen bezieht, in denen die Vollziehung Landessache ist. Dies gilt nicht für die Erlassung von Durchführungsverordnungen.

(5) Die Mitteilung von Umweltinformationen nach diesem Bundesgesetz ist soweit im eigenen Wirkungsbereich der Gemeinden und anderer Einrichtungen der Selbstverwaltung zu besorgen, als diese im Rahmen im eigenen Wirkungsbereich zu besorgender Angelegenheiten bundesgesetzlich übertragene Aufgaben im Bereich des Umweltschutzes wahrnehmen.

Inkrafttreten

§ 18. (1) Dieses Bundesgesetz tritt mit Ausnahme des § 10 Abs. 2 mit 1. Juli 1993 in Kraft. § 10 Abs. 2 tritt mit 1. Jänner 1995 in Kraft.

(2) Verordnungen auf Grund dieses Bundesgesetzes können bereits vor dessen Inkrafttreten erlassen werden; sie treten frühestens mit dem in Abs. 1 bezeichneten Zeitpunkt in Kraft.

(3) § 15 lit. a und lit. b in der Fassung des Bundesgesetzes BGBl. I Nr. 108/2001 treten mit 1. Jänner 2002 in Kraft.

(4) § 10 Abs. 1 und 3, § 12, § 14 Abs. 1, Abs. 1a, Abs. 2, Abs. 3 Z 4 und 7, Abs. 3a, Abs. 5 sowie § 17 Abs. 1 in der Fassung des Bundesgesetzes BGBl. I Nr. 76/2003 treten mit 1. September 2003 in Kraft.

(5) Mit den Bestimmungen des Abs. 4 wird auch die Richtlinie 96/82/EG des Rates vom 9. Dezember 1996 zur Beherrschung der Gefahren bei schweren Unfällen mit gefährlichen Stoffen, ABl. Nr. L 10/13 vom 14. Jänner 1997, CELEX-Nr.: 31996L0082, in österreichisches Recht umgesetzt.

(6) § 1, § 2 samt Überschrift, § 3 samt Überschrift, § 4 samt Überschrift, § 5, § 6 samt Überschrift, § 7, § 8 Abs. 1, Abs. 3 und Abs. 5, § 9 samt Überschrift, § 10 samt Überschrift, § 11, § 12, § 16 sowie § 17 in der Fassung des Bundesgesetzes BGBl. I Nr. 6/2005 treten mit 14. Februar 2005 in Kraft.

Bezugnahme auf Gemeinschaftsrecht

§ 19. Durch dieses Bundesgesetz wird die Richtlinie 2003/4/EG des Europäischen Parlaments und des Rates vom 28. Jänner 2003 über den Zugang der Öffentlichkeit zu Umweltinformationen und zur Aufhebung der Richtlinie 90/313/EWG des Rates, ABl. Nr. L 41/26 vom 14.2.2003, CELEX-Nr. 32003L0004, in österreichisches Recht umgesetzt.

5.2. Vermessungsgesetz

BUNDESGESETZBLATT FÜR DIE REPUBLIK ÖSTERREICH
Jahrgang 2005

Ausgegeben am 18. November 2005
Teil I

136. Bundesgesetz: Änderung des Vermessungsgesetzes
(NR: GP XXII AB 1151 S. 125. BR: 7400 AB 7426 S. 727.)

136. Bundesgesetz, mit dem das Vermessungsgesetz geändert wird

Der Nationalrat hat beschlossen:

Änderung des Vermessungsgesetzes

Das Vermessungsgesetz (VermG), BGBl. Nr. 306/1968, zuletzt geändert durch das Bundesgesetz BGBl. I Nr. 9/2004, wird wie folgt geändert:

1. § 48 lautet:

„**§ 48.** (1) Neben den in § 47 angeführten Auszügen, Absch riften und Kopien sowie den in § 47 a genannten Abfragen und Auszügen werden die im Rahmen der Aufgabenerfüllung der Landesvermessung gemäß § 1 erstellten raum- und ortsbezogenen Daten (Geobasisdaten) als Standardprodukte und nach Maßgabe der vorhandenen technischen Möglichkeiten im Rahmen von Geoinformationsdiensten abgegeben.

(2) Einschränkungen sind aus den in § 2 Abs. 3 und § 3 des Informationsweiterverwendungsgesetzes, BGBl. I Nr. 135/2005, angeführten Gründen zulässig.

(3) Für die Abgabe von Geobasisdaten, die Geobasisdienste und die Verwertung der Geobasisdaten ist eine angemessene Vergütung zu entrichten. Die Vergütung in Standardentgelten

und die Nutzungsbedingungen sind vom Bundesamt für Eich- und Vermessungswesen festzulegen. Die Standardentgelte haben grundsätzlich den zusätzlichen Aufwand für die Reproduktion und Verbreitung der Geobasisdaten abzudecken.

(4) Das Bundesamt für Eich- und Vermessungswesen ist überdies berechtigt, Messungsaufnahmen aus Zivilluftfahrzeugen im Fluge gegen Kostenersatz durchzuführen."

2. In § 59 Abs. 1 hat der Ausdruck „§ 48 Abs. 1" *zu entfallen.*

Fischer
Schüssel